유수연의 토익필살기 비긴즈 LC

유수연의 토익필살기 비긴즈 LC

초판 1쇄 발행 2012년 12월 24일
3쇄 발행 2014년 9월 5일

지은이 유수연
발행인 서영택
본부장 이흥
편집인 강소영
에디터 김경진, 홍성애

교정교열 조현진
전산편집 장선숙
디자인 구수연
Rights팀 나현숙, 공은주, 김윤경, 김찬영, 민지형, 신윤정
마케팅 이영인, 최재근, 원병인
온라인팀 김은정, 박현아, 이순영
디자인팀 박세명, 조은애, 최보나, 박선영, 김난미
제작 한동수, 류정옥

임프린트 NEWRUN
주소 서울시 종로구 견지동 87-1 가야빌딩
도서문의 02-3670-1595,1173(영업) 02-3670-1150, 1580(기획편집)
팩스 02-747-1239

발행처 (주)웅진씽크빅
출판신고 1980년 3월 29일 제406-2007-00046호

ⓒ 유수연 2012(저작권자와 맺은 특약에 따라 검인을 생략합니다)

ISBN 978-89-01-15268-4 14740 978-89-01-09972-9(세트)

NEWRUN은 (주)웅진씽크빅 단행본사업본부의 임프린트입니다.

이 책은 저작권법에 따라 보호받는 저작물이므로 무단 전재와 무단 복제를 금지하며,
이 책 내용의 전부 또는 일부를 이용하려면 반드시
저작권자와 (주)웅진씽크빅의 서면동의를 받아야 합니다.

* 잘못된 책은 바꾸어 드립니다. * 책 값은 뒤표지에 있습니다.

유수연의
토익 필살기 begins
LC

NEWRUN

Preface
머리말

취업과 승진을 위해 하나의 스펙이 되어버린 토익,
그로 인해 몸살을 앓고 있는 토익커들에게 좀 더 쉽게 토익을 이해하고 전략적인 학습 방법을 제시할 수 있는 〈유수연의 토익필살기 비긴즈〉를 출간하게 되었습니다.

토익은
출제자의 의도를 파악하는 것이 가장 중요합니다.

지나치게 영어 자체에 대해 고민하거나 아카데믹한 방법으로 접근한다면 토익 공부의 효율을 떨어뜨리게 됩니다. 토익은 실제 비즈니스 상황에서 자주 발생하는 일반적인 상황에 국한되어 있으며, 영어로 기본적인 커뮤니케이션이 가능한지를 묻는 실용적인 시험이라는 것을 알아 두어야 합니다.
그렇기 때문에 토익을 공부할 때는 비즈니스 커뮤니케이션을 한다는 생각으로 접근을 하되, 기존에 출제되었던 문제들을 기반으로 각 파트별 문제 유형을 분석하고, 무엇을 묻고 있는 것인지 출제자의 의도를 정확히 파악하는 데 주력해야 합니다.

〈유수연의 토익필살기 비긴즈〉는
토익 초급자들을 위해서 꼭 필요한 내용들만 담았습니다.

토익의 기본적인 유형 분석과 출제 빈도가 높은 문제들을 선별하는 데 노력을 기울였습니다. 2009년에 출간된 〈유수연의 토익필살기〉에서는 다루지 않았던 기본적인 개념을 중심으로 문제 풀이 전략과 함께 꼭 필요한 내용들만을 담았습니다. 그렇기 때문에 이 책에서 다루고 있는 내용들만 충분히 숙지한다면 토익 초급자들도 쉽게 출제자의 의도를 파악할 수 있는 기초 전략서가 되리라 믿습니다.

마지막으로, 토익에 대한 기본적인 전략의 훈련을 통해 목표 점수를 정복하고 자신들의 꿈에 한 걸음 다가갈 수 있는 경쟁력을 가지질 바랍니다.

유수연

about TOEIC

토익의 구성과 출제 범위

TOEIC (Test Of English for International Communication)이란?
영어를 모국어로 사용하지 않는 사람들을 대상으로 국제 업무에 필요한 실용 영어 능력을 평가하는 시험으로 Listening과 Reading으로 구성되어 있다.
현재 한국과 일본을 비롯하여 전 세계 약 120여개 국가의 기업과 기관에서 인력 채용 및 평가, 승진, 영어 학습 프로그램 등에 활용되고 있다.

1. 시험 구성

구성	Part	유형	문항 수	시간	점수
Listening	Part 1	사진묘사 (Photograph)	10	45분	495점
	Part 2	질의응답 (Question-Response)	30		
	Part 3	짧은 대화 (Short Conversations)	30		
	Part 4	짧은 담화 (Short talks)	30		
Reading	Part 5	단일 문장 완성 (Incomplete Sentences)	40	75분	495점
	Part 6	문서상에 문장 완성 (Text completion)	12		
	Part 7	독해(Reading Comprehension) 단일지문 - Single Passage	28		
		독해(Reading Comprehension) 복수지문 - Double Passage	20		
	7개의 Part		200문	120분	990점

2. 출제 범위

출제 분야	세부 분야
General Business (일반 업무)	계약, 협상, 마케팅, 세일즈, 비즈니스 계획, 회의
Manufacturing (제조)	공장 관리, 조립라인, 품질 관리
Finance, Budgeting (금융과 예산)	은행, 투자, 세금, 회계, 청구
Corporate Development (개발)	연구, 제품 개발
Office Work (사무실 업무)	임원 회의, 위원 회의, 편지, 메모, 전화, 팩스, E-mail, 사무 장비와 가구
Personnel (인사)	구인, 채용, 퇴직, 급여, 승진, 취업 지원과 자기소개
Housing, Corporate Property (주택/기업 부동산)	건축, 설계서, 구입과 임대, 전기와 가스 서비스
Travel (여행)	기차, 비행기, 택시, 버스, 배, 유람선, 티켓, 일정, 역과 공항 안내, 자동차 렌트, 호텔, 예약, 연기와 취소

출제 기관인 ETS에 따르면, TOEIC의 출제 기준은 영어를 모국어로 사용하는 특정 국가에서만 쓰이는 표현이나 문법, 관용어들은 피한다. 또한 특정 문화나 직업 분야에만 해당되거나 생소한 상황을 피한다. 여러 나라 사람들의 이름과 다양한 영어 발음과 엑센트(미국, 영국, 캐나다, 호주, 뉴질랜드)가 출제된다.

about TOEIC

LC 파트별 개요와 문제 유형

PART 1

1번부터 10번까지 총 10개 문항이 출제된다. 문제지에는 문제당 사진이 하나씩 제시되고 4개의 보기를 들려주면 그 중에서 사진을 가장 잘 묘사한 것을 선택하는 문제이다. 사진을 정확하게 설명한 문장을 고르려고 하기보다 오답을 소거하여 오류가 없는 문장을 선택하는 훈련이 효과적이다. 빈출 표현 암기 또한 중요하다.

Part 1에 등장하는 사진의 유형을 살펴보면 아래와 같다.

1. 사람의 상태나 동작을 보여주는 사진
2. 사람이 없는 장소나 사물 위주의 사진
3. 배경이나 전경 사진

30% 사물/배경 사진
70% 사람 등장 사진

이러한 사진들과 함께 들리는 보기 (A)~(D)는 ① 사람의 동작이나 행위, 상태 등을 묘사하거나 ② 사진 속의 포괄적인 정황이나 ③ 사물간의 위치 등을 묘사한 짧은 문장을 읽어주며, 정답을 선택할 때는 네 개의 보기에서 단어를 잡아내는 청취 능력과 포괄적인 판단 능력이 필요하다.

사진 유형	사진의 특징	정답 유형
사람 등장 사진	1. 1인 등장 사진 2. 2인 등장 사진 3. 3인 이상 등장 사진	• 사람의 사실적인 동작이나 상태 묘사 • 사람 간의 상호 동작 묘사 • 사람들의 통일성이나 동작 묘사 • 사람이 아닌 사물 묘사
사람이 없는 사물/배경 사진	1. 사물 중심 사진 2. 배경 사진	• 사물의 상태 묘사 • 사물 간의 위치 묘사 • 분위기 묘사

PART 2

11번부터 40번까지 총 30문항으로 문제지에는 질문과 답변 모두 쓰여 있지 않다. 간단한 질문과 그 답변에 해당하는 3개의 보기를 들려주면서 질문에 적절한 응답을 선택하도록 하는 유형이다.

Part 2에서는 순간적인 기억력을 통해 순발력 있게 상대가 말하고자 하는 의미를 잡아내는 연습이 필요하다. 문제 호흡이 비교적 짧기 때문에 유사 발음, 연음 등에 유의하며 오답을 소거하는 방식으로 정답을 찾는 것이 효과적이다.

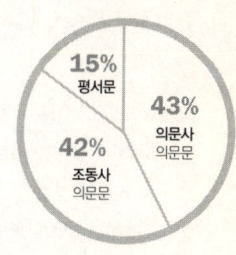

출제 비율은 wh-의문사 질문이 평균 13~15문제 정도 등장하고, be동사, have동사, 조동사류의 비의문사 질문이 평균 11~13문제, 의문문 형태가 아닌 평서문은 평균 5~6문제 정도 출제되고 있다.

1 의문사 의문문	Who	행위의 주체가 될 수 있는 사람이나 회사, 부서 등을 묻는 질문
	When	시간이나 시점을 묻는 질문
	Where	특정 행위가 발생하는 장소나 사람/사물의 위치나 소재, 출처를 묻는 질문
	What	특정 행위나 사물/사람의 대상을 묻는 질문
	How	• 수단이나 방법을 묻는 질문 • 'how + 형용사/부사 ~'의 형태로 수나 양, 정도, 길이, 횟수 등을 묻는 질문
	Why	이유나 원인, 목적을 묻는 질문
2 비의문사 의문문	be, do, have동사, 조동사	• 상태 확인, 행위나 사실 여부 확인 및 일이나 행위의 완료 여부를 묻는 질문 • 가능성, 의지, 의도를 묻는 질문
	권유/제안	어떤 일이나 행위에 대해 제안하거나 권유하는 질문
	부탁/요청	상대에게 부탁하거나 요청하는 질문
	간접의문문	문장 중간에 의문사가 들어가는 질문
	선택 의문문	or나 의문사 which를 이용한 선택 의문문
	부정, 부가 의문문	의견이나 의도 또는 사실 여부를 확인하고자 하는 질문
3 평서문	(주어) + 동사 + ~ .	• 감정 표현이나 의견을 제시하는 표현 • 권유, 제안, 부탁의 표현 (※ 최근 평서문 질문에서 추가 정보나 확인을 위해 반문하는 답변이 대세)
4 핵심 답변 유형	I don't know 유형	'모르겠다'는 유형의 답변은 어떤 유형에서도 답이 가능하다.

※ 구어체 표현: 의문사나 조동사를 이용한 관용적인 표현으로 고득점을 위해서는 반드시 암기해 두어야 한다.

about TOEIC

PART 3

Part 3은 업무나 일상생활 속에서 발생할 수 있는 짧은 대화를 듣고 대화 속 상황 인지 능력과 정확한 정보를 습득할 수 있는지를 평가하는 파트이다. 41번부터 70번까지 총 30문항으로 대화당 3문항씩 총 10개의 대화가 등장한다. 업무 및 일상생활에서 발생할 수 있는 두 사람의 짧은 대화를 듣고 관련 질문에 답하는 유형이다. 문제지에 질문과 보기가 모두 쓰여 있고 대화는 들려준다.

Part 3에 등장하는 문제의 3가지 유형은 아래와 같다.
1. 대화자에 대한 정보나 장소, 시간, 주제, 목적 등 기본적인 정보를 묻는 문제
2. 대화의 구체적인 내용이나 정보를 묻는 문제
3. 대화가 끝난 후 미래의 상황과 요구, 요청, 제안의 내용을 묻는 문제

- 23% 기본 정보
- 51% 구체적인 정보
- 26% 미래/요청, 제안

주로 등장하는 대화의 주제는 업무 관련 대화나 교통/여행, 전화 통화 그리고 우체국, 은행, 길거리 등 다양한 장소에서의 대화가 등장하게 된다. 각각의 대화 속에서 질문에 대한 답은 80% 이상이 거의 순차적으로 등장하며 문제에 해당하는 남자와 여자의 대사에서 집중해서 듣고 질문 유형별로 자주 등장하는 표현과 위치를 익혀두는 것이 좋다.

① 대화의 기본적인 상황을 인지할 수 있는 유형

• 주제나 목적을 묻는 문제 • 대화가 일어나는 장소를 묻는 문제 • 업종이나 직업을 묻는 문제 • 전화를 건 목적을 묻는 문제	3문제 중에서 첫 번째 문제로 자주 등장하며, 주로 대화의 전반부에서 정답을 찾을 수 있다.

② 대화 중에 구체적인 사실이나 정보를 묻는 유형

• 원하는(필요한) 것을 묻는 문제 • 문제나 걱정거리를 묻는 문제 • 대상/인물, 원인, 시간, 장소, 행위, 감정 등을 묻는 문제	문제에서 언급된 단서가 될 만한 키워드를 끼고 답을 말하게 된다. 정답은 70%가 대화의 중반부에서 나오게 된다. 나머지 30%는 대화의 전반부/후반부에 구체적인 키워드나 시제를 통해서 등장한다.

③ 대화 이후에 발생할 일이나 행동에 대한 정보를 묻는 유형

• 권유/제안, 요구/요청의 내용을 묻는 문제 • 다음에 발생할 일을 묻는 do next 문제	주로 대화가 끝나고 나서 이후에 발생할 일이나 대화자들이 무엇을 할 것이라는 내용으로 주로 대화의 후반부에서 답을 찾을 수 있다.

PART 4

Part 3와 마찬가지로 10개의 짧은 담화가 등장하고 담화당 3문제씩 Part 3와 유사한 문제들로 이루어져 있다. 주로 등장하는 내용은 전화 메시지나 연설, 회의, 안내 방송, 일기예보 등이며, Part 3와는 다르게 남자와 여자의 대사로 이루어진 것이 아니라 한 가지 주제의 일관성 있는 내용으로 전개되므로 등장하는 담화의 유형별 스토리 진행 방식을 알아두면 쉽게 답을 찾을 수 있다.

Part 4에서 꼭 알아두어야 할 담화 유형은 아래와 같다.

1. 일반 전화 음성 메시지
2. 자동 응답 메시지
3. 방송(Broadcasting)
4. 안내 및 공지(Announcement & Notice)
5. 여행 및 견학 일정(Tour)
6. 광고(Advertisement)
7. 인물 소개(Introduction)
8. 연설(Speech & Talk)

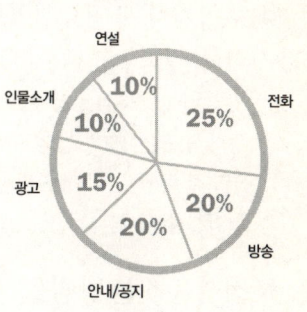

Part 4에서 나오는 질문의 유형은 아래와 같다.

내용과 패턴	문제 유형
1단계 (전반부) 기본적인 정보 전달 주로 기본적 인사말을 통해 모임의 이름과 대상 또는 자신의 소개하고 목적인 주제를 알 수 있도록 이야기를 시작한다.	주로 1~2번째 문제에 등장하며, 이야기와 관련된 기본 정보들을 묻는다. • 화자(speaker)나 청중(audience)에 관한 정보 • 장소(place), • 목적(purpose)이나 주제(subject)
2단계 (중반부) 구체적인 전달 사항 본격적으로 전달하고자 하는 세부 내용 등과 관련해서 이야기를 전개한다.	주로 2번째 문제로 등장하지만 1~3번째 문제로도 등장하며, 구체적인 정보를 묻는다. • 각각의 담화의 유형별 특성에 따른 빈출 질문 • 특정 장소, 시간, 이유, 방법, 행위등과 관련한 구체적인 사항을 묻는 문제
3단계 (후반부) 제안 또는 요구, 요청, 권고 마지막으로 듣는 이(들)에게 제안하거나 요구, 요청하는 내용으로 마무리를 짓거나 다음 내용에 대해 언급하면서 자신의 말을 마무리 짓는다.	주로 마지막 문제에서 미래나 요구, 요청, 제안의 정보를 묻는다. • 듣는 이(청중 audience)들에게 ~을 하도록 제안하거나(be recommended, be invited, encouraged), 요구(be asked, required), 조언(be advised)되는지를 묻는 질문이다. • 이야기가 끝난 직후 어떤 일이 벌어질 것인가(next)를 묻는 문제

about This BOOK
이 책의 특징

토익 전문 강사 유수연이 토익 700점을 목표로 하는 초급자에게 반드시 필요한 필살기만을 뽑았다. 토익 시험을 처음 접한다고 해서, 원하는 점수만큼 나오지 않는다고 해서 무조건 처음부터 문법 공부를 시작할 필요는 없다. 토익에 나오는 문제는 그 유형과 틀이 정해져 있기 때문이다.

- **초급자에게 필요한 핵심은 모두 담았다!**

  이 책은 기본 문법 중에서도 실제 시험에 출제되는 사항들만 모았다. 목표 점수 700점에 맞춘 난이도 조절을 통해 토익 문법을 파악하는 눈을 기를 수 있도록 하였다. 또한 토익 중에서도 난이도가 높은 독해 문제는 지문 유형별 출제 의도를 파악하는 능력을 기를 수 있도록 하였다. 이 정도 필살기만 알면 경험이 부족한 초급자들도 쉽게 토익의 유형을 파악할 수 있다.

- **정답을 찾는 방법을 훈련한다!**

  이 책은 각 페이지마다 한 개의 필살기를 제시하고 핵심적인 설명을 덧붙였다. 숙지한 내용이 시험 문제에서는 어떻게 나오는지, 문제는 어떻게 푸는지 그 과정을 상세하게 풀어썼기 때문에 실전 적응력을 기를 수 있다. 정답뿐 아니라 오답이 되는 이유까지 설명하고 있어서 문제와 관련된 기본 문법 개념들을 한꺼번에 머릿속에 정리할 수 있다.

- **실전 테스트로 실력을 점검해본다!**

  지금까지의 기출문제를 바탕으로 재구성 된 Actual Test 1회분을 풀어보고 스스로 실력을 확인해볼 수 있다. 맞힌 문제뿐 아니라 틀린 문제가 해당되는 문법사항을 확인하고 자신의 약점으로 느껴지는 필살기는 다시 학습해보자.

Contents

PART 1 014
PART 2 054
PART 3 120
PART 4 172

ACTUAL TEST 208

ANSWER & SCRIPT 226

PART 1

PART 1

이렇게 출제된다!

- **주어는 대부분 동일하게 시작한다.**

    실제 시험에서 하나의 사진에 등장하는 보기는 대부분 아래와 같이 동일한 주어로 시작하기 때문에 (A)~(D)까지 들을 때 주어보다는 뒤에 나오는 동사와 명사를 잘 들어야 한다.

    (A) She's pointing her finger.
    (B) She's taking a photograph.
    (C) She's removing her coat.
    (D) She's opening her bags.

- **〈보기〉에 나오는 문장 패턴**

    Part 1에 등장하는 문장은 8가지 유형으로 분류할 수 있다. 예문을 통해서 자연스럽게 암기하고 쓰임을 익히는 것이 가장 좋다.

    - 현재진행형(be+-ing)은 주로 사람의 동작을 묘사하는 표현이다.
      He is painting the door. 그는 문에 페인트칠을 하고 있다.

    - 'be+형용사+전치사' 구문은 사물이나 사람의 상태를 묘사할 때 주로 쓰인다.
      The room is full of books. 방은 책으로 가득 차 있다.

    - 'be+전치사구'는 보통 사물이나 사람의 위치를 나타낼 때 자주 등장하는 표현이다.
      A plant is in the corner. 화분이 구석에 있다.

    - 현재시제(주어+현재동사)는 현재의 상태나 상황을 나타낼 때 쓰이는 표현이다.
      A path leads to the fountain. 길이 분수로 나 있다.

    - 'There+be동사' 구문은 '무엇이 있다'는 의미로 자주 사용된다.
      There is a plant on the table. 테이블 위에 화분이 있다.

    - 수동태(be+과거분사)는 주로 사물 주어로 사물의 상태를 나타낼 때 쓰이는 표현이다.
      The house is reflected in the water. 집이 물에 비춰져 있다.

- 현재완료(have/has + 과거분사)와 수동태(be+과거분사)는 동작이나 상태의 완료를 표현할 때 쓴다. 주로 Part 1에서는 사물 주어를 가지며 수동태 완료시제로 자주 등장한다.
  The chairs have been placed around the tables. 의자들이 테이블 주위에 놓여 있다.

- 수동태 진행형(be + being + 과거분사)은 사물 주어로 등장하여 주로 사람에 의해 특정 행위를 당하고 있는 현재 상태를 나타내는 표현이다. been과 혼동하기 쉬우므로 반복해서 듣고 연습해야 한다.
  The building is being renovated. 건물 공사가 진행되고 있다.

이렇게 푼다!

- 사진에 사람의 유무와 사물, 배경 등의 특징을 확인하라.
- 보기 (A)~(D)에 나오는 문장 형식에 익숙해져야 한다.
- 정답의 80%는 동사와 명사에서 결정된다.
- 정답을 찾으려고 하지 말고 오답을 찾아서 제거하라.
  섣불리 전체 문장을 다 이해하고 정답을 찾으려고 해서는 안 된다. 보기의 문장들을 처음부터 끝까지 다 듣고 이해하기보다는 사진을 꼼꼼히 확인한 후 사진에 없는 내용을 묘사하는 단어(동사, 명사)가 들리는 보기를 하나씩 X표를 그어가며 소거해야 한다.
- 유추하지 말고 눈에 보이는 것만 믿어라.
  상세한 묘사보다는 전반적인 묘사가, 추상적인 묘사보다는 사실적인 묘사가, 주관적인 묘사보다는 객관적인 묘사가 정답이 된다.
- 정답은 다른 각도나 시선으로 묘사한다.
- 유사 발음과 연상 어휘에 주의하라.
- 빈출 어휘와 표현은 반드시 암기하라.

필살기 01 사진의 특징을 파악하라

사진을 보는 순서 ① 장소(분위기) → ② 사람의 동작과 상태 →
③ 주변 사물의 위치와 관계

사진을 분석할 때는 제일 먼저 사진 속의 장소와 사람의 유무를 확인한다. 사람이 있으면 동작과 상태를 점검한 다음, 주변 사물들의 위치 관계를 파악해야 한다. 이렇게 하면 보기의 묘사에 어떤 오류가 있는지 바로바로 확인할 수 있다.

토익, 이렇게 나온다

(A) (B) (C) (D)

❶ **시선 처리 및 사진 분석**
사진의 배경은 나무와 수풀이 우거진 산속 계곡이다. 남자가 바위 위에서 카메라를 들고 사진을 찍고 있다.

❷ **동사와 명사를 중심으로 사진을 제대로 묘사하는지 확인하라.**

(A) He's walking across the stream. ▷ 냇가를 건너고 있지 않다.
(B) He's wearing a backpack. ▷ 배낭을 메고 있지 않다.
(C) He's leaning against the tree. ▷ 나무에 기대고 있지 않다.
(D) He's taking a photograph. ▶ 남자가 사진을 찍고 있다.

해석 (A) 그는 개울을 건너고 있다. (B) 그는 배낭을 메고 있다.
(C) 그는 나무에 기대어 있다. (D) 그는 사진을 찍고 있다.

어휘 **walk across** ~을 가로지르다, 건너다 **wear** 입다, 메다 **backpack** 배낭 **lean against** ~에 기대다 **take a photograph** 사진 찍다

★ 사진을 묘사하는 **정답의 특징**

① 주로 사람의 구체적인 동작이나 상태를 묘사하는 것이 정답이다.
② 사람의 동작이나 상태를 객관화하거나 일반화시킨 묘사가 정답이다.
③ 사람이 있어도 사물을 묘사하는 것이 정답이 되기도 한다.
④ 사람이 등장하지 않는 사진은 사물의 위치나 상태를 묘사한다.
⑤ 사진의 전경이나 전반적인 분위기를 묘사를 한다.
⑥ 사진에 없는 동작이나 사물에 대한 묘사는 오답이다.
⑦ 사진을 보고 판단할 수 없는 추상적이거나 주관적인 묘사는 오답이다.

✚ 실력더하기 다음의 사진을 가장 바르게 묘사한 문장을 고르시오.

P1_02_mp3

(A) A waiter is serving food.
(B) They are moving some potted plant.
(C) They are having a meal.
(D) They are gathered in a lobby.

정답 (C) ▶ 야외에서 사람들이 테이블에 둘러 앉아 음식을 먹고 있는 사진이다. 사람들은 모두 앉아서 잔을 들고 있다. 테이블 위에는 음식들이 가득 차려져 있다.

스크립트 분석

(A) A **waiter** is serving food. ▶ 사진에 웨이터는 보이지 않으므로 오답이다. 아마도 웨이터가 음식을 서빙하고 있지 않을까 추측할 필요 없이 눈에 보이지 않으면 정답이 아니다.
(B) They are **moving** some **potted plant**. ▶ plant가 의미하는 식물은 뒤에 보이지만 potted plant는 화분에 심어진 화초나 식물을 의미한다. 가려진 부분에 화분이 있을 수 있다는 생각은 버려라. 또한 사람들이 옮기는(moving) 동작을 하고 있지 않으므로 오답이다.
(C) They are having a meal. ▶ 실제로는 사람들이 컵을 들고 있지만 전반적인 분위기로 보아 사람들은 음식을 먹거나 식사를 한다고 말할 수 있으므로 정답이다.
(D) They are gathered in a **lobby**. ▶ 사람들이 모여 있는 장소가 건물 안의 로비가 아니라 야외이기 때문에 정답이 아니다.

정답으로 등장할 수 있는 표현

They are holding cups. 그들은 컵을 들고 있다.
They are sitting at the table. 그들은 테이블 앞에 앉아 있다.
Some food has been set on the table. 테이블 위에는 음식이 차려져 있다.

해석 (A) 웨이터가 음식을 제공하고 있다. (B) 그들은 화분을 옮기고 있다. (C) 그들은 식사를 하고 있다. (D) 그들은 로비에 모여 있다.

어휘 **serve** 제공하다, 차려내다 **potted plant** 화분에 심은 식물 **have a meal** 식사를 하다, 음식을 먹다 **gather** 모으다 **lobby** 로비 **set** 놓다, 위치하다

필살기 02 사람이 등장하는 사진 유형

사진을 보는 순서
① 사람(들)의 동작 → ② 사람(들)의 상태 → ③ 주변 사물의 위치와 관계

사람이 등장하는 사진에서는 대부분 사람의 동작, 행동을 묘사하거나 입고 있는 의류, 액세서리 등의 상태를 표현한 문장이 정답이 된다. 하지만 사진에 사람이 있어도 주위 사물들을 묘사한 보기가 정답이 될 수 있기 때문에 사람의 동작이나 상태를 먼저 확인하고 나서 주변 사물의 상태나 위치 관계 또한 반드시 확인해야 한다.

토익, 이렇게 나온다

(A) (B) (C) (D)

❶ **시선 처리 및 사진 분석**
남자가 상자를 들고서 무언가 적고 있는 사진이다. 남자 뒤에는 차량이 한 대 보인다.

❷ **동사와 명사를 중심으로 사진을 제대로 묘사하는지 확인하라.**

(A) A man is carrying a box. ▶ 남자가 상자를 들고 있다.

(B) A man is parking his vehicle. ▷ 차량을 주차하고 있지 않다.

(C) A man is writing on a black board. ▷ 흑판은 보이지 않는다.

(D) A man is unloading boxes from a truck.
▷ 트럭에서 박스를 내리고 있지 않다.

해석 (A) 남자가 상자를 들고 있다. (B) 남자가 차를 주차하고 있다.
(C) 남자가 흑판에 적고 있다. (D) 남자가 트럭에서 박스들을 내리고 있다.

어휘 **carry** 들고 있다, 나르다, 운반하다 **park** 주차하다 **vehicle** 차량, 탈것 **black board** 흑판, 칠판 **unload** 내리다

★ 사람이 등장하는 사진 유형의 **시선 처리**

● 사람이 등장하는 사진을 유형별로 세분화하여 유형에 따른 적절한 시선 처리로 사진을 좀 더 빠르고 정확하게 파악할 수 있다. 기본적으로 사진의 장소와 전반적인 분위기를 확인하고 각 유형에 따라 중점적으로 확인해야 할 사항을 파악한다.

사진 유형	정답 유형(시선 처리)
1인 상반신	손 동작이나 상태와 관련하여 정답이 나온다.
1인 전신	사람의 행동을 주시하라.
2인 사진	두 사람의 상호관계를 확인하라.
3인 이상	획일적인 동작 및 상태와 분위기를 파악하라.

또한, 사람이 등장하는 사진에서도 사물 묘사가 정답이 될 수 있기 때문에 인물뿐 아니라 주변 사물의 상태도 꼼꼼히 확인해야 한다.

＋ 실력더하기 다음의 사진을 가장 바르게 묘사한 문장을 고르시오.

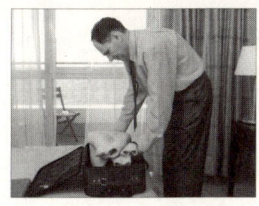

 P1_04_mp3

(A) He is opening a window.
(B) He is picking up his luggage.
(C) He is sweeping a balcony.
(D) He is packing his suitcases.

정답 **(D)** ▶ 방에서 한 남자가 가방을 싸고 있는 사진이다. 남자는 허리를 약간 구부리고 열려진 가방에 옷가지를 넣고 있다. 주변에는 창문이 있고 커튼이 창을 반 정도 가리고 있다. 구석에는 스탠드가 보이며, 창 쪽 베란다에는 빈 의자가 하나 있다.

스크립트 분석
(A) He is **opening** a window. ▶ 창문은 보이지만 남자가 창문을 열고 있는 것은 아니다.
(B) He is **picking** up his luggage. ▶ 남자는 가방을 싸고 있지 들고 있지 않다.
(C) He is **sweeping** a balcony. ▶ 창문 앞쪽에 발코니는 보이지만 남자는 바닥을 쓸고 있지 않다.
(D) He is packing his suitcases. ▶ 사진 속에 한 남자가 가방을 싸고 있는 행동을 묘사하고 있으므로 정답이다.

정답으로 등장할 수 있는 표현
A man is wearing a tie. 남자는 넥타이를 하고 있다.
There is furniture in the balcony. 발코니에 가구가 있다.
A suitcase is on the bed. 여행 가방이 침대 위에 있다.

해석 (A) 그는 창문을 열고 있다. (B) 그는 짐을 챙겨들고 있다. (C) 그는 발코니를 쓸고 있다. (D) 그는 가방을 싸고 있다.

어휘 **pick up** ~을 집다, 들어 올리다 **luggage** 짐, 수화물 **sweep** 쓸다 **balcony** 발코니 **pack** (짐을) 싸다, 꾸리다 **suitcase** 여행 가방

필살기 03   사람이 등장하지 않는 배경 사진 유형

사진을 보는 순서
① 장소와 시설물(사물) 유무 → ② 위치 및 상태 → ③ 분위기

사람이 등장하지 않는 사진은 출제 비중이 적지만 대개 사람이 등장하는 사진보다 난이도가 높다. 이런 사진에서 인물 묘사나 현재진행 수동태로 언급되는 보기는 듣자마자 소거해야 하며, 사진 속 사물의 상태나 풍경을 주의 깊게 관찰하자.

토익, 이렇게 나온다

(A) (B) (C) (D)

❶ 시선 처리 및 사진 분석

숲 가운데 자리 잡은 항구 도시의 풍경 사진이다. 건물들과 항구가 보이며 항구에는 배들이 정박해 있다.

❷ 동사와 명사를 중심으로 사진을 제대로 묘사하는지 확인하라.

(A) Boats are passing under the bridge. ▷ 사진 속에 다리는 보이지 않는다.

(B) Houses overlook the harbor.
▶ 산기슭에 있는 집들이 항구를 내려다보는 풍경으로 정답이다.

(C) Some people are watching a boat race.
▷ 관람자나 보트 경기는 보이지 않는다.

(D) A park is surrounded by a stone wall. ▷ 공원은 보이지 않는다.

해석 (A) 배들이 다리 밑을 지나가고 있다. (B) 집들이 항구를 내려다본다.
(C) 몇몇 사람들이 보트 경주를 보고 있다. (D) 공원이 돌 벽으로 둘러싸여 있다.
어휘 **pass** 지나가다 **overlook** 내려다보다 **watch** 바라보다 **surround** 둘러싸다

★ 사람이 등장하지 않는 **배경 사진 유형**

사진 유형	정답 유형(시선 처리)
사물 중심 사진	사물 간의 위치와 관계를 파악하라.
풍경, 배경 사진	사물 간의 위치와 관계 및 분위기를 파악하라.

현재진행 수동태 (be+being+p.p.)
현재진행 수동태는 사물이나 사람이 어떤 행위를 당하고 있음을 의미하므로 사진에 사람이나 기계에 의해 이루어지는 행위가 보여야 정답이 될 수 있다.

현재완료 수동태 (have+been+p.p.)
현재완료 수동태는 행위가 이미 완료되었음을 의미하므로 사진에 사람이 보이지 않아도 정답이 될 수 있다.

+ 실력더하기 다음의 사진을 가장 바르게 묘사한 문장을 고르시오.

P1_06_mp3

(A) A rack is being adjusted.
(B) Some flowers have been planted in the pots.
(C) Containers are being set on shelves.
(D) Pots have been piled on the shelf.

정답 **(D)** ▶ 선반으로 보이는 판자 위에 빈 화분들이 포개져 쌓여 있는 모습이다.

스크립트 분석
(A) A rack is **being adjusted**. ▶ 장식장(rack)을 움직이거나 조작하는 사람이 없기 때문에 진행형 수동태는 정답이 될 수 없다.
(B) Some **flowers** have been planted in the pots. ▶ 사진에 꽃이 보이지 않는다.
(C) Containers are **being set** on shelves. ▶ 진행형 수동태로 놓고(set) 있는 사람이 보이지 않아 오답이다.
(D) Pots have been piled on the shelf. ▶ 화분들이 선반 위에 쌓여 있는 모습을 묘사하고 있으므로 정답이다.

정답으로 등장할 수 있는 표현
Pots are stacked on the shelf. 화분들이 선반에 쌓여 있다.
There are pots displayed on the rack. 장식장에 화분들이 진열되어 있다.

해석 (A) 선반이 조정되고 있다. (B) 꽃들이 화분에 심어져 있다. (C) 용기들이 선반 위에 놓이고 있다. (D) 화분들이 선반 위에 쌓여 있다.
어휘 **rack** 장식장, 선반 **adjust** 조정하다, 바로잡다 **plant** 심다 **pot** 병, 항아리, 화분 **container** 용기 **pile** 쌓다, 포개다 **shelf** 선반

필살기 04 — 동사와 명사를 받아쓰고 오답을 제거하라

동사와 명사를 잡아라!

한 문제에서 보기의 주어는 대부분 동일하기 때문에 80%는 문장의 중간부터 나오는 동사와 그 뒤의 명사가 답을 결정한다. 문장 전체를 듣고 이해해서 풀기보다는, 동사와 명사를 중심으로 듣고 사진 속 인물의 행위와 보기에 언급된 사물의 존재 여부 및 상태를 비교하여 일치하지 않으면 과감히 소거하는 것이 효과적이다. 이를 위해 순간 판단력이 중요한데, 초급자들은 동사와 명사를 위주로 받아쓰는 연습을 하면 도움이 된다.

토익, 이렇게 나온다

P1_07_mp3

(A) (B) (C) (D)

❶ 시선 처리 및 사진 분석

한 여자가 마트에서 쇼핑을 하는 모습이다. 여자는 한 손에 물건을 들고 살펴보고 있으며, 다른 한 손은 고른 물건이 가득 찬 카트의 손잡이를 쥐고 있다. 주변을 보면 진열장에 물건이 잘 정리되어 있다.

❷ 동사와 명사를 중심으로 사진과 어울리지 않는 것을 소거하라.

(A) She is using a **cash register**. ▷ 금전 등록기(cash register)는 보이지 않는다.

(B) She is **reaching** for an **item** on the **shelf**. ▷ 여자가 손을 뻗고 있지는 않다.

(C) She is **examining merchandise**. ▶ 물건을 보고 있다.

(D) She is **carrying** a **bag**. ▷ 가방은 보이지 않는다.

해석 (A) 그녀는 금전 등록기를 사용하고 있다. (B) 그녀는 선반에 있는 물건을 향해 손을 뻗고 있다. (C) 그녀는 물건을 살펴보고 있다. (D) 그녀는 가방을 들고 있다.

어휘 **cash register** 금전 등록기 **reach for** ~에 (팔을) 뻗다 **item** 물건, 제품 **shelf** 선반 **examine** 검사하다 **merchandise** 상품, 제품 **carry** 들고 있다, 나르다

★ 받아쓰기를 통해 오답을 소거하는 **문제 풀이 요령**

STEP ❶ 음성이 나오기 전에 사진을 미리 보고 시선을 떼지 않는다.

STEP ❷ 음성을 들으면서 보기마다 핵심어를 두 단어 정도 받아쓴다.

STEP ❸ 사진에 없는 단어(동사, 명사)가 들리면 바로 소거한다.
  ① 눈에 보이지 않는 행위를 설명하는 동사는 소거하라.
  ② 사진에 없는 명사는 소거하라.
  ③ 사진에 보이는 동작이나 사물을 나타내는 표현과 혼동하도록 유도하는 유사 발음이나 사진에서 연상할 수 있는 표현이 들리면 주의하라.

STEP ❹ X표로 오답을 하나씩 소거하면 결국 남는 게 정답이 된다.
  만약 모르는 단어나 놓친 단어가 있다면 과감하게 물음표(?)를 찍어 놓고 넘어가라. 자칫 당황해서 나머지도 들을 수 없게 된다.

＋ 실력더하기 빈칸에 알맞은 단어를 받아쓰고 정답을 고르시오.

P1_08_mp3

(A) A woman is _____ with her _____ along the _____.
(B) The sandals are _____ on the _____.
(C) Some _____ are _____ on the _____.
(D) A _____ is _____ on the _____.

정답 (A) ▶ 한 여자가 개와 함께 해변에서 산책을 하고 있는 사진이다. 여자는 한 손에는 신발을 들고 소매가 없는 옷을 입고 있다. 그림자가 모래사장 위로 드리워져 있고 파도가 보인다.

스크립트 분석
(A) A woman is **walking** with her **dog** along the **shore**. ▶ 여자와 개가 해변을 걷고 있는 모습을 묘사하므로 정답이다.
(B) The sandals are **lying** on the **ground**. ▶ 신발은 여자가 들고 있으며, 땅 위에는 아무것도 없으므로 동사 lying을 듣고 바로 오답으로 소거할 수 있다.
(C) Some **people** are **working** on the **fence**. ▶ '걷다(walk)'라는 동사와 유사 발음이 들렸지만 사람들(people)이 아닌 한 사람만 있고, 명사 fence가 보이지 않기 때문에 오답으로 소거할 수 있다.
(D) A **boat** is **floating** on the **water**. ▶ 바다 위에 배(boat)는 보이지 않으므로 오답으로 바로 소거할 수 있다.

해석 (A) 한 여자가 개와 함께 해변을 따라 걷고 있다. (B) 샌들이 땅 위에 놓여 있다. (C) 사람들이 담장에서 일하고 있다. (D) 배가 물 위에 떠 있다.
어휘 walk 걷다 shore 해안, 호숫가 lie (놓여져) 있다 ground 땅 fence 담장 float (물 위에) 떠 있다
받아쓰기 정답 walking, dog, shore, lying, ground, people, working, fence, boat, floating, water

1인 상반신 사진은
손 동작이나 상태에서 답이 나온다

필살기 05

사진을 보는 순서 ① 손 동작 → ② 외모 묘사 → ③ 주변 묘사

사진에 한 사람이 등장하여 상반신만 보일 때, 그 사람의 손 동작과 상태를 설명하는 보기가 정답이 될 가능성이 높다. 활동 반경이 좁기 때문에 크고 복잡한 동작보다는 손에 무엇을 쥐고 있거나 가리키고 있는 정도의 동작이 많다. 눈에 띄는 행동뿐만 아니라 사람의 시선이나 복장 상태 등도 꼭 확인해야 한다.

토익, 이렇게 나온다

P1_09_mp3

(A) (B) (C) (D)

❶ **시선 처리 및 사진 분석**

사진의 장소는 개인 음악이나 DJ를 보는 작업실로 판단할 수 있다. 제일 먼저 보이는 것은 한 남자의 상반신으로 남자는 마이크에 대고 말을 하는 것으로 보인다. 헤드폰을 쓰고 있으며, 책상 위에는 모니터와 키보드를 비롯한 장비들이 있다.

❷ **동사와 명사를 중심으로 듣고 사진에 보이지 않는 단어는 소거하라.**

(A) He is **adjusting** his **headphones**. ▷ 바로잡고 있지 않다.
(B) He is **speaking** into a **microphone**. ▶ 마이크에 대고 말하고 있다.
(C) He is **typing** on a **keyboard**. ▷ 타자를 치고 있지 않다.
(D) He is **holding** a **pen**. ▷ 펜을 들고 있지 않다.

해석 (A) 그는 헤드폰을 바로잡고 있다. (B) 그는 마이크에 대고 이야기하고 있다.
(C) 그는 키보드에 타자를 치고 있다. (D) 그는 펜을 들고 있다.
어휘 **adjust** 조정하다, 바로잡다 **headphones** 헤드폰 **microphone** 마이크 **hold** (손으로) 들다

★ 시험에 나오는 **장소별 어휘**

● **사무실, 작업장, 연구실**

A man is carrying a folder. 한 남자가 서류철을 가지고 있다.
A man is wearing a neck tie. 한 남자가 넥타이를 매고 있다.
A woman is taking a note. 한 여자가 메모를 하고 있다.
He is sitting at the desk. 그는 책상에 앉아 있다.
They are examining a document. 그들은 서류를 검토하고 있다.

The (tele)phone is next to the printer. 프린터기 옆에 전화기가 놓여 있다.
Papers are piled on the desk. 서류들이 책상 위에 쌓여 있다.
Some notes are posted on the bulletin board. 메모들이 게시판에 붙어 있다.
Documents are scattered on the table. 서류들이 테이블 위에 널브러져 있다.

She is looking at the computer screen. 그녀는 컴퓨터 화면을 보고 있다.
They're having a meeting. 그들은 회의를 하고 있다.
She is using a copy machine. 그녀는 복사기를 이용하고 있다.
A man is giving[making] a presentation. 한 남자가 발표를 하고 있다.
She's looking through a microscope. 그녀는 현미경을 들여다보고 있다.
They're installing some equipment. 그들은 장비를 설치하고 있다.

A man is pushing a wheelbarrow. 한 남자가 수레를 밀고 있다.
A man is standing on the ladder. 한 남자가 사다리 위에 서 있다.
He's holding a tool with his hand. 그는 손에 연장을 쥐고 있다.
Workers are measuring the width. 인부들이 넓이를 측정하고 있다.
Workers are repairing the roof. 인부들이 지붕을 수리하고 있다.
A house is under construction. 주택이 공사중이다.

+ **실력더하기** 다음의 사진을 가장 바르게 묘사한 문장을 고르시오.

P1_10_mp3

(A) He's typing a document.
(B) He's working at a desk.
(C) He's using a photocopier.
(D) He's listening to music on his headphones.

정답 **(B)** ▶ 남자가 책상에 앉아서 헤드셋을 쓰고 손에 든 서류를 읽고 있는 사진이므로, 책상에서 일하고 있다(working at a desk)고 포괄적으로 묘사한 (B)가 정답이 된다. 책상 위에는 키보드와 마우스, 필통이 보인다. (A)는 컴퓨터로 서류를 작성하고 있는 동작(typing)이 아니므로 오답이다. 사진에서 복사기(photocopier)는 뒤편에 얼핏 보이나 이용하고 있지 않으므로 (C)는 바로 소거해야 한다. 헤드셋을 착용하고 있지만 눈으로 확인할 수 없는 추측(listening to music)은 답이 될 수 없으므로 (D)는 오답이다.

해석 (A) 그는 문서를 타이핑 하고 있다. (B) 그는 책상에서 일하고 있다. (C) 그는 복사기를 사용하고 있다. (D) 그는 헤드폰으로 음악을 듣고 있다.

어휘 **type** 타자를 치다, 입력하다 **document** 서류, 문서 **photocopier** 복사기

EXERCISE

DICTATION | P1_11_mp3

동사, 목적어 혹은 '전치사+명사'에 주의하여 빈칸을 받아쓰기하고, 바르게 묘사한 문장을 고르시오.

1.

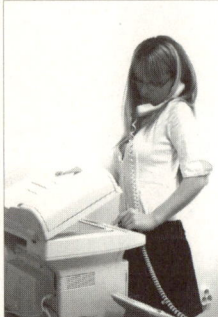

(A) She's _____ some _____ .

(B) She's _____ a _____ .

(C) She's _____ a file _____ in the rack.

(D) She's _____ the _____ .

(A) 그녀는 장비를 향해 있다.
(B) 그녀는 서랍을 열고 있다.
(C) 그녀는 선반에 서류철을 놓고 있다.
(D) 그녀는 전화를 끊고 있다.

2.

(A) He is _____ a _____ .

(B) He is _____ his wrist _____ .

(C) He is _____ off his _____ .

(D) He is _____ a _____ .

(A) 그는 재킷을 입고 있다.
(B) 그는 손목시계를 확인하고 있다.
(C) 그는 안경을 벗고 있다.
(D) 그는 유리창을 닦고 있다.

3.

(A) A man is _____ _____ into a cup.

(B) A man is _____ both _____ .

(C) A man is _____ the _____ .

(D) A man is _____ a _____ of water.

(A) 남자가 컵에 물을 따르고 있다.
(B) 남자가 양손을 사용하고 있다.
(C) 남자가 테이블을 치우고 있다.
(D) 남자가 물 한 병을 마시고 있다.

EXERCISE
ACTUAL TEST | P1_12_mp3

다음 사진을 보고 가장 바르게 묘사한 문장을 고르시오.

1.  (A) (B) (C) (D)

2.  (A) (B) (C) (D)

3.  (A) (B) (C) (D)

1인 전신 사진은
사람의 행동을 주시하라

필살기 06

사진을 보는 순서　① 행동 묘사 → ② 외모 묘사 → ③ 주변 묘사

1인 전신 사진에서 상반신 사진과 특별히 차이가 나는 것은 행위의 종류가 다양해지고 행동의 반경이 크다는 것이다. 따라서 이런 사진에서는 주변 사물이나 상황과 관련 지어 인물이 하는 행위 위주로 시선 처리를 해야 한다.

토익, 이렇게 나온다

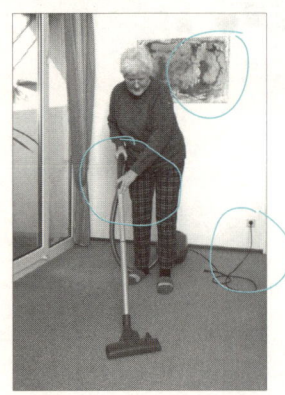

(A)　(B)　(C)　(D)

❶ 시선 처리 및 사진 분석
한 여자가 집에서 진공청소기를 이용하여 청소를 하는 모습이다. 벽에는 그림이 하나 걸려 있고 전기 콘센트에 코드가 꽂혀 있다. 사진 좌측으로 큰 유리문이 보이고 커튼이 묶여 있다.

❷ 동사와 명사를 중심으로 듣고 사진에 보이지 않는 단어는 소거하라.
(A) She is **assembling** a picture **frame**.　▷ 여자는 무엇을 조립하고 있지 않다.
(B) She is **vacuuming** the floor.　▶ 진공청소기로 바닥을 청소하고 있다.
(C) She is using a **vending machine**.
　　　　　　　　　　　▷ 사진에 자동 판매기(vending machine)는 없다.
(D) She is **plugging** a cord into an **outlet**.　▷ 여자가 코드를 꽂고 있지 않다.

해석　(A) 그녀는 액자를 조립하고 있다. (B) 그녀는 진공청소기로 바닥을 청소하고 있다.
　　　 (C) 그녀는 자동 판매기를 이용하고 있다. (D) 그녀는 콘센트에 코드를 꽂고 있다.
어휘　**assemble** 조립하다　**frame** 틀, 액자　**vacuum** 진공청소기로 청소하다　**vending machine** 자동 판매기　**plug** (코드 등을) 꽂다　**outlet** 콘센트

★ 시험에 나오는 **장소별 어휘**

● 일상생활(집, 정원, 일상 장소)

A man is mowing the lawn. 한 남자가 잔디를 깎고 있다.
The man is cleaning the window. 남자가 창문을 닦고 있다.
The man is watering the plants. 남자가 식물에 물을 주고 있다.
A woman is reaching into the oven. 한 여자가 오븐 안으로 손을 뻗고 있다.
A woman is washing some dishes. 한 여자가 접시들을 닦고 있다.
He is changing a light bulb. 그는 전구를 갈고 있다.
She is using a cooking utensil. 그녀는 조리 기구를 사용하고 있다.
She is preparing food at the counter. 그녀는 조리대에서 음식을 준비하고 있다.

Several lights have been turned on. 조명이 몇 개 켜져 있다.
Some furniture has been arranged. 가구가 정리[배치]되어 있다.
The beds are facing different directions. 침대들이 다른 방향을 향해 있다.
The curtain is covering the window. 커튼이 창문을 가리고 있다.
The hoses are surrounded by fences. 호스들이 울타리에 둘러싸여 있다.

The picture is hanging on the wall. 벽에 사진이 걸려 있다.
The room is decorated with potted plants. 방이 화분으로 꾸며져 있다.
The sink is full of dishes. 싱크대가 접시로 가득하다.
The sofa is unoccupied. 소파가 비어 있다.
There are lamps on the shelf. 선반 위에 램프들이 있다.
There is a patio between the buildings. 건물들 사이에 피티오가 있다.
There is furniture near the archway. 아치형 입구 근처에 가구가 있다.

★ **실력더하기** 다음의 사진을 가장 바르게 묘사한 문장을 고르시오.

 P1_14_mp3

(A) A man is watering some plants.
(B) A man is mowing the lawn.
(C) A man is planting some flowers.
(D) A man is holding a shovel.

정답 (A) ▶ 한 남자가 정원에서 물을 주고 있는 사진이다. 남자는 모자를 쓰고 있고 양손에 호스를 들고 있다. 식물에 물을 준다고 묘사한 (A) watering some plants가 정답이 된다. 사진의 배경이 잔디밭이기는 하지만 남자가 잔디를 깎고 있는 (mowing) 것은 아니므로 (B)는 오답이고, 꽃이 보이지만 심고 있는(planting) 동작이 아니므로 (C)도 소거해야 한다. 남자가 들고 있는 것은 삽(shovel)이 아니라 호스(hose)이므로 (D)도 정답이 될 수 없다.

해석 (A) 남자가 화초에 물을 주고 있다. (B) 남자가 잔디를 깎고 있다. (C) 남자가 꽃을 심고 있다. (D) 남자가 삽을 들고 있다.

어휘 **water** 물을 주다 **plant** 식물; 심다 **mow** (잔디를) 깎다, (풀을) 베다 **lawn** 잔디 **hold** 잡다, 들다 **shovel** 삽

E X E R C I S E

DICTATION | P1_15_mp3

동사, 목적어 혹은 '전치사+명사'에 주의하여 빈칸을 받아쓰기하고, 바르게 묘사한 문장을 고르시오.

1.

(A) She is _____ alone by the _____ .

(B) She is _____ a _____ .

(C) She is _____ near the _____ .

(D) She is _____ a _____ around the pond.

(A) 그녀는 물가에 홀로 앉아 있다.
(B) 그녀는 공원을 떠나고 있다.
(C) 그녀는 해안 가까이에서 하이킹하고 있다.
(D) 그녀는 연못 주변에서 한 집단을 이끌고 있다.

2.

(A) She is _____ some _____ into a _____ .

(B) She is _____ a _____ .

(C) She is _____ a _____ .

(D) She's _____ for an _____ .

(A) 그녀는 상품을 바구니에 담고 있다.
(B) 그녀는 카트를 밀고 있다.
(C) 그녀는 직원에 돈을 지불하고 있다.
(D) 그녀는 물건을 향해 손을 뻗고 있다.

3.

(A) Vehicles are _____ at the _____ .

(B) The woman is _____ a _____ .

(C) Bikes are _____ along the _____ .

(D) Some _____ are _____ on the car.

(A) 차량들이 건널목에서 대기하고 있다.
(B) 여자가 오토바이를 타고 있다.
(C) 오토바이들이 경계석을 따라 주차되어 있다.
(D) 사람들이 차를 타고 있다.

EXERCISE

ACTUAL TEST | P1_16_mp3

다음 사진을 보고 가장 바르게 묘사한 문장을 고르시오.

1.   (A)   (B)   (C)   (D)

2.   (A)   (B)   (C)   (D)

3.   (A)   (B)   (C)   (D)

2인 사진은 두 사람의 상호관계를 확인하라

필살기 07

사진을 보는 순서 ① 관계 확인 → ② 공통 행동 → ③ 주변 묘사

2인 사진은 1인 사진과 마찬가지로 개개인의 행동에 맞춰 시선을 처리하는 것도 중요하지만 사진 속 인물들의 관계도 확인해야 한다. 두 사람 간의 관계는 점원과 고객, 의사와 환자, 미용사와 손님, 동료 직원 등 다양하다. 특정 관계를 묘사하는 표현과 두 사람의 공통된 행동에 집중하자.

토익, 이렇게 나온다

P1_17_mp3

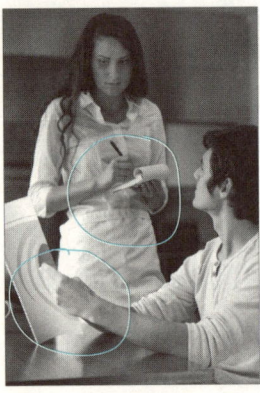

(A) (B) (C) (D)

❶ 시선 처리 및 사진 분석

식당은 Part 1에 자주 등장하는 장소이다. 식당에서 종업원으로 보이는 여자가 남자에게 주문을 받고 있는 모습이다. 여자는 노트와 펜을 손에 쥐고 서 있고 남자는 메뉴판을 손에 들고 앉아 있다.

❷ 동사와 명사를 중심으로 듣고 사진에 보이지 않는 단어는 소거하라.

(A) The man is holding a tray. ▷ 남자는 쟁반이 아닌 메뉴판을 손에 들고 있다.

(B) The woman is taking an order. ▶ 여자는 주문을 받고 있다.

(C) There's some food on the table. ▷ 테이블 위에 음식은 없다.

(D) A waitress is placing menus on a counter.
　　　　　　　　　　　　　　▷ 메뉴판을 내려놓고 있지 않다.

해석 (A) 남자는 쟁반을 들고 있다. (B) 여자는 주문을 받고 있다.
　　(C) 테이블 위에 음식이 있다. (D) 여종업원은 메뉴를 카운터 위에 놓고 있다.

어휘 **hold** (손으로) 들다 **tray** 쟁반 **take an order** 주문을 받다 **place** 놓다 **counter** 작업대, 카운터

★ 시험에 나오는 장소별 어휘

● **식당**

A clerk at the counter is helping the customer. 계산대에서 직원이 손님을 돕고 있다.
The woman is sipping a cup of coffee. 여자가 커피를 마시고 있다.
They are having a meal together. 그들은 함께 식사를 하고 있다.
A group has gathered at the table for a meal. 한 무리의 사람들이 식사를 위해 테이블에 모여 있다.
He is pouring a cup of water. 그가 컵에 물을 따르고 있다.
A man is ordering some food from a menu. 남자가 메뉴를 보고 음식을 주문하고 있다.
The man is serving food to the customer. 남자가 손님에게 음식을 제공하고 있다.
Some chairs are placed around the table. 의자들이 테이블 주위에 놓여 있다.
The seats are occupied. 자리에 사람들이 앉아 있다.
Some plates are piled up on the table. 테이블 위에 접시가 쌓여 있다.
The table has been set for a meal. 테이블에 식사가 준비되어 있다.

● **상점**

Display shelves are stocked with food. 진열장에 음식이 쌓여 있다.
She is arranging items on the shelves. 그녀가 선반 위에 물건을 정리하고 있다.
The desserts are on display. 디저트가 진열되어 있다.
The merchandise is arranged in rows. 상품이 가지런히 정렬되어 있다.
Some food items are displayed for sale. 음식들이 판매를 위해 진열되어 있다.
People are putting/loading items into a cart. 사람들이 카트에 물건을 넣고 있다.
Some people are standing next to the counter. 사람들이 계산대 옆에 서 있다.
The woman is paying for her purchase. 여자가 구매한 것에 대해 돈을 지불하고 있다.
The woman is trying on some clothing. 여자가 옷을 입어보고 있다.
They are pushing a cart. 그들은 카트를 밀고 있다.
They are facing each other. 그들은 마주 보고 있다.

+ 실력더하기 다음의 사진을 가장 바르게 묘사한 문장을 고르시오.

(A) They're opening the briefcase.
(B) They're carrying bags.
(C) They're examining some papers.
(D) They're shaking hands.

정답 (D) ▶ 사무실 책상에 두 사람이 마주 보고 앉아서 악수를 하고 있는 사진이다. 책상 위에는 가방과 서류들이 보인다. 악수를 한다고 묘사한 (D)가 정답이다. 서류 가방은 보이지만 가방을 열고 있는(opening) 모습이 아니므로 (A)는 오답이다. 역시 가방을 손에 들고 있지 않기 때문에 (B)도 답이 될 수 없다. (C)는 서류가 보이지만 두 사람이 서류를 검토하고 있는 (examining) 모습이 아니므로 오답이다.

해석 (A) 그들은 서류 가방을 열고 있다. (B) 그들은 가방을 들고 있다. (C) 그들은 서류를 검토하고 있다. (D) 그들은 악수를 하고 있다.

어휘 **briefcase** 서류 가방 **carry** 들고 있다, 나르다 **examine** 조사하다, 검사하다 **shake hands** 악수하다

EXERCISE

DICTATION | P1_19_mp3

동사, 목적어 혹은 '전치사+명사'에 주의하여 빈칸을 받아쓰기하고, 바르게 묘사한 문장을 고르시오.

1.

(A) They are _____ some _____ .
(B) They are _____ at the flower _____ .
(C) They are _____ potted _____ .
(D) They are _____ some _____ .

(A) 그들은 식물들을 유심히 살피고 있다.
(B) 그들은 화원에서 쪼그리고 앉아 있다.
(C) 그들은 화분에 심긴 식물을 들고 있다.
(D) 그들은 꽃을 심고 있다.

2.

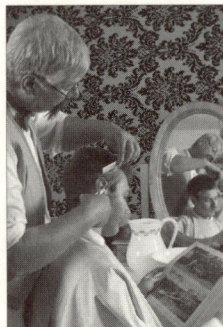

(A) One man is _____ _____ .
(B) One man is _____ _____ .
(C) One man is _____ himself in the _____ .
(D) One man is _____ his _____ .

(A) 한 남자가 의자를 옮기고 있다.
(B) 한 남자가 머리카락을 자르고 있다.
(C) 한 남자가 거울 속의 자신을 바라보고 있다.
(D) 한 남자가 머리를 빗고 있다.

3.

(A) A salesperson is _____ some _____ to a customer.
(B) A customer is _____ along the _____ .
(C) A salesperson is _____ up some _____ .
(D) A customer is _____ for a _____ .

(A) 점원이 고객에게 물건들을 권하고 있다.
(B) 고객이 진열품을 따라 구경하고 있다.
(C) 점원이 옷가지를 포장하고 있다.
(D) 고객이 구입품을 결제하고 있다.

E X E R C I S E

ACTUAL TEST | P1_20_mp3

다음 사진을 보고 가장 바르게 묘사한 문장을 고르시오.

1.    (A) (B) (C) (D)

2.    (A) (B) (C) (D)

3.    (A) (B) (C) (D)

3인 이상 사진은 획일성과 분위기를 파악하라

필살기 08

사진을 보는 순서 ① 공통 행위 → ② 분위기 파악 → ③ 주변 묘사

3인 이상의 사람들이 등장하는 사진에서는 많은 사람들이 획일적인 행위나 동작, 상태를 취하고 있는 경우가 많다. 따라서 사진에서 이러한 부분을 우선 확인한다.

토익, 이렇게 나온다

(A) (B) (C) (D)

❶ **시선 처리 및 사진 분석**
정면에 콘서트 무대가 보이며 무대 앞에는 관객들이 자리 잡고 있다. 뒤로는 건물들이 얼핏 보인다.

❷ **동사와 명사를 중심으로 듣고 사진에 보이지 않는 단어는 소거하라.**

(A) They are waiting in line for purchasing tickets. ▷ 줄을 서 있지 않다.
(B) People are attending a concert. ▶ 콘서트에 참석해 있다.
(C) A stage is being set up. ▷ 무대는 이미 설치되어 있다.
(D) Most of the chairs are unoccupied.
　　　　　　　　　　　　　▷ 의자에는 대부분 사람들이 앉아 있다.

해석 (A) 그들은 표를 사기 위해 줄을 서서 기다리고 있다. (B) 사람들이 콘서트에 참석해 있다. (C) 무대가 설치되고 있다. (D) 대부분의 의자들은 비어 있다.

어휘 **ticket** 표　**attend** 참석하다, 참여하다　**concert** 콘서트, 연주회　**set up** 세우다, 건립하다　**unoccupied** 비어 있는

★ 시험에 나오는 **장소별 어휘**

● **공연**

The conductor is leading the musicians. 지휘자가 연주자들을 이끌고 있다.
The musicians are playing instruments. 음악가들이 악기를 연주하고 있다.
People are attending a concert. 사람들이 콘서트에 참석해 있다.
Some people are gathered for an outdoor event. 사람들이 야외 행사에 모여 있다.
The woman is looking at a painting. 여자가 그림을 보고 있다.
The man is working on[drawing] a painting. 남자가 그림을 그리고 있다.
There are some artworks on the wall. 벽에 예술 작품이 걸려 있다.
The seats in an auditorium are occupied. 강당의 좌석에 사람들이 앉아 있다.
People are waiting in line. 사람들이 일렬로 기다리고 있다.
They are applauding the orchestra's performance.
그들은 오케스트라 공연에 박수를 치고 있다.

● **여가생활**

He is climbing up the mountain. 그는 산을 오르고 있다.
The man is carrying backpacks. 남자가 배낭을 메고 있다.
He is rowing a boat on the water. 그는 물 위에서 배를 젓고 있다.
People are watching a sporting event. 사람들이 스포츠 경기를 보고 있다.
The woman is exercising on an indoor track. 여자가 실내 트랙에서 운동을 하고 있다.
She is running through the park. 그녀는 공원을 가로질러 달리고 있다.
They are sitting in the shade. 그들은 그늘에서 쉬고 있다.
They are relaxing on the beach. 그들은 해변에서 휴식을 취하고 있다.
The man is leaning against the wall. 남자가 벽에 기대어 있다.

+ 실력더하기 다음의 사진을 가장 바르게 묘사한 문장을 고르시오.

P1_22_mp3

(A) People are performing in an auditorium.
(B) They're playing different musical instruments.
(C) The musicians are waving at the crowd.
(D) People are clapping their hands.

정답 **(B)** ▶ 거리에서 사람들이 각기 다른 악기를 연주하며 공연하고 있는 사진이다. 뒤에는 건물과 지나가는 사람들이 보인다. 따라서 사람들이 연주하고 있다고 묘사한 (B)가 정답이다. 사람들이 모인 장소가 강당(실내)이 아닌 거리이므로 (A)는 오답이며, 손을 흔들고 있는 모습도 보이지 않기 때문에 (C)도 오답이다. (D) 역시 박수를 치고 있는 사람은 보이지 않으므로 답이 될 수 없다.

해석 (A) 사람들이 강당에서 공연을 하고 있다. (B) 그들은 서로 다른 악기를 연주하고 있다. (C) 연주자들이 관중들에게 손을 흔들고 있다. (D) 사람들이 손뼉을 치고 있다.

어휘 **perform** 연주하다, 공연하다 **auditorium** 관객, 청중 **play** 연주하다 **instrument** 악기, 기구 **wave** 손을 흔들다 **crowd** 관중, 무리

EXERCISE

DICTATION | P1_23_mp3 🎧

동사, 목적어 혹은 '전치사+명사'에 주의하여 빈칸을 받아쓰기하고, 바르게 묘사한 문장을 고르시오.

1.

(A) The street are _____ by the _____ .

(B) A line of people is _____ a _____ .

(C) Pedestrians are _____ the _____ .

(D) There's no _____ on the street.

(A) 도로가 인부들에 의해 포장되고 있다.
(B) 사람들이 일렬로 서서 버스에 타고 있다.
(C) 보행자들이 도로를 건너고 있다.
(D) 도로에 차량들이 없다.

2.

(A) People are _____ the _____ .

(B) People are _____ their _____ in the cinema.

(C) People are _____ some _____ in a gallery.

(D) People are _____ to buy tickets.

(A) 사람들이 건물로 들어가고 있다.
(B) 사람들이 영화관에서 자리를 잡고 있다.
(C) 사람들이 갤러리에서 미술품들을 보고 있다.
(D) 사람들은 표를 사기 위해 줄을 서서 기다리고 있다.

3.

(A) People are _____ down the _____ .

(B) The _____ are _____ for a traffic light.

(C) They are _____ for some _____ .

(D) _____ are being _____ .

(A) 사람들이 길을 따라 행진을 하고 있다.
(B) 차량들이 신호등에 서 있다.
(C) 그들은 악기에 대해서 돈을 지불하고 있다.
(D) 악기가 닦여지고 있다.

EXERCISE

ACTUAL TEST | P1_24_mp3

다음 사진을 보고 가장 바르게 묘사한 문장을 고르시오.

1.  (A) (B) (C) (D)

2.  (A) (B) (C) (D)

3.  (A) (B) (C) (D)

필살기 09 사람이 있어도 사물 묘사가 답이 될 수 있다

사람이 있더라도 주변 사물을 꼼꼼히 확인하라.

사람이 등장한다고 해서 사물 묘사가 정답이 될 수 없는 것은 아니다. 그렇기 때문에 사람이 등장해 동작과 상태에 먼저 신경 쓰더라도 항상 마지막에는 장소와 주변 사물 등을 확인해야 한다.

토익, 이렇게 나온다

(A) (B) (C) (D)

❶ **시선 처리 및 사진 분석**

착륙해 있는 비행기에 사람들이 탑승하고 있는 사진이다. 비행기 앞에는 버스도 한 대 서 있다. 뒤에는 넓은 들판이 보인다.

❷ **동사와 명사를 중심으로 듣고 사진에 보이지 않는 단어는 소거하라.**

(A) A worker is loading cargo onto the plane.
▷ 짐을 싣고 있는 모습은 아니다.

(B) The people are boarding a bus. ▷ 버스를 타고 있는 사람은 없다.

(C) An airplane is flying over the forest. ▷ 비행기는 날고 있지 않다.

(D) The plane is on the ground. ▶ 비행기는 공항 활주로 위에 있다.

해석 (A) 한 인부가 비행기에 화물을 싣고 있다. (B) 사람들이 버스에 타고 있다.
(C) 비행기가 숲 위로 날고 있다. (D) 비행기가 착륙해 있다.
어휘 **board** 탑승하다 **forest** 숲 **on the ground** 착륙해 있는(지면 위에 있음을 의미함)

★ 시험에 나오는 **장소별 어휘**

● **교통 수단**

He is behind the wheel. 그는 운전석에 앉아 있다.(운전을 하고 있다.)
Some people are standing near the bus. 사람들이 버스 근처에 서 있다.
The train is waiting at the station. 기차가 역에서 대기하고 있다.
A train is approaching the station. 기차가 역으로 들어오고 있다.
Stairway is located near some railroad tracks. 계단이 철로 근처에 있다.
Some people are on the platform. 사람들이 승강장에 있다.

The airplane has stopped at the terminal. 비행기가 터미널에 세워져 있다.
There is an airplane flying in the sky. 하늘을 날고 있는 비행기가 있다.
The passengers are boarding the airplanes. 승객들이 비행기에 탑승하고 있다.
Luggage is being moved from the conveyor belt. 짐이 컨베이어 벨트로부터 옮겨지고 있다.
The airplanes are parked on the ground. 비행기들이 땅에 착륙해 있다.
Several airplanes are lined up in a row. 여러 대의 비행기가 일렬로 서 있다.
One of the airplanes has taken off. 비행기 중에 한 대가 이륙했다.
Passengers are disembarking from the airplane. 승객들이 비행기에서 내리고 있다.

A boat is floating on the water. 배 한 척이 물 위에 떠 있다.
Ships are docked at the harbor. 배들이 항구에 정박해 있다.
The boat is tied up at a dock. 배가 항구에 묶여 있다.
The sails on a boat are being raised. 배의 돛을 올리고 있다.
Boats are sailing near a bridge. 배들이 다리 근처에서 항해하고 있다.

+ 실력더하기 다음의 사진을 가장 바르게 묘사한 문장을 고르시오.

 P1_26_mp3

(A) They are all sitting at a desk.
(B) Documents are scattered on the floor.
(C) The desk is near the window.
(D) The windows are being closed.

정답 **(C)** ▶ 창문과 책상, 의자가 보이는 사무실에서 사람들이 책상 주변에 서서 무언가를 함께 보면서 일을 하고 있는 듯한 모습이다. 오른편으로는 창문이 보인다. 두 사람은 서서 책상 위에 노트를 보고 있다. 책상 옆으로 창문이 보인다. 보기 중에 이를 묘사한 (C)가 정답이다. 모두 앉아 있는 것이 아니기 때문에 (A)는 오답이며, 바닥에 흩어져 있는 서류가 보이지 않으므로 (B)도 오답이다. 사람들이 창문을 닫고 있는 모습도 아니기 때문에 (D) 역시 오답이다.

해석 (A) 그들은 책상에 앉아 있다. (B) 서류들이 바닥에 흩어져 있다. (C) 책상이 창문 근처에 있다. (D) 창문이 닫히고 있다.

어휘 **document** 서류 **scatter** 흩어지다, 분산시키다 **near** ~근처에 **window** 창문

EXERCISE

DICTATION | P1_27_mp3

동사, 목적어 혹은 '전치사+명사'에 주의하여 빈칸을 받아쓰기하고, 바르게 묘사한 문장을 고르시오.

1.

(A) There is a _____ next to a _____ .
(B) A waiter is _____ some _____ to a table.
(C) The man is _____ on a _____ .
(D) Chairs are _____ next to a _____ .

(A) 테이블 옆에 이동식 선반이 있다.
(B) 종업원이 테이블로 음식들을 가져오고 있다.
(C) 남자가 소파에서 책을 읽고 있다.
(D) 의자들이 벽 옆에 쌓여 있다.

2.

(A) A _____ is _____ from a ladder.
(B) They are _____ a _____ .
(C) Ladders of various _____ are _____ against the building.
(D) They are _____ a _____ .

(A) 사다리에 바구니가 걸려 있다.
(B) 그들이 발코니에 페인트칠을 하고 있다.
(C) 다양한 크기의 사다리들이 건물에 기대어져 있다.
(D) 그들이 사다리를 들어 올리고 있다.

3.

(A) The truck's _____ is _____ .
(B) Boxes are being _____ in a _____ .
(C) A man is _____ the _____ .
(D) The _____ of the truck is _____ .

(A) 트럭의 타이어가 교체되어지고 있다.
(B) 창고에서 박스들이 펼쳐지고 있다.
(C) 남자가 길을 건너고 있다.
(D) 트럭의 뒷문이 열려 있다.

EXERCISE

ACTUAL TEST | P1_28_mp3

다음 사진을 보고 가장 바르게 묘사한 문장을 고르시오.

1.  (A) (B) (C) (D)

2.  (A) (B) (C) (D)

3.  (A) (B) (C) (D)

사물 중심의 장소 사진은 사물 간의 위치 관계를 파악하라

사진을 보는 순서
① 중심부의 사물과 위치 관계 → ② 주변부의 사물과 위치 관계

사물만 등장하는 사진은 사물 간의 위치 관계, 사물의 상대적/절대적 위치와 상태에 집중하자.

토익, 이렇게 나온다

(A) (B) (C) (D)

❶ **시선 처리 및 사진 분석**
사진에 사람은 보이지 않고 길거리에 자전거들이 나란히 세워져 있다. 길 우측으로 버스들이 정차해 있으며, 좌측에 건물이 보이고 길 끝에는 나무가 서 있다.

❷ **동사와 명사를 중심으로 듣고 사진에 보이지 않는 단어는 소거하라.**

(A) A road is being paved with bricks. ▷ 도로를 포장하고 있는 사람은 없다.

(B) Bicycles are parked on a rack.
▶ 자전거들이 보관대에 나란히 세워져 있다.

(C) Some leaves have fallen from the trees. ▷ 나뭇잎은 떨어져 있지 않다.

(D) A bicyclist is riding along the street. ▷ 사람은 보이지 않는다.

해석 (A) 도로가 벽돌로 포장되고 있다. (B) 자전거들이 보관대에 세워져 있다.
(C) 나무에서 잎사귀가 떨어져 있다. (D) 자전거를 타는 사람이 도로를 따라 달리고 있다.
어휘 **pave** (도로를) 포장하다 **brick** 벽돌 **rack** 진열대, 받침대 **bicyclist** 자전거 타는 사람 **ride** 타다

★ 시험에 나오는 **장소별 어휘**

● **길, 거리, 도로, 계단**

Cars are parked in a row. 차들이 일렬로 주차되어 있다.
Vehicles are parked along the street. 차들이 길을 따라 주차되어 있다.
A vehicle is parked behind the truck. 차 한 대가 트럭 뒤에 주차되어 있다.
Some vehicles are at the intersection. 몇 대의 차들이 교차로에 있다.
There are some trees on the side of the road. 길가에 몇 그루의 나무가 있다.
A fence runs along the edge of the road. 길 가장자리를 따라 울타리가 이어져 있다.
Vehicles are driving through a tunnel. 차들이 터널을 통과해 달리고 있다.
There is a lot of traffic on the roadway. 차도에 많은 차들이 있다.
The traffic on the road is heavy. 도로의 교통이 혼잡하다.
The intersection is deserted. 교차로가 한산하다.
Lines have been painted on the road. 도로 위에 선들이 그려져 있다.
The road is being repaved. 도로가 재포장되고 있다.

Pedestrians are walking on the crosswalk. 보행자들이 횡단보도를 건너고 있다.
Some people are waiting the traffic lights. 사람들이 신호등을 기다리고 있다.
People are crossing the street. 사람들이 길을 건너고 있다.
A police officer is directing traffic. 경찰관이 교통 정리를 하고 있다.
There are stairs in the building's entrance. 건물 입구에 계단이 있다.
Stone stairs lead down the a market. 돌계단이 시장으로 이어져 있다.
The man is installing a railing on a stairway. 남자가 계단에 난간을 설치하고 있다.
She is walking up a stairway. 그녀는 계단을 걸어 올라가고 있다.

+ 실력더하기 다음의 사진을 가장 바르게 묘사한 문장을 고르시오.

P1_30_mp3

(A) A pair of scissors is resting in a cup.
(B) Clips are scattered inside a drawer.
(C) A stapler is on top of some books.
(D) Some paper is being placed in a drawer.

정답 **(A)** ▶ 사무실 책상으로 보이며 책상 위에 몇 가지 물건들이 놓여 있고 좌측으로는 의자가, 우측으로는 열린 서랍이 보인다. 가위가 필통 같은 컵에 들어 있는 모습을 묘사한 (A)가 정답이다. (B)는 서랍 안에 클립(clip)은 보이지 않는다. 스테이플러는 책상 위에 있지, 책 위에 있는 것이 아니므로 (C)도 오답이다. (D)는 진행형 수동태 is being placed로 종이를 서랍에 넣고 있는 동작을 묘사했으나 동작을 하는 사람이 아예 등장하지 않으므로 답이 될 수 없다.

해석 (A) 가위 한 쌍이 컵에 들어 있다. (B) 클립들이 서랍 안에 흩뿌려져 있다. (C) 스테이플러가 책 위에 있다. (D) 종이가 서랍 안에 넣어지고 있다.

어휘 **pair** 한 쌍, 짝 **cup** 컵 모양의 것을 총칭(둥근 형태) **stapler** 스테이플러

EXERCISE

DICTATION | P1_31_mp3

동사, 목적어 혹은 '전치사+명사'에 주의하여 빈칸을 받아쓰기하고, 바르게 묘사한 문장을 고르시오.

1.

(A) There are _____ on _____ sides of the desk.
(B) A bookshelf has been _____ with reading _____ .
(C) Some _____ is _____ .
(D) The _____ are _____ .

(A) 책상의 양옆에 전등이 있다.
(B) 책꽂이가 읽을거리로 채워져 있다.
(C) 몇몇 가구들이 정리되어지고 있다.
(D) 의자들이 비어 있다.

2.

(A) A _____ is _____ water into a cup.
(B) There's some _____ in the _____ dishes.
(C) Some _____ are _____ up on the table.
(D) Lamps are _____ from a _____ .

(A) 웨이터가 컵에 물을 붓고 있다.
(B) 접시에 음식들이 있다.
(C) 테이블 위에 병들이 나란히 있다.
(D) 천장에 등이 매달려 있다.

3.

(A) There are _____ in the building's _____ .
(B) A man's _____ a _____ .
(C) Some leaves are _____ into a _____ .
(D) A building has an _____ .

(A) 건물 입구 앞에 계단들이 있다.
(B) 남자가 철책을 설치하고 있다.
(C) 나뭇잎들이 모여서 쌓아올려지고 있다.
(D) 건물에 아치 모양의 입구가 있다.

EXERCISE
ACTUAL TEST P1_32_mp3

다음 사진을 보고 가장 바르게 묘사한 문장을 고르시오.

1.  (A) (B) (C) (D)

2.  (A) (B) (C) (D)

3.  (A) (B) (C) (D)

풍경이나 배경 사진은 분위기, 사물의 위치, 상태를 파악하라

필살기 11

사진을 보는 순서
① 전반적인 풍경 파악 → ② 사물이나 구조물 간의 위치 관계

풍경이나 배경 위주의 사진으로는 멀리서 바라본 시설물, 자연 경관, 거리, 공원 등의 사진이 주로 출제되며, 많은 사람들이 거리나 광장을 활보하는 사진이 출제되기도 한다. 이때 건물, 시설, 풍경의 상태와 관계 혹은 전반적인 분위기를 파악한다. 예를 들어, 풍경에서 빛에 대해 묘사할 때 다른 사물과 관련 지어 구름이나 우산 등에 가려진 햇빛 등으로 종종 묘사된다. 또한 잔잔한 물 위에 비친 사물을 나타내는 어휘도 자주 나오므로 기억하자.

토익, 이렇게 나온다

P1_33_mp3

(A) (B) (C) (D)

❶ 시선 처리 및 사진 분석
사진을 보면 해안가에 위치한 도시의 풍경임을 알 수 있다. 제일 먼저 보이는 것은 해안가에 위치한 높은 건물들이다. 정면에는 배도 한 척 보이며, 물 위에는 건물의 일부가 비춰져 있다.

❷ 동사와 명사를 중심으로 듣고 사진에 보이지 않는 단어는 소거하라.

(A) Some tall buildings are located near the shoreline.
▶ 높은 건물들이 있다.

(B) Some sailboats are crossing a bridge. ▷ 다리는 보이지 않는다.

(C) The city skyline is reflected in the water. ▷ 건물의 하단만 비치고 있다.

(D) Waves are crashing against rocks.
▷ 바위에 파도가 부딪치는 모습은 보이지 않는다.

해석 (A) 높은 건물들이 해안가에 위치해 있다. (B) 요트들이 다리를 가로질러 가고 있다.
(C) 도시의 스카이라인이 물에 비치고 있다. (D) 바위에 파도가 부딪치고 있다.

어휘 **shoreline** 물가, 해안선 **sailboat** 범선, 요트 **cross** (가로질러) 가다, 건너가다
skyline (건물, 언덕 등이) 하늘과 맞닿은 윤곽선, 스카이라인 **reflect** 비추다

★ 시험에 나오는 **장소별 어휘**

● **풍경, 자연**

Buildings overlook a forest. 건물들이 숲을 내려다보고 있다.
A path leads to the building. 길이 건물로 이어지고 있다.
A clock is on the exterior of the building. 시계가 건물 외벽에 있다.
Each house has its own balcony. 각각의 집에 발코니가 있다.
The building has arched openings. 건물에 아치형의 입구가 있다.
There are different styles of railings on the balcony. 발코니에 다른 모양의 난간이 있다.
The scenery is reflected on the surface of the water. 풍경이 물 위에 비친다.
Rocks have been stacked to form columns. 돌이 쌓여 기둥을 형성하고 있다.
There are clouds in the sky. 하늘에 구름이 있다.
Some trees are being planted along the riverbank. 강기슭을 따라 몇 그루의 나무가 심어지고 있다.
The fountain is spraying water into the air. 분수가 공중에 물을 뿌리고 있다.
Trees have been planted around the pond. 연못 주위에 나무가 심어져 있다.
Some leaves have been gathered into a pile. 나뭇잎들이 더미로 모아져 있다.
Some people are spending time in the park. 사람들이 공원에서 시간을 보내고 있다.
A bridge extends across the water. 다리가 물을 가로질러 뻗어 있다.
Mountains are reflected in the water. 산이 물에 비치고 있다.
Water is flowing down the mountain. 물이 산을 따라 흐르고 있다.
Some umbrellas are casting shadows on the beach. 몇 개의 우산들이 해변에 그림자를 드리우고 있다.
There are buildings near the beach. 해변 근처에 건물들이 있다.
The rocks have been piled along the shore. 해변을 따라 바위가 쌓여 있다.
Some people are fishing in the sea. 사람들이 바다에서 낚시를 하고 있다.

+ 실력더하기 다음의 사진을 가장 바르게 묘사한 문장을 고르시오.

(A) The path leads to the building.
(B) The building is being renovated.
(C) A gardener is trimming branches.
(D) Flags are flying from the roofs.

정답 (A) ▶ 둥근 지붕의 건물을 향해 길이 나 있고 길옆으로 나무와 수풀이 보인다. 길이 건물로 이어져 있다고 묘사한 (A)가 정답이다. 건물은 보이지만 공사 중이라는 것은 확인할 수 없으므로 (B)는 소거한다. (C) 또한 나무는 보이지만 가지를 다듬고 있는 정원사(gardner)는 보이지 않아 오답이다. (D)는 건물의 지붕에 깃발은 보이지 않으므로 오답이다.

해석 (A) 길이 건물로 이어져 있다. (B) 건물이 공사 중이다. (C) 정원사가 나뭇가지를 다듬고 있다. (D) 깃발들이 지붕에서 날리고 있다.

어휘 path 길 **lead to** ~로 이어지다 **building** 건물 **renovate** 공사하다, 보수하다 **trim** 다듬다 **flag** 깃발 **fly** 날리다 **roof** 지붕

EXERCISE

DICTATION | P1_35_mp3

동사, 목적어 혹은 '전치사+명사'에 주의하여 빈칸을 받아쓰기하고, 바르게 묘사한 문장을 고르시오.

1.

(A) The fountain is _____ water into the _____ .

(B) _____ are leaving the _____ .

(C) Water is _____ down the _____ .

(D) A statue is _____ on the _____ of the water.

(A) 분수가 공중으로 물을 뿌리고 있다.
(B) 수영하는 사람들이 수영장을 떠나고 있다.
(C) 물이 강 아래로 흐르고 있다.
(D) 조각상이 물의 표면 위로 비치고 있다.

2.

(A) Many boats are _____ to the _____ .

(B) There are _____ close to the _____ .

(C) A _____ is _____ over a road.

(D) A boat is _____ away _____ a harbor.

(A) 많은 배들이 부두에 정박해 있다.
(B) 바다 근처에 높은 빌딩들이 있다.
(C) 도로 위에 다리가 세워지고 있다.
(D) 배 한 척이 부두로부터 멀리 떨어져 항해를 하고 있다.

3.

(A) Some _____ are _____ a model house.

(B) Vehicles are _____ in _____ structures.

(C) Lines of cars are _____ in _____ .

(D) Some cars are _____ at the _____ entrance.

(A) 인부들이 모델하우스를 짓고 있다.
(B) 자동차들이 여러 층의 구조물 안에 주차되어 있다.
(C) 차량의 줄이 교통 체증에 걸려 있다.
(D) 몇몇 차들이 터널 입구에서 기다리고 있다.

EXERCISE
ACTUAL TEST | P1_36_mp3

다음 사진을 보고 가장 바르게 묘사한 문장을 고르시오.

1.    (A) (B) (C) (D)

2.    (A) (B) (C) (D)

3.    (A) (B) (C) (D)

PART 2

PART 2-1

Wh 의문사 의문문, 이렇게 출제된다!

의문사 의문문은 Part 2의 전체 30문제 중에서 평균 13~15문제가 출제된다. 고득점을 위해서는 시험에 등장하는 의문사 의문문의 유형을 먼저 정확히 확인하고, 요령있게 들어야 한다. 실제 문제를 풀 때는 전체 문장이나 보기를 다 듣는 것이 아니라 정답을 확인할 수 있는 부분만 들어도 쉽게 답을 찾을 수 있다는 것을 잊지 말자.

Wh 의문사 답변, 이렇게 등장한다!

- **Who**(누구)는 행위의 주체가 될 수 있는 사람이나 회사, 부서로 답한다.
- **When**(언제)은 시간이나 시점으로 답한다.
- **Where**(어디)는 특정 행위가 발생하는 장소나 사람/사물의 위치, 출처로 답한다.
- **What**(무엇)은 특정 행위나 사물/사람의 대상으로 답한다. 또한 생각이나 의견을 물을 수 있다는 것도 알아두자. (what do think of ~ ? ~에 대해 어떻게 생각하나요?)
- **How**(어떻게)는 수단이나 방법으로 답한다.
- '**How** + 형용사/부사 ~ ?'는 기간, 수량, 거리, 횟수 등을 묻는 질문이 된다.(how long ~ 얼마나 오래, how often ~ 얼마나 자주)
- 제안이나 권유의 의미로 질문을 할 수 있다.(How about ~ ? ~는 어때요?)
- **Why**(왜)는 이유나 원인, 목적을 설명한다. 또한 제안이나 권유의 의미를 나타낼 수 있다. (why don't you ~ ? ~하는 게 어때요?)

Wh 의문사, 이렇게 푼다!

- 질문을 처음부터 끝까지 다 듣고 의도를 파악하려 하지 마라.
- '행여 못 듣지 않았을까?'라고 걱정하지 마라. 들을 건 다 듣는다. 자신감을 가져라.
- 질문의 의도는 맨 처음 들리는 3개의 의미 음절 '의문사(조동사)+주어+동사+(목적어)'에서 결정된다는 것을 기억하라.
- 고민(생각)해서 답을 찾기보다 질문의 의도에 맞는지를 판단하여 오답을 제거하라.
- Wh 의문사는 5가지 오답 유형을 기억하라.
  - 의문사 질문에는 Yes/No가 나오면 무조건 오답이다.
  - 난데없는 he, she, they가 나오면 오답이다.
  - 의문사에 해당하는 정보나 동사를 확인하라.
  - 유사한 발음이나 동일한 어휘가 들리면 오답이다.
  - 시제에 맞지 않는 시간 부사가 나오면 오답이다.

필살기 01 의문사를 잘 듣고 오답을 제거하라

의문사+(조동사)+주어+동사 / 의문사+동사+목적어

의문사 의문문 유형들은 문장 전체를 확인하지 않아도 답을 찾을 수 있다. 질문에서 의문사가 들리면, 의문사를 포함한 앞부분의 세 단어만 기억해라. 이 세 단어를 듣고 보기 (A)~(C) 중에서 답이 될 수 없는 것을 소거하여 남는 것을 정답으로 한다. 소거법이란 정답의 조건에 맞지 않는 단어가 들리면 바로 오답 처리하는 것을 말하며, 질문 전체를 이해하지 못해도 적용할 수 있다.

토익, 이렇게 나온다

P2_01_mp3

Mark your answer on your answer sheet.   (A) (B) (C)

❶ **의문사를 포함한 앞의 3단어만 들어라.**
   Where do I pay for this sweater?
   ⇨ 앞에 where, I, pay만 들어도 '어디에/내가/돈을 지불하는가?'라는 내용으로 돈을 지불하는 장소에 대한 정보를 묻고 있음을 알 수 있다.

❷ **의문사 의문문에 Yes/No 답변은 무조건 소거하라.**
   (A) Yes, it's rather cold outside.
   Yes를 듣고 바로 소거한다. 의문사 의문문에는 구체적인 6하 원칙에 따라 대답해야 하므로 Yes/No 답변은 정답이 될 수 없다.

❸ **난데없이 등장하는 he, she, they는 소거하라.**
   (B) He will be back on Monday.
   He를 듣고 바로 소거한다. 돈을 지불하는 행위의 주체는 '나(I)'이므로 답변에 등장할 수 있는 인칭대명사는 you인데, 난데없이 he가 등장해 답이 될 수 없다.

❹ **의문사 질문에 대한 답변이 6하 원칙에 따른 아닌 동문서답은 바로 소거하라.**
   (C) A cash register over there.
   ▶ 장소를 묻는 where에 대한 답으로 장소에 대한 정보를 주고 있으므로 정답이다.

해석 Q 이 스웨터 값은 어디에다 지불하나요?
   (A) 네, 바깥은 추울 거예요. (B) 그는 월요일에 돌아올 겁니다. (C) 저기 계산원이요.

★ 오답을 제거하는 **소거법** 이렇게 이용하라.

- **의문사에 대한 정보가 없는 보기는 오답이다.**
  질문의 앞부분에 나오는 의문사에 대한 정보를 제시하지 않는 보기는 정답이 아니다.

- **의문사 의문문에 Yes/No가 나오면 무조건 오답이다.**
  의문사 질문에는 6하 원칙에 따라 구체적인 정보로 답해야 한다. '그렇다/아니다'라고 답하는 Yes/No 답변은 정답이 될 수 없다.

- **난데없는 he, she, they가 나오면 오답이다.**
  Part 2는 기본적으로 상대(you)와 나(I)의 대화이므로, 질문에 언급되지 않은 제3자를 지칭하는 인칭대명사가 보기에 나오면 정답이 될 수 없다.

- **유사한 발음이나 동일한 어휘가 들리면 오답이다.**
  보기의 내용을 다 듣지 못하더라도 질문에서 들었던 단어와 유사한 발음의 단어나 동일한 단어가 들리면 오답일 가능성이 90% 이상이다.

- **시제가 맞지 않는 시간 부사는 오답이다.**
  질문의 시제와 맞지 않는 시간 부사로 답한 보기는 오답이다. 예를 들어 미래시제로 물었는데 과거를 나타내는 시간 부사가 보기에 나오면 정답이 될 수 없다.

+ 실력더하기 질문에 알맞는 답변을 고르시오.

Q1. Who has the lab results?
(A) Doctor Fernandez.
(B) I have a laptop computer.
(C) No, he hasn't.

Q2. Why did the client reject our contract proposal?
(A) Another firm offered a lower price.
(B) Yes, we can go next week.
(C) We'd already said yes.

Q1 누가 실험 결과를 가지고 있나요?
▶ (A) 페르난데즈 박사님이요.
   → 사람 이름으로 답변한 정답이다.
   (B) 저는 노트북 컴퓨터를 가지고 있습니다.
   → lab의 유사 발음어 laptop이 있어 오답이다.
   (C) 아니오, 그는 하지 않습니다.
   → 의문사 의문문에 Yes/No 답변은 오답이다.

Q2 왜 고객이 우리의 계약 제의를 거부했나요?
▶ (A) 다른 회사가 더 낮은 가격을 제안했어요.
   → 다른 회사가 더 낮은 가격을 제시했다고 이유를 설명한 정답이다.
   (B) 네, 우린 다음주에 갈 수 있어요.
   → 의문사 의문문에 Yes/No로 답변은 오답이다.
   (C) 우리는 이미 그렇다고 대답했어요.
   → 주어(the client ↔ we) 오류로 질문과 상관 없는 내용이다.

필살기 02 Who 질문에는 행위의 주체 또는 대상이 누구인지를 답하라

Who explain this report to you?
이 보고서를 누가 당신에게 설명하나요?

질문이 who로 시작하는 경우에는 누가 했는지 행위의 주체가 되는 사람을 묻거나 행위의 대상이 되는 사람을 묻는 질문이다. 이런 경우에는 위의 질문에서처럼 보고서(report)를 설명할 수 있는 사람의 이름이나 manager, assistant 등의 직위나 직책 등으로 답변한 것이 정답이다.

토익, 이렇게 나온다

P2_03_mp3

Mark your answer on your answer sheet.　　(A)　(B)　(C)

❶ 의문사를 포함한 앞의 3단어만 들어라.

Who's going to attend the meeting?
Who / 's going to / attend ~? 누가 참석하는가?
⇨ 참석하는 주체를 묻는 who 의문사 의문문이다.

❷ 보기에 소거법을 적용하라.

(A) **In the meeting room.**
　　장소 전치사 in이 나왔으므로 소거한다.

(B) **The director will.**
　　▶ 행위의 주체가 될 수 있는 직위(director)가 나왔다.

(C) **Yes, he is.**
　　Yes를 듣자마자 소거한다. 의문사 의문문에는 Yes/No로 답변할 수 없다.

해석 Q 누가 회의에 참석할 겁니까?
　　(A) 회의실에서요. (B) 이사가 할 겁니다. (C) 네, 그 사람입니다.

★ 시험에 나오는 Who 유형

① 질문 유형
Who will be the next president of our company? 누가 우리 회사의 다음 사장이 되나요?
Who is arranging the annual banquet? 누가 연례 연회를 준비할 건가요?
Who handles complaints from employees? 누가 직원들의 불만 사항을 처리하나요?

② 답변 유형

- **사람의 이름을 이용한 답변**
  Mr. Lee. 리 씨요.
  Sarah Connor. 사라 코너요.

- **직위나 직책을 이용한 답변**
  Manager. 관리인이요.
  Vice president. 부사장이요.
  My secretary. 제 비서요.
  My sister. 제 여동생이요.

- **소속과 출신을 이용한 답변**
  Mr. Kim in accounting department. 회계부 김 씨요.
  Mr. Kim from Seattle. 시애틀 출신의 김 씨요.
  Manager of advertising department. 광고부 부장이요.

- **부정대명사를 이용한 답변**
  No one[Nobody]. 아무도요.
  Someone. 누군가요.
  Everyone. 누구든요.
  Everybody. 모두요.

- **I, you, we 등 인칭대명사를 이용한 답변**
  I'm planning to. 제가 할 거예요.
  You can do it. 당신이 하면 됩니다.
  He's the plant manager. 그는 공장 매니저입니다.

- **구체적으로 사람을 묘사한 답변**
  That man in the blue shirt. 파란색 셔츠를 입은 저 남자요.

+ 실력더하기 질문에 알맞는 답변을 고르시오.

P2_04_mp3

Q. Who has the car key?
(A) I drive to work.
(B) John from personnel.
(C) Yes, Kevin has his own car.

Q 열쇠를 가지고 있는 사람(who)이 누구인지를 묻고 있다.
(A) car에서 연상되는 어휘 drive를 이용한 오답이다.
▶ (B) 사람 이름으로 누가(who) 가지고 있는지를 밝힌 정답이다.
(C) 의문사 의문문에 Yes/No로 답변할 수 없으며, 동일 어휘 car를 이용한 오답이다.

Q 누가 차 열쇠를 가지고 있나요?
(A) 저는 운전해서 출근해요. (B) 인사과 존이요. (C) 네, 케빈은 차를 가지고 있어요.

★ 아는 만큼 반드시 들린다

☐ **be responsible for** ~하는 데 책임을 지다, 담당하다

Who is responsible for setting up the seats?
이 좌석들을 정리하는 것은 누구의 책임인가요?

☐ **be in charge of** ~하는 데 책임을 지다, 담당하다

Who's in charge of manufacturing?
누가 생산을 담당하고 있나요?

☐ **handle** ~을 처리하다

Who handles complaints about shipping costs?
누가 배송 비용에 대한 불만을 처리하나요?

☐ **have** ~을 가지고 있다

Who has the key to the room?
누가 방 열쇠를 가지고 있나요?

☐ **leave** ~을 놔두다, 떠나다

Who left these files on my desk?
누가 제 책상에 이 파일들을 올려놨나요?

☐ **call** 전화하다

Who should I call to reserve a meeting room?
회의실을 예약하려면 누구한테 전화를 걸어야 하나요?

☐ **give a presentation** 발표를 하다

Who's giving the sales presentation?
누가 영업 발표를 할 건가요?

☐ **contact** 연락하다

Who should I contact about my order?
제가 주문한 것에 대해 누구에게 연락을 해야 하나요?

☐ **review** ~을 검토하다

Who's going to review the report?
누가 보고서를 검토할 건가요?

☐ **belong to** ~을 소유하다

Who does this bag belong to?
이 가방은 누구의 것인가요?

E X E R C I S E

DICTATION | P2_05_mp3 🎧

1. _____ will be _____ the first presentation?

(A) _____, it's a nice present.

(B) My _____.

(C) _____, at seven o'clock.

누가 첫 번째 발표를 하나요?
(A) 네, 멋진 선물이네요.
(B) 저의 상사가요.
(C) 아니오, 7시에요.

2. _____'s _____ the new _____?

(A) They've been assigned to _____.

(B) Turn the _____.

(C) They didn't _____ those items.

누가 새로운 고객들을 담당할 건가요?
(A) 그들은 멜리사에게 배정되었어요.
(B) 핸들을 돌리세요.
(C) 그들은 그 물건들을 세어보지 않았어요.

3. _____ did you _____ at the seminar?

(A) _____ was out of town.

(B) I met _____ yesterday.

(C) _____ from marketing department.

세미나에서 누구를 만났나요?
(A) 그녀는 외부에 있었어요.
(B) 저는 어제 그를 만났어요.
(C) 마케팅 부서의 존슨 씨요.

ACTUAL TEST | P2_06_mp3 🎧

1. Mark your answer on your answer sheet.   (A) (B) (C)

2. Mark your answer on your answer sheet.   (A) (B) (C)

3. Mark your answer on your answer sheet.   (A) (B) (C)

4. Mark your answer on your answer sheet.   (A) (B) (C)

5. Mark your answer on your answer sheet.   (A) (B) (C)

When 질문에 발생 시점/시기가 언제인지를 답하라

필살기 03

When will the bakery open tomorrow?
내일 제과점이 언제 문을 여나요?

질문이 when으로 시작하면 특정 사건이나 행위가 일어나는 시간을 묻는 질문이다. 이런 경우에는 전치사, 시간 명사, 시간 부사 등을 이용하여 특정 시점을 언급해 주는 것이 정답이다.

토익, 이렇게 나온다

P2_07_mp3

Mark your answer on your answer sheet.　　(A)　(B)　(C)

❶ 의문사를 포함한 앞의 3단어만 들어라.

When does the new employee training begin?
When / does / training begin ? 교육이 언제 시작하는가?
⇨ 교육이 언제 시작하는지를 묻는 when 의문문이다.

❷ 보기에 소거법을 적용하라.

(A) **No, the next station.**
　　No를 듣자마자 바로 소거한다. 의문사 의문문에는 Yes/No로 대답할 수 없다.

(B) **In two weeks.**
　　▶ '전치사+시간 명사'로 시간을 언급했으므로 정답이다.

(C) **The meeting room down the hall.**
　　장소 명사로 대답하였으므로 정답이 될 수 없다.

해석　Q 언제 새 직원 교육을 시작합니까?
　　(A) 아니요, 다음 역이요. (B) 2주 후예요. (C) 홀 아래 있는 회의실이요.

★ 시험에 나오는 When 유형

① **질문 유형**

When is the next bus? 다음 버스는 언제 있나요?
When is Mr. Lee planning to retire? 리 씨는 언제 은퇴할 계획인가요?
When did the parking lot construction begin? 주차장 공사는 언제 시작했나요?

② **답변 유형**

- **'전치사+시간 명사'를 이용한 답변**
  At 8 o'clock. 8시에요.
  On Wednesday afternoon. 수요일 오후에요.
  In two days. 이틀 후에요.
  By the end of the month. 월말까지요.

- **시간 부사를 이용한 답변**
  Just now. 방금이요. 지금 막이요.
  Next Sunday. 다음주 일요일에요.
  About two week ago. 이주일쯤 전에요.

- **시간 부사절을 이용한 답변**
  As soon as I can. 가능한 한 빨리요.
  Before getting off from work today. 오늘 퇴근하기 전에요.
  When Ms. Tylor confirm it. 타일러 씨가 그것을 확인하시면요.

- **시간 부사(구)를 포함한 문장형 답변**
  They came yesterday. 그들은 어제 왔어요.
  She said this fall. 그녀가 이번 가을이라고 했어요.
  They were sent this morning. 그것들은 오늘 아침에 보내졌어요.
  I'll print it out for you now. 지금 그것을 프린트해 줄게요.

+ 실력더하기 질문에 대한 알맞은 답변을 고르시오.

Q. When is your next performance?
 (A) I'll go with you.
 (B) Sure, it's great.
 (C) Next month.

Q 공연이 언제(when)인지를 묻는 질문이다.
 (A) '공연'에서 '공연에 가다'라는 의미를 연상하도록 유도한 오답 함정이다.
 (B) '공연'이 좋았다는 내용을 연상하도록 유도한 오답 함정으로, 제안을 수락하는 답변일 때 정답이 될 수 있다.
▶ (C) 다음달이라는 시간을 제시한 정답이다.

Q 당신의 다음 공연은 언제인가요?
(A) 제가 당신과 함께 갈게요. (B) 물론이죠. 좋아요. (C) 다음 달이요.

★ 아는 만큼 반드시 들린다

- [ ] **expect** ~을 기대하다

    When do you expect the client to arrive?
    당신은 고객이 언제 도착할 것이라고 기대하나요?

- [ ] **be free** 시간이 되다

    When will you be free this afternoon?
    오늘 오후에 언제 시간 있으세요?

- [ ] **be available** (사람의 시간 또는 돈, 물건 등이) 이용 가능하다

- [ ] **schedule** 일정을 잡다

    When can I schedule you for an appointment?
    당신은 언제 약속을 잡을 수 있나요?

- [ ] **be schedule to do** ~할 예정이다

- [ ] **finish, complete** ~을 끝내다

    When would you like to finish the report?
    당신은 보고서를 언제 끝내고 싶으세요?

- [ ] **demonstration** 시연회, 설명회

    When will the product demonstration take place?
    제품 시연회는 언제 열리나요?

- [ ] **presentation** 발표(회), 프레젠테이션

- [ ] **training session** 교육, 훈련

    When is the training session in Chicago?
    시카고에서 열리는 교육은 언제인가요?

- [ ] **seminar** 세미나

- [ ] **deadline** 마감(일)

    When is the deadline for the project?
    프로젝트의 마감일은 언제인가요?

- [ ] **shipment** 배송품, 배송

    When will the shipment arrive?
    배송품은 언제 도착하나요?

- [ ] **package** 소포

EXERCISE

DICTATION | P2_09_mp3

1. _____ will the _____ _____ be released?
(A) _____, once a year.
(B) _____, in my drawer.
(C) _____ the end of the _____.

연례 보고서는 언제 나오나요?
(A) 아니요. 일 년에 한 번이요.
(B) 네, 제 서랍에 있어요.
(C) 연말이에요.

2. _____ did these computer manuals _____?
(A) I know how to _____.
(B) Last _____.
(C) _____ plane _____ at 6.

이 컴퓨터의 매뉴얼들은 언제 도착했어요?
(A) 저는 운전할 줄 알아요.
(B) 지난 주말이에요.
(C) 그녀의 비행기는 6시에 도착해요.

3. _____ does the _____ _____ for New York?
(A) _____ _____ last night.
(B) _____, to Toronto.
(C) At _____.

기차는 언제 뉴욕으로 출발하나요?
(A) 그는 어젯밤에 떠났어요.
(B) 아니요, 토론토로요.
(C) 1시에요.

ACTUAL TEST | P2_10_mp3

1. Mark your answer on your answer sheet.   (A)   (B)   (C)

2. Mark your answer on your answer sheet.   (A)   (B)   (C)

3. Mark your answer on your answer sheet.   (A)   (B)   (C)

4. Mark your answer on your answer sheet.   (A)   (B)   (C)

5. Mark your answer on your answer sheet.   (A)   (B)   (C)

Where로 물으면 장소/위치, 출처를 확인하라

필살기 04

Where can we hold the conference?
회의를 어디에서 열어야 할까요?

질문이 where로 시작하면 특정 사건이 일어나는 장소를 묻거나, 특정 사물이나 사람의 위치를 묻는 질문이다. 대부분 '전치사+장소 명사' 혹은 구어체로 특정 장소를 언급한 것이 정답이며, 출처나 대상으로 답변한 것이 정답이 되기도 한다.

토익, 이렇게 나온다

P2_11_mp3

Mark your answer on your answer sheet.   (A) (B) (C)

❶ **의문사를 포함한 앞의 3단어만 들어라.**

Where are you traveling this summer vacation?
Where / you / traveling ? 어디로 여행을 가는가?
⇨ 여행하는 장소를 묻는 where 의문문이다.

❷ **보기에 소거법을 적용하라.**

(A) I'm going to Bangkok.
▶ 방콕에 갈 것이라고 정확한 장소를 언급한 정답이다.

(B) In July.
'전치사+시간 명사'로 시점을 말하고 있다. when 의문문에 가능한 답변이다. where과 when의 발음에 유의해 잘 구분해서 들어야 한다.

(C) They are travelling by train.
질문에 없는 he, she, they로 답할 수 없으며, 질문과 동일한 단어 traveling이 나와 혼동을 주고 있다.

해석 Q 이번 여름 휴가에 어디로 여행을 가세요?
(A) 방콕으로 갈 거예요. (B) 7월예요. (C) 그들은 기차로 여행할 거예요.

★ 시험에 나오는 Where 유형

① 질문 유형

Where is your manager? 당신의 매니저는 어디에 있나요?

Where did Samuel put the registration sheets?
사무엘이 등록 서류를 어디에 두었나요?

Where can I buy a new tire for my bike?
제 오토바이의 새 타이어를 어디에서 살 수 있을까요?

② 답변 유형

- **'전치사+장소 명사'를 이용한 답변**
  In room 3. 3번 방에서요.
  At a university in Ohio. 오하이오 주의 한 대학에서요.
  To a ski resort. 스키 행락지로요.
  On the third floor. 3층에요.

- **출처를 제시한 답변**
  Check the web site. 웹사이트를 확인하세요.
  Try the company directory. 회사 안내 책자를 보세요.
  I usually use the web site. 저는 대개 웹사이트를 이용해요.
  She gave it to me. 그녀가 제게 그것을 줬어요.

- **장소를 포함한 문장형 답변**
  I'm going to Tokyo. 저는 도쿄에 갈 거예요.
  She's working at the restaurant. 그녀는 레스토랑에서 일해요.
  It's right across the street. 그것은 길 건너에 있어요.
  There's a car repair shop nearby. 근처에 자동차 정비소가 있어요.

+ 실력더하기 질문에 대한 알맞은 답변을 고르시오.

Q. Where do you usually store the client files?
  (A) From one of our representatives.
  (B) Yes, he has.
  (C) In the cabinet next to the rack.

Q 파일의 보관 장소(where)를 묻는 질문이다.
(A) from으로 출처를 알려주는 내용이므로 오답이다.
(B) 의문사 질문에 Yes/No 답변은 답이 될 수 없다.
▶ (C) '전치사와+장소 명사'로 답변하고 있으므로 정답이다.

Q 당신은 고객 파일을 보통 어디에 보관하나요?
(A) 저희 직원들 중에 한 명으로 부터요. (B) 네, 그가 가지고 있어요. (C) 옷걸이 옆에 있는 캐비닛에요.

★ 아는 만큼 반드시 들린다

- **sign** 서명하다

    Where should I sign this form?
    이 양식의 어디에 서명을 해야 하나요?

- **work** 일하다, 근무하다

    Where does Ms. Potter work?
    포터 씨는 어디에서 근무하나요?

- **store, keep** 보관하다

    Where do you store the batteries?
    당신은 배터리를 어디에 보관하나요?

    Where do we keep office supplies?
    우리는 사무용품을 어디에 보관하고 있나요?

- **park** 주차하다

    Where did you park your car?
    자동차를 어디에 주차하셨어요?

- **get** 얻다, 가지다

    Where can I get directions to the airport?
    공항으로 가는 길을 어디에서 알 수 있나요?

- **find** 찾다

    Where can I find the manager?
    매니저를 어디에서 찾을 수 있나요?

- **catch** 잡다, (버스 등을) 타다

    Where can I catch a bus to the airport?
    공항으로 가는 버스를 어디에서 탈 수 있나요?

- **post office** 우체국

    Where is the nearest post office?
    가장 가까운 우체국이 어디인가요?

- **conference** 컨퍼런스, 회의

    Where is the conference being held this year?
    올해 컨퍼런스는 어디에서 열리나요?

EXERCISE

DICTATION | P2_13_mp3

1. _____ will the annual _____ be held?
   (A) _____, I think so.
   (B) _____ the seminar _____.
   (C) _____, it's on second floor.

   연례 연회는 어디에서 열리나요?
   (A) 네, 저는 그렇게 생각합니다.
   (B) 세미나룸에서요.
   (C) 아니요, 2층에서요.

2. _____ have you _____ all day?
   (A) At _____.
   (B) Not at _____.
   (C) Of _____, _____ been to Paris.

   하루 종일 어디에 있었어요?
   (A) 집에요.
   (B) 전혀 아닙니다.
   (C) 물론이죠. 그는 파리에 가본 적이 있습니다.

3. _____ can I _____ a copy of this _____?
   (A) It's _____ _____ a month.
   (B) _____ usually use freelancer _____.
   (C) I'll _____ one _____ to you.

   어디서 이 잡지를 한 부 얻을 수 있을까요?
   (A) 한 달에 두 번 출간됩니다.
   (B) 우리는 보통 프리랜서 작가들을 씁니다.
   (C) 제가 당신에게 한 권 보내 드릴게요.

ACTUAL TEST | P2_14_mp3

1. Mark your answer on your answer sheet.　(A)　(B)　(C)

2. Mark your answer on your answer sheet.　(A)　(B)　(C)

3. Mark your answer on your answer sheet.　(A)　(B)　(C)

4. Mark your answer on your answer sheet.　(A)　(B)　(C)

5. Mark your answer on your answer sheet.　(A)　(B)　(C)

Why로 물으면 이유나 목적을 설명한다

필살기 05

Why is the store closed?
상점이 왜 문을 닫았나요?

질문이 why로 시작하면 이유나 원인을 묻는다. 주로 바빠서, 약속이 있어서, 시간이 없어서 등의 이유나 원인을 설명하는 답변이 정답이다. 또한 식당이나 회사, 은행 등이 문을 닫은 이유로 휴일이라서 그렇다는 답변이 자주 정답으로 출제되었다. 정답 표현으로 to부정사나 because 등으로 직접적인 이유, 원인을 나타내는 표현을 암기해 두어야 한다. 또 하나 중요한 것은 Why don't I/you/we ~ ?는 이유를 묻는 질문이 아니라 제안 또는 권유의 표현이라는 것을 반드시 기억하자.

토익, 이렇게 나온다

P2_15_mp3

Mark your answer on your answer sheet.　　(A)　(B)　(C)

❶ 의문사를 포함한 앞의 3단어만 들어라.

Why is it so hot in the seminar room today?
Why / is / so hot ~? 왜 이렇게 더운가?
⇨ 방이 더운 이유로 대답해야 하는 why 의문문이다.

❷ 보기에 소거법을 적용하라.

(A) **The air conditioning is broken.**
▶ 에어컨이 고장 나서 덥다고 이유를 알려 주는 정답이다.

(B) **No, he doesn't come here today.**
의문사 의문문에 Yes/No로 답변할 수 없으므로 바로 소거한다.

(C) **We'll be ready in two hours.**
주어가 I, you, we일 때는 질문에서 언급되지 않아도 의미가 통하면 적절한 답변이 될 수 있다. 하지만 여기서는 이유를 묻는 질문에 '준비될 것'이라고 동문서답을 했으므로 오답이다.

해석　Q 오늘 세미나실이 왜 이렇게 덥죠?
　　　(A) 에어컨이 고장 났어요. (B) 아니요, 그는 오늘 오지 않아요. (C) 우리는 2시간이면 준비될 거예요.

★ 시험에 나오는 Why 유형

① 질문 유형

- **이유나 원인을 묻는 why 의문문**
  Why are you so late? 왜 이렇게 늦었나요?
  Why did Henry have to leave? 헨리는 왜 갔나요?
  Why isn't James at his desk? 제임스는 왜 자리에 없나요?
  Why didn't you ask me to help you? 왜 도와달라고 요청하지 않았나요?
  Why haven't the books arrived yet? 책이 왜 아직 도착하지 않았나요?

- **제안/권유하는 why 의문문**
  Why don't we take a short break? 우리 잠시 쉬는 게 어때요?
  Why don't you e-mail your employees? 직원들에게 이메일을 보내는 게 어때요?

② 답변 유형

- **to부정사, for+명사, because (of)를 이용한 명확한 답변**
  To make them more visible. 그것들을 더 잘 보이게 하려고요.
  For an interview. 면접 때문에요.
  Because of the weather. 날씨 때문에요.

- **이유를 설명하는 문장**
  There wasn't enough time. 충분한 시간이 없었어요.
  I had another meeting. 다른 회의가 있었어요.
  I had to work late that night. 그날 밤 늦게까지 일을 해야 했어요.
  It was too late. 너무 늦었었어요.

- **권유/제안에 대한 동의, 맞장구, 정중한 거절, 반문**
  That's a good idea. 좋은 생각이에요.
  That might be little late. 그건 좀 늦을 것 같아요.
  Is she available now? 그녀가 지금 할 수 있나요?

＋ 실력더하기 질문에 대한 알맞은 답변을 고르시오.

Q. Why did the staff meeting end so late?
(A) No, the stores open until 8.
(B) Mr. Bowen will be in late today.
(C) We had a lot to discuss.

Q 회의가 늦게 끝난 이유를 묻는 질문이다.
(A) 의문사 의문문에 No로 답변할 수 없으며, so late 이라는 의미에서 연상할 수 있는 내용을 함정으로 사용한 오답이다.
(B) 동일 단어 late을 이용한 오답이다.
▶ (C) 회의가 늦게 끝난 이유로 논의할 게 많았다고 설명하고 있으므로 정답이다.
Q 직원 회의가 왜 이렇게 늦게 끝났나요?
(A) 아니요. 가게들은 8시까지 엽니다. (B) 브라운 씨는 오늘 늦을 겁니다. (C) 우리는 논의할 게 많았습니다.

★ 아는 만큼 **반드시 들린다**

- [ ] **decide** 결정하다

    Why did you decide to apply for this job?
    당신은 왜 이 일에 지원하기로 결정했나요?

- [ ] **close** 닫다, 폐쇄하다

    Why is the store closed so early today?
    그 가게는 오늘 왜 이렇게 일찍 닫나요?

- [ ] **be out of the office** (외부 업무로 인해) 사무실 밖에 있다

    Why is Ms. Lopez out of the office?
    로페즈 씨는 왜 사무실에 없나요?

- [ ] **order** 주문하다

    Why are we ordering more paper?
    왜 종이를 더 많이 주문하나요?

- [ ] **start, begin** 시작하다

    Why hasn't the meeting started yet?
    회의가 왜 아직 시작되지 않았나요?

    Why haven't we begun production?
    생산을 왜 시작하지 않았나요?

- [ ] **reject** 거절하다

    Why did the client reject our proposal?
    고객이 왜 우리의 제안을 거절했나요?

- [ ] **postpone, delay** 연기하다, 지연하다

    Why has the event been postponed?
    그 행사가 왜 연기되었나요?

    Why has the flight been delayed?
    비행기가 왜 지연되었나요?

- [ ] **cancel** 취소하다

    Why was the marketing seminar canceled?
    마케팅 세미나가 왜 취소되었나요?

- [ ] **reschedule** 일정을 변경하다

    Why was the meeting rescheduled?
    회의 일정이 왜 변경되었나요?

E X E R C I S E

DICTATION | P2_17_mp3

1. _____ weren't _____ at the _____?
(A) _____ _____ feeling well.
(B) _____ signed the _____ book.
(C) _____, I was _____ of it.

왜 파티에 가지 않았나요?
(A) 몸이 좋지 않았어요.
(B) 그들이 방명록에 서명했어요.
(C) 네, 저는 일원이었어요.

2. _____ did John _____ work _____?
(A) _____ usually _____.
(B) _____ had an _____.
(C) _____ _____ on Main Street.

존은 왜 일찍 퇴근했나요?
(A) 저는 보통 걸어 다녀요.
(B) 그는 약속이 있었어요.
(C) 저는 메인 가에 살았어요.

3. _____ is _____ Smith working _____?
(A) _____, it's not too _____.
(B) _____ has to finish this _____.
(C) _____ _____ with me.

스미스 씨는 왜 늦게까지 일을 하고 있나요?
(A) 아니요, 너무 늦은 건 아니에요.
(B) 그녀는 이 프로젝트를 끝내야 해요.
(C) 그는 저하고 일하고 있어요.

ACTUAL TEST | P2_18_mp3

1. Mark your answer on your answer sheet.   (A) (B) (C)
2. Mark your answer on your answer sheet.   (A) (B) (C)
3. Mark your answer on your answer sheet.   (A) (B) (C)
4. Mark your answer on your answer sheet.   (A) (B) (C)
5. Mark your answer on your answer sheet.   (A) (B) (C)

How 바로 뒤에 나오는 형용사/부사를 잘 들어라

필살기 06

How many people will attend the dinner?
저녁식사에 몇 명이 참석하나요?

how 의문문은 일반적으로 수단이나 방법을 묻는 질문으로, how 의문문의 절반 이상은 how 뒤에 형용사나 부사를 동반하여 출제되며, 이 형용사나 부사가 답을 결정한다. How many people will attend the dinner?와 같이 how 뒤에 나오는 many people을 통해 몇 명인지를 묻는 질문임을 확인할 수 있다. 그 외에 how를 이용해 의향을 묻거나 제안하는 표현도 알아두어야 한다.

토익, 이렇게 나온다

P2_19_mp3

Mark your answer on your answer sheet.   (A) (B) (C)

❶ **의문사를 포함한 앞의 3단어만 들어라.**

How long will it take to get downtown?
How / long / take ~ ? 얼마나 오래 걸리는가?
⇨ 얼마나 오래 걸리는지 소요 시간을 묻는 how 의문문이다.

❷ **보기에 소거법을 적용하라.**

(A) I'm moving into the new town.
downtown과 유사 어휘인 town을 반복하여 오답을 유도하는 함정으로 질문과는 무관한 내용이다.

(B) It begins at 7 a.m.
시작 시간이 언제인지로 대답하고 있다. how long ~에 대한 답변은 특정 시점이 아닌 소요 시간이 되어야 한다는 것을 유념하자.

(C) About two hours.
▶ 약 2시간이라고 소요 시간을 알려주므로 정답이다.

해석 Q 시내까지 얼마나 걸리나요?
(A) 저는 신도시로 이사 가요. (B) 그것은 오전 7시에 시작해요. (C) 2시간 정도요.

★ 시험에 나오는 How 유형

① **질문 유형**

- **수단이나 방법을 묻는 유형**
  How do I get to the mail room? 우편물실까지 어떻게 가나요?

- **how+형용사/부사 유형**
  How much did the dinner cost? 저녁식사가 얼마였나요?
  How long can I keep this book? 제가 이 책을 얼마 동안 가지고 있을 수 있나요?
  How far is the hotel from the station? 호텔은 역에서 얼마나 먼가요?

- **의견을 묻는 유형**
  How was your trip to Tokyo? 도쿄 여행은 어땠나요?
  How do you like your new job? 새 직장은 어때요?
  How would you like to see a movie tonight? 오늘밤 영화 보실래요?

- **제안 유형**
  How about Friday? 금요일은 어때요?

② **답변 유형**

- **수단, 방법을 묻는 질문에 대한 답변**
  I take the city bus. 시내 버스를 타요.
  By regular mail. 보통 우편으로요.
  You can call his secretary. 그의 비서에게 전화해 보세요.

- **'how+형용사/부사'에 대한 답변**
  how many 숫자로 답변   how much 금액으로 답변
  how often 빈도로 답변   how long 걸리는 시간(기간)으로 답변
  how far 거리로 답변   how soon 미래 시점으로 답변
  how late 시점으로 답변

- **의견/제안을 묻는 질문에 대한 답변**
  Very good. 대단히 좋아요.
  I'm satisfied with it's performance. 성능이 마음에 들어요.
  Sounds like a good idea. 좋은 생각인 것 같습니다.

+ 실력더하기 질문에 대한 알맞는 답변을 고르시오.

P2_20_mp3

Q. How did you get to the airport?
  (A) I took a taxi.
  (B) Yes, I couldn't be late.
  (C) Far from here.

Q 공항까지 어떻게 갔는지 교통수단을 묻는 질문이다.
▶ (A) 택시라는 교통수단을 언급한 정답이다.
  (B) 의문사 질문에 Yes/No로 답할 수 없으므로 오답이다.
  (C) 거리에 대한 답변으로 수단을 묻는 질문에 적절한 답변이 될 수 없다.

Q 당신은 공항까지 어떻게 갔나요?
(A) 택시를 탔어요. (B) 네, 저는 늦을 수 없었어요. (C) 여기에서 멀리요.

★ 아는 만큼 반드시 들린다

- **learn** 알다
  How did you learn about our company?
  우리 회사에 대해 어떻게 알게 되었나요?

- **manage to do** (일 등을) 간신히 해내다, (어떻게든) ~하다
  How did you manage to arrive so early?
  어떻게 그렇게 빨리 도착했나요?

- **access** 이용하다, 접근하다
  How do I access the electronic files?
  어떻게 하면 전자 파일을 볼 수 있나요?

- **get to** ~에 가다, 도착하다
  How do I get to the library from here?
  여기에서 도서관까지 어떻게 가나요?

- **pay** (돈을) 지불하다
  How would you be paying for your room?
  당신의 방에 대해 어떻게 지불하실 건가요?

- **take** (시간 등이) 걸리다
  How long will it take to process my order?
  제가 주문한 것을 처리하는 데 얼마나 걸릴까요?

- **last** (시간이나 일 등이) 지속되다
  How long did the game last?
  그 경기는 얼마나 지속되었나요?

- **celebrate** ~을 축하하다
  How should we celebrate Kathy's retirement?
  케이티의 은퇴를 어떻게 축하해야 할까요?

- **cost** 비용이 들다
  How much did the dinner cost?
  그 저녁식사에 비용이 얼마나 들었나요?

- **commute** 통근, 출퇴근; 통근하다
  How was your commute today?
  오늘 출근길이 어땠나요?

EXERCISE

DICTATION | P2_21_mp3

1. _____ about _____ for a break?
(A) _____ , it's on the _____ .
(B) _____ finish this section _____ .
(C) _____ were able to _____ it.

휴식을 위해서 (잠깐) 멈추는 게 어때요?
(A) 네, 그것은 맨 위에 있어요.
(B) 이 부분을 먼저 끝내죠.
(C) 우리는 그것을 고칠 수 있었어요.

2. _____ _____ _____ did you send?
(A) _____ express _____ .
(B) About _____ .
(C) A retirement _____ .

당신은 얼마나 많은 초대장을 보냈나요?
(A) 빠른 우편으로요.
(B) 약 30장이요.
(C) 은퇴 파티요.

3. _____ _____ do you go on business _____ ?
(A) We are _____ our new _____ next month.
(B) _____ to the _____ .
(C) Two or three _____ a _____ .

당신은 얼마나 자주 출장을 가시나요?
(A) 우리는 다음 달부터 새로운 사업을 시작할 겁니다.
(B) 보통 본사로요.
(C) 한 달에 두세 번이요.

ACTUAL TEST | P2_22_mp3

1. Mark your answer on your answer sheet.   (A) (B) (C)

2. Mark your answer on your answer sheet.   (A) (B) (C)

3. Mark your answer on your answer sheet.   (A) (B) (C)

4. Mark your answer on your answer sheet.   (A) (B) (C)

5. Mark your answer on your answer sheet.   (A) (B) (C)

필살기 07 What으로 물으면 다양한 답변이 가능하다

What time can we take a break?
우린 몇 시에 쉴 수 있나요?

의문사 what으로는 다양한 질문(구체적인 정보, 대상, 직업, 의견, 계획 등)이 가능하다. 또한 다른 의문사를 대신하여 시간, 이유, 방법 등을 물을 수도 있다. 따라서 what 의문문이 들리면 무엇을 묻는지 파악하는 것이 우선이다. what 뒤에 명사가 들린다면 명사가 정답을 결정하며, 이외의 경우에는 what 뒤에 나오는 주어와 동사를 주의해서 들어야 한다.

토익, 이렇게 나온다

P2_23_mp3

Mark your answer on your answer sheet.　　(A)　(B)　(C)

❶ 의문사를 포함한 앞의 3단어만 들어라.

What kind of soup is available today?
What / kind of soup / available ~ ?　어떤 수프가 가능한가?
➡ 수프의 종류를 묻는 what 의문문이다.

❷ 보기에 소거법을 적용하라.

(A) That's very kind of you.
　　kind of라는 동일한 어휘를 반복한 함정이다.

(B) Potato cheese and mushroom.
　▶ 서비스 가능한 수프의 종류를 알려주고 있으므로 정답이다.

(C) We are available.
　　동일 어휘인 available을 반복하여 혼동을 유발하는 오답이다.

해석　Q 오늘 어떤 종류의 수프가 있나요?
　　　(A) 고맙습니다.(친절하시군요.) (B) 감자 치즈와 양송이 수프입니다. (C) 우리는 시간이 있어요.

★ 시험에 나오는 What 유형

① 질문 유형

● **다른 의문사를 대신하는 질문**

What time does Lisa's plane arrive? (= when)
리사가 탄 비행기가 몇 시에 도착하나요?

What's the best way to contact your employer? (= how)
당신의 고용주에게 연락할 수 있는 가장 좋은 방법이 무엇인가요?

What was the topic of your speech? 당신이 하신 연설의 주제가 무엇이었나요?

● **구체적인 행위를 묻는 질문**

What are you planning to do after your trip? 출장 다녀온 후에 무엇을 하실 건가요?

What should I do if I have a question? 질문이 있으면 어떻게 해야 하나요?

● **의견을 묻는 질문**

What did you think of the president's presentation? 회장의 발표가 어땠던 것 같은가요?

② 답변 유형

● **특정 대상을 묻는 질문에 대한 답변**

From 11 a.m. to 2 p.m. 오전 11시부터 오후 2시까지요.
You can call me. 저한테 전화하세요.
I chose white. 흰색으로 골랐어요.
Employee benefits. 직원 복리후생이요.

● **구체적인 행위를 묻는 질문에 대한 답변**

I'm going back to the office. 저는 사무실로 돌아갈 거예요.
I'm starting a new job. 저는 새로운 일을 시작할 거예요.
There'll be an awards ceremony. 시상식이 열릴 거예요.

● **의견을 말하는 답변**

I was impressed. 인상적이었어요.
He's highly qualified. 그는 능력이 아주 뛰어나요.
It was much too long. 그것은 너무 길었어요.

+ 실력더하기 질문에 대한 알맞은 답변을 고르시오.

Q. **What's the new secretary's name?**
 (A) She is Jenny Johnson.
 (B) At the security office.
 (C) Yes, he was hired last month.

Q 명사에 집중해야 하는 질문으로, 비서의 이름을 묻고 있다.
▶ (A) 이름을 직접적으로 제시하고 있으므로 정답이다.
 (B) '전치사+장소 명사'는 where 의문사에 가능한 답변이므로 적절하지 않다.
 (C) 의문사 의문문은 Yes/No로 답변할 수 없으므로 오답이다.

Q 새로 온 비서의 이름은 무엇인가요?
 (A) 그녀는 제니 존슨이에요. (B) 보안 사무실에서요. (C) 네, 그는 지난달에 고용됐어요.

★ 아는 만큼 반드시 들린다

☐ **kind, type** 종류, 유형

What kind of souvenir should I buy?
어떤 종류의 기념품을 사야 하나요?

What type of car are you interested in?
어떤 종류의 차에 관심이 있으세요?

☐ **weather** 날씨

What's the weather like there in Tokyo?
거기 도쿄의 날씨는 어떤가요?

☐ **charge** 요금, 비용

What's the charge for dry-cleaning a tie?
넥타이를 드라이크리닝 하는 데 얼마인가요?

☐ **problem** 문제(점)

What's the problem with the sales report?
영업 보고서에 어떤 문제가 있나요?

☐ **business hours** 영업 시간

What are your business hours?
귀사의 영업 시간은 몇 시인가요?

☐ **offer** 제안(서)

What was Mr. Morrison's final offer?
모리슨 씨의 마지막 제안은 무엇이었나요?

☐ **include** 포함하다

What's included in the price?
그 가격에 포함된 것은 무엇인가요?

☐ **intend to do** ~하려고 하다

What does Mr. Long intend to do after he retires?
롱 씨는 은퇴 후에 무엇을 하려고 하나요?

☐ **happen** ~이 발생하다, 일어나다

What happened to the meeting?
회의에서 무슨 일이 있었나요?

☐ **bring** 가져오다

What should we bring to the tour?
여행에 무엇을 가져와야 하나요?

EXERCISE

DICTATION | P2_25_mp3

1. _____ the _____ going to be like tomorrow?
(A) I _____ rainy _____ the best.
(B) _____ going to be hot and _____.
(C) _____, I'm _____ to be there _____.

내일 날씨가 어떻다고 하나요?
(A) 저는 비 오는 날을 가장 좋아해요.
(B) 덥고 습기가 많을 겁니다.
(C) 네, 저는 내일 거기에 갈 겁니다.

2. _____ _____ suit do you _____?
(A) That sounds _____ to me.
(B) _____ you want.
(C) Usually a _____.

당신은 무슨 사이즈의 양복을 입나요?
(A) 제게 딱 맞는 말이네요.
(B) 당신이 원하는 곳이면 어디든지요.
(C) 보통 중간(사이즈)이요.

3. _____ do you _____ about the _____ of our research?
(A) From the _____.
(B) No, _____. I can _____ it.
(C) It _____ very _____.

저희 연구 결과에 대해 어떻게 생각하시나요?
(A) 설문조사에서요.
(B) 괜찮습니다. 제가 그것을 처리할 수 있습니다.
(C) 매우 유용해 보이네요.

ACTUAL TEST | P2_26_mp3

1. Mark your answer on your answer sheet.   (A) (B) (C)

2. Mark your answer on your answer sheet.   (A) (B) (C)

3. Mark your answer on your answer sheet.   (A) (B) (C)

4. Mark your answer on your answer sheet.   (A) (B) (C)

5. Mark your answer on your answer sheet.   (A) (B) (C)

PART 2-2

비의문사 의문문, 이렇게 출제된다!

Part 2에서 비의문사 의문문은 의문사로 묻는 질문만큼 높은 출제 비율을 보이고 있다. 의문사 의문문은 의문사에서 답이 결정된다면, 비의문사 의문문들은 동사에서 답이 결정된다. 그 동사를 듣고 '그렇다(Yes)/아니다(No)'를 판단해서 듣고 뒤에 이어지는 내용들이 부연 설명을 하게 된다. 따라서 문제 유형별 특징을 명확히 잡아 소거법을 최대한 활용하는 것이 유리하다.

비의문사 답변, 이렇게 등장한다!

- 일반 의문문(be동사, 조동사)은 직접적으로 Yes/No로 답변하는 경우도 많으나 Yes/No 없이도 긍정, 부정의 의미를 갖는 답변에 주의하자.
- 간접 의문문은 대부분 do you know ~ 형태로 출제하여 간접적으로 질문하는 유형이다. Do you know에 이어서 나오는 의문사에 집중하여 의문사 의문문과 같이 풀이한다.
- 선택 의문문은 등위접속사 or를 이용하여 둘 중 어느것을 택할 것인지 묻는 유형이다. A, B 중 택일, 둘 다 좋거나 싫거나, 제3의 의견을 제시하는 답변을 선택한다.
- 부정 의문문은 일반 의문문에 부정의 not이 있는 의문문으로, 일반 의문문과 그 의미는 다르지 않다.
- 부가 의문문은 평서문의 문장 마지막에 right? 혹은 isn't he? 등을 덧붙여 추측이나 확실치 않은 의견을 확인하는 의문문이다.
- 제안, 권유 혹은 부탁, 요청하는 표현들이 출제된다.
- 평서문의 답변 유형으로는 ① 동의, ② 반문, ③ 추가 정보 제공이 주를 이룬다.

비의문사 및 평서문, 이렇게 푼다!

- 각 질문의 유형과 답변 유형을 기억하라.
    - 일반 의문문(be동사, 조동사)은 주어, 인칭, 시제를 파악한다.
    - 간접 의문문은 Do you know에 이어서 나오는 의문사를 파악한다.
    - 선택 의문문의 답변 유형으로 ① A, B 중 하나 선택 ② 둘 다 좋음/싫음 ③ 제3의 의견을 알아두자.
    - 부정 의문문은 일반 의문문처럼 답하는 것이 포인트이다.
    - 부가 의문문은 평서문과 같이 시작하고 뒤에서 확인차 물어보는 말을 덧붙이기 때문에 주로 Yes/No 답변이 정답이 된다.

필살기 08 비의문사 의문문은 이렇게 해결하라

조동사+주어+동사+목적어 ~?

기본적으로 비의문사 의문문은 의문사 의문문과 마찬가지로 앞에서 들리는 3단어를 잘 들어야 한다. 주로 정답에서는 동사의 행위 여부에 대해 답하는 Yes/No를 동반하지만 Yes/No를 생략하고 바로 문장으로 답변하는 경우도 종종 있다. 또한 일부 유형의 질문들에 따라 집중해 들어야 하는 포인트가 조금씩 다르기 때문에 듣자마자 소거할 수 있는 기본적인 오답 유형과 각 유형별로 빈출 답변 유형을 반드시 익혀 두어야 한다.

토익, 이렇게 나온다

Mark your answer on your answer sheet.　　(A)　(B)　(C)

❶ **조동사를 포함한 앞의 3단어만 들어라.**

Did you meet Oliver last night? 어제 저녁에 올리버를 만났었나요?
Did you / meet / Oliver ~ ?
⇨ 조동사 의문문이라는 것을 확인하고 주어, 동사, 목적어를 파악하면 '당신은 / 올리버를 / 만났는가?'라는 내용으로 사실 여부를 묻는 질문이라는 것을 알 수 있다.

❷ **동일 어휘가 반복되면 의심하자.**

(A) It's the last one, I think. 제 생각엔 그게 마지막이에요.
동일한 어휘 last가 반복되었으나 질문의 last는 '지난'의 의미로 쓰였으며 답변의 last는 '마지막'이라는 전혀 다른 의미이므로 질문과 관계가 없다.

❸ **유사 발음 역시 주의하자.**

(B) Yes, he's the right person. 네, 그가 딱 맞는 사람이에요.
Yes/No가 들렸다고 바로 정답으로 선택하지 말고, 항상 질문과의 상관관계에 유의하자. 출제자의 의도는 night와 right의 발음 유사성을 이용한 혼동을 노린 것이다.

❹ **Yes/No 뒤에 이어지는 말이 옳은지 확인하라.**

(C) Yes, I had dinner with him. 네, 그와 저녁을 먹었습니다.
▶ Yes/No가 들리면 긍정/부정의 의미와 뒤에 이어지는 말이 일치하는지 확인하자. 과거시제로 지난 저녁에 만났냐고 묻는 질문에 그렇다(Yes)고 답하고 이어서 저녁 식사를 했다고 했으므로 정답이다.

★ 오답을 제거하는 **소거법** 이렇게 이용하라.

- **동사에 대해 긍정(Yes)/부정(No)의 내용을 확인하라.**
  비의문사 의문문은 동사의 내용에 대해 긍정이면 Yes, 부정이면 No로 답변을 시작하는데, 이 때 뒤에 이어지는 내용이 Yes/No 답변에 대한 추가 정보나 부연 설명이 될 수 있는지를 확인해야 한다. 또한 Yes/No를 생략하고 답변할 수 있다는 것도 꼭 알아두자.

- **질문과 보기의 주어가 일치하는지 확인하고, 난데없는 he, she, they가 나오면 소거하라.**
  '너(you)'에 대해 물었는데, 뜬금없이 제3자가 주어로 나올 수는 없다. '상대(you)'와 '나(I)'의 대화에서 언급되지 않는 제3자를 지칭하는 인칭대명사가 나오면 정답이 될 수 없다.

- **유사 발음 어휘나 동일한 어휘가 들리면 오답이다.**
  질문에서 들었던 단어와 유사 어휘나 동일 어휘가 보기에 나오면 오답일 가능성이 90% 이상이다.

- **시제가 일치하는지 확인하자.**
  대부분의 정답은 질문과 시제가 일치한다. 단, 부정의 답변에서는 다른 시제가 정답이 되는 경우가 많다.

+ 실력더하기 질문에 대한 알맞는 답변을 고르시오.

Q1. Do you want a bottle of milk?
  (A) On the bottom of the list.
  (B) I already went there.
  (C) Yes, that would be great.

Q2. You bought office supplies, didn't you?
  (A) No, we don't have to supply.
  (B) Yes, at the store across the street.
  (C) He's going to apply for the position.

Q1 우유 한 병 드실래요?
  (A) 목록의 아래 부분이요. → 질문의 bottle과 유사한 발음인 bottom을 이용한 함정이다. 장소, 위치(where)에 대한 답변으로 오답이다.
  (B) 이미 그곳에 다녀왔어요. → want와 유사 발음인 went를 등장시킨 오답이다.
  ▶ (C) 네, 좋아요. → Yes/No로 대답하고, 뒤에도 좋다는 긍정의 의미를 표현하는 정답이다.

Q2 당신이 사무용품을 샀지요, 그렇지 않나요?
  (A) 아니오, 우리가 공급할 필요 없어요. → No로 답변을 하면 뒤에는 안 샀다는 내용에 대한 부연 설명이 나와야 하는데 동문서답이다. 또한 supplies와 유사 발음어 supply를 이용한 오답이다.
  ▶ (B) 네, 길 건너에 있는 상점에서요. → 사무 용품을 구입했냐는 질문에 대해 긍정인 Yes로 대답하면서, 어디에서 샀는지 추가 정보를 언급하고 있다.
  (C) 그는 그 자리에 지원할 겁니다. → 난데없는 주어 he와 유사 발음어 apply가 등장한 오답이다.

필살기 09 조동사/be동사 의문문은 동사와 주어를 잘 들어라

Is there a dentist around here?
이 근처에 치과가 있나요?

be동사, 조동사 의문문은 존재나 행위의 사실 여부에 대해 묻는 질문이므로 절반 이상이 'Yes(그렇다)/No(아니다)'로 시작한다. 하지만 이를 생략하고 부연 설명으로 긍정, 부정을 표현하는 답변도 상당수 출제되며, Yes/No로 시작해도 이후 내용이 질문과 상관없어 오답이 되는 유형도 보기에 섞여 나온다. 따라서 질문의 주어와 인칭, 시제에 주의하며, 어떤 동사가 의문문을 이끄는지 파악해야 한다.

토익, 이렇게 나온다

Mark your answer on your answer sheet.　　(A)　(B)　(C)

❶ 주어, 인칭, 시제를 들어라.

Are you going to the concert next Friday?
Are / you / going to concert ~ ? 콘서트에 갈 것인가?
⇨ 콘서트에 가는지를 묻는 be동사 의문문이다.

❷ 보기에 소거법을 적용하라.

(A) **At the front desk.**
'전치사+장소 명사'는 where 의문문의 답변으로 적합하므로 오답이다.

(B) **Yes, I'm looking forward to it.**
▶ Yes/No가 들리면 정답일 확률이 매우 높다. 우선 Yes로 긍정하고, 기대하고 있다는 긍정의 부연 설명이 이어지므로 정답이다.

(C) **No, last month's schedule.**
(B)를 들었을 때 정답을 확신했다면 상관없지만 (C)의 Yes/No만 듣고 결정이 흔들려서는 안 된다. (C)는 질문의 next에서 연상 가능한 last를 이용한 오답 유형이다. 질문에 언급되지 않은 schedule을 언급한 동문서답이므로 정답이 될 수 없다.

해석　Q 다음주 금요일 콘서트에 가시나요?
(A) 안내 데스크에서요. (B) 네, 기대하고 있어요. (C) 아니요, 지난달 스케줄이에요.

★ 시험에 나오는 be동사/조동사 유형

① **질문 유형**

Are you going to be at home tomorrow? 내일 집에 계실 건가요??
Did you see the document Emma left in here? 에마가 여기에 둔 서류 보셨나요?
Have you seen the science fiction movie released last week?
지난주 개봉한 그 SF 영화 보셨어요?

② **답변 유형**

- **Yes/No를 동반한 답변**

  Q Did you see the file on the table? 테이블 위에 있는 파일 봤어요?
  A Yes, I gave it to your assistant. 네, 당신의 조수에게 그것을 주었어요.

  Q Are you going to the retirement dinner today? 오늘 은퇴 기념 저녁식사에 갈 건가요?
  A Yes, I'll be there. 네, 갈 겁니다.

  Q Has the mail been delivered yet? 우편물이 배송되었나요?
  A No, not yet. 아니오, 아직이요.

- **Yes 없는 긍정의 답변**

  Q Will he be giving another lecture soon? 그가 또 다른 강의를 곧 할까요?
  A I expect he will. 저는 그가 할 거라고 생각해요.

  Q Have you submitted your application yet? 신청서를 제출했나요?
  A I sent it yesterday morning. 어제 아침에 보냈어요.

  Q Is the travel agency near the park? 공원 근처에 여행사가 있나요?
  A Right across the street. 바로 길 건너편에 있어요.

- **No 없는 부정의 답변**

  Q Did you put the deposit into your account? 당신의 계좌에 입금했나요?
  A I'll do that on my way home. 집에 가는 길에 할 겁니다.

  Q Did you go to the party last night? 지난밤에 파티에 갔나요?
  A It was postponed. 그것은 연기되었어요.

  Q Have you completed the report? 보고서를 끝냈나요?
  A I am almost finished it. 거의 끝냈어요.

+ 실력더하기 질문에 대한 알맞은 답변을 고르시오.

P2_30_mp3

Q. Does Jessica Moore still work here?
(A) I like the one in the office.
(B) That's not necessary.
(C) No, she retired last month.

Q 제시카가 근무하는지를 묻는 질문이다.
(A) 질문의 work와 연관되는 단어 office를 이용한 오답이다.
(B) 근무 여부와는 전혀 상관없는 답변이다.
▶ (C) No로 답변하고 지난달에 퇴직했다는 구체적인 사실을 덧붙여 현재 일하고 있지 않음을 알리고 있는 정답이다.

Q 제시카 무어가 아직 여기에서 근무하나요?
(A) 사무실에 있는 그것이 좋아요. (B) 그럴 필요 없어요. (C) 아니요, 그녀는 지난달에 퇴직했어요.

★ 아는 만큼 반드시 들린다

☐ **plan** 계획하다

Are you planning to take our clients out to dinner?
우리 고객들을 저녁식사에 모시고 갈 계획인가요?

☐ **have any trouble -ing** 하는 데 어려움이 있다

Did you have any trouble finding my office?
제 사무실을 찾는 데 힘들지 않으셨나요?

☐ **make it to (장소)** ~에 참석하다, 시간에 맞춰가다

Did you make it to the art exhibit yesterday?
어제 전시회에 갔어요?

☐ **check** 확인하다

Did you check the weather forecast?
일기예보를 확인했어요?

☐ **mind** 꺼려하다

Do you mind if I open a window?
창문을 열어도 될까요?

☐ **want to do** ~하기를 원하다

Do you want to use my telephone?
제 전화 쓰실래요?

Do you want me to get you some coffee?
제가 커피를 갖다 드릴까요?

☐ **hire** 고용하다

Have you hired a receptionist yet?
접수원을 고용했나요?

☐ **be able to do** ~할 수 있다

Will you be able to come to the staff meeting?
직원 회의에 올 수 있어요?

☐ **vending machine** 자동 판매기

Does this vending machine give change?
이 자동 판매기는 잔돈을 거슬러 주나요?

☐ **lock** 자물쇠

Do you know the combination to open this lock?
이 자물쇠를 여는 비밀번호를 알고 있나요?

EXERCISE

DICTATION | P2_31_mp3

1. _____ the _____ include _____?

(A) _____, you have to _____ extra.
(B) _____, it is _____.
(C) _____ received first _____.

그 가격에 배송이 포함되어 있는 건가요?
(A) 아니요. 추가로 돈을 지불하셔야 합니다.
(B) 네, 괜찮네요.
(C) 그는 일등 상을 탔습니다.

2. Have _____ already _____ the research _____?

(A) _____ usually commutes by _____.
(B) _____ nearly _____.
(C) _____, it's _____ to open.

당신은 조사 업무를 벌써 시작하셨나요?
(A) 그는 보통 걸어서 출근해요.
(B) 거의 끝나가요.
(C) 문 열 준비가 되었어요.

3. Are you _____ _____ early today?

(A) _____, at four _____.
(B) _____ _____ in central city.
(C) I _____ it _____ your desk.

오늘 일찍 퇴근할 건가요?
(A) 네, 4시에요.
(B) 그들은 도심지에 살고 있었어요.
(C) 저는 그것을 당신의 책상 위에 올려놨어요.

ACTUAL TEST | P2_32_mp3

1. Mark your answer on your answer sheet.   (A) (B) (C)

2. Mark your answer on your answer sheet.   (A) (B) (C)

3. Mark your answer on your answer sheet.   (A) (B) (C)

4. Mark your answer on your answer sheet.   (A) (B) (C)

5. Mark your answer on your answer sheet.   (A) (B) (C)

필살기 10 간접 의문문은 중간에 등장하는 의문사를 들어라

Do you know when that report is due?
그 보고서가 언제까지인지 아세요?

대부분 간접 의문문은 'Do you know+의문사 ~?', 'Can you tell me+의문사 ~?'의 구조를 가지며, 실제 질문의 의도는 의문사에서 찾을 수 있다. 이에 대한 답변은 크게 두 가지 경우로 나눌 수 있는데, 의문사에 맞는 답변을 할 수도 있고, 알고 있느냐(Do you know)는 물음에 대해 Yes/No로 답변할 수도 있다. 따라서 Do you know 뒤에 따라오는 의문사를 잘 듣고, 해당 의문사에 대한 답변을 고르되, Yes/No 답변이 가능하다는 것을 기억하면 된다.

토익, 이렇게 나온다

Mark your answer on your answer sheet.   (A)   (B)   (C)

---

❶ **Do you know 뒤에 나오는 의문사를 들어라.**

Do you know who might be able to check my laptop?
Do you know / who / able to check? 누가 가능한가?
⇨ Yes/No 답변도 가능한 who 의문문으로, '누구'인지를 묻고 있다.

❷ **보기에 소거법을 적용하라.**

(A) My friend's e-mail.
　　my friend만 듣고 사람을 언급한 것이라고 착각하면 안 된다. 소유의 의미를 나타내는 's가 붙어 결국 대상은 e-mail이 되므로 오답이다.

(B) It will fit in this box.
　　상상의 나래를 펼치지 말 것! 노트북을 확인해줄 사람을 찾았지, 노트북을 담을 상자를 찾은 것이 아니다.

(C) I think Andrew can.
　　▶ 사람 이름을 언급한 구어체 답변으로, 정답이다.

해석 Q 누가 내 노트북을 점검해줄 수 있는지 아세요?
　　　(A) 제 친구의 이메일이요. (B) 그것은 이 상자에 꼭 맞겠네요. (C) 앤드류가 할 수 있을 거예요.

★ 시험에 나오는 간접 의문문 유형

① 질문 유형

Do you know how to get to the theater?
극장까지 어떻게 가는지 아세요?

Can you tell me when the workshop begin?
워크숍이 언제 시작하는지 말씀해 주시겠어요?

I wonder why Mr. Freddy sent this e-mail to me.
프레디 씨가 왜 제게 이 이메일을 보냈는지 모르겠어요.

② 답변 유형

- **Yes/No를 포함 답변**

  Q **Do you know where the reception room is?**
  응접실이 어디인지 아세요?

  A **Yes, follow me.** 네, 저를 따라오세요.

- **간접 의문문의 의문사에 대한 답변**

  Q **Can you tell me where the personnel department is?**
  인사 부서가 어디인지 말씀해 주실 수 있으세요?

  A **It's on the second floor.** 2층에 있습니다.

  Q **Do you know why the missing parts haven't arrived yet?**
  빠진 부품들이 왜 아직 도착하지 않았는지 아세요?

  A **There was a delay at the customs.**
  세관에서 지연되었습니다.

+ 실력더하기 질문에 대한 알맞은 답변을 고르시오.

P2_34_mp3

Q. Did you hear what the meeting was about?
　(A) It was about Kelly's Project.
　(B) I haven't met him before.
　(C) No, they're not here.

Q 어떤 내용을 들었는지 물었지만 회의의 주제를 알고 싶어하는 것임을 파악하는 것이 중요하다.
▶ (A) 전치사 about을 이용해 주제에 대해 대답하고 있으므로 적절한 답변이다.
　(B) 질문의 meeting과 유사한 단어인 meet을 이용한 오답이다.
　(C) 듣지 못했다는 의미로 No라고 답했으나 뒤에 엉뚱한 주어 they가 나오므로 오답이다.

Q 그 회의가 무엇에 관한 것이었는지 들으셨어요?
(A) 켈리의 프로젝트에 관한 것이었어요. (B) 전에 그를 만난 적이 없어요. (C) 아니오, 그들은 여기 없어요.

> ★ 아는 만큼 반드시 들린다

☐ **fix** 고치다

Can you tell me how to fix the copy machine?
이 복사기를 어떻게 고치는지 말해 줄래요?

☐ **promote** 홍보하다, 승진하다

Could you tell us how you'd promote the magazine?
당신이 어떻게 잡지를 홍보할 건지 말씀해 주시겠어요?

☐ **donate** 기부하다

Do you know how much money we've been donated?
우리가 얼마나 많은 돈을 기부 받았는지 아세요?

☐ **take a note** 메모를 하다, 필기를 하다

Do you know who took notes at the board meeting?
이사회 회의에서 누가 기록했는지 아세요?

☐ **replace** 대신하다, 교체하다

Do you know who will be replacing James while he is away?
제임스가 없는 동안 누가 그를 대신할 건지 아세요?

☐ **sit** 앉다

Do you know who sits at this desk?
이 책상에 누가 앉는지 아세요?

☐ **arrange** 준비하다, 일정을 잡다

Do you know why Mr. Lopez arranged the interview for Monday?
로페즈 씨가 왜 월요일에 인터뷰를 잡았는지 아세요?

☐ **return a call** 회신 전화를 하다

Do you remember when I returned Paul's call?
제가 언제 폴의 전화에 회신 전화를 했는지 기억나세요?

☐ **work** 작동하다

Do you know why the copier isn't working?
복사기가 왜 작동하지 않는지 아세요?

☐ **in person** 직접

Do you know why I need to apply in person?
제가 왜 직접 신청해야 하는지 아세요?

E X E R C I S E

DICTATION | P2_35_mp3

1. Do you know _____ in _____ of this _____?
(A) _____, it's next _____.
(B) _____, _____ Johnson is.
(C) _____ new _____.

누가 이 프로젝트를 담당하는지 아세요?
(A) 네, 다음주 화요일이에요.
(B) 네, 존슨 씨입니다.
(C) 새로운 소프트웨어에 대해서요.

2. Could you tell me _____ I can _____ a rest room?
(A) _____ 4 _____.
(B) For the _____ of them.
(C) _____ the reception _____.

휴게실이 어디에 있는지 알려주시겠어요?
(A) 오후 4시까지요.
(B) 그들 중 나머지를 위해서요.
(C) 안내 데스크 뒤에요.

3. Do you know _____ that _____ is _____?
(A) _____ until the end of the _____.
(B) _____ the other _____.
(C) _____ should _____ that.

그 보고서는 언제까지 해야 하는지 아세요?
(A) 이번 주말까지요.
(B) 다른 테이블 위에 있어요.
(C) 당신은 그것을 보고해야 해요.

ACTUAL TEST | P2_36_mp3

1. Mark your answer on your answer sheet.   (A)   (B)   (C)

2. Mark your answer on your answer sheet.   (A)   (B)   (C)

3. Mark your answer on your answer sheet.   (A)   (B)   (C)

4. Mark your answer on your answer sheet.   (A)   (B)   (C)

5. Mark your answer on your answer sheet.   (A)   (B)   (C)

선택 의문문은 둘 중에 하나를 골라야 한다

필살기 11

Did you e-mail the report or fax it?
그 보고서를 이메일로 보냈나요, 아니면 팩스로 보냈나요?

선택 의문문은 or를 이용하여 앞뒤의 선택 대상(단어, 구, 절로 제시됨) 중 어느 것을 선호하는지 묻는 의문문이다. 질문을 듣다가 or가 들리면 바로 앞뒤의 내용을 기억해야 한다. 여기서 중요한 것은 선택 의문문은 기본적으로 Yes/No 답변이 불가능하지만 or 앞뒤가 절일 경우에는 Yes/No 답변이 가능하다는 것이다. 보기에 Yes/No 답변이 나올 때는 or 뒤의 절을 일반 의문문으로 생각하고 의미를 따져 보면 된다.

토익, 이렇게 나온다

Mark your answer on your answer sheet.   (A) (B) (C)

❶ **or 앞뒤로 어떤 대상을 받는지가 중요하다.**

   Would you prefer an aisle or window seat?
   ~ / aisle / or / window seat ? 복도와 창가 자리 중 어느것?
   ⇨ 둘 중 어느 좌석을 선호하는지 묻는 선택 의문문이다.

❷ **보기에 소거법을 적용하라.**

   (A) To meet our clients.
   　to부정사 구문은 목적이나 이유를 설명하므로 why 의문문의 답변으로 어울린다.

   (B) Either would be fine.
   　▶ 둘 다 상관없다는 의미로, 전형적인 선택 의문문에 대한 답변이다.

   (C) No, I don't think I can.
   　선택 의문문은 '문장 or 문장'으로 묻지 않는 이상 Yes/No 답변이 불가능하므로 No를 듣자마자 바로 소거한다.

해석 Q 복도 자리가 좋으세요, 창가 자리가 좋으세요?
　　　(A) 우리 고객들을 만나기 위해서요. (B) 둘 다 상관없어요. (C) 아니요, 저는 할 수 없을 것 같아요.

★ 시험에 나오는 **선택 의문문 유형**

① 질문 유형

- **단어 혹은 구를 선택하는 질문 유형**

  Would you like some milk or juice? 우유 좀 드시겠어요, 아니면 주스 드시겠어요?

  Do you want me to print out now or send you an e-mail?
  지금 출력을 할까요, 아니면 이메일로 보낼까요?

- **'문장 or 문장' 질문 유형**

  Do you have time to talk or does Mr. Miller need you?
  얘기할 시간 있어요, 아니면 밀러 씨가 당신을 필요로 하나요?

  Have you been to our gallery before or should I give you a brochure?
  전에 저희 갤러리에 오신 적이 있으신가요, 아니면 브로셔를 드릴까요?

② A or B 선택 의문문에 대한 답변 유형

- **A, B 중에 하나를 선택하는 답변**

  The plastic ones seem durable. 플라스틱으로 된 것들이 단단해 보이네요.
  I prefer driving. 저는 운전하는 것이 더 좋습니다.
  Later would be better. 나중에 하는 게 좋을 것 같네요.
  Let's call him now. 그에게 지금 전화합시다.

- **어느 것이든 상관없다고 하거나 둘 다 선택하는 답변**

  Either is fine with me. 어떤 것이라도 저는 괜찮습니다.
  It doesn't matter to me. 저는 상관없어요.
  Let's send both. 둘 다 보내죠.
  Some of each please. 각각 조금씩만 주세요.

- **A, B 둘 다 아니라고 하거나 제3안을 제시한 답변**

  The car is more comfortable. 저 차가 더 편합니다.
  Neither. I'm too tired. 둘 다 싫어요. 지금 너무 피곤해요.

- **Yes/No로 답변하는 경우 (or 뒤의 문장에 맞춰 대답한다.)**

  Q **Could you help me review this document, or are you busy now?**
  이 서류 검토 좀 도와주시겠어요, 아니면 지금 바쁜가요?

  A **No, I have a few minutes.** 아니요. 시간이 좀 있어요.

+ 실력더하기   질문에 대한 알맞은 답변을 고르시오.

P2_38_mp3

Q. Should we arrange a lunch or a dinner for the visitors?

(A) A lunch would be better.
(B) No, we've just met them.
(C) Yes, it was delicious.

Q lunch와 dinner 중에서 선택해 답변해야 하는 선택 의문문이다.
▶ (A) 선택 사항 중에 하나인 점심을 선택한 답변으로 정답이다.
(B) 선택 의문문에서 Yes/No로 답할 수 있는 경우는 '문장 or 문장'인 경우뿐이다. 점심과 저녁 둘 중에 하나를 택하라는 질문에는 긍정/부정의 답변이 적절하지 않다. No로 답하여 오답이다.
(C) 식사와 관련하여 연상할 수 있는 표현인 delicious를 이용한 오답이다.

Q 손님들을 위해 점심 식사를 준비해야 하나요, 아니면 저녁 식사를 준비해야 하나요?
(A) 점심 식사가 좋겠네요. (B) 아니요, 우리는 방금 그들을 만났어요. (C) 네, 그것은 맛있었어요.

★ 아는 만큼 반드시 들린다

- [ ] **take a vacation** 휴가를 가다

  Would you rather take your vacation in July or August?
  휴가를 7월에 가시겠어요, 아니면 8월에 가시겠어요?

- [ ] **deposit** 입금하다, 돈을 넣다

  Will you deposit the money yourself, or is Tom going to do it?
  당신이 직접 입금할 건가요, 아니면 톰이 할 건가요?

- [ ] **advertise** 광고하다

  Would it be better to advertise in print or on the radio?
  광고를 인쇄하는 게 나을까요, 아니면 라디오에 광고하는 게 나을까요?

- [ ] **make a speech** 연설하다

  Is Jerry going to make a speech or did he decide against it?
  제리가 연설하기로 했나요, 아니면 안 하기로 했나요?

- [ ] **have a moment** 시간이 있다

  Do you have a moment to review the agenda, or are you busy?
  안건을 검토할 시간이 있으세요, 아니면 바쁘세요?

- [ ] **take a look** 보다, 검토하다

  Could you take a look at my report now, or are you too busy?
  지금 제 보고서를 봐주실 수 있으세요, 아니면 바쁘신가요?

- [ ] **renew** 갱신하다

  Do you plan to renew your rent contract or look for another apartment?
  임대 계약을 갱신할 건가요, 아니면 다른 아파트를 찾아볼 건가요?

- [ ] **patio** 야외 테라스

  Would you like to eat inside or out in the patio?
  안에서 드시겠어요, 아니면 바깥 테라스에서 드시겠어요?

- [ ] **edition** (책이나 신문, 잡지 등의) 쇄, 판

  Do you know which edition is newer?
  어느 것이 더 최신 호인지 아세요?

- [ ] **job fair** 취업 박람회

  Will you be at the job fair or are you too busy?
  취업 박람회에 갈 건가요, 아니면 매우 바쁘세요?

E X E R C I S E

DICTATION | P2_39_mp3

1. Do you _____ to leave _____ or _____?
(A) _____ have to _____ this review _____.
(B) _____ _____ usually works _____.
(C) _____ 've _____ here for several years.

지금 퇴근하실래요, 아니면 이따가 하실래요?
(A) 전 이 보고서를 먼저 끝내야 해요.
(B) 박 씨는 보통 늦게까지 일해요.
(C) 저는 여러 해 동안 여기서 살았어요.

2. _____ I _____ these _____ pages or just _____?
(A) The _____ says help _____.
(B) Please _____ _____ of them.
(C) _____, it is a nice _____.

이 두 페이지에 서명을 해야 하나요, 아니면 하나에만 하나요?
(A) 그 표지판에 맘대로 (직접) 가져다 먹으라고 써있네요.
(B) 모두에 서명을 해주시기 바랍니다.
(C) 네, 멋진 디자인이네요.

3. _____ you _____ Mr. Kim's files or should I _____ them?
(A) _____, I have a _____ for them.
(B) _____ near _____ _____.
(C) _____, _____ will give them to me.

김 씨의 파일을 받으셨나요, 아니면 제가 가져다 드릴까요?
(A) 네, 제가 그것들의 영수증을 가지고 있어요.
(B) 강 근처에요.
(C) 아니오, 애슐리가 그것들을 제게 줄 거예요.

ACTUAL TEST | P2_40_mp3

1. Mark your answer on your answer sheet.   (A) (B) (C)
2. Mark your answer on your answer sheet.   (A) (B) (C)
3. Mark your answer on your answer sheet.   (A) (B) (C)
4. Mark your answer on your answer sheet.   (A) (B) (C)
5. Mark your answer on your answer sheet.   (A) (B) (C)

필살기 12 부정/부가 의문문은 앞에 등장하는 n't는 무시하고 동사를 확인하라

Didn't you apply for the sales position?
영업직에 지원하지 않으셨나요?

부정 의문문은 일반 조동사 또는 be동사 의문문과 같다고 생각하고 접근하면 된다. 따라서 질문에 not이 있든 없든 답변 내용이 긍정이면 Yes, 부정이면 No로 답하면 된다. 또한 일반 의문문과 마찬가지로 Yes/No를 생략한 채, 긍정 및 부정의 의미로 대답할 수 있다. 부가 의문문은 앞에서 언급한 사실이나 의견을 다시 한 번 확인하는 의문문이다. 따라서 답변의 주어와 시제는 부가 의문문과 일치해야 하며, 일반 조동사 의문문이나 be동사 의문문에 대한 답변과 크게 다르지 않다.

토익, 이렇게 나온다

P2_41_mp3

Mark your answer on your answer sheet.   (A) (B) (C)

---

❶ **주어와 동사의 시제, 특히 뒤에 따라오는 부분에 집중한다.**

You've just started working in the payroll department, haven't you?
You've / just started working / haven't you? 일을 막 시작한 것이 맞는가?
⇨ 일을 시작한 지 얼마 안되었음을 확인하는 부가 의문문이다.

❷ **보기에 소거법을 적용하라.**

(A) We've just finished it.
start에서 연상 가능한 finish를 이용한 함정 보기이다. 실제 질문과는 상관이 없다.

(B) Yes, I'll pay for them.
긍정의 Yes만 듣고 섣불리 정답으로 고르면 안 된다. 이어지는 내용이 질문과 상관이 있는지, 긍정의 의미가 맞는지 확인해야 한다. 지불할지 여부를 묻는 질문이 아니므로 오답이다.

(C) No, I've been here for 4 months.
▶ 부정의 No로 방금 일을 시작한 것이 아니라고 밝힌 후, 4개월간 일했다고 덧붙였으므로 정답이다.

해석 Q 경리과에서 이제 막 일하기 시작하셨죠, 그렇지 않나요?
(A) 우리는 그것을 이제 막 끝냈어요. (B) 네, 제가 낼 거예요. (C) 아니요, 저는 여기 온 지 4개월 됐어요.

★ 시험에 나오는 **부정/부가 의문문 유형**

① 부정 의문문의 빈출 질문 및 답변

Q **Hasn't it stopped raining yet?** 비가 아직 그치지 않았나요?
A **Yes, it has.** 네, 그쳤어요.

Q **Aren't you working this Saturday?** 이번 토요일에 근무하지 않나요?
A **No, my schedule is changed.** 아니요, 제 일정이 바뀌었어요.

Q **Didn't you enjoy the discussion?** 토론은 재미있지 않았나요?
A **It was very interesting.** 매우 재미있었습니다.

Q **Hasn't the pamphlet already been finished?** 팸플릿은 이미 끝나지 않았나요?
A **It will be ready soon.** 곧 끝날 겁니다.

② 부가 의문문의 빈출 질문 및 답변

Q **Ms. Gibson is an excellent leader, isn't she?**
깁슨 씨는 훌륭한 지도자입니다. 그렇지 않나요?
A **Yes, she is respectable.** 네, 그녀는 존경스럽습니다.

Q **You worked for counseling office before, didn't you?**
당신은 전에 상담실에서 일했죠. 그렇지 않나요?
A **No, I never did.** 아니오. 일한 적 없습니다.

Q **We haven't missed the ferry, have we?** 우리 페리를 놓치지 않았죠. 그렇죠?
A **I'm afraid it left 5 minutes ago.** 안됐지만 5분 전에 떠났어요.

Q **You paid all the bills, didn't you?** 청구된 비용을 모두 지불했죠. 그렇지 않나요?
A **I took care of them last week.** 제가 지난주에 처리했어요.

✚ 실력더하기 질문에 대한 알맞은 답변을 고르시오.

P2_42_mp3

Q. You called Dr. Joseph this morning, didn't you?
 (A) Yes, but he didn't answer.
 (B) They arrived early this week.
 (C) Yes, I have a cold.

Q 의사에게 전화했는지를 확인하는 부가 의문문이다. 전화를 했으면 Yes, 전화를 하지 않았으면 No로 답변한다.
▶ (A) 전화를 했다는 의미로 Yes로 답하고, 그가 전화를 받지 않았다고 부연 설명한 정답이다.
 (B) 질문에 없는 주어 they가 들리므로 오답이다.
 (C) 전화를 했다는 의미로 Yes로 대답을 했지만, 이어지는 내용이 질문과는 상관없어 오답이다. 또한 질문의 called와 발음이 유사한 cold를 이용한 함정이다.

Q 오늘 아침에 조셉 박사님에게 전화했죠, 그렇지 않나요?
(A) 네, 하지만 박사님이 받지 않으셨어요. (B) 그들은 이번 주에 일찍 도착했어요. (C) 네, 감기에 걸렸어요.

★ 아는 만큼 **반드시 들린다**

☐ **enjoy** 즐기다
You really enjoyed the lecture, didn't you?
강의 정말 즐거우셨죠, 그렇지 않았나요?

☐ **submit** 제출하다
You submitted your paperwork, didn't you?
서류 제출했죠, 그렇지 않았나요?

☐ **reimburse** (비용 등을) 상환 받다
You were reimbursed for the business dinner, weren't you?
그 업무상 저녁식사 비용을 상환 받으셨죠, 그렇지 않았나요?

☐ **accept** 수용하다, 받아들이다
You're planning to accept the offer, aren't you?
그 제안을 받아들일 거죠, 그렇지 않나요?

☐ **relocate** 이전하다
Julian will be relocating to our New York office in March, won't she?
줄리안은 3월에 우리 뉴욕 사무실로 옮길 거죠, 그렇지 않나요?

☐ **shortcut** 지름길
Isn't there a shortcut to the hotel?
그 호텔까지 지름길은 없나요?

☐ **make a copy** 복사하다
Shouldn't we make several copies?
여러 장을 복사해야 하지 않나요?

☐ **practice** 연습하다
Shouldn't we practice our presentation before the meeting?
회의 전에 프레젠테이션을 연습해야 하지 않을까요?

☐ **transfer** 옮기다, 이동하다
Wasn't Mr. Richard transferred to a different department?
리차드 씨는 다른 부서로 옮겨가지 않았나요?

☐ **prepare** 준비하다
Weren't the salads for the banquet prepared yesterday?
연회를 위한 샐러드가 어제 준비되지 않았나요?

EXERCISE

DICTATION | P2_43_mp3

1. Doesn't the _____ stay _____ _____ today?

(A) _____ not _____.
(B) _____, only on _____.
(C) _____ need to _____ up.

약국이 오늘 늦게까지 열지 않나요?
(A) 그것은 단단하지 않아요.
(B) 아니요, 금요일만이요.
(C) 저는 서둘러야 해요.

2. _____ can _____ me a _____, can't you?

(A) _____, _____ to the left.
(B) _____, you can _____ it.
(C) _____, I'd be happy to _____ you.

저를 태워주실 수 있으시죠, 그렇지 않나요?
(A) 아니요, 왼쪽으로요.
(B) 네, 그것을 빌려가세요.
(C) 네, 기꺼이 태워드릴게요.

3. Aren't _____ having _____ with the new clients?

(A) A few good _____.
(B) _____, I don't think _____ have.
(C) I'm _____ we had to _____ it.

새로운 고객들과 점심식사 하기로 하지 않나요?
(A) 소수의 좋은 의견이요.
(B) 아니요, 제가 가지고 있지 않은 것 같습니다.
(C) 그것을 취소해야 했습니다.

ACTUAL TEST | P2_44_mp3

1. Mark your answer on your answer sheet.   (A) (B) (C)

2. Mark your answer on your answer sheet.   (A) (B) (C)

3. Mark your answer on your answer sheet.   (A) (B) (C)

4. Mark your answer on your answer sheet.   (A) (B) (C)

5. Mark your answer on your answer sheet.   (A) (B) (C)

필살기 1/3 제안/권유의 질문에는 동의/수락하거나 거절하는 것이 정답이다

Would you like me to make travel arrangements?
제가 여행 준비를 할까요?

이번 유형은 ① 함께 하자고 권유하거나, ② 도움을 달라거나 대상을 제공해 줄 것을 제안하는 두 가지 유형으로 나눌 수 있다. 대부분 That will be helpful. 등의 감사의 표현이나 That's good idea. 등 동의를 표현하는 답변이 정답이 된다. 거절하는 답변이 정답일 경우에도 단호한 표현은 거의 출제되지 않으며, 받아들이지 못하는 이유를 설명하는 경우가 대부분이다. 답변 유형도 한정되어 있는 만큼 관용적인 표현들을 암기해두면 의외로 간단하게 정답을 고를 수 있다.

토익, 이렇게 나온다

P2_45_mp3

Mark your answer on your answer sheet.   (A) (B) (C)

❶ 제안/권유의 표현이 들린다면 무엇을 제안하는지를 듣자.

Would you like to go to the picnic with us?
Would you like to / go / picnic ~ ? 소풍 가지 않겠는가?
⇨ 소풍을 같이 가자고 제안하는 표현이다.

❷ 보기에 소거법을 적용하라.

(A) No, I'm too busy.
부정의 No로 대답하고, 이어서 너무 바쁘다는 이유를 대고 있다. 전형적인 제안/권유에 대해 거절하는 답변이다.

(B) I like the picture.
picnic과 유사 발음 어휘인 picture를 이용한 오답이다. 질문과 상관없는 내용이므로 정답이 될 수 없다.

(C) Yes, we made it.
▶ 긍정의 Yes로 대답했으나, 이어서 we made it이라고 질문과 무관한 이야기를 하고 있으므로 오답이다.

해석 Q 우리와 같이 소풍 가실래요?
(A) 아니요, 너무 바빠요. (B) 저는 그 그림이 좋네요. (C) 네, 우리가 했어요.

★ 시험에 나오는 제안/권유 유형

① 질문 유형

● 제안/권유의 질문 유형

Why don't you buy the brown leather jacket? 갈색 가죽 재킷을 사는 건 어때요?
Would you like to join our club? 우리 클럽에 가입할래요?
Would you like me to interview candidates? 제가 후보자들을 면담할까요?
Do you want me to bring some coffee? 제가 커피 좀 갖다드릴까요?
How about Friday night? 금요일 저녁은 어떠세요?
Shouldn't we make reservations in advance? 미리 예약해야 하지 않을까요?
Don't you want to go shopping this weekend? 이번 주말에 쇼핑 가지 않을래요?
Can I give you a hand? 제가 도와드릴까요?
Let's meet at three to attend the meeting. 회의에 참석하려면 3시에 만납시다.

② 답변 유형

● 동의하거나 수락하는 의미의 답변

That's an excellent idea. 정말 좋은 생각이네요.
That sounds good. 좋아요.
That'd be nice/useful/helpful. 좋을걸[유용할 것] 같네요.
I'd appreciate that. 감사합니다.
I'd happy to. 기꺼이 할게요.

● 거절의 빈출 표현

Thank you. I will. 고맙습니다. 제가 할게요.
That might be too late. 너무 늦을 것 같습니다.
Sorry, but I'm not available. 죄송합니다. 전 시간이 안돼서요.
No, thanks. I'll make some myself. 괜찮습니다. 제가 할게요.

+ 실력더하기 질문에 대한 알맞은 답변을 고르시오.

P2_46_mp3

Q. Let's have lunch at the cafe next to the store.
(A) That's a great idea.
(B) I enjoyed it a lot.
(C) Last Monday.

Q 평서문인 Let's로 시작하는 제안/권유문이다. 제안을 받아들이거나 거절하는 답변을 찾아야 한다.
▶ (A) 상대의 의견에 좋은 생각이라고 말하는 것은 동의의 표현이므로 정답이다.
(B) 점심을 먹고 나서 잘 먹었다는 의미로 할 수 있는 말로 오답이다.
(C) when 의문문에 적합한 시간에 대한 답변이며, 제안/권유문에는 적절하지 않다.

Q 상점 옆에 있는 카페에서 점심을 먹어요.
(A) 좋은 생각이에요. (B) 정말 즐거웠어요. (C) 지난주 월요일이요.

★ 아는 만큼 반드시 들린다

- [ ] **look over** 보다, 검토하다

  Why don't we look over the applications this afternoon?
  오늘 오후에 신청서를 검토해 보는 게 어때요?

- [ ] **go for a walk** 산책가다

  Why don't we go for a walk during the lunch break?
  점심 때 산책을 가는 건 어떨까요?

- [ ] **share** 공유하다

  Why don't we share a taxi to the airport?
  공항까지 택시를 같이 타고 가는 건 어떨까요?

- [ ] **take time off** 쉬다

  Why don't you take some time off?
  좀 쉬는 건 어떠세요?

- [ ] **fill out** 채우다, 기입하다

  Would you like me to fill out this form for you?
  이 서류를 제가 작성해 드릴까요?

- [ ] **try** (시험 삼아) 해보다

  Would you like to try these shoes on instead?
  대신 이 신발을 신어 보시겠어요?

- [ ] **apply for** 신청하다

  Would you like to apply for the vacancy in customer service?
  고객 서비스팀의 공석에 지원하시겠습니까?

- [ ] **book** 예약하다

  Would you like to book a hotel room now?
  지금 호텔방을 예약하시겠어요?

- [ ] **sign up** 가입하다

  Would you like to sign up for the education committee?
  교육 위원회에 가입하시겠어요?

- [ ] **hike** (등산로 등을) 산책하다, 걷다

  Let's go hiking this weekend.
  이번 주말에 등산 갑시다.

E X E R C I S E

DICTATION | P2_47_mp3

1. Why don't we _____ this _____ next?
(A) My _____ won't _____.
(B) I'd be _____ to.
(C) The _____ isn't so _____.

이번 케이스는 나중에 검토하는 게 어떠세요?
(A) 제 가방이 닫히지 않아요.
(B) 기꺼이 할게요.(좋습니다.)
(C) 곁치는 그렇게 중요하지 않아요.

2. Would you like to _____ _____ the sales _____ today?
(A) I think _____ _____.
(B) Oh, is _____ on _____?
(C) I'm _____ this afternoon.

오늘 이 영업 보고서를 검토하시겠어요?
(A) 그들은 문을 닫은 것 같습니다.
(B) 오, 세일중인가요?
(C) 저는 오늘 오후에 시간이 있어요.

3. Can I _____ you _____ else to read?
(A) No, _____.
(B) _____ the instruction first.
(C) _____, I'm calling _____.

다른 읽을거리 좀 가져다 드릴까요?
(A) 아니오, 괜찮습니다.
(B) 설명서를 먼저 읽으세요.
(C) 네, 제가 그녀에게 전화할게요.

ACTUAL TEST | P2_48_mp3

1. Mark your answer on your answer sheet.   (A) (B) (C)

2. Mark your answer on your answer sheet.   (A) (B) (C)

3. Mark your answer on your answer sheet.   (A) (B) (C)

4. Mark your answer on your answer sheet.   (A) (B) (C)

5. Mark your answer on your answer sheet.   (A) (B) (C)

요청/부탁의 표현에는 승낙하거나 정중하게 거절하는 것이 정답이다

필살기 14

Could you lend me your newspaper?
당신의 신문을 빌려주시겠어요?

요청, 부탁의 질문 역시 제안, 권유의 질문과 마찬가지로 질문과 답변의 관용표현을 암기하고 있으면 정답 고르기가 그리 어렵지 않다. 요청이나 부탁을 들어 준다는 답변일 때는 sure, of course, I'd happy to 등의 표현을 자주 쓰며, 거절하는 답변일 때에는 sorry, I'm afraid 등의 표현을 써서 정중하게 사과하거나 이유를 말하는 것이 정답이라는 것도 기억해 두자.

토익, 이렇게 나온다

P2_49_mp3

Mark your answer on your answer sheet.　　(A)　(B)　(C)

---

❶ 부탁이나 요청의 빈출 표현을 듣자.

Could you do me a favor?
Could you / favor ~? 도와주시겠어요?
⇨ 자신을 도와달라고 부탁하는 표현이다.

❷ 보기에 소거법을 적용하라.

(A) That's my favorite.
　질문의 favor와 발음이 유사한 favorite을 이용한 오답이다.

(B) I'd be happy to.
▶ 상대의 부탁에 기꺼이 도와주겠다고 답변했으므로 정답이다.

(C) Not that much.
　양(much)에 대해 언급하는 답변으로, 부탁에 대한 반응으로는 부적절하다.

해석　Q 저 좀 도와주실래요?
　　　(A) 그것은 제가 좋아하는 것입니다. (B) 기꺼이요. (C) 그렇게 많이는 말고요.

★ 시험에 나오는 요청/부탁 유형

① 질문 유형

Could you do me a favor? 저를 도와주시겠습니까?
Can you help me handle complaints from customers?
고객들의 불만을 처리하는 것 좀 도와주시겠어요?
Would you mind waiting a little? 좀 기다려 주시겠습니까?
May I use your computer? 당신의 컴퓨터를 사용해도 될까요?
Please hand me that sheets of paper. 그 종이 서류를 저한테 전해 주세요.
I'd like to cancel my order, please. 주문을 취소하고 싶습니다.

② 답변 유형

● 승락
I'd be happy to. 기꺼이 할게요. (좋아요.)
Of course. 물론이죠.
Sure, I'll do it right away. 물론이죠, 지금 바로 할게요.
I might be able to. 제가 할 수 있을 겁니다. (해드릴게요.)

● 거절(정중한 거절 혹은 변명)
Sorry, I have another plan. 죄송합니다. 다른 약속이 있어서요.
Probably not. I'm very busy. 아마 안 될 것 같습니다. 제가 너무 바빠서요.
I don't have time right now. 지금은 시간이 없습니다.
Actually, I'll be out of town. 사실 저는 출장을 갈 겁니다.

＋ 실력더하기 질문에 대한 알맞은 답변을 고르시오.

P2_50_mp3

Q. Would you mind picking me up on your way home tomorrow?
(A) From the office.
(B) Yes, we are starting work in the morning.
(C) Of course not.

Q 상대방에게 태워줄 것을 부탁하는 의문문이다.
(A) '전치사+장소 명사' 형태로 where 의문문에 어울리는 답변이며, 질문의 내용과 무관하여 오답이다.
(B) 부탁에 대해 Yes로 답하는 것은 승낙의 의미를 나타내는데, 뒤에 질문과 무관한 내용이 이어지고 있어 오답이다.
▶ (C) would you mind ~로 양해/허락을 구하는 질문에 대해 '물론 괜찮다'는 승낙의 답변으로 정답이다. mind(꺼리다)라는 동사가 원래 부정의 의미를 가지고 있으므로 No라고 말하면 '괜찮다'는 뜻으로 허락을 의미하게 된다는 것을 주의해야 한다.

Q 내일 집에 가는 길에 저 좀 태워 주실래요?
(A) 사무실로부터요. (B) 네, 우리는 오전에 근무를 시작해요.
(C) 물론이죠.

★ 아는 만큼 반드시 들린다

☐ **pass** 건네주다

Could you pass the scissors?
가위 좀 건네주시겠어요?

☐ **turn down** (소리 등을) 작게 하다

Could you please turn the radio down?
라디오 볼륨 좀 줄여 주시겠어요?

☐ **speak with** ~와 이야기하다

Could I please speak with a mechanic?
정비사와 이야기할 수 있을까요?

☐ **set up** 설치하다

Can you help me set up the projector?
프로젝터 설치하는 것 좀 도와주시겠어요?

☐ **stay late** 늦게 까지 머물다

Can you stay late and finish this tonight?
오늘밤 늦게까지 남아서 이것을 끝낼 수 있겠어요?

☐ **pick up** (사람을) 데리고 오다; (물건을) 집어 들다

Can you pick up Mr. Lee at the hotel this afternoon?
오늘 오후에 호텔에서 리 씨를 데려올 수 있겠어요?

☐ **park** 주차하다

Can I park my car here?
여기에 차를 주차해도 되나요?

☐ **look for** ~을 찾다

I'm looking for a headset to use with my computer.
저는 제 컴퓨터에 쓸 헤드셋을 찾고 있어요.

☐ **on time** 제시간에

Please be on time for the reception.
환영회에 제시간에 와주시기 바랍니다.

EXERCISE

DICTATION | P2_51_mp3

1. Would you _____ taking a _____ at my report?

(A) _____, no problem.

(B) _____, I didn't _____ it.

(C) _____, that's not _____.

제 보고서를 봐주시겠어요?
(A) 물론이죠. 걱정하지 마세요.
(B) 아니요, 저는 그것을 가져가지 않았습니다.
(C) 아니요, 그건 제 것이 아닙니다.

2. I'd like to _____ a _____ please.

(A) _____, nothing is _____ at present.

(B) I can _____ you with _____.

(C) I've got some _____ about _____.

예약을 취소하고 싶습니다. 부탁드려요.
(A) 죄송합니다. 지금은 이용하실 수 있는 게 없습니다.
(B) 제가 그것을 도와드릴게요.
(C) 저는 그에 대해 의구심이 좀 있습니다.

3. Can you _____ these _____ out to the conference today?

(A) _____, I'm not sure _____ have _____.

(B) _____ left _____.

(C) _____, it's on the _____.

오늘 회의에서 이 소책자를 배부해 주시겠어요?
(A) 죄송해요. 시간이 될지 모르겠어요.
(B) 그녀는 어제 떠났어요.
(C) 물론이죠. 책장에 있어요.

ACTUAL TEST | P2_52_mp3

1. Mark your answer on your answer sheet.   (A) (B) (C)

2. Mark your answer on your answer sheet.   (A) (B) (C)

3. Mark your answer on your answer sheet.   (A) (B) (C)

4. Mark your answer on your answer sheet.   (A) (B) (C)

5. Mark your answer on your answer sheet.   (A) (B) (C)

필살기 15 평서문에는 맞장구를 치거나 문제점에 대한 대안을 제시한다

The ticket office is down this hall.
매표소는 이 복도를 따라가면 있어요.

평서문은 질문의 형태가 아니며, 일반적으로 정보를 제공하거나 느낌, 의견 등을 말하는 경우에 사용한다. Part 2에서는 어떤 문제점에 대해 언급하거나 요청 사항을 언급하는 경우가 대부분이다. 평서문에 대한 답변은 그 의견이나 정보에 대해 추가적인 정보를 되묻는 반문 형태와 동의하거나 맞장구치는 답변이 다수를 차지한다. 예를 들어 위와 같이 매표소가 어디에 있는지 알려주는 말에 지금 문을 여냐고(Is it open now?) 반문하는 형태가 정답으로 나온 적이 있다. 또한 문제를 제기하는 평서문일 때는 해결책을 제시하는 답변이 주로 정답이 된다.

토익, 이렇게 나온다

P2_53_mp3

Mark your answer on your answer sheet.　　(A)　(B)　(C)

❶ **평서문은 전달하고자 하는 내용, 즉 주어, 동사, 목적어를 듣자.**

We're running out of paper for our copier.
We / running out of / paper ~   종이가 떨어져 가고 있다.
⇨ 종이가 다 떨어져 가고 있다는 문제점을 제시하는 평서문이다.

❷ **보기에 소거법을 적용하라.**

(A) **I'll order supplies right away.**
▶ 문제점은 해결해야 하는데, 용지가 떨어졌다면? 찾아주거나 사다주는 것이 상식적인 반응이므로 자신이 주문하겠다는 것은 모범 답변이 되겠다.

(B) **He wrote something on the pad.**
paper에서 연상 가능한 pad를 이용한 오답 유형이며, 또한 질문에 언급되지 않은 he/she/it/they는 답변에 등장할 수 없다.

(C) **That coffee maker has already been repaired.**
copier와 유사 발음어인 coffee를 이용한 오답이다. copy와 coffee는 유사 발음 함정으로 자주 출제되므로 주의하자.

해석　Q 복사기의 용지가 다 떨어져 가고 있어요.
　　　(A) 제가 바로 용품을 주문할게요. (B) 그는 메모장에 무언가 적었어요. (C) 그 커피 메이커는 이미 수리를 받았어요.

★ 시험에 나오는 평서문 유형

① 출제 유형

- **정보나 의견 제시 유형**

  The restaurant down the street also has delicious food. 길 아래 있는 그 식당은 음식도 맛있어요.

  Your business plan is well written. 당신의 사업 계획서가 잘 써졌네요.

  A taxi will be here in 15 minutes. 택시는 15분 후에 여기로 올 겁니다.

- **문제 제기 유형**

  It seems awfully cold in here. 여긴 정말 추운 것 같네요.

  I can't open this window ledge. 창문 선반을 열수가 없어요.

  I think I forgot my wallet. 제가 지갑을 잊고 온 것 같습니다.

- **제안이나 요청 유형**

  You can use my computer while I'm out for lunch. 제가 나가서 점심을 먹는 동안 제 컴퓨터를 쓰세요.

  We should check the safety manual. 우리는 안전 매뉴얼을 확인해야 합니다.

  Be sure to follow the directions on the package. 패키지에 나와 있는 길을 따라서 가세요.

② 답변 유형

- **동의, 맞장구**

  So do I. 저도 그래요.   Yes, he's very good at it. 네, 그는 그것을 잘해요.

  Neither did I. It was terrible. 저도 그렇진 않아요. 끔찍했어요.

- **반대 의견**

  Actually, I've been noticed a few problem. 사실 저는 몇 가지 문제점을 전해 들었어요.

  Yes, but the prices are good. 네, 하지만 가격이 저렴합니다.

- **반문 유형 (추가 정보 확인)**

  Isn't it too expensive? 너무 비싸지 않나요?

  When will you be back? 언제 돌아올 건데요?

  Oh, when's the new date? 아, 변경된 날짜는 언제인가요?

- **해결책 제시 (제안 또는 권유)**

  You should contact the maintenance. 관리 부서에 연락해보세요.

  I can take you there. 제가 당신을 거기로 데려다 줄게요.

  We'll have to wait for another one, then. 그러면 또 다른 하나를 기다려야 합니다.

+ 실력더하기 질문에 대한 알맞은 답변을 고르시오.

P2_54_mp3

Q. Turn left at the corner.

(A) Please turn it on.

(B) No, it's on the counter.

(C) Is it the fastest way?

Q 길을 알려주는 평서문이다.

(A) 질문의 turn과 동일한 어휘를 반복하여 오답을 유도하는 함정이다. 질문과 관련 없는 내용이므로 오답이다.

(B) 질문의 corner와 유사한 발음인 counter를 이용한 함정으로, 질문과 관련 없는 내용이라 오답이다.

▶ (C) 상대방이 알려준 길이 가장 빠른 길이냐고 반문하고 있으므로 정답이다.

Q 모퉁이에서 왼쪽으로 도세요. (A) 그것을 켜주세요. (B) 아니오, 그것은 카운터에 있어요. (C) 그것이 가장 빠른 길인가요?

★ 아는 만큼 반드시 들린다

- [ ] **leave** 남기다; 남아 있다

  There are no seats left on the express train.
  고속 열차에 남은 좌석이 없습니다.

- [ ] **edit** 편집하다

  These documents should be edited before they're printed.
  이 서류들은 출력하기 전에 편집을 해야 합니다.

- [ ] **damaged** 파손된

  We will replace the damaged parts at no charge.
  저희는 파손된 부품을 무료로 교체해드립니다.

- [ ] **register** 등록하다

  We need to register for the online workshop.
  우리는 온라인 워크숍에 등록해야 합니다.

- [ ] **look** ~해 보이다

  The grant proposal looks good.
  상금 제안은 괜찮아 보입니다.

- [ ] **make a noise** 소음을 유발하다

  The coffee machine is making a loud noise.
  이 커피 머신은 소음이 큽니다.

- [ ] **enter** (숫자, 문자 등을) 넣다, 기입하다

  Half of the data was entered incorrectly.
  이 데이터의 절반은 잘못 입력되었습니다.

- [ ] **be on one's way to** ~로 가는 길이다

  I am on my way to the regional conference.
  저는 지역 컨퍼런스에 가는 중입니다.

- [ ] **follow** 따르다, 준수하다

  They're easy to follow.
  그것들은 따라 하기 쉽습니다.

- [ ] **allow** 허가하다

  Bikes aren't allowed in this area.
  이 지역에서는 오토바이를 탈 수 없습니다.

E X E R C I S E

DICTATION | P2_55_mp3

1. This _____ is really _____.

(A) It's _____ of _____.
(B) It's not _____.
(C) _____ don't you get your _____?

이 방은 정말 춥네요.
(A) 공간이 충분하네요.
(B) 이건 진짜가 아니에요.
(C) 스웨터를 입는 게 어때요?

2. We'll _____ you a _____ if you buy it today.

(A) He _____ an _____.
(B) I can't _____ them all.
(C) _____ a good _____.

이것을 오늘 사면 할인을 해드릴게요.
(A) 그는 악기를 연주합니다.
(B) 전 그것들을 모두 셀 수는 없어요.
(C) 좋은 제안이네요.

3. Everyone seems to _____ our new _____.

(A) For the _____ _____.
(B) _____, it has _____ more _____.
(C) That _____ _____ a good idea.

모두들 우리의 새로운 홍보를 좋아하는 것 같아요.
(A) 국제 시장을 위해서요.
(B) 네, 그것이 고객들을 더 끌어 모았어요.
(C) 그거 좋은 생각인데요.

ACTUAL TEST | P2_56_mp3

1. Mark your answer on your answer sheet.　　(A)　(B)　(C)

2. Mark your answer on your answer sheet.　　(A)　(B)　(C)

3. Mark your answer on your answer sheet.　　(A)　(B)　(C)

4. Mark your answer on your answer sheet.　　(A)　(B)　(C)

5. Mark your answer on your answer sheet.　　(A)　(B)　(C)

I don't know 외 빈출 답변 유형을 알아두자

필살기 16

I don't know yet.
아직은 모릅니다.

의문사의 유무에 상관 없이 Part 2의 어떤 질문 유형에도 가능한 답변 유형이 바로 I don't know.이다. 직접적으로 모른다고 답변하기도 하지만 자신은 모르니 알아보겠다거나 누구에게 물어보라고 답변하는 형태도 자주 나온다. 그 외 빈출 답변으로 반문 유형이 있는데, 보통 상대의 질문에 대해 확인을 하거나 추가적인 정보를 묻는 형태로 나오게 된다.

토익, 이렇게 나온다

P2_57_mp3

Mark your answer on your answer sheet.　　(A)　(B)　(C)

---

❶ **질문의 의도를 파악하라.**

Who left these files on my desk?
Who / left / these files ~ ?　누가 파일들을 두었는가?
⇨ 파일들을 놔둔 사람이 누구인지를 묻고 있다.

❷ **보기에 소거법을 적용하라.**

(A) In the top drawer.
장소의 전치사 in을 사용하여 who 의문문에 대한 답변이 될 수 없다.

(B) Yes, the other one.
의문사 의문문에는 Yes/No로 답할 수 없으므로 바로 소거한다.

(C) I don't know.
▶ 구체적인 사람으로 답변하지 않고 누구인지 모르겠다고 우회적으로 표현한 답변 유형으로 정답이 될 수 있다.

해석　Q 누가 제 책상 위에 이 파일들을 놔두었죠?
　　　(A) 맨 위 서랍에요. (B) 네, 다른 것이요. (C) 모르겠습니다.

★ 시험에 나오는 빈출 답변 유형

① I don't know 답변 유형

- **모른다.**
  I don't know (yet). 모르겠어요.　　I have no idea. 모르겠어요.

- **결정되지 않았다. 확실하지 않다.**
  I'm not sure. 확실하지 않아요.
  We're still uncertain. 아직 확실하지 않아요.
  It hasn't been decided yet. 아직 결정되지 않았어요.

- **확인해 보겠다. 나중에 알려주겠다.**
  Let me check. 확인해 볼게요.　　I'll let you know later. 나중에 알려줄게요.

- **다른 사람이 알고 있다. 다른 사람에게 물어보라.**
  Mr. Smith should know. 스미스 씨가 알 거예요.
  Ask Kevin. 케빈에게 물어보세요.

- **본 적 없다. (들은 바 없다.)**
  I haven't seen it. 저는 그것을 본 적이 없어요.　　He hasn't told me. 그가 제게 얘기해 주지 않았어요.

② 반문의 답변 유형

Q **You can send the signed contract to our office.** 서명한 계약서를 우리 사무실로 보내주세요.
A **When do you need it?** 그것이 언제 필요하신가요?

Q **Will you have time to organize these boxes?** 이 상자들을 정리할 시간이 있으세요?
A **Can I do it after lunch?** 점심 먹고 해도 될까요?

Q **Would you like to come to the presentation?** 발표에 오실 건가요?
A **Who's presenting?** 누가 발표하는데요?

Q **The company will reimburse you for your travel expense.** 회사에서 당신의 여행 경비를 환급해줄 겁니다.
A **Is that a new policy?** 새로운 (회사) 정책인가요?

Q **You can pick up your order at the service desk.** 서비스 데스크에서 귀하가 주문하신 물건을 찾아가실 수 있습니다.
A **Is it ready now?** 지금 준비가 되었나요?

+ 실력더하기 질문에 대한 알맞은 답변을 고르시오.

P2_58_mp3

Q. When should we take a break?
(A) In the lounge.
(B) How about at two?
(C) It's broken.

Q 언제 쉴 것인지 의견을 묻는 when 의문문이다.
(A) '전치사+장소 명사'는 where 의문문에 적절한 답변으로, 시간을 물어보는 when 의문문에는 적절하지 않다.
▶ (B) 자신의 의견으로 반문하는 형태이며 시간을 제시하고 있으므로 정답이다.
(C) 질문의 break와 유사한 broken을 이용한 함정 보기로, 질문에 나오지 않은 it은 답변의 주어로 쓸 수 없으므로 오답이다.

Q 우리 언제 쉴까요?
(A) 휴게실에서요. (B) 2시 어때요? (C) 그것은 고장 났어요.

★ 아는 만큼 반드시 들린다

- [ ] **produce** 생산하다, 만들다
  We produced enough fabric to meet our monthly quota.
  우리는 월별 할당량을 맞출 수 있을 만큼 충분한 천을 만들었습니다.

- [ ] **purchase** 구매하다
  You should purchase your ticket before boarding the train.
  기차에 탑승하기 전에 표를 구매하셔야 합니다.

- [ ] **fit** 들어맞다, 맞다
  This key doesn't fit the door to the office.
  이 열쇠는 사무실 문에 맞지 않아요.

- [ ] **deliver** 배송하다, 배달하다
  The package was damaged when it was delivered.
  소포가 배달되었을 때 파손되어 있었어요.

- [ ] **correct** 정확한, 맞는
  I wish I had the correct number for our London branch with me.
  저희 런던 지점의 정확한 전화번호를 알고 싶습니다.

- [ ] **outdated** 낡은, 오래된, 뒤떨어지는
  The software on our computers is outdated.
  우리의 컴퓨터에 있는 소프트웨어는 구식이에요.

- [ ] **figure** 수치
  I'd like to see last quarter's sales figures.
  지난 분기의 판매 수치를 보고 싶습니다.

- [ ] **extend** 연장하다
  Maybe we should extend the deadline.
  아마 우리는 마감을 연장해야 할 겁니다.

- [ ] **identification** 신분증
  Please show your identification as you enter the building.
  건물에 들어갈 때 신분증을 보여주세요.

- [ ] **receipt** 영수증
  Remember to give your travel receipts to the accounting office.
  회계 부서에 (당신의) 여행 영수증들을 제출하세요.

E X E R C I S E

DICTATION | P2_59_mp3

1. _____ is the nearest _____?

(A) I'll _____ the _____.
(B) All kind of _____.
(C) I might _____ a _____ soon.

가장 가까운 식당은 어디인가요?
(A) 지도를 확인해볼게요.
(B) 모든 종류의 샌드위치요.
(C) 전 곧바로 쉴지도 몰라요.

2. Haven't _____ already _____ this invoice?

(A) I can _____ them.
(B) _____ would _____.
(C) _____ a good _____.

이 송장에 대해서 이미 돈을 지불하지 않았나요?
(A) 제가 그들을 초대할 수 있습니다.
(B) 제임스가 알 겁니다.
(C) 좋은 선택입니다.

3. _____ is the _____ for this?

(A) _____ just _____ for the airport.
(B) _____ haven't _____ it.
(C) _____, I don't.

이것에 대한 매뉴얼은 어디에 있나요?
(A) 그는 막 공항으로 떠났어요.
(B) 그것을 보지 못했어요.
(C) 아니요, 전하지 않습니다.

ACTUAL TEST | P2_60_mp3

1. Mark your answer on your answer sheet. (A) (B) (C)

2. Mark your answer on your answer sheet. (A) (B) (C)

3. Mark your answer on your answer sheet. (A) (B) (C)

4. Mark your answer on your answer sheet. (A) (B) (C)

5. Mark your answer on your answer sheet. (A) (B) (C)

PART 3

PART 3

이렇게 출제된다!

- **man/woman의 동작 및 행위/상태를 묻는 질문들은 문제에서 남자/여자를 지칭하는지 구분해야 한다.**
  문제가 남자를 지칭하면 남자의 대사, 여자를 지칭하면 여자의 대사에 답이 있을 확률이 80% 이상이다. 화자들(speakers)의 행위, 시점/시간, 장소를 묻는 문제는 대부분 We ~, Let's ~, Here ~ 로 시작한다.

- **정답은 키워드를 따라 가면 나온다.**

- **질문과 정답의 키워드는 패러프레이징(paraphrasing)된다.**
  질문과 보기의 키워드가 그대로 등장하기도 하지만 다른 말로 바뀌어 등장하는 경우도 많다.
  ① Where ~ want to go ~ ? 등으로 묻게 되면 실제 대화에서는 Where can I find ~ ? / Can you tell me where ~ ? / I'm looking for ~ . / I need to go ~ . 등 should, have to, hope 등의 패러프레이징된 표현들로 나올 수 있다. ② 미래시제를 대신하는 표현들로 will, be going to, have to, need, plan, will 등이 번갈아가며 등장하게 된다.

- **대화의 흐름은 과거 → 미래이므로 질문의 시제를 파악하라.**
  과거에 대한 정보는 대화의 상단부에 주로 답이 있고 미래에 대한 질문은 하단부에 답이 있다. 특히 old, originally 등을 포함한 질문은 대화의 첫 번째 줄에 주로 답이 등장한다.

- **질문에 사람 이름이 나오면, 대화자일 경우:** 대화 중에 이름을 부르게 되면 그 다음 사람이 문제에 언급된 이름의 주인공이다.
  제3자일 경우: 이름이 언급된 후 3인칭 대명사인 He/She/They로 나온다.

- **권유/제안/요청/요구/명령을 묻는 질문이 나오면 바로 뒤에 답이 나온다.**(Why don't you ~ ? Can(Could) you ~ ? You can ~ . You should, please ~ . We ask you to ~ . We suggest ~ . I'd like you to ~ . 등)

- **역접 구조(역접 또는 반전)을 의미하는 어휘 뒤에는 대화의 결론이 나오므로 그 내용이 정답이 되는 경우가 많다.** (역접의 의미: but, however, actually, I'm sorry but, I'm afraid that ~)

이렇게 푼다!

- **키워드를 확인하라.**
  〈질문의 키워드 + 정답의 키워드 = 대화 중 키워드〉이다. 문제와 보기의 키워드를 확인하고 나서 문제를 풀 때 시선은 항상 키워드에 두어야 한다.

- **디렉션(direction)이 나오는 시간을 최대한 활용하라.**
  LC Part 디렉션, Part 1, 2 인스트럭션(instruction) 그리고 한 대화가 끝나고 다음 대화가 나오기 전까지의 시간을 활용하라.

- **전체를 세세하게 듣지 말고 필요한 것들만 들어라.**
  대화를 들을 때 문제의 키워드 내용을 기대하면서 시선은 보기의 키워드에 두고 대사에서 해당하는 내용만 순서대로 들으면서 풀어야 한다.

- **빈출 문제들의 유형별 학습 전략을 익혀라.**
  연습을 통해서 크게 3가지 유형, 세부적으로는 9가지 문제 유형에 익숙해져라.

- **패러프레이징(paraphrasing) 연습을 많이 하라.**
  문제와 보기의 키워드들이 동일하게 등장하기도 하지만 같은 의미의 다른 표현으로 등장하기 때문에 표현 암기는 필수다.

- **문제의 정답은 순서대로 등장한다는 것을 기억하라.**
  질문의 유형별로 문제는 대부분 순서대로 등장한다. 혹시 순서가 바뀌었다 하더라도 걱정하지마라. 대화에서 정답은 문제가 나열된 순서로 나온다.

- **키워드를 기다리다 놓쳤다면 고민하지 말고 그 문제는 바로 버려라.**
  혹시 문제를 풀다 놓친 문제는 신경 쓰지 마라. 오히려 그것에 신경 쓰다가는 다음 문제를 놓칠 확률이 90% 이상이다. 틀리는 것은 그 한 문제만으로도 족하다. 다음 문제는 놓치지 말아야 한다.

필살기 01 : 문제 속의 힌트로 답을 낚아챌 준비를 하라

대화를 듣기 전에 미리 문제의 중요 단어인 키워드를 표시하라.

Part 3는 질문에 제시된 단서만으로도 쉽게 답을 찾을 수 있다. 그 단서들을 중심으로 대화의 내용이 이어질 것으로 기대하고 듣는다. 또한 대화를 들을 때도 내용 전체를 이해하려고 하기보다, 문제 유형과 대화에서 힌트가 등장하는 위치, 그리고 키워드를 파악해 긴 대화 속에서 원하는 내용만 낚아채서 답을 찾아야 한다.

토익, 이렇게 나온다

41. **Where** does the **man** probably **work**?
    (A) At a **medical** clinic
    (B) At an **embassy**
    (C) At a **travel** agency
    (D) At a **health** club

    ▶ 남자가 일하는 장소
    전반부에서 특정 직업과 관련된 단어를 확인한다.

42. **Why** is the **woman calling**?
    (A) To ask about **job openings**
    (B) To purchase a **ticket**
    (C) To make an **appointment**
    (D) To **change** a **reservation**

    ▶ 여자가 전화를 건 목적
    전반부에서 여자의 첫 번째 대사를 확인한다.

43. According to the **man**, **what** might the **woman** have to do?
    (A) Complete some **paperwork**
    (B) Return for **additional visits**
    (C) Submit his **schedule**
    (D) Attend a **course**

    ▶ 남자의 요구/요청
    남자가 여자에게 무엇을 하라고 요구하거나 요청하는 내용을 확인한다.

★ Part 3 문제 풀이 방법

STEP ❶ 키워드를 확인하라.

① 문제에서 man/woman/speakers를 확인하라.
   질문이 man으로 묻는다면 남자의 대사에 답이 나온다.

② 키워드(고유명사/특정 명사/특정 동사/시간/날짜/요일)를 확인하라.
   키워드의 내용에 대해 질문에서 언급한 당사자가 말할 것이다.

③ 보기에서 동사나 명사를 중심으로 키워드를 미리 확인한다.
   보기의 키워드를 확인할 때는 질문의 내용을 적용해 하나의 문장으로 만들어 보면 이해가 빠르다.

STEP ❷ 문제의 유형에 맞게 어떻게 들어야 할지를 생각한다.

문제의 유형에 맞게 어떤 순서로 들을 것인지를 확인한다.

STEP ❸ 대화를 들으면서 답을 낚아챈다.

보기에서 미리 확인한 단어에 시선을 고정하여 대화에서 답을 들으면 바로 해당 보기에 표시를 하고 다음 문제로 넘어간다.

+ 실력더하기 다음의 문제들에서 키워드에 밑줄을 그어보자.

P3_01_mp3

1 Why is the woman calling?

   (A) To send a mailing list
   (B) To increase an order
   (C) To cancel a shipment
   (D) To request an invoice

2 Where does the man probably work?

   (A) At a moving company
   (B) At a flower shop
   (C) At a post office
   (D) At a printing company

3 What does the man say he will do?

   (A) Send an catalog
   (B) E-mail an order confirmation
   (C) Ensure a partial order is sent
   (D) Discount some shipping rates

★ 문제 풀이 예시

- 대화 전체를 이해하고 풀기보다는 대화를 들으면서 키워드가 나오는 순서대로 한 문제씩 풀어야 한다. 시선은 키워드에 고정하고 일치하는 내용이 나오면 바로 낚아채고, 다음 문제로 시선을 옮긴다.

01. <u>Why</u> is the <u>woman</u> <u>calling</u>?

(A) To send a <u>mailing list</u>
(B) To increase <u>an order</u>
(C) To cancel a <u>shipment</u>
(D) To request an <u>invoice</u>

여자는 왜 전화를 하고 있는가?
(A) 메일링 리스트를 보내기 위해
(B) 주문을 더하기 위해
(C) 배송을 취소하기 위해
(D) 송장을 요청하기 위해

▶ 첫 번째 여자의 대사에서 전화를 건 이유를 찾아야 한다. 문제에서 calling을 통해 전화 대화임을 예상하고, 자기소개 후에 왜 전화를 했는지 이야기하는 내용을 잘 들어야 한다.

02. Where does the man probably work?

(A) At a moving company
(B) At a flower shop
(C) At a post office
(D) At a printing company

남자는 아마도 어디에서 일을 할 것 같은가?
(A) 이사짐 회사
(B) 꽃가게
(C) 우체국
(D) 인쇄 회사

▶ 대화 중에 남자가 일하는 곳, 즉 남자의 직업이나 직장과 관련된 단어를 확인해야 한다. 대화의 장소나 직업을 묻는 문제는 특정 직업이나 업종과 관련된 단어가 나올 것이라고 기대하고 듣는다.

03. What does the man say he will do?

(A) Send an catalog
(B) E-mail an order confirmation
(C) Ensure a partial order is sent
(D) Discount some shipping rates

남자는 무엇을 하겠다고 하는가?
(A) 카달로그를 보내겠다.
(B) 주문 확인서를 이메일로 보내겠다.
(C) 주문의 일부를 보내겠다.
(D) 배송비를 할인해주겠다.

▶ 남자의 마지막 대사를 잘 들어라. 남자가 무엇을 할 것인지를 묻는 문제는 대화 이후에 남자가 할 행동을 묻는 것이다. 그러므로 마지막에 남자가 무엇을 하겠다고 말할 것임을 예상할 수 있다.

★ 스크립트 분석하는 방법

- 문제를 풀고 나서는 항상 스크립트를 분석하고 정답 표현들이 어떻게 패러프레이징되었는지 확인하면서 공부하라.

Questions 1-3 refer to the following conversation.

W: Hello, this is Lisa Brown from Easy Cleaning Service. I sent a fax on Monday to place an order for 200 business cards. ¹ **I'd like to increase the order** to 500 cards. Will you still be able to ship them to us by Thursday?
→ increase an order

M: I'm sorry, madam. ² **Our printing team** is quite busy right now. Although we have your original order ready, we won't be able to print the others until sometime next week.
→ work at a printing company

W: Really? I hoped it would be sooner. Could I still have what you've done by Thursday?

M: That won't be a problem, madam. ³ I'll speak with our shipping department and make sure that **first 200 cards are sent** today.
→ a partial order is sent

▶ 01.
첫 번째 여자의 말을 보면, 전화상으로 자신을 소개를 하고 I'd like to ~로 전화를 한 목적을 이야기하고 있다.

▶ 02.
두 번째 남자의 말에서 자신의 인쇄팀이 바쁘다고 했으므로 인쇄 관련 업종에서 일한다는 것을 알 수 있다.

▶ 03.
마지막의 남자의 대사에서 I'll ~(내가 ~ 하겠다)로 배송 부서에 얘기를 해서 200장만 오늘 먼저 보낼 수 있도록 하겠다고 말하고 있다.

해석 여: 안녕하세요, 저는 이지 클리닝 서비스의 리사 브라운입니다. 명함 200장을 주문하려고 월요일에 팩스를 보냈어요. 저는 주문을 500장으로 늘리고 싶습니다. 그래도 목요일까지 배송이 가능하겠습니까?
남: 죄송합니다. 저희 인쇄팀이 지금 매우 바쁩니다. 처음 주문하셨던 것은 준비가 되어 있지만 추가분은 다음주까지는 어렵습니다.
여: 정말요? 좀 더 빨리 됐으면 좋겠는데요. 지금까지 된 건 목요일까지 제가 받을 수 있을까요?
남: 그건 문제되지 않아요. 저희 배송 부서와 얘기해서 처음 주문하신 200장은 오늘 보낼 수 있도록 확인하겠습니다.

어휘 **place an order** 주문을 하다 **increase** 늘리다, 증가시키다 **ship** 배송하다 **sooner** 더 빨리, 일찍 **make sure** 확인하다

필살기 02 첫 번째 사람이 던지는 말의 화두가 주제이다

What are the speakers mainly discussing?
화자들이 주로 논의하고 있는 것은 무엇인가?

주제를 묻는 문제는 주로 첫 번째 문제로 등장한다. 대화의 전반부, 특히 대화의 첫 번째 화자의 대사에서 쉽게 답을 찾을 수 있다. 첫 대사에서 언급한 화두를 중심으로 대화가 이어지기 때문이다.

토익, 이렇게 나온다

What are the speakers mainly discussing?
(A) An article the man will write
(B) A cleaning appointment
(C) A furniture store
(D) Overseas clients

❶ 키워드를 확인하라.

What / speakers / discussing?	▷ 화자들은 무엇을 논의하고 있는가?
(A) an article	→ 기사 ✓
(B) a cleaning	→ 청소 (약속/일정)
(C) a furniture	→ 가구(점)
(D) clients	→ (해외) 고객

❷ 주제를 묻는 문제이다.
주제를 묻는 문제는 대화의 첫 번째 대사를 잘 들어야 한다. 첫 번째 여자의 대사에서 I'd like you to write a review of the new play at the Keira Theater. 를 보면 리뷰를 써달라고 하면서 신문에 낼 것이라고 하므로 남자가 쓸 기사에 대한 이야기임을 알 수 있다.

★ 시험에 나오는 **주제를 묻는 유형**

① **빈출 문제 유형**

What are the speakers mainly discussing?
화자들은 주로 무엇을 논의하고 있는가?

What is the conversation about? 무엇에 대한 대화인가?

What are the speakers mainly talking about?
화자들은 주로 무엇에 대해 이야기하고 있는가?

What type of the equipment is being discussed?
어떤 종류의 장비가 논의되고 있는가?

② **빈출 정답 유형 (대화 내용 → 정답 보기)**

- 상대에게 질문을 하거나 부탁을 한다.
  Are you going to the director's presentation today?
  오늘 감독의 발표회에 갈 건가요? → 주제 presentation

- 자신이 원하는 것이 무엇인지를 말한다.
  I'd like you to write a review.
  당신이 리뷰를 써줬으면 좋겠습니다. → 주제 article(= review)

- 과거의 상황 설명과 함께 현재 문제점에 대해서 언급한다.
  I bought a computer yesterday. But it is not working properly.
  어제 컴퓨터를 샀는데, 잘 작동이 되지 않아요. → 주제 computer malfunction

- 특정 상황이나 사실을 언급한다.
  Hi, I just read the e-mail about the training classes new employees are required to take and I have a question.
  안녕하세요. 신입 직원들이 참석해야 하는 교육에 대한 이메일을 읽었는데 궁금한 게 있어요. → 주제 training classes

SCRIPT

↱ an article the man will write

W: Hi, Peter. I have an **assignment** for you. I'd like you to **write a review of the new play** at the Keira Theater. We'd like to **feature it** in the 'Local Arts' section of the Saturday's **newspaper**. I have a ticket here for you for tomorrow's show.

M: Wow, thanks a lot. I was planning to see it anyway but most of the shows were sold out. Maybe I can arrange to interview the main actor of the play after the show.

여: 안녕하세요. 피터. 당신이 할 일이 있어요. 당신이 키이라 극장에서 하는 새로운 연극의 리뷰를 써주면 좋겠어요. 토요일 신문의 '로컬아츠'라는 섹션에 싣고 싶습니다. 제가 내일 쇼 티켓을 가지고 있어요.

남: 와. 고마워요. 어쨌든 보러 가려고 했었어요. 대부분의 쇼가 매진되었어요. 아마 쇼가 끝난 후에 연극의 주연 배우와 인터뷰를 잡을 수 있을 거예요.

+ 실력더하기 Dictation

P3_03_mp3

1. 키워드에 밑줄을 긋고 문제를 푸시오.

What event are the speakers discussing?

(A) A musical concert

(B) A play

2. 스크립트를 듣고 빈칸을 채우시오.

M: So Jane, _____ do you think of _____ _____ so far?

W: Oh, I think it's _____! I'm glad that we were able to get _____ at the last minute. This always has been one of my _____ _____. And the _____ are doing an _____ job.

1.

정답 (B) what event, discussing?
/ (A) concert (B) play

해설 남자가 첫 번째 대사에서 연극(play)에 대해서 어떻게 생각하는지 화두를 던지고 이야기의 주제를 이끌어 가고 있다.

2.

정답 what / the play / great / tickets / favorite plays / actors / excellent

해설 남: 그래서요, 제인. 그 연극 어떻게 생각하세요?
여: 오우, 멋지지요! 막판에 표를 구할 수 있어서 정말 기뻐요. 이 연극은 항상 내가 좋아하는 연극 중에 하나였죠. 그리고 배우들이 정말 연기를 잘해요.

E X E R C I S E

ACTUAL TEST | P3_04_mp3

1. What is the conversation mainly about?

    (A) Selecting a food supplier
    (B) Mailing some merchandise
    (C) Preparing a presentation
    (D) Eating out at a local restaurant

2. What are the speakers mainly discussing?

    (A) Driving directions
    (B) A job description
    (C) Work assignments
    (D) A staff meeting

3. What are the speakers discussing?

    (A) A popular book
    (B) A model house
    (C) A change in a plan
    (D) A weather forecast

필살기 03 대화 장소는 특정 장소에서만 쓰이는 단어를 들으면 알 수 있다

Where does this conversation take place?
이 대화는 어디에서 일어나고 있는가?

대화의 장소를 묻는 문제는 주로 첫 번째 질문으로 등장한다. 두 사람의 대화 내용에는 특정 장소에서만 사용되는 표현이 등장한다는 것을 잊지 말자. 이런 문제는 대화 전체를 듣고 이해해서 해결하기보다는 대화에서 몇 단어를 듣고 장소를 유추하는 것이 효과적이다. 종종 here나 our와 연결되는 내용에서 답을 찾을 수 있다.

토익, 이렇게 나온다

P3_05_mp3

Where most likely are the speakers?

(A) In a warehouse
(B) In a paint store
(C) In a clothing shop
(D) In a post office

❶ **키워드를 확인하라.**

Where / speakers	⇨ 화자들은 어디에 있는가?
(A) warehouse	→ 창고
(B) paint	→ 페인트 (가게) ✓
(C) clothing	→ 옷 (가게)
(D) post office	→ 우체국

❷ **화자들이 있는 장소를 묻는 문제이다.**

대화에서 장소를 알 수 있는 단어를 듣는다. 첫 번째 여자의 대사 the paints you could use에서 벽에 칠할 페인트 색의 샘플이 있다는 내용으로 보아 대화의 장소가 페인트 가게임을 알 수 있다.

★ 시험에 나오는 장소를 묻는 유형

① 빈출 문제 유형

Where does this conversation most likely take place?
이 대화가 이루어지는 장소는 어디일 것 같은가?

Where mostly are the speakers? 화자들은 어디에 있는가?

② 빈출 장소 유형

● 공공 장소

식당(restaurant), 호텔(hotel), 병원(hospital, clinic), 미술관(museum), 사무실(office), 우체국(post office) 등의 장소를 나타내는 표현에 집중한다.

doctor (= Dr.) 의사	**patient** 환자	**regular check-up** 정기 검진
room 방	**dinner** 저녁식사	**order a meal** 식사를 주문하다
stamp 우표	**seminar** 세미나	**make a reservation** 주문하다
ship 배송하다	**exhibition** 전시회	**leave an office** 퇴근하다
send a package 소포를 보내다		**ticket for admission** 입장표

● 가게

의류 가게(clothing store), 서점(book store), 식료품점(grocery store) 등의 장소를 나타내는 표현에 집중한다.

shirt 셔츠	**wash** 세탁	**made of cotton** 면으로 만든
wrinkle 주름	**bag** 가방	**pay for this book** 이 책의 값을 지불하다
lettuce 양상추	**run out** 다 팔리다	**cabbage** 양배추
luggage 가방, 짐	**storeroom** 창고	**stock** 재고

● 교통 시설

기차역(train station), 버스 정거장(bus stop), 공항(airport) 등 교통 시설을 나타내는 표현에 집중한다.

take a train 기차를 타다	**departure board** 출발 안내 표지판
platform 플랫폼	**be scheduled to leave** 출발할 예정이다
waiting area 대기실	**board the plane** 비행기에 탑승하다
terminal 터미널	

● 구직 면접

구직 면접(job interview)을 나타내는 표현에 집중한다.

be interested in the position 그 일자리에 관심이 있다
previous experience 이전 경력
have a background 학력 배경이 있다
work as a manager 매니저로 일하다

SCRIPT

↪ *in a paint store*

W: Mr. Parker, these are some of the color samples of **the paints you could use** on your walls. All colors are heat resistant, and therefore, they are reliable.

M: Well, they all look great, but I was wondering whether you have any **darker colors**. Could you show me some **darker ones**?   ↪ *in a paint store*

여: 파커 씨, 당신의 벽에 칠할 페인트 색 샘플이 있습니다. 모든 색이 열에 쉽게 손상되지 않기 때문에 믿을 수 있습니다.
남: 글쎄요, 모두 좋아 보이네요. 그런데 어두운 색상은 없는지 궁금하네요. 좀 더 어두운 페인트 색을 보여 주시겠어요?

+ 실력더하기 Dictation

P3_06_mp3

1. 키워드에 밑줄을 긋고 문제를 푸시오.

Where does the conversation take place?

(A) At a furniture store

(B) At a sign-making store

2. 스크립트를 듣고 빈칸을 채우시오.

W: Good afternoon. _____ may I _____ you?

M: Hi, I would _____ you to make a _____ _____ for my _____ shop. I saw the one you put up for my friend's souvenir store, and I really liked the _____. I want to find out the _____ _____ for installing a new one from your store.

1.

정답 (B) where, conversation?
/ (A) furniture (B) sign-making

해설 대화가 일어나는 장소를 묻는 문제이다. 남자의 대사에서 새로운 간판(sign)을 만들어 달라고 요청하고 있으므로 대화가 일어나는 장소는 간판 가게임을 알 수 있다. 이때 my furniture shop을 듣고 (A)로 답을 선택하지 않도록 주의해야 한다.

2.

정답 How / help / like / new sign / furniture / design / cost estimate

해석 여: 안녕하세요. 어떻게 도와드릴까요?
남: 안녕하세요. 제 가구 가게를 위한 새로운 간판을 만들어 주셨으면 해서요. 제 친구의 기념품 가게 간판을 걸어 주신 걸 봤는데, 디자인이 맘에 들어서요. 그곳에서 새로운 간판을 설치하는 것에 대한 비용 견적을 알고 싶습니다.

EXERCISE

ACTUAL TEST | P3_07_mp3

1. Where is this conversation most likely taking place?

   (A) At a shopping mall
   (B) At a library
   (C) At a bank
   (D) At a store

2. Where does the conversation take place?

   (A) At a tourist information center
   (B) At a laboratory
   (C) At a bus stop
   (D) At a bookstore

3. Where most likely is the conversation taking place?

   (A) On a city street
   (B) In an office building
   (C) In a car
   (D) At a restaurant

필살기 04 근무 장소와 직종은 해당 직업/업종과 관련된 단어를 들으면 알 수 있다

Where does the man work?
남자는 어디에서 일을 하는가?

어디에서 일을 하는지, 누구인지를 묻는 질문들은 화자인 남자/여자의 직업이나 근무하는 회사의 종류 또는 업종을 묻는 문제이다. 주로 첫 번째 문제로 등장한다. 얼핏 대화의 장소를 묻는 문제와도 유사하며, 보기에는 모두 직업이나 업종에 대한 것들이 등장하게 된다. 그러므로 대화에서 특정 직업이나 업종과 관련된 업무 내용이 언급될 것을 기대하고 들어야 한다.

토익, 이렇게 나온다

P3_08_mp3

Who most likely is the man?

(A) A bank teller
(B) An apartment manager
(C) A security guard
(D) A maintenance worker

❶ 키워드를 확인하라.

Who / man	⇨ 남자는 누구인가?
(A) bank	→ 은행(원)
(B) apartment	→ 아파트 (관리자) ✓
(C) security	→ 보안 (요원)
(D) maintenance	→ 유지 관리 (직원)

❷ 남자의 직업을 묻는 문제이다.
대화에서 남자의 직업을 알 수 있는 내용을 확인해야 한다. 주로 대화의 전반부에서 확인할 수 있으며 첫 번째 여자의 대사에서 이사를 간다는 내용을 확인하고 남자의 대사에서 아파트 열쇠를 자신의 사무실로 되돌려줘야 한다는 내용에서 남자는 아파트를 관리하는 사람임을 알 수 있다.

★ 시험에 나오는 **직업/업종을 묻는 유형**

① 빈출 문제 유형

What is the woman's occupation? 여자의 직업은 무엇인가?

Who most likely is the woman? 여자는 누구일 것 같은가?

What department do the speakers most likely work in?
화자들은 무슨 부서에서 일하는 것 같은가?

Who most likely do the speakers work for? 화자들은 누구를 위해 일하는 것 같은가?

Where is the man calling? 남자는 어디에 전화를 걸고 있는가?

② 빈출 직업 및 근무 장소

- **식당 매니저 restaurant manager**
  enjoy a meal 식사를 즐기다
  here at Togo Chinese restaurant 여기 타고 중국 음식점에서
  order a soup 수프를 주문하다

- **자동차 판매(렌탈) 대리점 car dealership**
  rental car 임대 차량
  return a car 차량을 되돌려주다
  experience of selling car 차량 판매 경험

- **병원 medical clinic/office**
  appointment with Dr. Lopez 로페즈 박사님과의 (진료) 약속
  get some vaccination 백신을 맞다
  regular checkup 정기 검진

- **제조 업체 및 공장 manufacturing company/factory**
  plant 공장
  problems with a new line of ~ 신규 라인에 발생한 문제
  shut down production 생산을 중단하다

SCRIPT

W: Good afternoon, this is Kimberly Adams from Riverview **apartment** on Danes Road. **My lease** will be expired next Friday, and I would like to know what I have to do **before moving out**. ↗ *an apartment manager*

M: Well, all you have to do is simply return the keys to **our office**. After you move out, we are going to inspect your apartment to find whether there are any damages. If none are confirmed, we'll refund the full security deposit.

여: 안녕하세요. 저는 데인즈 가에 위치한 리버뷰 아파트에 사는 킴벌리 아담스입니다. 제 임대 계약 기간이 다음주 금요일에 만료됩니다. 그래서 제가 이사를 가기 전에 무엇을 해야 하는지를 알고 싶습니다.

남: 음, 귀하께서 해주실 일은 저희 사무실에 열쇠를 반납하시는 것뿐입니다. 이사를 가시고 난 후에는 아파트에 어떤 손상이 있는지를 확인해 볼 것입니다. 손상이 없다는 것이 확인되면 보증금을 전액 환불해드립니다.

+ 실력더하기 Dictation

P3_09_mp3

1. 키워드에 밑줄을 긋고 문제를 푸시오.

Where does the woman probably work?

(A) At a food market

(B) At a restaurant

2. 스크립트를 듣고 빈칸을 채우시오.

M: Hi, I'd _____ to make a _____ for _____ on July 20th. It will be a party of more than ten.

W: Let me check. I'm _____ that all our large _____ are booked for _____ on the 20th. But, we could _____ your group in a _____ dining room. We have put large groups there before. Exactly how _____ _____ are expected?

1.

정답 (B) where, woman, work / (A) market (B) restaurant

해설 여자가 일하는 장소를 묻는 문제이다. 남자가 저녁식사 예약에 대해 물었는데, 여자가 자리가 없다고 말하고 있으므로 여자는 식당에서 일을 한다는 것을 알 수 있다.

2.

정답 like / reservation / dinner / afraid / tables / dinner / seat / private / many people

해설 남: 저는 7월 20일에 저녁식사를 예약하고 싶습니다. 인원이 10명 이상입니다.
여: 확인해 보겠습니다. 유감스럽게도 20일 저녁 시간에 큰 테이블이 모두 예약되어 있습니다. 그러나 10명 정도의 인원이 들어갈 수 있는 별실이 있습니다. 그 전에도 단체 손님들을 이곳에 받은 적이 있습니다. 정확히 몇 명의 손님이 올 것 같습니까?

EXERCISE

ACTUAL TEST | P3_10_mp3

1. What department do the speakers most likely work in?

   (A) Product development
   (B) Technical support
   (C) Marketing
   (D) Accounting

2. Who most most likely is the woman?

   (A) A doctor
   (B) An engineer
   (C) An art director
   (D) A personnel manger

3. Where does the man probably work?

   (A) At a post office
   (B) At a shipping company
   (C) At a repair shop
   (D) At an office-supply store

필살기 05 전화를 건 목적은 첫 번째 대사를 잘 들어라

What is the purpose of the call?
통화의 목적은 무엇인가?

전화를 건 목적을 묻는 문제는 주로 첫 번째 문제로 등장하며 대부분 대화의 전반부에 정답이 나온다. 대화가 그렇게 길지 않아 앞부분에서 전화를 건 목적을 먼저 언급하고 나서 그에 대한 이야기가 계속해서 전개되기 때문이다. 특히, 대화에서 I'm calling to ~라고 전화를 건 목적을 언급하므로, 이 표현이 나오면 주의 깊게 듣도록 하자. 난이도 있는 문제에서는 종종 전화를 건 사람들의 직업을 묻는 문제와 함께 나란히 등장하는데, 이 경우에는 직업을 묻는 문제부터 풀고 난 다음에 목적을 묻는 문제를 해결한다.

토익, 이렇게 나온다

P3_11_mp3

What is the purpose of the telephone call?

(A) To check on a delivery
(B) To complain about a product
(C) To cancel an order
(D) To arrange a tour of a factory

❶ **키워드를 확인하라.**

What / purpose / call	⇨ 전화를 건 목적은 무엇인가?
(A) delivery	→ 배송 (확인) ✓
(B) complain	→ (제품에 대한) 불만
(C) cancel	→ (주문) 취소
(D) arrange a tour	→ (공장) 견학 일정

❷ **전화의 목적을 묻는 문제이다.**
전화 대화임을 파악하고 전화를 건 사람의 첫 번째 대사를 잘 듣는다. 첫 번째 여자의 대사를 보면 I'm calling 바로 뒤에 나오는 regarding a delivery를 통해 배송을 확인하려 전화를 걸었음을 알 수 있다.

SCRIPT

★ 시험에 나오는 **목적을 묻는 유형**

① 빈출 문제 유형

Why is the woman calling? 여자는 왜 전화를 하고 있는가?
Why did the man call the woman? 남자는 왜 여자에게 전화를 했는가?
Why does the woman contact the man? 여자는 왜 남자에게 연락을 하는가?
What is the woman calling about? 여자는 무엇에 대해 전화를 하고 있는가?

② 전화 목적을 말하는 빈출 표현

- **calling이란 단어를 이용하여 목적을 말하는 경우**

  I'm calling to speak with a hotel guest.
  호텔 손님과 통화를 하고 싶습니다.

  I'm calling about a billing problem.
  청구서에 문제가 있어서 전화 드렸습니다.

- **원하는 바를 직접 말하는 경우**

  I'd like to make an appointment with Dr. Fine.
  파인 박사님과 진찰 일정을 잡고 싶습니다.

  Can you tell me how much it costs to send the package to Corectus?
  코렉터스로 소포를 보내는 데 얼마인가요?

- **전화를 걸게 된 배경을 설명하고 궁금한 사항을 질문하는 경우**

  I ordered a pair of eye glasses last week. I was wondering if they haven't come in yet. 저는 지난주에 안경을 주문했는데요. 아직 도착하지 않았는지 궁금합니다.

SCRIPT

↗ to check on a delivery

W: Hi, I'm calling **regarding a delivery of some stationery**. One of your representatives told me that a delivery truck would arrive here this morning, but it hasn't come yet.

M: Oh, I am sorry. The driver probably had to make a number of stops, but he should be there soon. But if you'd like to find out an estimated time for delivery, you may contact our distribution center at 221-9099.

여: 안녕하세요. 저는 문구류 배달 건 때문에 전화를 드렸습니다. 귀하의 직원 중에 한 분이 배달 트럭이 오늘 아침에 도착할 것이라고 하였는데 아직 도착하지 않았습니다.

남: 죄송합니다. 운전 기사가 오늘 배송할 곳이 많았나 봅니다. 그러나 그곳에 곧 도착할 것입니다. 예상 배송 시간을 알고 싶으시다면 저희 유통 센터로 221-9099로 연락주시길 바랍니다.

+ 실력더하기 Dictation

P3_12_mp3

1. 키워드에 밑줄을 긋고 문제를 푸시오.

Why is the woman calling?

(A) To get relocation assistance.

(B) To inquire about hotel prices.

2. 스크립트를 듣고 빈칸을 채우시오.

W: Hello, _____ _____ is Emma Wright. Mr. Carter suggested that I call the company's _____ office before I _____ to the Arlington Branch. I would like some _____ _____ an _____ there.

M: _____, we have an _____ in Arlington who does a great job searching good _____ for our employees. She is highly recommended by other employees in the past, so I suggest you speak to her. Let me give you her contact number.

1.
정답 (A) why, calling / (A) relocation (B) hotel prices

해설 전화를 건 목적을 묻는 문제이다. 여자의 첫 번째 대사에서 자신을 소개하고 전화를 건 배경을 설명한다. relocation office에 전화를 걸어 전근 가는 곳에서 아파트를 구한다고 하는 내용에서 전근(relocation)과 관련하여 도움을 받고자 전화를 했음을 알 수 있다.

2.
정답 my name / relocation / transfer / help / finding / apartment / Yes / agent / housing

해설 여: 안녕하세요. 제 이름은 에마 라이트입니다. 카터 씨는 제게 알링턴 지사로 전근가기 전에 회사의 이사 사무실로 전화를 하라고 하셨습니다. 저는 그곳에서 살 아파트를 찾고 있습니다.
남: 네, 저희 직원들을 위해 좋은 주택을 찾아주는 대리인이 알링턴에 있습니다. 그녀는 전에도 다른 직원들에 의해 추천을 많이 받아 저는 귀하께서 그녀에게 연락을 해보시기를 권해 드립니다. 제가 그녀의 연락처를 알려드리겠습니다.

EXERCISE

ACTUAL TEST | P3_13_mp3

1. Why is the woman calling?

   (A) To invite a friend to dinner
   (B) To make a reservation
   (C) To place an order
   (D) To change an appointment

2. Why is the woman calling?

   (A) To ask for driving directions
   (B) To get relocation assistance
   (C) To schedule a job interview
   (D) To inquire about hotel prices

3. What is the purpose of the call?

   (A) To discuss an order
   (B) To reserve tickets
   (C) To suggest a design change
   (D) To confirm an address

필살기 06 원하거나 필요로 하는 것은 전반부에서 답을 찾아라

What does the man want to do?
남자가 하고 싶어하는 것은 무엇인가?

화자가 원하는 것을 묻는 문제가 첫 번째 문제로 나올 경우, 화자가 직접 대화의 전반부에서 원하는 것을 언급하기 때문에 첫 번째 대사나 두 번째 대사에서 정답을 찾을 수 있다. 대화에서 원하거나(want to/would like to), 해야 하는(need to/have to) 것을 나타내는 표현으로 제시되거나 유사 표현인 look for, find out, request 등으로 패러프레이징될 수도 있고, 요청이나 부탁의 표현으로 나올 수도 있으므로 이러한 표현을 잘 듣고 화자가 원하는 것을 파악한다.

토익, 이렇게 나온다

P3_14_mp3

What does the woman request?
(A) A later deadline
(B) Time off from work
(C) More money for repairs
(D) Payment for travel

❶ 키워드를 확인하라.

What / woman / request ➪ 여자가 요청하는 것은 무엇인가?
(A) deadline → 마감일 (연장)
(B) time off → 휴무 ✓
(C) money / repair → 수리를 위한 돈
(D) payment / travel → 여행 경비 지불

❷ 여자가 요구하는 것이 무엇인지를 묻는 문제이다.

여자의 대사에서 여자가 원하는 것이 무엇인지를 들어야 한다. 첫 번째 여자의 대사에서 하루를 쉬어도(take a day off) 되느냐고 묻고 있으므로 휴가를 요청하고 있음을 알 수 있다.

SCRIPT

★ 시험에 나오는 **원하는 것을 묻는 유형**

① 빈출 문제 유형

What does the man want? 남자는 무엇을 원하는가?

What does the man need? 남자는 무엇을 필요로 하는가?

What does the man ask? 남자는 무엇을 요청하는가?

What does the man request? 남자는 무엇을 요구하는가?

What does the woman want to find out? 여자는 무엇을 찾기를 원하는가?

What is the man looking for? 남자는 무엇을 찾고 있는가?

② 빈출 정답 표현

I'd like to book a room for July 15th through 17th.
7월 15일에서 17일까지 방을 예약하고 싶은데요.

I wanted to check that I have the most up-to-date information.
제가 최신 정보를 가지고 있는지를 확인하고 싶었습니다.

I'm still waiting for the new video projector to come in for that room.
저는 아직 그 방에 넣을 새 비디오 프로젝터를 기다리고 있습니다.

I know this is the last minute but I need to fly to Wellington today. Do you have any evening flights available?
좀 늦긴 했지만 오늘 웰링톤으로 가는 비행기를 타야 합니다. 저녁 비행편이 있습니까?

SCRIPT

↱ time off from work

W: Mr. Cohen, will it be alright with me **if I take a day off** on Friday? I would like to use **one vacation day** this week.

M: Well, you certainly could, but the safety inspectors are coming on Friday and your presence is important. If there isn't anything important, would you mind using your vacation day on a different day?

여: 코헨 씨, 금요일에 제가 하루 휴가를 얻어도 괜찮을까요? 이번 주에 저는 하루 휴가를 쓰고 싶습니다.

남: 음, 그래도 됩니다. 그러나 안전 검사관들이 금요일에 오는데 당신이 계셔야 합니다. 별다른 일이 없으시다면 다른 날에 휴가를 쓰시면 안 될까요?

+ 실력더하기 Dictation

P3_15_mp3

1. 키워드에 밑줄을 긋고 문제를 푸시오.

What does the woman have to do?

(A) Make copies

(B) Send an e-mail

2. 스크립트를 듣고 빈칸을 채우시오.

M: Jenny, _____ you like to go out for a quick _____ with Sandy and me? We still have about an hour before the afternoon meeting.

W: Oh, I'd love to join, _____ I am _____ I can't. I have to _____ _____ for the meeting. By the way, didn't you get the _____? The meeting time has been _____ to start thirty minutes earlier than the original time.

1.

정답 (A) what, woman, have to / (A) copies (B) e-mail

해설 두 번째 여자의 대사에서 식사를 하러 가자는 상대의 제안을 거절하고 해야 할 일(have to)을 설명하면서 make copies(복사하다)가 등장하였다.

2.

정답 would / lunch / but / afraid / make copies / e-mail / rescheduled

해석 남: 제니, 샌디와 저와 함께 점심식사 빨리 하고 오지 않을래요? 오후 회의를 시작하기 전에 한 시간 정도 여유가 있습니다.
여: 저도 함께 가고 싶지만, 그럴 수가 없습니다. 회의를 위해 복사를 해야 하거든요. 그런데 이메일 못 받으셨나요? 회의 시간이 원래 시간보다 30분 일찍 시작하는 걸로 변경되었거든요.

ACTUAL TEST | P3_16_mp3

1. What is the man looking for?

    (A) A hotel
    (B) A bank
    (C) A street
    (D) A train station

2. What subject does the woman want to study?

    (A) Computer programming
    (B) Voice acting
    (C) Fashion
    (D) Psychology

3. What is the man mainly looking for in a car?

    (A) Comfortable seating
    (B) An automatic transmission
    (C) Fuel efficiency
    (D) A discounted price

문제나 걱정은 대화에서 안 좋은 일을 확인하라

필살기 07

What is the problem?
무엇이 문제인가?

concern, worry, problem 등의 단어로 문제점을 묻는 문제가 출제된다. 이 경우 대화의 도입부에서 화자가 직접 문제점을 언급할 수도 있고, 첫 번째 화자가 질문을 던지면 두 번째 화자가 대답하면서 문제점을 언급하기도 한다. 그러므로 주로 첫 번째나 두 번째 대사에서 정답을 찾을 수 있으며 주요 문제점으로는 불만 제기, 사용 중 불편함, 기계 고장, 약속 불이행, 마감 기한 지연, 화자의 잘못, 후회 등의 내용이 자주 출제된다.

토익, 이렇게 나온다

P3_17_mp3

What is the problem?
   (A) The user manual is missing.
   (B) The wrong computer model was sent.
   (C) The computer is not working properly.
   (D) The printer is damaged.

❶ **키워드를 확인하라.**

What / problem	⇨ 문제가 무엇인가?
(A) manual / missing	→ 매뉴얼 분실
(B) wrong computer	→ 다른 컴퓨터
(C) computer not working	→ 컴퓨터 고장 ✓
(D) printer / damaged	→ 프린터 고장

❷ **어떤 문제가 있는지를 묻는 문제이다.**
대화의 전반부에 안 좋거나 문제가 될 만한 사항이 나올 것을 기대하고 듣는다. 두 번째 남자의 대사에서 컴퓨터를 어제 샀는데 켜지지 않는다고 하므로 컴퓨터 관련 문제에 대해 말하고 있다.

SCRIPT

★ 시험에 나오는 문제점을 묻는 유형

① **빈출 문제 유형**

What problem does the woman describe? 여자는 어떤 문제점을 말하고 있는가?
What problem are the speakers discussing? 화자들은 어떤 문제에 대해 논의하고 있는가?
What is the problem with the car? 자동차에 어떤 문제가 있는가?
What is the woman worried about? 여자는 무엇을 걱정하고 있는가?
What is the woman having trouble with? 여자는 어떤 것에 대해 어려움을 겪고 있는가?

② **빈출 정답 표현**

- **문제점에 대해서 직접 언급하는 경우**
  I'm having trouble with this spread sheet. 이 스프레드 시트에 문제가 있습니다.
  The photocopier isn't working very well. 복사기가 잘 작동하지 않아요.

- **but, unfortunately에 이어서 나오는 경우**
  But unfortunately, we no longer have the frames you requested in stock.
  그렇지만 불행하게도, 당신이 요청하신 액자는 더 이상 재고가 없습니다.

  But when I went last year, the traffic was horrible.
  그렇지만 작년에 제가 갔을 때 교통이 끔찍했어요.

- **배경 설명과 함께 문제점을 설명하는 경우**
  Excuse me, sir. I was on the Express Flight from Seoul and my luggage didn't arrive at the baggage claim with everyone else's.
  실례합니다. 저는 서울에서 출발한 익스프레스 비행기에 탔었는데, 수화물 찾는 곳에 다른 모든 사람의 짐과 함께 제 짐이 도착하지 않았습니다.

SCRIPT

W: Hi, you have reached Dawson Computer Technical Support. This is Karen. How can I help you today?

M: Hi, Karen. I purchased a Dawson computer last week and **It won't shut down when I try to turn it off.** The computer is not working properly.

여: 안녕하세요. 도슨 컴퓨터 기술 지원부에 연결되셨습니다. 저는 캐런입니다. 오늘은 어떻게 도와드릴까요?
남: 안녕하세요, 캐런. 저는 지난주에 도슨 컴퓨터를 구입했는데요. 전원을 끄려고 해도 꺼지지 않습니다.

+ 실력더하기 Dictation

P3_18_mp3

1. 키워드에 밑줄을 긋고 문제를 푸시오.

Why is the woman concerned about her trip?

(A) She took a wrong flight.

(B) She might miss the flight.

2. 스크립트를 듣고 빈칸을 채우시오.

M: Good afternoon madam. _____ I please have your _____ and ticket?

W: Here is my passport, but I am _____ about my flight. I _____ have _____ _____ _____ to _____ _____ my flight to Hong Kong. Would you be able to print the boarding _____ with my flight _____? I have an important _____ in Hong Kong and I don't want to _____ it.

1.

정답 (B) why, woman, concerned, trip / (A) wrong flight (B) miss the flight

해설 여자가 여행(trip)에 대해 왜(why) 걱정(concerned)하는지를 묻는 질문이다. 두 번째 여자의 대사에서 걱정(worried)이라고 말하고 탑승 시간이 얼마 남지 않았다고 하므로, 여자는 비행기를 못 타게 될까봐 걱정하고 있음을 알 수 있다.

2.

정답 Can / passport / worried / only / a few minutes / get to / pass / now / meeting / miss

해설 남: 안녕하세요. 여권과 티켓을 볼 수 있을까요?
여: 여기에 여권이 있습니다. 그런데 제 비행기에 대해 걱정입니다. 홍콩으로 가는 제 비행기에 탑승하는 데 겨우 몇 분밖에 남지 않았습니다. 지금 탑승권을 출력할 수 있을까요? 제가 홍콩에서 중요한 회의가 있는데 이 회의를 놓치면 안 되거든요.

EXERCISE
ACTUAL TEST | P3_19_mp3

1. What is the problem?

    (A) Some numbers do not add up properly.
    (B) A form has been misplaced.
    (C) Some data are missing.
    (D) A printer is not working.

2. What's the problem?

    (A) An item is damaged.
    (B) The customer is over charged.
    (C) The equipment is broken.
    (D) The item is delivered to the wrong address.

3. Why is the woman concerned?

    (A) She lost a receipt.
    (B) She missed an appointment.
    (C) The bus station is far away.
    (D) The train is late.

필살기 08 — 시간, 장소, 사람, 행위, 감정 등 특정 키워드를 잘 들어라

What does the man say he did online?
남자는 온라인에서 무엇을 했다고 합니까?

구체적인 정보를 묻는 문제는 주로 두 번째 문제로 등장한다. 종종 첫 번째나 세 번째 문제로 나오는 경우도 있지만, 당황하지 말고 순서대로 키워드만 잘 따라가면 된다. 먼저 행위나 대상을 의미하는 키워드를 잡고 그 행위의 주체인 남자나 여자의 대사를 잘 들어야 한다. 미리 잡아놓은 키워드의 내용을 확인한 후에 보기 중에서 해당하는 것을 고르면 된다.

토익, 이렇게 나온다   P3_20_mp3

> When is the inspection scheduled to take place?
> (A) Today
> (B) Tomorrow
> (C) This weekend
> (D) Next week

❶ **키워드를 확인하라.**

When / inspection / take place   ⇨ 점검이 언제 있을 예정인가?
(A) Today   → 오늘
(B) Tomorrow   → 내일 ✓
(C) This weekend → 이번 주말
(D) Next week   → 다음 주

❷ **점검(inspection)이 언제인지를 묻는 문제이다.**
대화에서 키워드인 inspection을 잘 들어야 한다. 두 번째 남자의 대사에서 safety inspectors가 내일 온다는 말로 보아 inspection이 있음을 알 수 있다.

★ 시험에 나오는 구체적인 정보를 묻는 유형

① 빈출 문제 유형

What have employees at the London office done? 런던 사무소 직원들은 무엇을 했는가?
What do the speakers agree to do? 화자들은 무엇을 하는 데 동의하는가?
Where can the man buy his ticket? 남자는 티켓을 어디에서 구입할 수 있는가?
Where has the woman been? 여자는 어디에 있었는가?
Why is the woman pleased? 여자는 왜 기분이 좋은가?

② 빈출 정답 표현

● **장소 및 출처 유형**

I'm calling about a store featured on a web site.
웹사이트에 나온 상점을 보고 전화 드립니다.

I just checked the storage room, but there is no paper there either.
저는 방금 창고를 확인했는데, 종이도 없어요.

● **대상이나 행위 유형**

But the tour's not leaving for 30 minutes. Have you purchased your ticket? 하지만 투어는 30분 동안은 떠나지 않습니다. 표는 사셨습니까?

You mentioned that you've recently started offering a clothing alteration service. 옷 수선 서비스를 최근 시작했다고 언급하셨는데요.

SCRIPT

W: Mr. Miller, Would it be alright if I took a day off tomorrow? I still have some vacation time left.

M: Well, the problem is the **safety inspectors are coming tomorrow** and I'd like you to be here. Would it be possible to save your vacation time for another day next week instead?

→ tomorrow

여: 밀러 씨, 내일 쉬어도 괜찮을까요? 휴가가 남았거든요.
남: 음, 문제는 내일 안전 검사관들이 올 겁니다. 그래서 저는 당신이 여기 계셨으면 좋겠네요. 대신 다음주에 다른 날로 휴가를 잡을 수 있을까요?

+ 실력더하기 Dictation

P3_21_mp3

1. 키워드에 밑줄을 긋고 문제를 푸시오.

   Why is the man going to Prague?
   (A) To attend a conference
   (B) To meet with a client

2. 스크립트를 듣고 빈칸을 채우시오.

   W: Samuel, are you _____ the marketing _____ held in _____ next Monday?

   M: _____, I am actually _____ in two days. This will be my first _____ to Prague. What about you?

   W: Oh, that's great! I have been there _____ _____ and it was _____. I wish I could go too, but I will have to _____ on the survey results during the weekend.

1.

정답 (A) why, man, Prague / (A) conference, (B) client

해설 남자가 프라하에 가는 이유를 묻고 있다. 키워드인 프라하(Prague)를 중심으로 잘 들어야 한다. 여자의 대사에서 다음주 월요일에 프라하에서 열리는 마케팅 컨퍼런스에 참석하느냐고 남자에게 물었고 남자는 그 다음 대사에서 그렇다고 했으므로 정답은 컨퍼런스에 참석하기 위해서라고 한 (A)이다.

2.

정답 attending / conference / Prague / Yes / leaving / visit / last year / amazing / work

해설 여: 사무엘, 다음주 월요일에 프라하에서 열리는 마케팅 컨퍼런스에 참석하세요?
남: 네. 사실 이틀 후에 떠나요. 이게 저의 첫 번째 프라하 방문이에요. 당신은 어떤가요?
여: 와 그거 잘 됐네요! 저는 작년에 그곳에 갔었는데 정말 놀라웠어요. 저도 갈 수 있으면 좋겠지만, 저는 주말 동안 설문조사 결과에 대한 업무를 해야 해요.

EXERCISE

ACTUAL TEST | P3_22_mp3

1. Where is Dr. Winters?

   (A) At a conference
   (B) On a vacation
   (C) At a hospital
   (D) At a construction site

2. What does the man give the woman?

   (A) A web site address
   (B) A registration card
   (C) A confirmation number
   (D) An identification badge

3. Why was the man surprised?

   (A) The marketing employees were not in the office.
   (B) A client was out when she called.
   (C) She thought the lunch was scheduled for today.
   (D) The marketing presentation was canceled.

필살기 09 과거에서 미래로 흘러가는 대화의 흐름을 따라가라

How did the man get to the hotel?
남자는 어떻게 호텔에 도착했는가?

구체적인 정보를 묻는 문제이다. 이런 문제는 시제를 조심해야 한다. 과거에 대한 내용은 주로 대화의 전반부에, 미래에 대한 내용은 후반부에 등장한다. 대화의 전반부에 문제점 또는 이에 준하는 상황이 나오고 그 다음에 이유나 원인을 설명한다. 그리고 뒤이어 해결책으로 수단이나 방법들을 제시한다. 또한 'how+형용사/부사'의 질문에서 특히 수량, 기간 등을 묻는 문제가 나올 경우, 대화에 여러 개의 수치가 동시에 등장할 수 있으므로 숫자와 같은 표현에 유의해 듣는다.

토익, 이렇게 나온다

P3_23_mp3

> Why will the meeting be postponed?
>   (A) Some information is not available yet.
>   (B) One meeting participant cannot attend.
>   (C) The office is closing early.
>   (D) No meeting rooms are available.

❶ 키워드를 확인하라.

Why / meeting / postpone	⇨ 회의가 왜 연기되는가?
(A) information, not	→ 자료(정보)가 없어서
(B) one participant not	→ 한 참석자가 없어서 ✓
(C) office / closing	→ 사무실이 문을 닫아서
(D) no room	→ 회의실이 없어서

❷ 회의가 왜 연기될 것인지를 묻는 질문이다.
질문을 통해 대화에서는 회의에 대한 내용이 나올 것이며, 문제가 발생해서 회의를 연기할 것이라는 내용을 기대할 수 있다. 대화의 초반부에서 회의에 참석할 직원이 늦게 온다고 하면서, 그로 인해 결국 회의를 연기하겠다는 내용이 나오고 있다.

SCRIPT

★ 시험에 나오는 구체적인 정보를 묻는 유형

① 빈출 문제 유형

Why is the man in London? 남자는 왜 런던에 있는가?

Why did the man choose the restaurant? 남자는 왜 그 식당을 선택했는가?

How does the woman suggest getting to Parkway Drive?
여자는 어떻게 파크웨이 드라이브에 가라고 제안하는가?

How did the man get to the hotel? 남자는 어떻게 호텔에 도착했는가?

How many applicant will be interviewed? 얼마나 많은 지원자들이 인터뷰를 할 것인가?

How long will the man need to wait? 남자는 얼마나 오랫동안 기다려야 하는가?

What change was recently made at the man's business?
남자의 회사에 최근에 어떤 변화가 있었는가?

② 빈출 정답 표현

● **이유나 원인 유형**

This is actually my first visit in London. I'm on a holiday visiting a friend.
런던에 방문한 것은 사실 이번이 처음입니다. 휴가라서 친구를 만나려고요.

But it won't be published until the end of the month.
하지만 다음달 말에 출간될 예정입니다.

You know I stopped by here for the first time recently and I was surprised by how low the prices were.
최근에 저는 여기에 처음으로 들렸는데, 가격이 낮아서 놀랐습니다.

● **수단이나 방법 유형**

I heard about it at managers' meeting last week.
저는 지난주 매니저 회의에 대해 들었습니다.

I know you just added a large showroom in your store and I wanted to see what it looks like.
당신의 가게에 큰 쇼룸이 추가되었다고 알고 있어요. 그래서 어떻게 생겼는지 보고 싶었어요.

SCRIPT

W: William, is Howard coming back on time to attend the meeting this afternoon?

M: No, I am afraid that **he wouldn't be here at that time.** His flight was supposed to arrive this morning, but he called me earlier this morning and told me that the connecting flight was delayed because of bad weather. **He won't get back until this evening.** *One meeting participant cannot attend.*

W: Well, in that case, **let's postpone the meeting until tomorrow.**

여: 윌리엄 씨, 오늘 오후에 있는 회의에 참석하기 위해 하워드 씨가 시간 맞춰 돌아올 수 있을까요?
남: 아니요, 유감스럽게도 그는 오늘 회의에 참석하지 못한다고 합니다. 그가 탄 비행기는 오늘 아침에 도착할 예정이었는데, 오늘 아침 일찍 그가 저에게 전화해서 날씨가 좋지 않아 그의 (연결) 비행기가 지연되었다고 했습니다. 그는 오늘 저녁에나 돌아올 겁니다.
여: 음, 그렇다면 회의를 내일로 미루도록 합시다.

+ 실력더하기 Dictation

P3_24_mp3

1. 키워드에 밑줄을 긋고 문제를 푸시오.

How will the woman contact the printer?
(A) By e-mail
(B) By telephone

2. 스크립트를 듣고 빈칸을 채우시오.

W: Hmm, this is odd. I believe I _____ 500 catalogues for the Friday workshop, _____ why are there only _____?

M: Well, today is Tuesday and we should be able to get more _____ by then.

W: Okay, then, I'm going to _____ them and _____ _____ what happened. We already _____ the total _____ for 500 copies.

1.
정답 (B) how, woman, contact, printer / (A) e-mail (B) telephone
해설 인쇄 업체(printer)에 어떻게 연락할 것인지를 묻는 질문이다. 대화의 전반부에서 주문한 카탈로그의 수보다 적게 와서 여자가 어떻게 된 일인지 알아보기 위해 전화를 하겠다고 했으므로 (B) 전화가 정답임을 알 수 있다.

2.
정답 ordered / but / 400 / printed / call / find out / paid / amount
해석 여: 음, 이거 이상하네요. 금요일 워크숍을 위해 500부의 카탈로그를 주문했다고 생각하는데, 왜 400부밖에 없죠?
남: 글쎄요, 오늘이 화요일이니까 그때까지 추가로 인쇄할 수 있을 겁니다.
여: 좋아요. 그러면 제가 그들에게 전화해서 어떻게 된 일인지 알아볼게요. 우리는 이미 500부에 대해 전액을 지불했거든요.

EXERCISE
ACTUAL TEST | P3_25_mp3

1. According to the man, how will Ms. O'Brien travel to Chicago?

   (A) By plane
   (B) By train
   (C) By car
   (D) By bus

2. How did the man learn about the restaurant?

   (A) His friend recommended it.
   (B) He read a review of it.
   (C) He knows the chef.
   (D) He has eaten there before.

3. Why has the shipment been delayed?

   (A) An order was not placed on time.
   (B) A machine broke down.
   (C) A form was incomplete.
   (D) A shipping document was lost.

필살기 10 대화 후반부의 권유, 제안, 부탁, 요청의 표현을 놓치지 마라

What does the woman offer to do?
여자는 무엇을 하겠다고 제안하고 있는가?

주로 세 번째로 등장하는 문제이다. 이러한 권유/제안이나 부탁/요청의 질문은 대화의 후반부에서 답을 찾을 수 있다. 직접적으로 상대에게 제안/권유하거나 요청/부탁하는 경우에는 쉽게 답을 찾을 수 있다. What is the man asked to do?와 같이 수동태 질문일 경우에는 질문에 언급된 남자는 요청을 받는 사람이므로 대화에서 여자가 요청하는 말을 잘 들어야 한다. 질문에 woman이 언급된 수동태 질문일 경우에는 반대로 남자의 말을 잘 들어야 한다.

토익, 이렇게 나온다

P3_26_mp3

What does the man request?

(A) Contact information
(B) A revised schedule
(C) A web-site address
(D) More supplies

❶ 키워드를 확인하라.

What / man / request ⇨ 남자가 요청하는 것은 무엇인가?

(A) contact information → 연락처
(B) schedule → 일정 ✓
(C) address → 주소
(D) supplies → 비품

❷ 남자가 요청하는 것이 무엇인지를 묻는 문제이다.

후반부에서 남자가 요청하거나 부탁하는 표현을 잘 들어라. 마지막 남자의 대사 Could you send me ~?에서 업데이트된 공사 일정을 보내달라는 내용이 나오므로 (B) A revised schedule이 정답이 됨을 알 수 있다.

SCRIPT

★ 시험에 나오는 **권유/제안/요청을 묻는 유형**

① **빈출 문제 유형**

What will the woman do for the man? 여자는 남자를 위해 무엇을 할 것인가?
What does the woman offer the man? 여자는 남자에게 무엇을 제안하는가?
What does the man recommend? 남자는 무엇을 추천하는가?
What does the woman suggest? 여자는 무엇을 제안하는가?
What does the man request? 남자는 무엇을 요청하는가?
What is the woman asked to do? 여자는 무엇을 하라고 요청받고 있는가?
What does the man want the woman to do? 남자는 여자가 무엇을 하기를 원하는가?

② **빈출 정답 표현**

Let me check the store room. 창고를 확인해 볼게요.
I can get you a schedule. 스케줄을 보내줄게요.
If you give me your address, I'll send you a brochure.
주소를 주시면 브로셔를 보내드릴게요.
Would you like to take a look at it? 그것을 한번 보시겠어요?
Why don't you send us your resume? 저희에게 이력서를 보내주시겠어요?
Could you leave me a number where I can reach you?
제가 연락할 수 있는 전화번호를 남겨주시겠어요?

SCRIPT

W: Mr. Stevens, I'm calling about your store at the Pigeon Square. I'm sorry to inform you that the construction won't be completed by the end of this month.
M: Well, I can understand the delay, but I have already scheduled a date for the grand opening. What is the estimated date for completion?
W: Well, there has been a shipping delay for painting materials. They are expected to arrive not too late, but we are still going to need two more extra days to finish the construction. ↗ a revised schedule
M: Alright, Jane. Could you send me **the updated construction schedule** at once so that I could readjust the grand opening to a new date?

여: 스티븐스 씨, 피전 스퀘어에 있는 당신의 매장에 관해서 전화 드립니다. 유감스럽게도 이달 말까지 완공되지 못할 것 같아서 알려드립니다.
남: 아, 지연된 것은 이해하지만, 제가 벌써 개장일 일정을 잡아놓는데요. 예상되는 완공일이 언제인가요?
여: 페인트 재료 배송이 지연되었어요. 너무 늦게 도착하지는 않을 예정이지만, 완공까지 이틀 정도 더 걸릴 것 같습니다.
남: 알겠어요, 제인. 제가 개장일을 다른 날짜로 조정해볼 수 있도록 지금 바로 바뀐 공사 일정을 보내주시겠어요?

+ 실력더하기 Dictation

P3_27_mp3

1. 키워드에 밑줄을 긋고 문제를 푸시오.

What does the woman suggest the man do?

(A) Return tomorrow

(B) Leave a message

2. 스크립트를 듣고 빈칸을 채우시오.

M: Hi, I have an _____ with _____ Grant at 11 today.

W: Oh, you must be Mr. Tillman. I tried _____ you at your office earlier today.

M: Well, I had to _____ a conference early in the morning and I haven't had the time to check my _____ yet. Is there something wrong?

W: _____, Dr. Grant's schedule _____ at the last minute. He needed to attend an _____ _____ at the clinic, and he won't be back until 4 p.m. today. If you don't mind, can I _____ you for _____ morning at the same time?

1.

정답 (A) what, woman, suggest / (A) tomorrow (B) message

해설 여자가 남자에게 제안하는 내용을 묻는 질문이다. 후반부에 여자의 대사에서 제안하거나 권유하는 내용을 들어야 한다. 여자의 마지막 If you don't mind, can I reschedule you for tomorrow morning at the same time?에서 내일 다시 올 수 있도록 일정을 잡아주겠다고 하는 내용으로 보아 내일 다시 오라고 제안하는 것임을 알 수 있다.

2.

정답 appointment / Dr. / calling / attend / messages / Unfortunately / changed / emergency meeting / reschedule / tomorrow

해설 남: 안녕하세요, 오늘 11시에 그랜트 박사님과 진료 예약이 되어 있는데요.
여: 아, 틸만 씨군요. 오늘 일찍 당신의 사무실로 전화를 걸었었어요.
남: 네, 아침 일찍 컨퍼런스에 참석해야 해서 메시지를 확인할 시간이 없었어요. 무슨 문제라도 있나요?
여: 유감스럽게도, 그랜트 박사님의 일정이 마지막에 변경되었어요. 그분이 병원에 급한 회의에 참석하셔야 해서, 오늘 오후 4시나 되어서야 돌아오실 겁니다. 괜찮으시면, 내일 같은 시간으로 다시 일정을 잡아도 될까요?

EXERCISE

ACTUAL TEST | P3_28_mp3

1. What does the woman suggest the man do?

   (A) Go to another store
   (B) Purchase a different item
   (C) Come back next week
   (D) Visit the store's web site

2. What does the woman offer to do?

   (A) Give the man some supplies
   (B) Prepare food for a picnic
   (C) Drive a colleague to the office
   (D) Help complete some reports

3. What is the man asked to do?

   (A) Visit her office
   (B) Provide an address
   (C) Bring some documents
   (D) Read an article

필살기 11
앞으로 할 일은 마지막 대사를 확인하라

What will the man probably do next?
남자는 아마도 다음에 무엇을 할 것 같은가?

대화가 끝난 뒤에 어떤 행동을 하거나 어떤 일이 일어날 것인지를 미래시제로 묻는 질문이다. 이런 유형은 대부분 세 번째 문제로 등장한다. 정답은 대화의 후반부, 즉 화자의 마지막 말에서 찾을 수 있으므로 대화를 끝까지 주의 깊게 들어야 한다. 특히, 시간 부사가 키워드인 경우에는 키워드가 대화에 등장하는 부분을 잘 듣고 정답을 골라야 한다.

토익, 이렇게 나온다

P3_29_mp3

What will the man probably do next?
   (A) Seat some customers
   (B) Change into a uniform
   (C) Call a coworker
   (D) Go to the lobby

❶ **키워드를 확인하라.**

What / man / do next	⇨ 남자는 다음에 무엇을 할 것인가?
(A) customer	→ 고객(을 자리에 앉힌다.)
(B) uniform	→ 유니폼(으로 갈아입는다.) ✓
(C) coworker	→ 동료(를 부른다.)
(D) lobby	→ 로비(로 간다.)

❷ **남자가 다음에 할 일을 묻는 문제이다.**
대화의 후반부 남자의 대사에서 '자신이 ~을 할 것이다, 하겠다'는 내용을 잘 들어라. 남자의 마지막 대사에서 '가서 유니폼으로 갈아입겠다'는 내용으로 보아 (B)가 정답이 된다.

SCRIPT

★ 시험에 나오는 **미래의 일을 묻는 유형**

① 빈출 문제 유형

What does the woman say she will do? 여자는 무엇을 할 것이라고 말하는가?
What does the man most likely do next? 남자는 다음에 무엇을 할 것인가?
What will happen next week? 다음주에 무슨 일이 일어날 것인가?
What will the speakers do this afternoon? 화자들은 오늘 오후에 무엇을 할 것인가?
What does the man have to do tomorrow? 남자는 내일 무엇을 해야 하는가?
What does the man say he will do on Monday?
남자는 월요일에 무엇을 할 것이라고 말하는가?

② 빈출 정답 유형

- 자신이 답을 말하는 경우

  I'm leaving for a conference on Monday. 저는 월요일에 컨퍼런스에 참가차 출발합니다.
  I'll send you an e-mail as soon as I reach her. 그녀와 통화하자마자 이메일을 보내드릴게요.
  I can just e-mail them to you. 제가 당신한테 이메일로 그것들을 보낼게요.

- 상대가 답을 말하는 경우

  Try installing the latest version of the accounting program.
  최신 버전의 회계 프로그램을 설치해 보세요.

  Why don't you e-mail me a copy of your materials?
  저한테 자료를 이메일로 보내시는 건 어떠세요?

  Could you please give me your order number?
  주문 번호를 알려주시겠어요?

SCRIPT

W: Oliver, three of our waiters called in sick today, and we are short-handed as of now. I will have someone else take over the cashier, and I want you to handle the customers in the main area along with Barbara and Kenneth.
M: Sure, I can do that. But, will there be enough people for the rooms?
W: I think it should be alright. However, if some problems occur either in the rooms or at the main area, notify me immediately. In the meantime, I'll be handling the second floor.
M: Okay, **I'll go change** into my **uniform** now.   ↗ change into a uniform

여: 올리버, 웨이터 세 명이 오늘 아프다고 전화가 왔어요. 그래서 지금 일손이 부족해요. 계산을 맡아줄 사람은 구했는데, 당신이 바바라, 케네스와 함께 홀에서 고객들을 응대해 주었으면 해요.
남: 물론이죠. 제가 할게요. 그런데, 내실에는 인원이 충분한가요?
여: 괜찮을 것 같아요. 하지만 만약 내실이나 홀에서 문제가 발생하면, 즉시 저에게 알려주셔야 해요. 그 동안 저는 2층을 맡을게요.
남: 알겠습니다. 이제 가서 유니폼으로 갈아입을게요.

+ 실력더하기 **Dictation**

P3_30_mp3

1. 키워드에 밑줄을 긋고 문제를 푸시오.

    What does the woman say she will do?
    (A) Return later
    (B) Visit another shop

2. 스크립트를 듣고 빈칸을 채우시오.

    M: Hi. _____ I help you with anything?
    W: I hit my _____ _____ on the wall when I was _____ up from my _____ and now there is a little dent in the back of _____ _____. How long would this take to be _____?
    M: It is rather a small _____, but it will still take about a little more than an hour.
    W: Oh, really? I have to attend a _____ in an hour as well. I guess I will have to _____ _____ after _____.

1.

정답 (A) what, woman, will do / (A) return (B) another shop

해설 여자가 무엇을 할 것인지를 묻는 질문이다. 여자의 마지막 대사에서(I will have to come back after work.) 퇴근 후에 다시 온다고 하였으므로 나중에 다시 온다고 한 (A)가 정답이다.

2.

정답 Can / car bumper / backing / garage / my car / repaired / damage / meeting / come back / work

해설 남: 안녕하세요. 무엇을 도와드릴까요?
여: 제가 차고에서 후진하면서 차 범퍼를 벽에 부딪쳐서 차 뒷면이 조금 찌그러졌어요. 수리하는 데 얼마나 걸릴까요?
남: 비교적 작은 손상이지만, 그래도 한 시간 이상 걸릴 것 같네요.
여: 정말이요? 제가 한 시간 후에 회의에 참석해야 해서요. 퇴근 후에 다시 들러야 할 것 같네요.

EXERCISE

ACTUAL TEST | P3_31_mp3

1. What will the speakers probably do next?

   (A) Order some food
   (B) Return to the office
   (C) Call a restaurant
   (D) Schedule a meeting

2. What most likely will be discussed next?

   (A) The background of the company
   (B) The company's products
   (C) The man's managerial skills
   (D) The man's upcoming workshops

3. What does the woman plan to do tomorrow?

   (A) Visit a bookshop
   (B) Go on a trip
   (C) Review a movie
   (D) Purchase show tickets

3문제를 빨리 읽고 답을 고르는 연습을 하라

시험에서 가장 중요한 것은 3문제를 얼마나 빠르게 읽고 각각의 답을 정확하게 찾을 수 있는가이다. 이제까지는 유형별로 연습을 했으니 3문제를 한꺼번에 푸는 연습을 해보자. 키워드를 잡고 나면 대화 내용을 너무 세세하게 들으려고 하지 말고, 보기의 키워드에 시선을 고정하고 있다가 대화에서 해당 내용이 들리면 정답을 고른다.

토익, 이렇게 나온다

P3_32_mp3

1. What is the woman having difficulty doing?
   (A) Contacting some clients
   (B) Creating a web site
   (C) Accessing some information
   (D) Making a payment

2. Who does the woman say she has requested help from?
   (A) Her manger
   (B) The IT team
   (C) The customer service department
   (D) The financial department

3. What does the man say he will do?
   (A) Send the woman an e-mail
   (B) Revise some documents
   (C) Prepare a sales presentation
   (D) Telephone a client

어휘 **have difficulty -ing** ~하는 데 어려움을 겪다 **contact** 연락하다 **access** 이용하다, 접근하다 **payment** 지급, 지불(금) **revise** 수정하다 **prepare** 준비하다 **send** 보내다 **revise** 수정하다 **document** 서류, 문서 **client** 고객

★ SCRIPT

W: James, [1] I'm having some **trouble getting access to last quarter's sales figures**. I need the record to prepare my presentation for tomorrow morning.

M: Well, they should be kept in our online storage. Do you know the password?

W: Yes, I do, but I still couldn't access it before. [2] **I contacted the IT team**, but they haven't called me back yet.

M: I see. Well, [3] I can help you because I have all the sales figures saved on my computer. **So I can just e-mail them to you**. If you haven't received it within a few mimutes, just let me know.

여: 제임스, 지난 분기 판매 수치에 접근하는 데 문제가 있어요. 내일 아침 프레젠테이션을 위해 기록이 필요한데요.

남: 아, 그것들은 아마도 우리 온라인 저장 장치에 보관되어 있을 거에요. 암호는 알아요?

여: 네, 하지만, 전에도 접근할 수 없어서 기술팀에 연락했었는데 아직 전화가 오지 않았네요.

남: 그렇군요. 제가 도와드릴 수 있을 것 같아요. 모든 판매 기록이 제 컴퓨터에 저장되어 있으니, 제가 그것들을 바로 이메일로 보내드릴게요. 몇 분 내에 못 받으시면 바로 저한테 알려주세요.

어휘 **have trouble -ing** ~하는 데 곤란을 겪다 **access** 접근 **last** 지난 **quarter** 분기 **sales figure** 판매수치 **record** 기록 **prepare** 준비하다 **presentation** 발표, 프레젠테이션 **keep** 보관하다 **storage** 저장소 **password** 암호 **leave a message** 메시지를 남기다 **reply** 대답하다 **yet** 아직 **save** 저장하다 **check** 확인하다 **receive** 받다 **file** 파일

★ 문제 풀이

01. What is the woman having difficulty doing?

(A) Contacting some clients
(B) Creating a web site
(C) Accessing some information
(D) Making a payment

여자는 무엇을 하는 데 어려움을 겪고 있는가?
(A) 고객과 연락하는 것
(B) 웹사이트를 만드는 것
(C) 정보를 이용하는 것
(D) 돈을 지불하는 것

▶ 여자가 겪고 있는 어려움, 즉 문제가 무엇인지를 묻는 질문이다. 여자의 첫 번째 대사에서 문제점을 확인한다. access to last quarter's sales figures(= some information)라고 하므로 정답은 (C)이다.

02. Who does the woman say she has requested help from?

(A) Her manger
(B) The IT team
(C) The customer service department
(D) The financial department

여자는 누구에게 도움을 요청했다고 말하는가
(A) 그녀의 매니저
(B) IT팀
(C) 고객 서비스팀
(D) 재무팀

▶ 여자의 구체적인 행위에 대한 질문이다. 여자의 대사에서 키워드인 도움을 요청(request help)했다는 내용을 찾아보면 문제가 발생해서 IT팀에 연락했다는 내용으로 보아 IT팀에 도움을 요청했음을 알 수 있다. 그러므로 정답은 (B)이다.

03. What does the man say he will do?

(A) Send the woman an e-mail
(B) Revise some documents
(C) Prepare a sales presentation
(D) Telephone a client

남자는 무엇을 할 것이라고 하는가?
(A) 여자에게 이메일을 보낼 것이다.
(B) 서류를 수정할 것이다.
(C) 영업 프레젠테이션을 준비할 것이다.
(D) 고객에게 전화를 할 것이다.

▶ 남자가 다음에 할 일을 묻는 문제는 대화 후반부의 마지막 남자의 대사를 확인한다. 남자의 마지막 대사에서 컴퓨터에 저장되어 있는 판매 기록을 이메일로 보낸다고 하므로 정답은 (A)이다.

ACTUAL TEST | P3_33_mp3

1. Who most likely is the man?
   (A) An editor
   (B) A floor manager
   (C) A secretary
   (D) A customer

2. What does the woman say about the book?
   (A) It is popular.
   (B) It is recently published.
   (C) It can be ordered.
   (D) It's not selling anymore.

3. What does the woman ask for?
   (A) A telephone number
   (B) A deadline extension
   (C) The location of some files
   (D) A business address

4. What are the speakers mainly discussing?
   (A) An upcoming conference
   (B) Revised security procedures
   (C) A new web site
   (D) A customer order

5. According to the woman, what can employees of the company now do?
   (A) Get a discount on a product
   (B) Check e-mails away from the office
   (C) Apply for travel vouchers
   (D) Register for an event online

6. What does the man say he will do on Tuesday?
   (A) Depart for a conference
   (B) Order materials online
   (C) Meet with customers
   (D) Update the web site

PART 4

PART 4

이렇게 출제된다!

- **음성 메시지: 발신자가 상대의 자동 응답기에 녹음하는 메시지**
  구인 또는 예약, 주문, 배송 등의 문의 및 확인 전화
  약속, 일정 등의 변경이나 지연을 알리는 전화
  면접이나 식사, 연설, 모임 등에 초대를 제안

- **자동 응답 메시지: 전화를 받는 사람이 미리 녹음해놓은 메시지**
  업무 시간 안내 및 긴급 문의 전화 안내 또는 부재중 녹음
  전화상으로 업무를 처리할 수 있도록 하는 음성 서비스

- **사내 공지 및 회의 또는 사내/공공 장소 안내 방송**
  사무실이나 건물 공사 또는 행사나 일정 안내 및 변경 공지
  회사의 정책이 바뀌거나 시스템 등이 바뀌는 것을 공지
  공항(기내)이나 기차역 등에서 일정 변경이나 취소를 알리는 안내 방송
  백화점, 마트나 도서관 등에서는 폐관이나 폐점을 알리는 방송

- **업체 및 제품/서비스 광고**
  업체나 회사의 경우 주로 여행사, 식당, 세탁소, 스포츠 용품점, 가구점, 슈퍼마켓, 청소 대행업체,
  음악사, 자동차 판매점 등의 광고
  책, 음료수, 비디오, 여행용 가방, 청소 장비 등 다양한 제품 광고

- **직원/수상자/연설자/초대 손님 등의 인물 소개**
  주로 승진을 하여 새로 부임 또는 은퇴하는 임직원을 소개하거나 시상식장에서 수상자를
  소개하는 내용
  라디오나 특정 모임에서 초대 손님을 소개하고 인터뷰를 하기 위해 스튜디오에 나오기 전까지의 안내

- **뉴스, 날씨, 교통 방송 등**
  기업 경영이나 경제와 관련된 뉴스 리포트로 특정 기업의 사세 확장, 건물 매입이나 합병 등과 관련된
  소식이나 도로나 건물 등의 건립과 관련된 소식
  일기예보에서는 날씨를 예상하고 그와 관련된 주의 사항이나 권고 사항을 언급
  교통 방송에서는 도로가 막히거나 폐쇄되었다는 소식과 함께 그 원인을 설명하고 현재 어떤 조치를
  취했으며 다른 길로 우회해서 가라는 조언

- **여행 및 회사/공장 견학 가이드**
  유적지나 국립공원, 동물원 등의 관광지를 여행하는 상황
  투어 중 버스 안에서 좌우측에 보이는 건물이나 주변 상황에 대한 설명과 이후 투어에 대해 설명
  회사, 공장을 견학하는 내용으로 신입사원 오리엔테이션 상황

- **회의 및 연설**
  우수 직원(the employee of the year)의 표창을 위한 시상식장 연설
  매출 증대에 관한 보고 및 업무 할당
  업무성과에 대한 감사 연회(appreciation dinner)에서의 감사 인사

이렇게 **푼다!**

- **지문의 종류를 확인하라.**
  각 문제들에 해당하는 지문을 읽어주기 전에 디렉션에서 번호를 말하고 refer to the following 뒤에 나오는 지문의 종류를 확인하면 좀 더 쉽게 지문의 내용을 예측할 수 있다.

- **키워드를 확인하라.**
  문제와 보기의 키워드를 확인하고 문제를 풀 때 항상 시선은 키워드에 두어야 한다. 그리고 지문이 나올 때 하나씩 낚아챈다는 느낌으로 답을 골라내야 한다.

- **문제는 순서대로 등장한다. 지문 듣기와 동시에 선택지의 정답을 확인하라.**
  지문을 모두 듣고 난 후에 답을 선택하는 것이 아니라 지문이 진행되면서 힌트를 듣는 동시에 보기에서 정답을 선택하면서 진행한다.

- **디렉션이 나오는 시간을 활용하라.**
  지문이 끝남과 동시에 정답을 선택한 후, 문제를 읽어주는 시간을 활용하여 다음 3문제의 키워드를 공략하라.

일반 전화 음성 메시지는 Hello, this is ~를 놓치지 마라

필살기 01

전화 메시지의 경우, Hello, this is ~로 발신자에 대한 정보를 말하면서 시작한다. 질문은 전화 메시지를 남기는 순서와 90% 이상 동일하게 전개되므로 정답 역시 순서대로 찾을 수 있다.

① 인사말 및 발신자/수신자 소개
전화를 건 발신자와 전화를 받는 수신자에 대한 정보를 확인할 수 있다.

② 전화를 건 배경 및 목적
전화를 건 목적이나 이유를 확인할 수 있다.

③ 세부 내용
구체적인 키워드와 함께 등장하는 세부사항을 확인할 수 있다.

④ 요청 및 당부 사항
수신자가 메시지를 듣고 해야 하는 일이나 발신자가 권유/요청하거나 주의하라고 하는 내용을 확인할 수 있다.

토익, 이렇게 나온다

P4_01_mp3

1. Where does the speaker probably work?
   (A) At an accounting firm
   (B) At a utility company
   (C) At an advertising company
   (D) At an appliance manufacturer

2. What is the main purpose of the message?
   (A) To advertise a new product
   (B) To describe the responsibilities of a job
   (C) To report sales figures
   (D) To discount phone service

3. According to the speaker, why should Mr. Johnson call him?
   (A) To provide contact information
   (B) To confirm available meeting dates
   (C) To register for a new service
   (D) To express interest in a job

어휘 utility company 전기, 수도, 가스 등을 관리하는 회사 resume 이력서 managerial 관리(직)의 position 직위, 포지션 qualified 자격을 갖춘 responsibility 업무, 책임 job description 업무 기술(서) reach 연락하다

SCRIPT

Good morning. [1] **This is** Adam Smith from Human Resources **at Star Appliance**, calling for Peter Johnson. ▶ 인사말 및 발신자/수신자 소개

Mr. Johnson, from your resume, it looks like [2] you are qualified for a managerial position in our marketing department. ▶ 전화를 건 배경

[2] **The manager is responsible for** marketing new products in sales and marketing. Advertising and sales will be your biggest responsibility. ▶ 전화를 건 목적 및 세부사항

You will find a complete job description on our web site, www.starappliance.com. [3] **If you are interested in** this position, **please** let me know. **You can reach me at** 506-4587. Thank you. ▶ 화자의 제안 및 요청의 내용

안녕하세요. 피터 존슨 씨에게 전화를 드리는 저는 스타 가전의 인사부에 있는 아담 스미스라고 합니다. 당신의 이력서를 보건대, 존슨 씨가 저희 마케팅 부서에 적임자인 것 같습니다. 매니저는 영업 및 마케팅 부서에서 새로운 제품을 마케팅하는 업무를 담당합니다. 광고와 영업이 가장 큰 업무가 될 것입니다. 저희 웹사이트 www.starappliance.com에서 전체 업무 기술서를 확인하실 수 있습니다. 이 직책에 관심이 있으시면 알려주세요. 506-4587로 연락주세요. 감사합니다.

토익, 이렇게 푼다 키워드와 해당되는 내용이 어디에 등장할지 예상하고 들어라.
답은 순서대로 등장한다.

---

1. **Where** does the **speaker** probably **work**? 화자는 어디에서 일을 할 것 같은가?

(A) At an **accounting** firm 회계 회사에서
(B) At a **utility** company 공공 사업체에서
(C) At an **advertising** company 광고 회사에서
▶ (D) At an **appliance** manufacturer 가전제품 제조사에서

화자의 직업 등과 관련한 정보는 메시지의 전반부 자기소개 부분을 확인한다.

2. **What** is the main **purpose** of the **message**? 메시지의 주된 목적은 무엇인가?

(A) To advertise a **new product** 신제품을 광고하기 위해
▶ (B) To describe the **responsibilities of a job** 업무 내용을 설명하기 위해
(C) To report **sales figures** 판매 수치를 보고하기 위해
(D) To discount **phone service** 전화 서비스를 할인해 주기 위해

전화 메시지의 목적은 메시지의 전반부에서 인사말에 이어지는 간단한 배경 설명과 함께 나온다.

3. According to the speaker, **why should** Mr. Johnson call him?

화자에 따르면, 왜 존슨 씨는 그에게 전화를 해야 하는가?

(A) To provide **contact information** 연락 정보를 주기 위해
(B) To confirm available **meeting dates** 회의를 할 수 있는 날을 확인하기 위해
(C) To register for a **new service** 신규 서비스를 등록하기 위해
▶ (D) To express **interest in a job** 일자리에 관심을 표명하기 위해

'~을 해야 한다'는 내용은 화자가 수신자에게 제안하거나 요청하는 것이므로 메시지의 후반부를 들어야 한다.

★ 시험에 나오는 빈출 표현

■ 전화 메시지 빈출 질문

● 전화를 건 사람이나 받는 사람에 대해 묻는 질문
Who is the caller?
What type of business does the speaker do?
Who most likely is speaking?
Where does the speaker work?

● 전화를 받는 사람에 대해 묻는 질문
Who is the message for?
What kind of facility is discussed about?

● 전화를 건 목적이나 이유를 묻는 질문
What is the purpose of the voice-mail?
Why did Mr. Park call Ms. Michelle?
Why is the speaker making the call?

● 권유, 요구, 요청, 주의사항에 대해 묻는 질문
Why does the speaker want Karen to call?
What should people do to contact Mr. Olsen?

■ 전화 메시지 빈출 정답 표현

Hi, this is Janet Miller calling from Ustar Company.
안녕하세요. 저는 유스타 사에서 전화 드리는 자넷 밀러입니다.

Hello, my name is Jessica.
안녕하세요. 제 이름은 제시카입니다.

This is Brandon calling to let you know ~
저는 브랜든이고, ~을 알려드리려고 전화 드립니다.

I'm calling to ~
~하려고 전화 드립니다.

I'm calling about the schedule that ~
~ 일정에 대해서 전화 드립니다.

Please call us at 555-2580.
555-2580번으로 전화 주세요.

If you have any questions, please ~
궁금한 것이 있으시면 ~하세요.

You can also check our web site ~
또한 저희 웹사이트 ~를 확인하시면 됩니다.

Give me a call back and let me know ~
저한테 다시 전화 주셔서 ~를 알려주세요.

Could you pleas give me a call whether ~ or not?
~인지 아닌지 전화 주시겠어요?

E X E R C I S E

DICTATION | P4_02_mp3

Q1 Who mostly like is Linda Taylor?
(A) A salesperson
(B) A software analyst
(C) An accountant
(D) An architect

Q2 Why did Ms. Taylor call?
(A) To confirm a meeting
(B) To discuss a report
(C) To investigate a claim
(D) To explain a sales strategy

SCRIPT

Good morning, Mr. Evans. This is _____ _____ from Kentucky _____. I'm calling to _____ _____ on the financial _____ I sent you. I sent it on Wednesday, so you should've received it by now. If you look at the _____, you will see that your company's financial position is strong. However, I do have some recommendations that I think will save some money. _____ me a _____ at your convenience. I'll be away next week, but I'll be back in my office on Friday.

ACTUAL TEST | P4_03_mp3

1. What is the purpose of the message?
   (A) To explain complaints
   (B) To change an invoice
   (C) To report the problem in an order
   (D) To inquire about the delayed order

2. Why has the product been discontinued?
   (A) The color is not popular.
   (B) The items are out of date.
   (C) The costs are too expensive.
   (D) The raw material is out of stock.

3. What does the speaker suggest the customer do?
   (A) Return in invoice
   (B) Speak with a manager
   (C) Request a discount
   (D) Visit a store

필살기 02 자동 응답 또는 녹음 메시지는 Thank you for calling으로 시작한다

자동 응답 메시지는 주로 thank you for calling ~이나 you have reached ~등으로 시작하면서 녹음한 사람에 대한 정보를 먼저 밝히고 전화를 건 목적을 언급한다. 주로 병원이나 도서관, 회사 등의 영업 시간 등을 안내하는 메시지나 부재중 메시지가 출제된다.

① 인사말
간단한 인사말과 전화를 건 사람에 대해 소개하면서 회사의 이름을 언급하는 부분에서 업종을 확인할 수 있다.

② 회사 소개/부재중인 이유
메시지를 녹음한 이유, 전달하고자는 내용이나 목적을 확인할 수 있다.

③ 세부 전달 사항/정상 영업 시간
정상 영업 시간에 대한 정보와 같은 세부적인 전달 사항을 제공한다.

④ 당부 사항 및 앞으로 벌어질 상황
수신인에게 제안하는 내용이나 어떻게 하라는 당부 또는 요청 사항을 확인할 수 있다.

토익, 이렇게 나온다

P4_04_mp3

1. What does Blacksmith Company sell?
   (A) Trees
   (B) Computers
   (C) Tools
   (D) Office supplies

2. What are the company's products known for?
   (A) Being easy to carry
   (B) Being light
   (C) Being compact
   (D) Being long lasting

3. Why would listeners press 2?
   (A) To check on an order
   (B) To find a nearest store
   (C) To pay for an order
   (D) To go back to the menu

어휘 **maker** ~을 생산하는 사람[회사, 기계] **garden** 뜰, 정원 **be known for** ~로 알려져 있다
nationwide 전국적인 **durability** 내구성, 내구력 **guarantee** 보장[약속]하다 **last** 오래가다, 지속되다
lifetime 일생, 평생 **following** 다음에 나오는 **option** 선택 **nearest** 가장 가까운 **recent** 최근의
representative 직원 **stay** 머무르다 **shortly** 곧

SCRIPT

You have reached [1] **Blacksmith** Company, makers of the best **garden tools** in the country. ▶ 인사말 및 자기소개

Our [2] products **are known** nationwide **for** their durability. We guarantee that our products will **last a lifetime**. ▶ 회사 소개에 대한 간략한 내용

Please listen to the following options. If you are calling to find a nearest store, press one. [3] If you are calling to **check** your **recent order, press two**. ▶ 세부 전달 사항

If you would like to talk to one of our service representatives, please stay on the line. Someone will be with you shortly. ▶ 당부 사항 및 앞으로 벌어질 상황

국내 최고의 정원 기구 생산 업체인 블랙스미스 사에 전화 주셨습니다. 저희 제품은 내구성이 좋아 전국적으로 유명합니다. 저희는 제품이 영구적으로 쓸 수 있음을 보장합니다. 다음 선택사항들을 잘 들어주세요. 만약 가장 가까운 매장을 찾으려고 전화하셨다면 1번 버튼을 눌러주세요. 귀하의 최근 주문을 확인하기 위해 전화하셨다면 2번을 눌러주세요. 저희 서비스 직원들과 이야기하길 원하시면 전화를 끊지 말고 기다려주십시오. 직원이 곧 전화를 받을 것입니다.

> **토익, 이렇게 푼다**
> 키워드와 해당되는 내용이 어디에 등장할지 예상하고 들어라.
> 답은 순서대로 등장한다.

---

1. What does **Blacksmith** Company **sell**? 블랙스미스 사가 판매하는 것은 무엇인가?

    (A) **Trees** 나무

    (B) **Computers** 컴퓨터

▶ (C) **Tools** 기구

    (D) **Office supplies** 사무용품

회사가 판매하는 것을 묻는 문제는 화자의 업종을 묻는 것이므로 대화의 전반부를 확인한다.

2. What are the company's **products known for**? 이 회사의 제품들은 무엇으로 유명한가?

    (A) Being easy to **carry** 휴대가 용이함

    (B) Being **light** 가벼움

    (C) Being **compact** 소형

▶ (D) Being **long lasting** 오래감

회사의 제품이 무엇으로 유명한지를 묻는 문제로, 구체적인 내용을 묻는 문제는 키워드인 '유명한(known)' 내용을 잡아서 확인해야 한다.

3. **Why** would listeners **press 2**? 청자는 왜 2번 버튼을 누를 것인가?

▶ (A) To **check** on an **order** 주문을 확인하기 위해

    (B) To **find a nearest store** 가장 가까운 매장을 찾기 위해

    (C) To **pay** for an **order** 주문에 대해 지불하기 위해

    (D) To **go back to** the **menu** 메뉴로 돌아가기 위해

구체적인 행위를 제안하는 내용은 메시지의 후반부에서 확인할 수 있으며, 여기서는 키워드인 press 2와 관련된 내용을 확인한다.

★ 시험에 나오는 **빈출 표현**

■ 녹음 메시지 빈출 질문

● 녹음 메시지의 목적을 묻는 질문
What is the main purpose of the message?
What is the message mainly about?

● 녹음 메시지를 듣는 사람이 누구인지를 묻는 질문
Who is this message intended for?
Who is the message probably for?

● 메시지를 녹음한 업체나 화자가 누구인지를 묻는 질문
Where is the caller most likely calling?
Who most likely is the speaker?

● 구체적인 내용을 묻는 질문
When will the events described take place?
What time does the facility close on Tuesday?
What has caused the problem?
When is the problem expected to be resolved?

● 요구나 제안된 사항을 묻는 질문
What information should the listener provide?
What are the listeners asked to do?
What information is available on a web site?

■ 녹음 메시지 빈출 정답 표현

Hello, you've reached Technical Support.
안녕하세요. 기술 지원부입니다.

Thank your calling Hassan's Dental Clinic.
전화 주셔서 감사합니다. 하산의 치과입니다.

I am currently out of town. = I'm away on business.
저는 지금 출장 중입니다.

Our office is currently closed because of a holiday.
휴일이라서 저희 사무실은 영업을 하지 않습니다.

Our regular business hours are 9 a.m. to 5 p.m.
저희 정규 영업 시간은 오전 9시부터 오후 5시까지입니다.

Please press 1 to find ~. Press 2 to check ~.
~을 찾으시려면 1번을 누르시고, ~을 확인하시려면 2번을 누르세요.

For all other inquiries, please stay on the line or press 0.
다른 궁금한 사항이 있으시면 그대로 계시거나 0번을 누르세요.

If you leave a brief message, we will return your call as soon as possible.
간단한 메시지를 남겨 주시면 가능한 빨리 전화 드리도록 하겠습니다.

E X E R C I S E
DICTATION | P4_05_mp3

Q1 Why is the center closed today?
(A) It is under construction.
(B) It is a national holiday.
(C) It is having some dance classes.
(D) It is late in the evening.

Q2 How can listeners sign up for the event?
(A) By calling back tomorrow
(B) By coming to the center
(C) By filling out a form
(D) By leaving a telephone message

SCRIPT

Hi. You have dialed Johnston _____ _____. We are _____ today due to the _____ _____. Tomorrow's evening dance classes will continue as scheduled. The classes are almost full, but there are a few spots still left. So if you are interested in _____ the class, please _____ your _____ and your _____ _____ after this message. Someone will contact you tomorrow. Thank you.

ACTUAL TEST | P4_06_mp3

1. Who is the message intended for?
(A) People in the movie theater
(B) Attendees at a seminar
(C) Passengers on a tour boat
(D) Visitors at an exhibition

2. What procedure is explained?
(A) How to buy a painting
(B) How to reserve a ticket
(C) How to use some audio equipment
(D) How to send a message

3. According to the message, how can listeners get assistance?
(A) By pressing some numbers
(B) By going to an information desk
(C) By visiting the museum shop
(D) By turning the machine off

연설은 인사말과 첫 문장을 확인하라

필살기 03

세미나, 컨퍼런스, 행사 등이 시작하기 전에 나오는 안내나 공지이다. 세부 사항을 묻는 문제와 행사가 끝난 뒤에 있을 일정이나 당부 사항을 묻는 문제가 자주 출제된다.

① 인사말과 연설의 목적
모임의 이름과 참석자들에 대한 간단한 인사말, 자기소개를 통해 화자와 청자에 대한 정보를 확인할 수 있다. 또한 모임에서 어떤 일이 있을 것인지, 화자가 무엇을 하고자 하는지 연설의 목적을 확인할 수 있다.

② 세부 전달 사항
전달하고자 하는 내용이 구체적으로 전개되므로 다양한 세부 정보를 묻는 질문들에 대한 힌트를 찾을 수 있다.

③ 당부 및 앞으로 벌어질 상황
연설의 후반부에 앞으로 벌어질 내용이나 요청/당부 사항을 언급한다. 주로 마지막 문제에 대한 힌트가 나온다.

토익, 이렇게 나온다

P4_07_mp3

1. Who most likely is the speaker?
    (A) A sales representative
    (B) A new customer
    (C) A department head
    (D) A store manager

2. According to the speaker, how is NP-319 different from earlier models?
    (A) It is faster.
    (B) It is easier to carry.
    (C) It is thinner.
    (D) It is smaller.

3. What will Jason Morris discuss?
    (A) A new assistant
    (B) An advertising strategy
    (C) An upcoming exhibition
    (D) A new technology

어휘 **department** 부서 **go over** ~을 검토하다 **director** 책임자 **thrilled** 아주 흥분한, 신이 난 **pass** 지나가다, 통과하다 **required** 필요하다, 필요로 하다 **on sale** 판매되는 **process** 처리하다 **previous** 이전의

SCRIPT

Good morning. I'm glad everyone came to the department meeting. Things that we will go over today are very important. ▶ 인사말 및 연설의 목적

[1] As the **director** of **research and development**, I am thrilled to tell you that our new notepad [2] **NP-319** has passed all the required tests, and it will go on sale next month. I'm sure most of you know that [2] the **new model** has **two times** the processing speed than our previous versions. ▶ 세부 전달 사항

[3] **Jason Morris**, our advertising director, is going to come out now and **tell us about how the NP-319 will be advertised**. ▶ 당부 및 앞으로 벌어질 상황

안녕하세요. 모두들 부서 회의에 와주셔서 기쁩니다. 우리가 오늘 검토할 것들은 매우 중요합니다. 연구 개발 부서의 책임자로서 저희의 새로운 노트패드 NP-319가 모든 필수 테스트들을 통과하고 다음달부터 판매에 들어갈 것이라는 소식을 전하게 되어 매우 흥분됩니다. 여러분 대부분 새로운 모델이 우리의 이전 버전들보다 처리 속도가 두 배 더 빠르다는 것을 알고 계시리라 확신합니다. 우리 광고 디렉터이신 제이슨 모리스가 지금 나오셔서 어떻게 NP-319를 광고할 것인지에 대해 우리에게 얘기를 해주실 겁니다.

토익, 이렇게 푼다

키워드와 해당되는 내용이 어디에 등장할지 예상하고 들어라.
답은 순서대로 등장한다.

1. **Who** most likely is the **speaker**? 화자는 누구인 것 같은가?

(A) A **sales** representative 판매부 직원
(B) A new **customer** 새로운 고객
▶ (C) A **department head** 부서장
(D) A store **manager** 매장 관리자

화자(speaker)에 대한 정보는 연설의 전반부에서 확인할 수 있다.

2. According to the speaker, **how** is **NP-319 different** from **earlier models**? 화자에 의하면 NP-319는 이전 모델들과 어떻게 다른가?

▶ (A) It is **faster**. 더 빠르다.
(B) It is **easier** to **carry**. 휴대가 더 편리하다.
(C) It is **thinner**. 더 얇다.
(D) It is **smaller**. 더 작다.

구체적인 키워드로 NP-319에 대한 내용을 확인해야 한다. 연설의 중반부에서 이전의 모델과 비교하는 내용을 잘 들어야 한다.

3. **What will Jason Morris** discuss? 제이슨 모리스는 무엇에 대해 논의할 것인가?

(A) A new **assistant** 새로운 조수
▶ (B) An advertising **strategy** 광고 전략
(C) An upcoming **exhibition** 다가올 전시회
(D) A new **technology** 새로운 기술

키워드인 제이슨 모리스(Jason Morris)가 앞으로 이야기할 것을 묻은 문제이다. 정답은 미래시제인 will을 이용해 후반부에 나올 것임을 기대할 수 있다.

185

★ 시험에 나오는 **빈출 표현**

■ 연설 빈출 질문

- 행사나 모임의 종류 또는 장소 및 빈도를 묻는 질문
  Where is this speech taking place?
  How often does the committee meet?

- 연설 또는 담화의 목적을 묻는 질문
  What's the purpose of this speech?

- 화자 또는 청자를 묻는 질문
  Who is the speaker?
  Who is this talk most likely intended for?
  What department does the speaker probably work in?

- 구체적인 내용을 묻는 질문
  When was the company established?
  What will most likely happen in ten minutes?

- 요구/요청 또는 미래에 발생할 일을 묻는 질문
  What are the audience asked to do?
  What is the speaker going to do next?
  What are the listeners instructed to do?

■ 연설 빈출 정답 표현

Welcome to the monthly staff meeting.
월례 직원 회의에 오신 것을 환영합니다.

Thank you for coming to ~
~에 오신 여러분을 환영합니다.

We're here to celebrate ~
우리는 ~을 기념하기 위해 모였습니다.

As I am a director of the marketing department ~
제가 마케팅 부서의 이사로서 ~

The first item on our agenda is ~
첫 번째 안건은 ~입니다.

Lunch will be served at the cafeteria.
점심은 구내 식당에서 제공됩니다.

We expect to wrap up the day by 5:00 p.m.
오후 5시에 일정이 끝납니다.

This will allow you to ~
여러분은 ~하게 될 것입니다.

We'll have a Question & Answer session after ~
~후에 질의응답 시간이 있겠습니다.

There will be a reception following the presentation.
발표 후에 연회가 있겠습니다.

E X E R C I S E

DICTATION | P4_08_mp3

Q1 Who is being addressed?
(A) Local chefs
(B) Salespeople
(C) Sports players
(D) Clients

Q2 What will the listeners do?
(A) View sample items
(B) Play team sports
(C) Meet customers
(D) Review sales data

SCRIPT

Good morning everyone. I'd like to _____ all of you for _____ excellent _____ _____ on our kitchenware products _____ _____. Today, I'd like to tell you about our _____ _____ of sports equipments we are _____ for next year. I'm sure many of your clients will love our new _____. _____ you take your sales packet, let's all go to the conference room and take a _____ at what you will be _____ next year.

ACTUAL TEST | P4_09_mp3

1. Who most likely is the audience for the talk?
   (A) Local college students
   (B) Company employees
   (C) Business consultants
   (D) School board members

2. Where will the group meet before the event?
   (A) At a parking lot
   (B) At a subway station
   (C) At a campus entrance
   (D) At a school library

3. According to the speaker, what is the easiest way to get to the meeting place?
   (A) By bus
   (B) By car
   (C) By subway
   (D) By carpool

인물 소개는 I'm pleased to introduce ~를 확인하라

필살기 04

업무 관련 행사나 모임, 방송(broadcasting), 안내 방송 및 공지 등에서 특정 인물을 소개하는 내용이다. 인물에 대한 업적, 이력, 경력 등을 언급한 다음, 이 사람이 진행할 연설이나 강연의 주제를 소개하고, 마지막으로 요구, 요청, 지시, 주의 사항들을 알리면서 마무리한다.

① 인사말 및 목적
간단한 인사말로 자신을 소개하고, 모임의 목적과 함께 인물을 소개한다.

② 인물 소개 및 경력/업적
주로 전출·입하는 직원이나 초대 손님 등을 소개하면서 그들의 직위나 신분, 직업, 경력이나 업적 등을 함께 언급한다.

③ 당부 및 앞으로 벌어질 상황
소개한 사람이 하게 될 연설이나 인터뷰의 주제 및 내용에 대해 간단히 소개한 후에 행사가 어떻게 진행될 것인지를 언급하거나 청자들로 하여금 소개한 인물을 환영해 맞아줄 것을 요청한다.

토익, 이렇게 나온다

P4_10_mp3

1. What is the purpose of the talk?
   (A) To go over the sales report
   (B) To announce a new product
   (C) To introduce an award winner
   (D) To start a new promotion

2. According to the speaker, what did Steve Cowan do?
   (A) He developed a new product.
   (B) He made a big deal.
   (C) He sold a lot of products.
   (D) He opened a branch in Europe.

3. What will Steve do next month?
   (A) Start a new position
   (B) Take a trip
   (C) Test some products
   (D) Organize a meeting

어휘 **go over** 검토하다 **sales report** 판매 보고서 **introduce** 소개하다 **promotion** 홍보, 승진 **deal** 거래 **sell** 팔다 **branch** 지사, 지점 **position** 직위, 자리 **trip** 여행, 출장 **organize** 조직하다 **executive director** 전무이사 **banquet** 연회 **announce** 알리다, 발표하다 **product** 생산품 **winner** 우승자 **develop** 개발하다 **dishwasher** 식기세척기 **be well received** 좋은 평가를 받다 **market** 시장 **promote** 촉진시키다, 홍보하다 **region** 지역 **give a big hand** 박수를 보내다

SCRIPT

Good evening, I'm Dan Brown. As the executive director, I'd like to thank everyone for coming to our employee awards banquet. ¹ Let me start right away by **announcing** this year's best product **award winner**, Steve Cowan. ▶ 인사말 및 목적

² **He was** the **key person** in **developing** our **new dishwasher**. As you all know, this product has been very well received in the market right now. ▶ 인물소개 및 경력/업적

³ He is **going to England next month** to promote our product in that region. Let's give him a big hand as he comes up. ▶ 당부 및 앞으로 벌어질 상황

안녕하십니까, 저는 댄 브라운입니다. 전무 이사로서, 직원 시상식에 참석해주신 여러분께 감사의 인사를 드리고 싶습니다. 올해의 최고 생산품 부문 수상자인 스티브 코완 씨를 소개하며 오늘의 순서를 시작할까 합니다. 그는 우리의 새로운 식기 세척기 개발에 중요한 역할을 했습니다. 아시다시피, 이 제품은 현재 시장에서 매우 좋은 평가를 받고 있습니다. 그는 다음달에 영국에 가서 우리 제품을 그 지역에 홍보할 예정입니다. 그가 올라오면 큰 박수로 환영해 주시기 바랍니다.

토익, 이렇게 푼다

키워드와 해당되는 내용이 어디에 등장할지 예상하고 들어라.
답은 순서대로 등장한다.

---

1. What is the **purpose** of the **talk**? 담화의 목적은 무엇인가?

    (A) To go over the **sales report** 판매 보고서를 검토하기 위해
    (B) To announce a **new product** 신제품을 소개하기 위해
▶ (C) To introduce an **award winner** 수상자를 소개하기 위해
    (D) To start a **new promotion** 새로운 홍보를 시작하기 위해

담화의 목적은 전반부에서 확인할 수 있으며 인사말 뒤에 이어지는 내용을 확인해야 한다.

2. According to the speaker, **what did Steve Cowan** do?
화자에 따르면 스티브 코완은 무엇을 했는가?

▶ (A) He developed a **new product**. 그는 신제품을 개발했다.
    (B) He made a **big deal**. 그는 큰 거래를 성사시켰다.
    (C) He **sold** a lot of **products**. 그는 많은 제품을 판매했다.
    (D) He **opened** a **branch** in Europe. 그는 유럽에 지사를 열었다.

키워드인 Steve Cowan이 무엇을 했는지 구체적인 내용을 묻는 질문이다. 담화에서 해당 이름이 들리면 바로 정답과 관련된 내용이 나올 것임을 알아야 한다.

3. What will **Steve** do **next month**? 스티브는 다음달에 무엇을 할 예정인가?

    (A) Start a **new position** 새로운 직위에서 일을 시작한다.
▶ (B) Take a **trip** 출장을 간다.
    (C) **Test** some **products** 제품을 시험한다.
    (D) Organize a **meeting** 회의를 조직한다.

2번 문제와 동일한 키워드가 등장하였고 '다음달(next month)'에 무엇을 할 것인지 미래의 상황을 묻고 있으므로 담화의 후반부를 잘 들어야 한다.

★ 시험에 나오는 **빈출 표현**

■ 인물 소개 빈출 질문

- 소개를 받는 사람의 직업이나 신분을 묻는 질문
  Who is Mr. Chang?
  Where does Dr. Bantar work?

- 목적을 묻는 질문
  What is the purpose of the talk?

- 소개하는 사람의 경력/이력 또는 업적을 묻는 질문
  What is indicated about Ms. Kim?
  What has Mr. Han done?
  What position did Ms. Kozanski have most recently?
  How long has Ms. Kozanski been working in the company?

- 다음에 일어날 일을 묻는 질문
  What will happen next?

- 청자들에게 요구/요청하는 사항을 묻는 질문
  What are listeners invited to do?
  What are listeners asked to do?

■ 인물 소개 빈출 정답 표현

Thank you for coming to our annual awards dinner party.
연례 수상식 만찬회에 잘 오셨습니다.

I'm very pleased to introduce Samuel White, the new manager of our department. 우리 부서의 새로운 매니저이신 사무엘 화이트 씨를 소개해 드리게 되어 기쁩니다.

Let me introduce our new ~ 우리의 새로운 ~를 소개하겠습니다.

When Dr. Bantar first joined our company, ~
반타 박사님이 처음 우리 회사에 입사했을 때, ~

Today we are happy to have Mr. James Chang in our studio.
오늘 저희 스튜디오에 제임스 창 씨가 나오셔서 기쁩니다.

Most recently he has worked at BDN Networks.
가장 최근에 그는 BDN 네트워크에서 일했었습니다.

Elena has been the manager of the accounting department for the last 3 years. 엘레나는 지난 3년간 회계 부서의 매니저로 있었습니다.

She has spent the last six years analyzing customer's behavior.
그녀는 고객 행동을 분석하는 일을 6년 동안 해왔습니다.

He will be sharing some of the lessons he learned from that effort with us tonight. 오늘 밤 그는 우리에게 그러한 노력으로부터 그가 얻은 것들에 대해 이야기를 해줄 겁니다.

So please, take the time to help him get familiar with our system.
그렇기 때문에 그가 우리 시스템에 익숙해질 수 있도록 도와주시기 바랍니다.

I want to remind you that we will be holding a party to welcome her.
그녀를 환영하는 파티를 열 것이라는 것을 알려드립니다.

At the end of the interview, Mr. Park has agreed to take calls from our listening audience. 인터뷰 끝에 박 씨는 청취자 전화를 받으시겠습니다.

EXERCISE

DICTATION | P4_11_mp3

Q1 What will Mr. Tony Miller talk about?
(A) How to write clearly
(B) How to persuade people
(C) How to think strategically
(D) How to improve products

Q2 What is said about Mr. Miller?
(A) He is a popular author.
(B) He has a research center.
(C) He has done many years of research.
(D) He is a well known salesperson.

SCRIPT

I'm very excited about the _____ our next speaker has for us today. He's going to _____ about different ways of _____ people in _____. We all know that it's not easy to make your _____ open their wallets. Our speaker Mr. Tony Miller has _____ persuasion techniques for _____ _____ 10 years. He's going to show us effective ways to _____ clients in business. I hope you take many notes today.

ACTUAL TEST | P4_12_mp3

1. Where does the introduction take place?
(A) In a discount store
(B) In a real estate agency
(C) In a restaurant
(D) In a local food market

2. What are listeners asked to do?
(A) Clean the tables
(B) Prepare food
(C) Open all the doors
(D) Help a new employee

3. What does the speaker say he will do this morning?
(A) Put on an advertisement
(B) Give a tour
(C) Hire some cooks
(D) Meet some customers

안내 및 공지는 인사말과 Attention ~을 확인하라

필살기 05

안내 및 공지 사항은 다수에게 알려야 하거나 인지시켜야 할 사실이나 상황 등을 전달하는 것이 목적이며, 주로 사내 공지 사항이나 공항, 터미널, 도서관, 상점 등 공공 장소를 배경으로 하는 내용이 주를 이룬다.

① 인사말 및 공지의 목적
간단한 인사말을 통해 공지가 나오는 장소와 청자를 확인할 수 있으며, 공지의 목적을 말하게 된다.

② 공지 및 안내 내용
구체적인 공지 내용을 언급하고 주로 변경 사항이나 일정을 순차적으로 언급한다.

③ 당부 및 요청/제안 사항
당부나 요구 사항은 공지하고자 하는 내용과 일치하는 경우가 있으며, 마지막으로 주의해야 할 사항이나 요구 사항을 덧붙이고, 문의 사항이 있을 때 연락할 수 있는 연락처를 전달하기도 한다.

토익, 이렇게 나온다

P4_13_mp3

1. Why is the speaker pleased?
   (A) The sales have grown.
   (B) The restaurant received good reviews.
   (C) The kitchen is very clean.
   (D) The new chef is very good.

2. What has the business decided to do?
   (A) Hire more staff
   (B) Open another store
   (C) Serve free drinks
   (D) Renovate the kitchen

3. What has the speaker asked Adam to do?
   (A) Create a new menu
   (B) Call some reporters
   (C) Place some advertisements
   (D) Bring his family to the restaurant

어휘 **receive** 받다 **review** 검토, 비평 **kitchen** 주방 **clean** 깨끗한 **chef** 주방장 **decide to V** ~하는 것을 결정하다 **hire** 고용하다 **staff** 직원 **another** 또 다른 **serve** 대접하다, 제공하다 **create** 만들어내다, 창조하다 **reporter** 기자 **bring** 데려오다 **pleased** 기쁜 **grow** 증가하다, 성장하다 **steadily** 꾸준히 **renovate** 개조하다, 보수하다 **worth** 가치 있는 **place an advertisement** 광고를 내다

SCRIPT

Good morning. [1] I am **pleased** to tell you that the **sales of our restaurant have been growing steadily** for the last three months. I think renovating the hall was well worth the money. ▶ 인사말 및 공지의 목적

Because we are doing so well, [2] we've decided to hire **more servers** and **staff** in the kitchen. [3] I told **Adam** to place **advertisements** in the local newspapers.
▶ 공지 및 안내 내용

If you know someone who would be interested, please let me know.
▶ 당부 및 요청 사항(문의 및 연락처)

안녕하세요. 저희 레스토랑의 매출이 지난 석 달 동안 꾸준히 증가했다는 소식을 전하게 되어 기쁩니다. 홀을 개조한 것이 가치가 있었던 것 같습니다. 사업이 지금 잘 되고 있어서, 서버와 주방 직원을 더 고용하기로 결정했습니다. 아담에게 지역 신문에 광고를 내도록 말해 두었습니다. 아시는 분 중에 관심 있는 사람이 있으면 알려주시기 바랍니다.

토익, 이렇게 푼다
키워드와 해당되는 내용이 어디에 등장할지 예상하고 들어라.
답은 순서대로 등장한다.

1. **Why** is the speaker **pleased**? 화자는 왜 기뻐하는가?

▶ (A) The **sales** have **grown**. 매출이 증가했다.
  (B) The restaurant received **good reviews**. 레스토랑이 좋은 평가를 받았다.
  (C) The **kitchen** is very **clean**. 주방이 매우 깨끗하다.
  (D) The **new chef** is very **good**. 새로운 주방장이 매우 훌륭하다.

화자가 왜 기뻐하는지를 묻는 키워드 문제이다. 첫 번째 문제이므로 공지의 전반부에서 pleased로 시작하는 내용을 잘 들어야 한다.

2. **What** has the **business decided** to do? 사업장은 무엇을 하기로 결정했는가?

▶ (A) Hire **more staff** 직원을 더 고용한다.
  (B) Open **another store** 다른 매장을 연다.
  (C) Serve **free drinks** 무료 음료를 제공한다.
  (D) Renovate the **kitchen** 주방을 개조한다.

무엇을 하기로 결정했는지 구체적인 내용을 확인해야 한다.

3. **What** has the speaker **asked Adam** to do? 화자는 아담에게 무엇을 하도록 요청했는가?

  (A) Create a **new menu** 새로운 메뉴를 만든다.
  (B) Call some **reporters** 기자들을 부른다.
▶ (C) Place some **advertisements** 광고를 낸다.
  (D) Bring his **family** to the restaurant 그의 가족을 레스토랑에 데려온다.

Adam(아담)이라는 키워드와 함께 요청한 내용을 묻는 질문이므로 후반부에 Adam과 함께 언급되는 내용을 확인해야 한다.

★ 시험에 나오는 **빈출 표현**

■ 안내 및 공지의 빈출 질문

- 화자(회사) 및 청자에 대해 묻는 질문
  What kind of company does the speaker work for?
  Where is this announcement being made?
  Who is intended audience?

- 공지 및 안내의 목적을 묻는 질문
  What is the purpose of the announcement?
  What is being changed?

- 구체적인 내용을 묻는 질문
  How long did the renovation take place?
  What is new to the office?

- 제안/요청 및 당부 사항을 묻는 질문
  What does the speaker recommend?
  What are some listeners asked to do?

■ 안내 및 공지 사항 빈출 정답 표현

Attention all shoppers.
모든 쇼핑객들에게 알려드립니다.

Good morning. I want to make an announcement before we ~
안녕하세요, ~하기 전에 안내 말씀 드리고자 합니다.

Good afternoon. As president of this company ~
안녕하세요, 이 회사의 사장으로서 ~

Our store will be closing in 30 minutes.
저희 가게는 30분 후에 문을 닫을 예정입니다.

Before tonight's concert begins, we have some important reminders.
오늘밤 공연이 시작되기 전에 몇 가지 중요한 사항을 알려드립니다.

I'm sorry to announce that ~ be delayed/postponed ~
~가 연기가 됨을 알려드리게 되어 죄송합니다.

Beginning next week we will be updating ~
다음주 초에 ~을 업데이트할 예정입니다.

The new system have special features ~
새로운 시스템은 ~의 특별한 기능을 가지고 있습니다.

We kindly ask that you stay in your seats throughout the show.
쇼가 진행되는 동안에 자리를 꼭 지켜주시기를 바랍니다.

Photographs are not allowed in the hall.
홀에서 사진은 찍으실 수 없습니다.

We want to remind you that you can ~
여러분들은 ~을 하실 수 있습니다.(하시기 바랍니다.)

Remember to pick up your complimentary shopping bag before you leave.
가시기 전에 무료 쇼핑백을 가져가시기 바랍니다.

EXERCISE

DICTATION | P4_14_mp3

Q1 What is the main purpose of the announcement?
(A) To promote special sales
(B) To find a person with a missing item
(C) To announce the closing of the store
(D) To ask for a help

Q2 What does the speaker suggest customers do?
(A) Shop in the evening
(B) Wait for sales items
(C) Try some new food
(D) Look at the company's web site

SCRIPT

Attention _____! Thank you for _____ at Ace Mart. Our store _____ at 10 o'clock which is in 15 minutes. Please start _____ to the _____ with items that you would like to _____. We will _____ tomorrow at 10 a.m. We are open from 10 to 10 everyday. We would like you to _____ our _____ shopping mall at www.acemart.com. You can get _____ on most of the products and delivery is _____ over $50. Thank you for shopping with us.

ACTUAL TEST | P4_15_mp3

1. Who would most likely be making this announcement?
   (A) A passenger
   (B) An airline employee
   (C) A tour guide
   (D) A captain of a plane

2. Where are the passengers going?
   (A) To Seattle
   (B) To LA
   (C) To Chicago
   (D) To Atlanta

3. What is the new departure time?
   (A) 1 p.m.
   (B) 2 p.m.
   (C) 3 p.m.
   (D) 4 p.m.

방송은 You're listening to ~를 확인하라

라디오 등의 교통 방송, 일기예보, 뉴스 리포트 등이 주로 등장한다. 방송의 특성상 등장하는 기본 인사말과 마무리 내용을 알아두면 내용을 이해하는 데 많은 도움이 된다.

① 인사말 및 프로그램 소개
간단한 인사말과 어떤 프로그램의 누구인지를 소개하는 내용을 통해 프로그램에 대한 기본 정보와 유형을 알 수 있다.

② 구체적인 내용 및 대안
프로그램의 종류에 따라 교통 또는 날씨 상황을 언급하고 문제 상황에 따르는 대안이나 권유 사항을 말한다.

③ 제안 및 다음 방송에 대한 안내
당부나 제안하는 내용으로 마무리를 하거나 이후의 방송 일정에 대한 내용으로 방송을 끝낸다.

토익, 이렇게 나온다

P4_16_mp3

1. Who most likely is the speaker?
   (A) A city official
   (B) A radio broadcaster
   (C) A local doctor
   (D) A phamacist

2. What does the speaker suggest listeners do?
   (A) Listen to the health show
   (B) Visit a doctor
   (C) Drink a lot of water
   (D) Stay inside

3. According to the speaker, what can listeners find on the web site?
   (A) An interview with a doctor
   (B) A book review
   (C) This week's weather
   (D) Health information

어휘 **city official** 시 공무원 **broadcaster** 방송인, 방송 진행자 **local** 지역의, 현지의 **pharmacist** 약사 **health** 건강 **a lot of** 많은 **water** 물 **inside** 실내의, 내부의 **interview** 인터뷰 **review** (책, 영화, 제품 등의) 논평 **information** 정보 **weather update** 날씨 정보 **plenty of** 많은 **liquid** 액체 **dehydrated** 탈수 증세를 보이는 **recommend** 추천하다 **stay** 머무르다 **outside** 외부의, 밖에 **prepare** 준비하다 **healthy** 건강한

SCRIPT

Good afternoon! [1] You are listening to **WCTA 104.7. I'm Erik Fuller** with **your latest weather update**. ▶ 인사말 및 프로그램소개

It's going to be another hot week this week. [2] **Please drink plenty of liquid**, so you are not dehydrated. Doctors recommend 8 cups of water a day, but you should drink more if you are staying outside in this weather. ▶ 구체적인 방송내용 및 대안

[3] If you would like to know **how you can prepare yourself to stay healthy** in this heat, **please visit our web site**, www.wcta1047.com. ▶ 제안 및 다음 방송에 대한 안내

안녕하세요! 여러분은 지금 WCTA 104.7을 듣고 계십니다. 저는 최신 일기예보를 전해 드리는 에릭 풀러입니다. 이번 주에도 더운 날씨가 될 것으로 예상됩니다. 수분을 많이 섭취하셔서, 탈수 현상을 방지하도록 하세요. 의사들은 하루에 8잔 정도의 물을 마실 것을 권유하지만, 이러한 더운 날씨에 외부에 있을 경우에는 좀 더 마실 것을 권장합니다. 이러한 더위에 건강을 유지할 수 있도록 스스로 대비하는 방법을 알기를 원하시면, 저희 웹사이트인 www.wcta1047.com으로 방문해주시기 바랍니다.

토익, 이렇게 푼다 | 키워드와 해당되는 내용이 어디에 등장할지 예상하고 들어라.
답은 순서대로 등장한다.

1. **Who** most likely is the **speaker**? 화자는 누구이겠는가?

   (A) A city **official** 시 공무원
▶ (B) A radio **broadcaster** 라디오 진행자
   (C) A local **doctor** 현지 의사
   (D) A **pharmacist** 약사

화자의 직업이나 신분 등은 인사말로 시작하는 전반부에서 확인할 수 있다.

2. **What** does the **speaker suggest** listeners do? 화자는 청자들에게 무엇을 할 것을 제안하는가?

   (A) Listen to the **health show** 건강 프로그램을 청취하라.
   (B) Visit a **doctor** 의사를 방문하라.
▶ (C) Drink a lot of **water** 물을 많이 마셔라.
   (D) Stay **inside** 실내에 머물러라.

청자들에게 제안하는 내용은 주로 후반부에 나오지만, 두 번째 문제에서 물어볼 경우에는 방송의 중반부에서 제안하는 내용을 찾아야 한다.

3. According to the speaker, **what** can listeners **find** on the **web site**? 화자에 의하면, 청자들은 웹사이트에서 무엇을 찾을 수 있는가?

   (A) An **interview** with a doctor 의사와의 인터뷰
   (B) A **book review** 서평
   (C) This week's **weather** 이번 주 날씨
▶ (D) **Health** information 건강 정보

웹사이트와 관련한 내용은 주로 후반부에 등장하며 웹사이트에 어떤 정보가 있으니 찾아보라는 내용이 등장할 것임을 예상하고 들어야 한다.

★ 시험에 나오는 빈출 표현

■ 방송의 빈출 질문

- 방송의 종류와 시간대를 묻는 질문
  What time is this broadcast being given?
  What type of a report is being given?
  What is the main subject of this report?

- 화자와 청자를 묻는 질문
  Who are the listeners?
  Who most likely is the speaker?

- 구체적인 내용을 묻는 질문
  What might affect a work schedule?
  How long will the construction take?
  What is today's weather like?

- 대안이나 권고 사항을 묻는 질문
  What has been recommended?
  What does the report advise listeners to do?

- 다음 방송에 대해 묻는 질문
  When is the next update?
  When is the next weather report going to happen?
  What will the listeners hear next?

■ 방송 빈출 정답 표현

This is Alan Carroll with a special traffic update. 저는 특별 교통 소식의 알랜 캐롤입니다.

I'm Kerry Wonder with Today's Forecast. 저는 '오늘의 날씨'의 캐리 원더입니다.

There was an accident[repair] work. 사고[보수 공사]가 있었습니다.

Due to severe fog, there is traffic congestion on highway.
짙은 안개로 인해 고속도로에 교통 정체가 있습니다.

There's a significant delay at the Western Town Tunnel.
웨스턴 타운 터널이 심하게 정체되어 있습니다.

We recommend taking route 21 or some other alternate routes.
21번 도로나 다른 도로로 가시기 바랍니다.

Don't forget to take your umbrella with you.
우산 챙겨가는 것 잊지 마세요.

The rain we're currently experiencing will last throughout the morning.
지금 내리는 비는 아침 내내 계속될 예정입니다.

Tomorrow will be sunny and warm. 내일은 해가 나고 따뜻하겠습니다.

We are expecting more rain later this week.
이번 주 후반에는 더 많은 비가 내릴 것으로 예상합니다.

We'll have the next weather report in one hour along with the daily traffic update. 한 시간 후에 매일 교통 정보와 함께 다음 날씨 정보를 알려드리겠습니다.

Our next traffic report will be in fifteen minutes, so keep listening.
다음 교통 정보는 15분 후에 있을 예정이오니 계속해서 청취해 주시기 바랍니다.

EXERCISE

DICTATION | P4_17_mp3

Q1 What is the main topic of the report?
(A) Weather
(B) Traffic
(C) Sports
(D) Business

Q2 What advice does the speaker give to listeners about tomorrow?
(A) Go out to the ball game
(B) Use an alternate route
(C) Stay home
(D) Get away for the weekend

SCRIPT

Good afternoon! I'm Brian Kennedy with the latest _____ report. It seems like many people are going away for the weekend to enjoy the beautiful _____. The _____ are getting _____ already, and it's only 4 o'clock. There is a ball game _____ night at Athletics' Center. So _____ you are not going to the game, you want to _____ that area. So try _____ Central Parkway _____. I hope everyone has a great weekend and stay tuned for the _____ _____.

ACTUAL TEST | P4_18_mp3

1. What event does the report discuss?
   (A) A corporate merger
   (B) A closure of a business
   (C) A new electronic device
   (D) A marketing event

2. When will the event happen?
   (A) In September
   (B) In October
   (C) In November
   (D) In December

3. What is the expected result of the event?
   (A) Faster delivery system
   (B) More shops
   (C) Greater operational efficiency
   (D) Better customer service

광고는 If you're looking for ~로 호기심을 유발한다

필살기 07

광고는 주로 라디오나 TV 홈쇼핑 등에 등장할 만한 제품, 서비스, 업체 광고나 구인 광고가 주를 이루며, 할인 광고나 어떤 행사의 참여를 이끌어내기 위한 광고들도 종종 등장한다.

① 문제점 제기 및 광고의 대상 소개
처음에 소비자가 겪는 문제점이나 화두를 제기하고 그 해결책으로 광고가 되는 상품/서비스 또는 업체를 소개하는 내용을 통해 광고의 대상이나 타켓을 알 수 있다.

② 특장점 및 내용
간단한 회사 소개를 덧붙이거나 광고가 되는 대상의 특징이나 장점들을 소개한다. 구인 광고의 경우에는 모집하는 직종에 대한 업무 등을 언급한다.

③ 혜택이나 제안
광고가 되는 제품이나 서비스 이용 시 할인이나 추가 혜택을 제시한다.

④ 구매/지원/신청 방법 또는 기간 제시
광고 대상을 구매하거나 이용할 수 있는 방법과 연락처를 제시하거나 구인 광고의 경우에는 지원하는 방법, 모집 기간을 언급하고 마무리를 한다.

토익, 이렇게 나온다

P4_19_mp3

1. What event is being announced?
   (A) Opening of a franchise restaurant
   (B) Food festival
   (C) Eating contest
   (D) Cooking show

2. How can people at the event enter a contest?
   (A) By purchasing tickets
   (B) By buying an item
   (C) By completing a survey
   (D) By visiting a web site

3. According to the advertisement, what can be found online?
   (A) Ticket prices
   (B) Phone numbers of local restaurants
   (C) A map of the park
   (D) A directory of participating businesses

어휘 come out 나오다 around the world 전 세계적으로 prepare 준비하다 local 지역의, 지방의, 현지의 chef 요리사 discounted price 할인된 가격 everytime ~할 때마다 make a purchase 물건을 구매하다 enter the contest 경기에 참가하다 win (노력을 통해) 무언가를 얻다 a list of ~의 목록 participating 참가하는

SCRIPT

If you're looking for something fun to do with your family this weekend, ¹ **come** out to Victoria Park for the annual **World Food Festival**. ▶ 문제점 제기 및 광고의 대상 소개
At the festival, you can try different food from around the world prepared by local chefs. You will be able to buy food items at a discounted price. ▶ 특장점 및 내용
² **Everytime** you **make** a **purchase**, you **can enter** the **contest** to win tickets to local restaurants. ▶ 혜택이나 제안
³ You can check **a list of participating businesses** when you visit **our web site at www.worldfoodfestival.com**. ▶ 구매/지원/신청 방법 또는 기간 제시

이번 주말에 가족과 함께 재미있게 할 수 있는 것을 찾으신다면, 매년 세계적인 음식 축제가 열리는 빅토리아 공원으로 오세요. 축제에서는, 전 세계에서 현지의 요리사들이 준비한 각기 다른 종류의 음식들을 맛보실 수 있습니다. 할인된 가격으로 음식들을 살 수 있습니다. 구매하실 때마다, 각 나라의 음식점 티켓을 얻을 수 있는 콘테스트에 참여하실 수 있습니다. 저희 웹사이트 www.worldfoodfestival.com을 방문해주시면, 참가 음식점들의 목록을 확인하실 수 있습니다.

토익, 이렇게 푼다

키워드와 해당되는 내용이 어디에 등장할지 예상하고 들어라.
답은 순서대로 등장한다.

---

1. What event is being announced? 어떤 행사가 광고되고 있는가?

  (A) Opening of a franchise **restaurant** 프랜차이즈 음식점 개점
▶ (B) **Food festival** 음식 축제
  (C) **Eating** contest 먹기 대회
  (D) **Cooking** show 요리 쇼

어떤 행사 발표인지는 주제와 같기 때문에 광고의 전반부에서 쉽게 찾을 수 있다.

2. **How** can **people** at the event **enter** a **contest**?
행사에서 사람들은 어떻게 콘테스트에 참가할 수 있는가?

  (A) By purchasing **tickets** 입장권을 구매함으로써
▶ (B) By buying an **item** 상품을 구매함으로써
  (C) By completing a **survey** 설문조사를 작성함으로써
  (D) By visiting a **web site** 웹사이트에 방문함으로써

콘테스트에 참여하기 위해서 어떻게 해야 하는지 구체적인 내용을 묻는 문제로 키워드인 contest와 관련된 내용을 잘 들어야 한다.

3. According to the advertisement, **what** can be found **online**?
광고에 의하면, 온라인에서 무엇을 발견할 수 있는가?

  (A) Ticket **prices** 티켓 가격
  (B) **Phone numbers** of local restaurants 지역 음식점들의 전화번호
  (C) A **map** of the park 공원 지도
▶ (D) A **directory** of participating businesses 참가 업체들의 명부

웹사이트와 관련한 내용은 주로 광고의 후반부에 나오며, 웹사이트에 어떤 정보가 있으니 찾아보라는 내용이 등장할 것임을 예상하고 들어야 한다.

★ 시험에 나오는 빈출 표현

■ 광고의 빈출 질문

● 광고의 대상을 묻는 질문
What is being advertised?
What is this advertisement for?
What service is being advertised?

● 화자와 청자를 묻는 질문
What kind of company is this?
What does the company provide?
Who is the advertisement intended for?

● 특징이나 장점을 묻는 질문
What advantage does the company offer?
What is different features of 제품?
What is unique about 제품?

● 제안이나 혜택 등을 묻는 질문
What should people do to receive a discount?
What do customers get this week only?

● 구매 및 신청 수단이나 방법을 묻는 질문
How can the listeners get more information?

■ 광고 빈출 정답 표현

Are you sick and tired of ~ ? ~하는 것이 지겹나요?

Are you looking for a ~ service? ~ 서비스를 찾고 계시나요?

If you're experiencing difficulty ~ ~하는 데 어려움을 겪고 계시다면 ~

Our company specialized in ~ 저희 회사는 ~하는 것을 잘합니다.

We offer it at a discounted price.
그것을 할인된 가격으로 제공합니다.

You can purchase ~
(당신은) ~을 구매하실 수 있습니다.

For more information on free service, call us today at ~
무료 서비스에 대한 정보를 더 얻으시려면 오늘 ~로 우리에게 전화주세요.

Visit us today at one of our stores and take advantage of ~
오늘 저희 가게 중에 한 곳에 방문하셔서 ~의 혜택을 누리세요.

EXERCISE

DICTATION | P4_20_mp3

Q1 What kind of a business is Next Generation?
(A) A grocery store
(B) An electronic store
(C) An office supplies store
(D) A printing shop

Q2 What is Next Generation currently offering to customers?
(A) An overnight delivery
(B) A free installation service
(C) A discount on some merchandise
(D) A free product

SCRIPT

At the Next Generation, we are _____ you a _____ of the year this weekend. _____ you buy any of our _____, we will _____ you a 10% _____ on all Gilmore LCD _____. If you buy a computer and a monitor set, we will give you a 20% discount on all JXC printers. So _____ _____ to the Next Generation _____ near you _____ _____. Supplies are limited, so don't wait.

ACTUAL TEST | P4_21_mp3

1. Where will the successful applicants work?
   (A) The building maintenance department
   (B) The accounting department
   (C) The web design department
   (D) The personnel department

2. How long is the internship period?
   (A) Four weeks
   (B) Twelve weeks
   (C) Six months
   (D) One year

3. What should people do to apply for the internship?
   (A) Send an e-mail
   (B) Attend an event
   (C) Fill out a form
   (D) Call the company

필살기 08

여행 및 견학 안내는 I'll be your guide ~를 확인하라

여행이나 견학에 앞서 주제나 목적지에 대해 언급하고 나서 일정이 어떻게 진행되는지 알려준다. 주로 화자의 신분과 일정의 순서를 묻거나, 여행/견학 장소 등을 묻는 문제가 자주 출제된다.

① 인사말 및 자기소개
견학이나 여행에 온 것을 환영한다는 말과 함께 가이드가 자신을 소개한다. 주로 화자의 직업이나 장소가 어디인지를 묻는 문제가 출제된다.

② 방문지 소개 및 일정
현재의 위치나 관광지에 대한 간략한 소개와 더불어 이 시간 이후의 방문 일정 등을 알려준다. 주로 일정의 순서 등을 키워드로 묻는 문제가 자주 등장한다.

③ 당부 및 주의 사항과 다음 일정
여행이나 견학에 있어서 주의해야 할 것들을 알려주고 당부, 요청을 하거나 다음 일정에 대해 언급하면서 마무리를 한다.

토익, 이렇게 나온다

P4_22_mp3

1. What will the listeners hear about on the tour?
   (A) Tunnel building
   (B) Town heroes
   (C) Mining techniques
   (D) Local history

2. What is prohibited during the tour?
   (A) Taking gold
   (B) Talking loudly
   (C) Using a flashlight
   (D) Walking off the path

3. What will the speaker do next?
   (A) Put on a mask
   (B) Go into the tunnel
   (C) Play a short video
   (D) Distribute safety equipment

어휘 **tour** 여행, 견학 **inside** 내부의, 실내의 **ago** ~전에 **mining tool** 채굴 도구 **miner** 광부 **allow** ~을 허락하다 **stay on** 계속 남아 있다, 머무르다 **wooden** 나무로 된 **pass** 건네주다 **safety helmet** 안전모 **check** 살피다, 점검하다 **properly** 적절히, 제대로 **put on** ~을 입다, 쓰다

SCRIPT

Good morning! [1] Welcome to Wellington **Gold Mine**. I'm Kevin Talbot. I'm the guide for your tour this morning. ▶ 인사말 및 자기소개

When we go inside, you will see the area where people were working more than 90 years ago. You will also see some old mining tools, and [1] I **will explain how miners used** them. For safety reasons, [2] you are **not allowed** to **walk** on the mine floor. **Please stay** on the **wooden walkway**. ▶ 방문지 소개 및 일정, 주의 사항

[3] **I will be passing** you **safety helmets** now. Please check the light and see if it's working properly before you put it on. ▶ 당부 및 다음 일정

좋은 아침입니다! 웰링턴 금광에 오신 여러분을 환영합니다. 저는 케빈 탤봇입니다. 저는 오늘 아침 여러분들의 관광을 도와드릴 가이드입니다. 안으로 들어가시면, 90년도 더 전에 사람들이 작업을 했던 곳을 관람하시게 될 것입니다. 오래된 채광 도구들도 보실 수 있으며, 광부들이 그것을 어떻게 사용하였는지에 대해서도 설명해드릴 것입니다. 안전상의 이유로 광산 바닥을 돌아다니는 것은 허용되지 않습니다. 나무로 된 도보에 머물러 주시기 바랍니다. 지금 안전모를 나눠드릴 것입니다. 안전모를 착용하시기 전에 안전모의 전등이 제대로 작동하는지를 확인해주시기 바랍니다.

토익, 이렇게 푼다

키워드와 해당되는 내용이 어디에 등장할지 예상하고 들어라.
답은 순서대로 등장한다.

1. What will the **listeners hear** about on the tour? 관광에 대해 청자들은 무엇을 듣게 될 것인가?

(A) **Tunnel** building 터널 건설
(B) Town **heroes** 도시 영웅들
▶ (C) **Mining** techniques 채굴 기술
(D) Local **history** 지방 역사

tour(여행, 견학)에 대해 청자들이 듣게 될 내용은 화자가 말할 주제와 같으므로 전반부를 확인해야 한다.

2. What is **prohibited** during the tour? 관광을 하는 동안 금지된 사항은 무엇인가?

(A) Taking **gold** 금을 가져가기
(B) **Talking loudly** 큰 소리로 이야기하기
(C) Using a **flashlight** 손전등 사용하기
▶ (D) **Walking off** the path 경로 이탈하기

키워드가 중요한 문제로, 구체적으로 여행 중에 하지 말아야 할(prohibited) 내용을 확인해야 한다.

3. What will the **speaker** do **next**? 화자는 다음에 무엇을 할 것인가?

(A) Put on a **mask** 마스크를 착용한다.
(B) Go into the **tunnel** 터널로 들어간다.
(C) Play a short **video** 짧은 비디오를 재생한다.
▶ (D) Distribute **safety equipment** 안전 장비를 나눠준다.

다음에 할 일은 주로 안내의 마지막에 나오므로 후반부를 확인해야 한다.

★ 시험에 나오는 빈출 표현

■ 여행, 견학의 빈출 질문

● 화자/청자/장소를 묻는 질문
Who most likely are the listeners/speaker?
Who are the listeners/speaker?
Where are the listeners?

● 목적을 묻는 질문
What is the purpose of the announcement?

● 구체적인 내용이나 일정을 묻는 문제
What will the passengers do first?
What does the speaker say about the study?
What does the speaker say can be difficult for travelers?
What is NOT allowed in the plant?
What will listeners do tomorrow morning?

● 당부 및 요청, 제안 사항이나 다음에 벌어질 일을 묻는 질문
Where will the guide give the group some information?
What is required before the cruise leave?
What are listeners asked to do?
What will the speaker do next?

■ 여행/견학의 빈출 정답 표현

Good morning, My name is ~. I'll be your (tour) guide today.
안녕하세요. 제 이름은 ~입니다. 저는 오늘 여러분의 (여행) 가이드입니다.

Ladies and gentlemen. I'd like to welcome you to visit our new factory in Tuson. 신사 숙녀 여러분. 투손의 저희 새로운 공장을 방문하신 것을 환영합니다.

We'll be starting our tour of (with) ~ ~에 대한 여행을 시작하겠습니다.

Before we begin ~ ~을 시작하기 전에

This is the last stop on our tour. 여기가 마지막 여행지입니다.

On today's city bus tour we'll visit ~ first.
오늘 도시 버스 여행에서 첫 번째로 ~를 방문하게 될 겁니다.

It will last approximately 2 hours. 약 2시간 정도 소요될 것입니다.

First, ~ and then ~. After that ~, ~ at the end of the tour.
처음에 ~. 그리고 나서 ~. ~ 다음에, 여행에 마지막에 ~

Please do not throw garbage. 쓰레기를 버리지 말아주세요.

We ask that ~ ~을 요청합니다.

To keep you safe, I'd remind you not to ~
여러분들의 안전을 위해서 ~을 하지 않도록 말씀드립니다.

No flash photography is permitted in ~
~에서 플래시를 이용해서 사진은 찍지 못합니다.

If you have any questions, please feel free to ask ~
질문이 있으시면 ~에게 편하게 질문해 주시기 바랍니다.

Now, let's get going. 자, 출발합시다.

EXERCISE

DICTATION | P4_23_mp3

Q1 Who most likely is giving the talk?
(A) A news reporter
(B) A salesperson
(C) A tour guide
(D) A cave owner

Q2 What does the speaker recommend?
(A) Walking carefully
(B) Taking flashlights
(C) Wearing safety helmets
(D) Drinking some water

SCRIPT

Hi. Welcome to Maulla _____. I'm Patrick, and I'll be _____ you through the cave _____. The cave is about 2.5 kilometers, and the _____ will _____ about one hour and 45 minutes. You are welcome to take _____ during the tour, but please _____ _____ go _____ the course. Inside the cave is very damp, so some places are very slippery. We want to be sure that everyone is _____, so _____ watch your steps. One last _____, you _____ bring _____ inside, so leave it on the bus. We will start the tour in five minutes.

ACTUAL TEST | P4_24_mp3

1. Who is the intended audience for the talk?
(A) Tourists
(B) Board members
(C) New employees
(D) Clients

2. According to the speaker, what might listeners request from the library?
(A) Confidential documents
(B) Training videos
(C) Business journals
(D) Reference books

3. How are materials usually requested?
(A) In person
(B) By interoffice mail
(C) By phone
(D) By e-mail

ACTUAL TEST

Listening TEST

In the Listening test, you will be asked to demonstrate how well you understand spoken English. The entire Listening test will last approximately 45 minutes. There are four parts, and directions are given for each part. You must mark your answers on the seperate answer sheet. Do not write your answers in the test book.

PART 1

Directions: For each question in this part, you will hear four statements about a picture in your test book. When you hear the statements, you must select the one statement that best describes what you see in the picture. Then find the number of the question on your answer sheet and mark your answer. The statements will not be printed in your test book and will be spoken only time.

Example

Sample Answer

Statement (B), "The man is holding a tool." is the best description of the picture, so you should select answer (B) and mark it on your answer sheet.

01

(A) (B) (C) (D)

02

(A) (B) (C) (D)

03

(A)   (B)   (C)   (D)

04

(A)   (B)   (C)   (D)

05

(A)　(B)　(C)　(D)

06

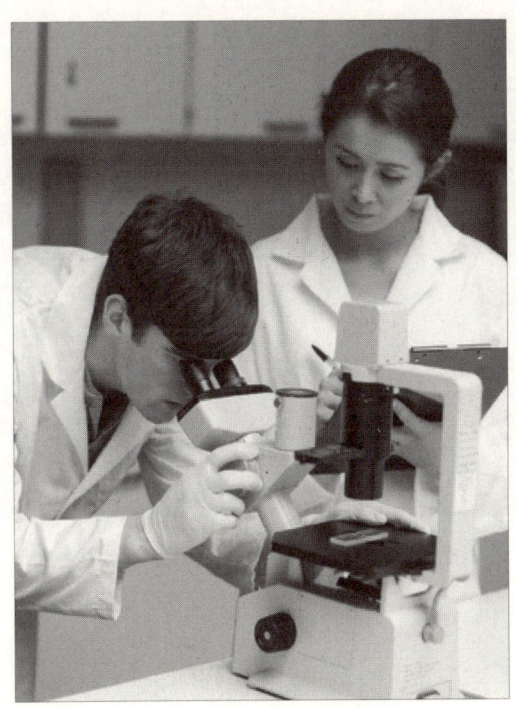

(A)　(B)　(C)　(D)

07

(A) (B) (C) (D)

08

(A) (B) (C) (D)

09

(A) (B) (C) (D)

10

(A) (B) (C) (D)

PART 2

Directions: You will hear a question or statement and three responses spoken in English. They will be spoken only time and will not be printed in your test book. Select the best response to the question or statement and mark the letter (A), (B), or (C) on your answer sheet.

Example

You will hear: Where is the meeting room?

You will also hear:　(A) To meet the new director.
　　　　　　　　　　(B) It's the first room on the right.
　　　　　　　　　　(C) Yes, at two o'clock.

The best response to the question "Where is the meeting room?" is choice (B), "It's the first room on the right." so (B) is the correct answer. You should mark answer (B) on your answer sheet.

11	Mark your answer on your answer sheet.	(A) (B) (C)
12	Mark your answer on your answer sheet.	(A) (B) (C)
13	Mark your answer on your answer sheet.	(A) (B) (C)
14	Mark your answer on your answer sheet.	(A) (B) (C)
15	Mark your answer on your answer sheet.	(A) (B) (C)
16	Mark your answer on your answer sheet.	(A) (B) (C)
17	Mark your answer on your answer sheet.	(A) (B) (C)
18	Mark your answer on your answer sheet.	(A) (B) (C)
19	Mark your answer on your answer sheet.	(A) (B) (C)
20	Mark your answer on your answer sheet.	(A) (B) (C)
21	Mark your answer on your answer sheet.	(A) (B) (C)
22	Mark your answer on your answer sheet.	(A) (B) (C)
23	Mark your answer on your answer sheet.	(A) (B) (C)
24	Mark your answer on your answer sheet.	(A) (B) (C)
25	Mark your answer on your answer sheet.	(A) (B) (C)
26	Mark your answer on your answer sheet.	(A) (B) (C)
27	Mark your answer on your answer sheet.	(A) (B) (C)
28	Mark your answer on your answer sheet.	(A) (B) (C)
29	Mark your answer on your answer sheet.	(A) (B) (C)
30	Mark your answer on your answer sheet.	(A) (B) (C)
31	Mark your answer on your answer sheet.	(A) (B) (C)
32	Mark your answer on your answer sheet.	(A) (B) (C)
33	Mark your answer on your answer sheet.	(A) (B) (C)
34	Mark your answer on your answer sheet.	(A) (B) (C)
35	Mark your answer on your answer sheet.	(A) (B) (C)
36	Mark your answer on your answer sheet.	(A) (B) (C)
37	Mark your answer on your answer sheet.	(A) (B) (C)
38	Mark your answer on your answer sheet.	(A) (B) (C)
39	Mark your answer on your answer sheet.	(A) (B) (C)
40	Mark your answer on your answer sheet.	(A) (B) (C)

PART 3

Directions: You will hear some conversations between two people. You will be asked to answer three questions about what the speakers say in each conversation. Select the best response to each question and mark the letter (A), (B), (C), or (D) on your answer sheet. The conversations will be spoken only one time and will not be printed in your test book.

41 Where does the woman most likely work?
(A) At a fast food restaurant
(B) At a furniture store
(C) At a hardware store
(D) At an auto repair shop

42 What does the man ask?
(A) If he can get a discount
(B) If he can pay it with his credit card
(C) If a product can be assembled
(D) If a product comes in a different color

43 What does the woman say she will do?
(A) Print a bill
(B) Schedule a delivery
(C) Assemble a product
(D) Order a new part

44 What is the main purpose of the call?
(A) To reserve some seats
(B) To try out for a play
(C) To arrange a costume fitting
(D) To discuss a stage set up

45 According to the man, what will happen on Friday?
(A) A new show will start.
(B) Everyone will be present.
(C) The director will be chosen.
(D) A rehearsal will take place.

46 What does the woman say about her shop?
(A) It is near the theater.
(B) It is not open on Friday.
(C) It has many hats.
(D) It is not too big.

47 What is the woman's problem?
(A) She lost her phone.
(B) She forgot the bus number.
(C) She cannot find a hospital.
(D) She is late for a meeting.

48 Where most likely are the speakers?
(A) On a city street
(B) In a taxi
(C) In an office
(D) At a mall

49 What does the man suggest?
(A) Go on a different day
(B) Taking a bus
(C) Go to a different hospital
(D) Make a reservation

50 Who most likely is the man?
(A) A delivery person
(B) A computer technician
(C) A surveyor
(D) A manager's assistant

51 What does the woman have to do in the afternoon?
(A) Wait for a package
(B) Do some research
(C) Meet with a manager
(D) Examine some data

52 What does the man say he will do?
(A) Talk to a coworker
(B) Install it now
(C) Fill out a survey form
(D) Give her a hand

53 What is the man requesting?
(A) Time off from work
(B) Go on a business trip
(C) Bring a family to work
(D) Change his travel plans

54 What does the woman ask for?
(A) A number of family members
(B) A business plan
(C) Specific dates
(D) A name of a city

55 What does the woman remind the man to do?
(A) Make travel plans in advance
(B) Submit a form
(C) Tell other co-workers
(D) Finish the current project

56 What type of service does the man provide?
(A) Window cleaning
(B) Garbage disposal
(C) Landscaping
(D) Car wash

57 What is the woman calling to request?
(A) A cost estimate
(B) A specific worker
(C) A volume discount
(D) A receipt for a past service

58 Why does the man say he cannot commit to long-term contracts?
(A) He is planning to move.
(B) His workers work hard.
(C) His company is not licensed.
(D) He does not have enough staff.

59 Who has recently been hired?
(A) A machine designer
(B) A machinery repair person
(C) A factory manager
(D) An office assistant

60 What does the woman ask the man to do tomorrow?
(A) Repair some machines
(B) Fill out some paper
(C) Provide a tour
(D) Lead a seminar

61 What will the man give the new employee?
(A) A building floor plan
(B) A training guide
(C) A list of machines
(D) A welcome package

62 What problem are the speakers discussing?
(A) New employees
(B) Old equipment
(C) Packing instructions
(D) Delay in office renovation

63 What caused the problem?
(A) The permit was not issued.
(B) Some equipment went to a wrong address.
(C) There were too many rooms.
(D) Some items were not available.

64 What will happen on Wednesday?
(A) The staff will move into their original offices.
(B) A new building will be built.
(C) A renovation will start.
(D) New managers will be introduced.

65 What are the speakers discussing?

(A) A lecture series
(B) A new museum
(C) A television show
(D) A new book

66 Who is Kevin Uarow?

(A) A curator
(B) A writer
(C) A guest speaker
(D) A critic

67 Why are the speakers planning to meet this afternoon?

(A) To see some paintings
(B) To look at the brochure
(C) To buy some tickets
(D) To get an autograph

68 Who is Brian Foster?

(A) A fitness consultant
(B) A furniture designer
(C) A dietician
(D) A new office manager

69 What did Brian Foster show the woman how to do?

(A) Join a gym
(B) Change equipment
(C) Adjust a piece of furniture
(D) Make a chart

70 What does the woman offer to do?

(A) Introduce to each other
(B) Provide a copy of some instructions
(C) Exercise together
(D) Send an e-mail

PART 4

Directions: You will hear some short talks given by a single speaker. You will be asked to answer three questions about what the speaker says in each short talk. Select the best response to each question and mark the letter (A), (B), (C), or (D) on your answer sheet. The talks will be spoken only one time and will not be printed in your test book.

71 What is the man calling about?
(A) Finding a location for an event
(B) Submitting a resume
(C) Writing a newspaper article
(D) Ordering some food

72 What did the man see in the newspaper?
(A) A picture of a great dish
(B) A special offer
(C) An interview with a chef
(D) A restaurant review

73 What does the man want to find out?
(A) The price for dinner
(B) The size of a space
(C) The location of a business
(D) The business hours

74 What is the topic of the seminar?
(A) Getting to know each other
(B) Making a report
(C) Using a software program
(D) Developing new ideas

75 Why is the speaker impressed?
(A) The group has learned quickly.
(B) The new program is very fast.
(C) The drinks taste good.
(D) The attendees came on time.

76 According to the speaker, what will happen next?
(A) The group will be divided into three.
(B) A new assignment will be given.
(C) Refreshments will be served.
(D) An award will be given.

77 What happened today?
(A) A reward was given.
(B) A new show opened.
(C) A building reopened.
(D) A remodeling work started.

78 Who is Mr. Adams?
(A) A model
(B) An author
(C) A building owner
(D) A librarian

79 How can listeners get more information?
(A) By reading a local newspaper
(B) By calling the radio station
(C) By watching the news
(D) By visiting a library

80 What is the purpose of the talk?
(A) To give out a package
(B) To begin a workshop
(C) To introduce a new program
(D) To announce a schedule change

81 Who is Erin Cameron?
(A) A guest speaker
(B) A workshop leader
(C) A travel manager
(D) An event planner

82 What information is contained in the package?
(A) Speakers for next year
(B) An article written by a speaker
(C) Details about a conference
(D) A list of good restaurants

83 What is being offered today only?
(A) A gift with a paint purchase
(B) A discount on certain products
(C) A free demonstration
(D) A coupon with a purchase

84 What does the speaker say about large items?
(A) They can be picked up at a different location.
(B) They can be disassembled to smaller pieces.
(C) They can be sold at a lower price.
(D) They can be delivered at no charge.

85 When will the store be closing?
(A) In 10 minutes
(B) In 20 minutes
(C) In 30 minutes
(D) In 40 minutes

86 What is the talk mainly about?
(A) A book signing event
(B) The dinner party at a gallery
(C) The opening of an exhibit
(D) A newly built building

87 Who is Larry Davis?
(A) An artist
(B) An interior designer
(C) An art director
(D) A curator

88 What can listeners do at 7:00?
(A) Enter a building
(B) Start dinner
(C) Watch a slide show
(D) Have a book signed

89 What place is the speaker calling?
(A) A hospital
(B) A community center
(C) A shopping mall
(D) A police station

90 What has the speaker lost?
(A) A cell phone
(B) A car key
(C) A watch
(D) A planner

91 What does the speaker plan to do this afternoon?
(A) Go to a mall
(B) See a dentist
(C) Buy a gift
(D) Pick up a book

92 What is Frankie's known for?
(A) Automotive supplies
(B) Oil change
(C) Car insurance
(D) Auto repair

93 What service has Frankie's recently added?
(A) Car rentals
(B) On-site maintenance
(C) Used car sales
(D) Vehicle inspections

94 According to the speaker, what can be found on the web site?
(A) Online reservations
(B) Mechanic profiles
(C) Discount information
(D) Operating hours

95 What is the purpose of the meeting?

(A) To purchase a vehicle
(B) To discuss a project
(C) To elect a new member
(D) To answer questions

96 Why has Frank Taylor been invited to speak?

(A) He is an expert on urban design.
(B) He is a newly elected mayor.
(C) He has taught a course in city planning.
(D) He operates many stores in town.

97 What are the residents asked to do?

(A) Take notes of the lecture
(B) Wait to make comments
(C) Use public transportations
(D) Prepare some questions

98 What was the speaker hired to evaluate?

(A) Work performance
(B) Light bulbs
(C) Energy use
(D) Fire equipment

99 What is the speaker's main recommendation?

(A) To add new security system
(B) To hire more workers
(C) To change old heaters
(D) To install timers for the lights

100 What does the speaker offer to do?

(A) Give discounts
(B) Provide a cost estimate
(C) Give free samples
(D) Provide an extended warranty

ANSWER & SCRIPT

PART 1 | 필살기 05. | page 28~29

DICTATION 01 (A) 02 (B) 03 (B)

1. (A) She's <u>facing</u> some <u>equipment</u>.
(B) She's <u>opening</u> a <u>drawer</u>.
(C) She's <u>placing</u> a file <u>folder</u> in the rack.
(D) She's <u>hanging up</u> the <u>phone</u>.

(A) 그녀는 장비를 향해 있다. (B) 그녀는 서랍을 열고 있다.
(C) 그녀는 선반에 서류철을 놓고 있다. (D) 그녀는 전화를 끊고 있다.

해설 여자가 복사기를 사용하고 있는 모습으로, 복사기를 '장비(equipment)', 그것을 향해 서있는 모습을 facing이라고 포괄적으로 표현한 (A)가 정답이다. (B)의 drawer와 (C)의 file folder는 사진에 보이지 않으며 (D)의 phone은 사진에 보이지만 끊고 있는(hang up) 동작이 아니므로 오답이다.

어휘 **face** 마주보다, 향하다 **equipment** 장비, 시설 **drawer** 서랍 **place** 두다, 놓다 **file folder** 서류철 **rack** 선반, 받침대 **hang up** (전화를) 끊다

2. (A) He is <u>putting on</u> a <u>jacket</u>.
(B) He is <u>checking</u> his wrist <u>watch</u>.
(C) He is <u>taking</u> off his <u>glasses</u>.
(D) He is <u>wiping</u> a <u>window</u>.

(A) 그는 재킷을 입고 있다. (B) 그는 손목시계를 확인하고 있다.
(C) 그는 안경을 벗고 있다. (D) 그는 유리창을 닦고 있다.

해설 한 남자가 야외에서 시계를 바라보고 있는 사진이다. 시계를 확인하고 있다고 표현한 (B)가 정답이며, (A)의 경우 재킷을 입고 있는 동작을 하는 것이 아니라 이미 입고 있는 상태이므로 wearing으로 표현해야 한다. 또한 안경을 쓰고 있지, 벗고 있는 모습이 아니므로 (C)는 오답이고, 건물의 유리창은 보이지만 남자가 유리를 닦고 있는 것이 아니므로 (D)도 오답이다.

어휘 **put on** 입다 **check** 확인하다, 보다 **wrist watch** 손목시계 **take off** 벗다 **wipe** 닦다

3. (A) A man is <u>pouring</u> <u>water</u> into a cup.
(B) A man is <u>using</u> both <u>hands</u>.
(C) A man is <u>cleaning</u> the <u>table</u>.
(D) A man is <u>drinking</u> a <u>bottle</u> of water.

(A) 남자가 컵에 물을 따르고 있다. (B) 남자가 양손을 사용하고 있다.
(C) 남자가 테이블을 치우고 있다. (D) 남자가 물 한 병을 마시고 있다.

해설 한 남자가 왼손에는 신문을 든 채 신문을 보고 있으며, 다른 손에는 컵을 들고 무언가를 마시려고 하고 있다. 보기 중에 남자가 양손을 사용하고 있다고 한 (B)가 정답이다. (A)는 컵에 무언가를 따르는 모습이 아니므로 답이 될 수 없으며 (C)는 청소하는 (cleaning) 동작이 아니므로 오답이다. (D)는 무언가를 마시려는 모습이기는 하지만 사진에 병(bottle)은 보이지 않아 오답이다.

어휘 **pour A into B** A를 B에 붓다, 따르다 **clean** 닦다, 청소하다 **drink** 마시다

ACTUAL TEST 01 (D) 02 (A) 03 (A)

1. (A) He is looking at books on a cart.
(B) He is reaching for a book on the shelf.
(C) He is carrying a stack of books.
(D) He's reading a book.

(A) 그는 카트 위의 책들을 살펴보고 있다. (B) 그는 선반 위의 책에 손을 뻗고 있다. (C) 그는 책 한 더미를 옮기고 있다. (D) 그는 책을 읽고 있다.

해설 한 남자가 서점이나 도서관에서 책을 읽고 있는 모습이다. 책을 읽고 있다고 객관적으로 묘사한 (D)가 정답이며 (A)는 사진에 카트가 보이지 않기 때문에 답이 될 수 없다. (B)는 책을 향해 손을 뻗는 모습이 아니므로 오답이다. 책을 한 권만 들고 있으므로 (C)도 오답이다.

어휘 **look at** ~을 살펴보다 **reach for** ~로 손을 뻗다 **carry** 들고 있다, 나르다 **stack** 무더기, 더미

2. (A) She's wearing glasses.
(B) She's turning on the light.
(C) She's piling some papers.
(D) She's sipping a beverage.

(A) 그녀는 안경을 쓰고 있다. (B) 그녀는 불을 켜고 있다.
(C) 그녀는 서류를 쌓아 올리고 있다.
(D) 그녀는 음료를 조금씩 마시고 있다.

해설 안경을 쓴 여자가 책상에서 스탠드를 켠 채 서류를 들여다보고 있는 사진이다. 따라서 안경을 쓰고 있다(wearing glasses)는 객관적인 상태를 묘사한 (A)가 정답이다. 사진의 좌측 하단에 스탠드가 보이지만 여자가 그것을 켜는 모습이 아니므로 (B)는 오답이고, 종이가 흩어져 있지 여자가 쌓아 올리고 있지 않으므로 (C) 역시 오답이다. 여자가 손에 컵을 들고 있기는 하지만 마시는 모습은 아니므로 (D)도 오답이다.

어휘 **glasses** 안경 **turn on** (전기 등을) 켜다 **light** 빛, 전등 **pile** 쌓다, 얹다 **sip** 조금씩 마시다

3. (A) He's sitting behind the wheel.
(B) He's getting into the car.
(C) He's looking at a traffic light.
(D) He's sitting on the stairs.

(A) 그는 운전을 하고 있다. (B) 그는 차에 타고 있다.
(C) 그는 신호등을 보고 있다. (D) 그는 계단에 앉아 있다.

해설 남자가 차 안에 앉아 핸들을 잡고 운전하고 있는 사진이다. 따라서 '운전하다'라는 관용표현 sitting behind the wheel이라고 묘사한 (A)가 정답이다. 남자는 이미 차 안에 있으므로 차에 오르고 있는 중(is getting into the car)이라는 (B)는 오답이다. 사진 상에 신호등(traffic light)이나 계단(stairs)은 찾아볼 수 없으므로 (C)와 (D) 정답이 될 수 없다.

어휘 **sit behind the wheel** 운전하다 **get into** ~에 들어가다, 타다 **stair** 계단

PART 1 | 필살기 06. | page 32~33

DICTATION 01 (A) 02 (D) 03 (B)

1. (A) She is sitting alone by the water.
(B) She is leaving a park.
(C) She is hiking near the shore.
(D) She is leading a group around the pond.

(A) 그녀는 물가에 홀로 앉아 있다. (B) 그녀는 공원을 떠나고 있다.
(C) 그녀는 해안 가까이에서 하이킹하고 있다.
(D) 그녀는 연못 주변에서 한 집단을 이끌고 있다.

해설 한 여자가 물가에 앉아 있는 사진이므로, '물가에 홀로 앉아 있다'는 객관적인 사실을 묘사한 (A)가 정답이다. 여자가 공원을 떠나고 있는(leaving a park) 모습이 아니므로 (B)는 오답이다. (C)는 해안가를 걷고 있는(hiking) 행위가 아니므로 오답이다. (D)는 사진에 한 무리의 사람들(group)은 보이지 않으므로 오답이다. 참고로 hiking은 '등산'처럼 '산이나 들을 걷는 것'을 의미한다는 것을 알아두자.

어휘 **alone** 혼자서 **park** 공원 **near** 가까운 **shore** (바다, 호수 따위) 기슭, 해안 **lead** (앞장서서) 안내하다, 이끌다 **pond** 연못

2. (A) She is putting some merchandise into a basket.
(B) She is pushing a cart.
(C) She is paying a clerk.
(D) She's reaching for an item.

(A) 그녀는 상품을 바구니에 담고 있다. (B) 그녀는 카트를 밀고 있다.
(C) 그녀는 직원에 돈을 지불하고 있다.
(D) 그녀는 물건을 향해 손을 뻗고 있다.

해설 여자가 상점에서 진열대의 상품에 손을 뻗고 있는 사진이다. 따라서 이를 묘사한 (D)가 정답이다. 여자가 바구니(basket)를 들고 있으나 바구니 안에 상품을 담고 있지는 않으므로 (A)는 답이 될 수 없고, 사진에 카트(cart)는 보이지 않으므로 (B)도 답이 될 수 없다. 계산을 하는(paying) 모습이 아니며, 직원(clerk)도 보이지 않으므로 (C)는 오답이다.

어휘 **put A into B** A를 B에 넣다 **merchandise** 물품, 상품 **basket** 바구니 **push** 밀다 **pay** (돈을) 지불하다, 계산하다 **clerk** 직원 **reach for** ~을 향해 손을 뻗다

3. (A) Vehicles are waiting at the crossing.
(B) The woman is riding a motorcycle.
(C) Bikes are parked along the curbs.
(D) Some people are getting on the car.

(A) 차량들이 건널목에서 대기하고 있다. (B) 여자는 오토바이를 타고 있다. (C) 오토바이들이 경계석을 따라 주차되어 있다. (D) 사람들이 차를 타고 있다.

해설 한 여자가 헬멧을 쓰고 오토바이를 타고 가는 사진이다. 따라서 오토바이를 타고 있다고 묘사한 (B)가 정답이며, (A)는 자동차들은 보이지만 건널목(crossing)은 보이지 않으므로 오답이다. (C)는 오토바이는 한 대뿐이고 인도와 차도 사이의 경계석(curb)이 보이지 않아 오답이다. (D)는 오토바이를 타고 있는 사람 이외에 차를 타고 있는 사람들은 보이지 않으므로 오답이다.

어휘 **vehicle** 차량, 자동차 **crossing** 건널목 **ride** 타다 **motorcycle** 오토바이 **curb** 경계석 **get on** ~에 타다

ACTUAL TEST 01 (D) 02 (C) 03 (D)

1. (A) A train is entering a station.
(B) A tree has fallen across the tracks.
(C) Some people are waiting in line.
(D) A woman is at the edge of a platform.

(A) 기차가 역으로 들어오고 있다. (B) 나무가 철로를 가로질러 쓰러져 있다. (C) 사람들이 줄을 서서 기다리고 있다. (D) 여자가 승강장 가장자리에 있다.

해설 기차가 들어오는 승강장에 여자가 가방을 어깨에 메고 서 있는 사진이다. 따라서 승강장 가장자리에 있다(at the edge of the platform)고 포괄적으로 묘사한 (D)가 정답이다. (A)는 사진에 기차가 보이지 않으므로 오답이다. 철로에는 나무(tree)가 보이지 않으므로 (B)도 오답이다. (C)는 사람들이 줄을 서 있는 모습이 보이지 않아 오답이다.

어휘 **enter** 들어가다 **fall** 쓰러지다, 떨어지다 **in line** 일렬로, 한 줄로 **edge** 가장자리 **platform** 승강장

2. (A) He's removing a tool belt.
(B) He's standing on a ladder.
(C) He's working outdoors.
(D) He's putting on a safety helmet.

(A) 그는 공구 벨트를 벗고 있다. (B) 그는 사다리 위에 서 있다.
(C) 그는 밖에서 작업하고 있다. (D) 그는 안전모를 쓰고 있다.

어휘 **tool belt** 공구 벨트 **ladder** 사다리 **outdoors** 실외[옥외, 야외]에서 **put on** ~을 입다 **safety helmet** 안전모

해설 안전모를 쓴 남자가 망치를 들고 옥외에서 작업을 하고 있는 사진이다. 남자가 옥외에서 일을 하고 있다(working outdoors)고 포괄적으로 묘사한 (C)가 정답이다. 남자가 공구 벨트를 메고 있지 벗거나 치우고(removing) 있지 않으므로 (A)는 오답이다. 남자가 사다리 위에 서 있는 것은 아니므로 (B)도 소거한다. 남자가 안전모를 쓴 상태이지, 현재 쓰고 있는(is putting on) 동작을 하지 않으므로 (D)도 오답이다. 참고로 wear은 옷이나 모자를 착용한 '상태'를 의미하지만 put on은 '동작'을 의미한다. 이 사진의 경우 He's wearing a safety helmet.은 답이 될 수 있다.

3. (A) A man is laying some bricks.
(B) Some workers are constructing a wall.
(C) A worker is throwing rocks into a cart.
(D) A wheelbarrow is being pushed across the work area.

(A) 한 남자가 벽돌을 놓고 있다. (B) 몇몇 인부들이 벽을 시공하고 있다. (C) 한 인부가 수레로 돌덩이를 던져 넣고 있다. (D) 손수레가 작업 현장을 가로질러 밀려지고 있다.

해설 한 남자가 손수레를 밀고 있는 사진으로 주위의 벽돌 등으로 미루어 공사 현장임을 알 수 있다. 따라서 (D)가 정답이다. 벽돌은 보이지만 벽돌을 깔고 있는 모습은 보이지 않으므로 (A)는 오답이고, 인부는 한 명뿐이므로 (B)도 오답이다. 사진에는 바위도 보이지 않고 던져 넣는 행위 또한 보이지 않으므로 (C)도 정답이 될 수 없다.

어휘 **brick** 벽돌 **worker** 인부 **construct** 건설하다 **wheelbarrow** 손수레 **work area** 작업 공간

PART 1 | 필살기 07. | page 36~37

DICTATION 01 (B) 02 (B) 03 (D)

1. (A) They are examining some plants.
(B) They are squatting at the flower garden.
(C) They are holding potted plants.
(D) They are planting some flowers.

(A) 그들은 식물들을 유심히 살펴보고 있다. (B) 그들은 화원에 쪼그리고 앉아 있다. (C) 그들은 화분에 심긴 식물을 들고 있다. (D) 그들은 꽃을 심고 있다.

해설 화원 안에서 두 사람이 쪼그리고 앉아 있다. 남자는 화분을 들고 있으며 주위에는 꽃이 가득 피어 있다. 남자의 공통된 행동을 묘사한 (B)가 정답이다. (A)는 사람들의 시선이 서로를 향하고 있으므로 오답이고, 남자만 화분을 들고 있으므로 (C)도 오답이다. 꽃을 심는 행동을 하고 있지 않으므로 (D) 역시 정답이 될 수 없다.

어휘 **examine** 유심히 살피다 **plant** 식물, 초목; (식물을) 심다 **squat** 쪼그려 앉다 **flower garden** 화원

2. (A) One man is moving chairs.
(B) One man is cutting hair.
(C) One man is checking himself in the mirror.
(D) One man is brushing his hair.

(A) 한 남자가 의자를 옮기고 있다. (B) 한 남자가 머리카락을 자르고 있다. (C) 한 남자가 거울 속의 자신을 바라보고 있다. (D) 한 남자가 머리를 빗고 있다.

해설 이발소에서 한 남자가 다른 남자의 머리카락을 자르고 있는 사진으로, 둘 중에 한 명의 동작을 묘사한 (B)가 정답이 된다. 한 남자가 의자에 앉아 있는 것처럼 보이지만 사진상으로는 의자(chairs)를 확인할 수 없고, 옮기고 있는(moving) 동작도 아니므로 (A)는 정답이 될 수 없다. 앞에 거울이 보이기는 하지만 거울에 자신의 모습을 비추어 보는(checking himself in the mirror) 모습은 없어 (C)도 오답이며, 머리 자르는 사람이 빗(brush)을 들고 있지만, 자신의 머리가 아닌 다른 사람의 머리를 빗고 있으므로 (D)는 적절하지 않다.

어휘 **move** 움직이다, 이동하다 **cut** 자르다 **brush** 빗질하다

3. (A) A salesperson is offering some items to a customer.
(B) A customer is browsing along the displays.
(C) A salesperson is wrapping up some cloths.
(D) A customer is paying for a purchase.

(A) 점원이 고객에게 물건들을 권하고 있다. (B) 고객이 진열품을 따라 구경하고 있다. (C) 점원이 옷가지를 포장하고 있다. (D) 고객이 구입품을 결제하고 있다.

해설 상점에서 고객이 점원에게 카드를 내밀고 있으며 계산대 위에 구입품으로 보이는 쇼핑백이 올려져 있다. 정황상 가장 적절한 답변은 (D)가 된다. 판매원은 물건을 권하거나 포장을 하고 있지 않으므로 (A)나 (C)는 답이 될 수 없으며, 고객 또한 구경하는 모습이 아니므로 (B)도 정답이 될 수 없다.

어휘 **salesperson** 판매원 **customer** 고객 **browse** (가게 안을) 둘러보다 **display** 진열(품) **wrap up** 싸다, 포장하다 **pay** 지불하다 **purchase** 구입, 구매

ACTUAL TEST 01 (B) 02 (C) 03 (B)

1. (A) A man is pouring some wine for a customer.
(B) A man is assisting a customer in a shop.
(C) A customer is pointing to merchandise on a shelf.
(D) A man is removing a bottle from a rack.

(A) 남자가 손님에게 와인을 따라주고 있다. (B) 남자가 가게에서 손님을 도와주고 있다. (C) 손님이 선반 위에 있는 상품을 가리키고 있다. (D) 남자가 병을 선반에서 치우고 있다.

해설 손님과 점원이 상점에서 와인 병을 보며 이야기하는 사진이다. 남자가 고객을 돕는다(assisting a customer)고 포괄적으로 묘사한 (B)가 정답이다. (A)에서 와인(wine) 병은 보이지만 손님에게 따라주는(pouring) 동작은 아니며 (C)는 손님이 상품(merchandise)을 들고 있지 선반 위에 있는 상품을 가리키고 있지(pointing) 않으므로 오답이다. (D)는 병(bottle)은 보이지만, 치우는 동작이 아니므로 적절하지 않다.

어휘 **pour** 붓다, 따르다 **assist** 돕다 **point** 가리키다 **merchandise** 상품 **remove** 제거하다, 치우다

2. (A) They're looking at the monitor.
(B) They're putting files in order.
(C) They're working at a table.
(D) They're rearranging a table.

(A) 그들은 모니터를 보고 있다. (B) 그들은 파일을 정돈하고 있다. (C) 그들은 테이블에서 일하고 있다. (D) 그들은 테이블을 재배치하고 있다.

해설 두 남녀가 사무실로 보이는 공간에서 테이블에 마주 앉아 업무를 보고 있는 사진이다. 주어가 모두 they이므로 공통된 행동에 주의해야 한다. 따라서 테이블에서 일하고 있다고 포괄적으로 묘사한 (C)가 정답이 된다. 모니터는 보이지만 시선의 방향이 다르므로 (A)는 오답이고, 정돈하고 있는 모습도 아니므로 (B)도 오답이다. 테이블에 앉아 있는 모습이지, 그것을 재배열하는 모습이 아니므로 (D)도 정답이 될 수 없다.

어휘 **put in order** 정돈하다 **rearrange** 재배열하다

3. (A) They're resting on the bench.
(B) They're strolling along the water's edge.
(C) They're taking off their shoes.
(D) Some fish are swimming in the sea.

(A) 그들은 벤치에 앉아서 쉬고 있다. (B) 그들은 물가를 따라 거닐고 있다. (C) 그들은 신발을 벗고 있다. (D) 물고기들이 바다에서 헤엄치고 있다.

해설 두 사람이 나란히 해변을 거닐고 있는 사진이다. 따라서 이를 묘사한 (B) strolling along the water's edge가 정답이다. 사진에는 벤치가 보이지 않으며 앉아 있지도 않으므로 (A)는 오답이다. 두 사람이 신발을 벗어 손에 들고 있는 상태이지, 신발을 벗고 있는 동작은 아니므로 (C)의 taking off their shoes는 정답이 될 수 없다. 사진의 배경이 바닷가이기는 하지만 물고기(fish)를 찾아볼 수 없으므로 (D)는 바로 소거해야 한다.

어휘 **rest** 쉬다 **stroll** 거닐다, 산책하다 **water's edge** 물가 **take off** (옷 등을) 벗다

PART 1 | 필살기 08. | page 40~41

DICTATION   01.(C)   02.(C)   03.(A)

1. (A) The streets are being paved by the workers.
(B) A line of people is boarding a bus.
(C) Pedestrians are crossing the street.
(D) There's no car traffic on the street.

(A) 도로가 인부들에 의해 포장되고 있다. (B) 사람들이 일렬로 버스에 타고 있다. (C) 보행자들이 도로를 건너고 있다. (D) 도로에 차가 없다.

해설 보행자들이 길을 건너고 있다(crossing the street)고 객관적으로 표현한 (C)가 정답이다. (A)는 사진에 인부들도 없을 뿐더러 도로를 포장하고 있는(being paved by the workers) 것도 아니며 (B)는 버스에 줄지어 타는 사람들(a line of people)을 사진에서 찾아볼 수 없어 오답이다. 도로에 차량이 없다(no car traffic)고 묘사한 (D) 또한 사진과 관계없는 내용이다.

어휘 **pave** (벽돌 등으로) 포장하다 **board** 승차, 탑승하다 **pedestrian** 보행자 **cross** 건너다 **traffic** 차량들, 교통(량)

2. (A) People are entering the building.
(B) People are taking their seats in the cinema.
(C) People are viewing some artwork in a gallery.
(D) People are waiting in line to buy tickets.

(A) 사람들이 건물로 들어가고 있다. (B) 사람들이 영화관에서 자리를 잡고 있다. (C) 사람들이 갤러리에서 미술품을 보고 있다. (D) 사람들이 표를 사기 위해 줄을 서서 기다리고 있다.

해설 사람들이 벽에 걸린 그림들을 감상하고 있으므로 미술품을 보고 있다(viewing some artworks)고 묘사한 (C)가 정답이다. 사람들이 건물로 들어가고 있는 모습은 보이지 않으므로 (A)는 오답이며, 사진의 장소가 영화관(cinema)이 아니므로 (B)도 오답이다. (D)는 사람들이 줄을 서서 기다리고 있는(waiting in line) 동작이 사진에 없으므로 오답이다.

어휘 **enter** 들어가다, 입장하다 **take a seat** 앉다 **cinema** 영화관 **view** 보다 **artwork** 미술품 **gallery** 미술관 **wait in line** 줄을 서서 기다리다

3. (A) People are marching down the street.
(B) The vehicles are stopped for a traffic light.
(C) They are paying for some instruments.
(D) Instruments are being polished.

(A) 사람들이 길을 행진하고 있다. (B) 차량들이 신호등에 서있다. (C) 그들은 악기에 돈을 지불하고 있다. (D) 악기가 닦여지고 있다.

해설 거리에서 동일한 유니폼을 입은 악단이 행진을 하고 있는 모습이다. 사람들이 행진을 하고 있다고 묘사한 (A)가 정답이다. 사진에 차량(vehicles)이 보이지 않으므로 (B)는 오답이다. (C)는 악기를 연주한다는 의미의 playing과 유사한 발음인 paying을 이용했지만 돈을 지불하고 있는 모습이 아니므로 오답이다. (D)는 악기와 관련 있는 동작을 수동태 진행형 being polished로 묘사했지만 악기를 닦고 있는 모습이 아니다.

어휘 **march down** ~을 따라 행진하다 **traffic light** 신호등 **pay for** ~에 대해 지불하다 **polish** 광을 내다, 닦다

ACTUAL TEST   01.(A)   02.(B)   03.(A)

1. (A) One of the men is being interviewed.
(B) They are all facing the same direction.
(C) A man is speaking into a microphone on the stage.
(D) Cars are being parked in front of the building.

(A) 남자들 중에 한 명이 인터뷰를 하고 있다. (B) 그들은 모두 같은 방향으로 쳐다보고 있다. (C) 한 남자가 무대에서 마이크에 대고 말을 하고 있다. (D) 차량들이 건물 앞에 주차되고 있다.

해설 카메라와 마이크를 든 사람들이 길에서 한 남자와 인터뷰를 하고 있는 사진이다. 따라서 남자가 인터뷰를 당하고 있다고 묘사한 (A)가 정답이다. 모두 같은 방향을 바라보고 있지 않으므로 (B)는 오답이다. 사진에 무대(stage)는 보이지 않기 때문에 (C) 역시 오답이다. (D)는 차를 주차하고 있는 모습도 아니고 건물도 보이지 않아 오답이다.

어휘 **interview** 인터뷰 하다 **face** 바라보다, 향하다 **direction** 방향 **microphone** 마이크 **park** 주차하다

2. (A) Some people are placing vegetables into bags.
(B) Some people are leaning over to reach for some plants.
(C) Some plants are being sprayed with water.
(D) Plants have been placed near a tree.

(A) 몇몇 사람들이 봉투에 야채들을 담고 있다. (B) 몇몇 사람들이 식물에 손을 뻗으려고 몸을 구부리고 있다. (C) 몇몇 식물에 물이 뿌려지고 있다. (D) 식물들이 나무 근처에 놓여 있다.

해설 사람들이 밭에서 야채를 수확하고 있는 사진이다. 두 사람이 몸을 굽혀 손을 뻗고 있으므로 이를 객관적으로 묘사한 (B)가 정답이다. 사진에 가방이나 봉투는 보이지 않으므로 (A)는 답이 될 수 없고, 식물들에 물을 뿌리고 있는 모습도 보이지 않으므로 (C)도 정답이 될 수 없다. 뒤편으로 나무들이 보이지만 밭과는 떨어져 있으므로 (D) 역시 오답이다.

어휘 **vegetable** 채소, 야채 **lean over** 몸을 구부리다 **spray** 뿌리다

3. (A) Some people are listening to a presentation.
(B) Some people are arranging chairs.
(C) Some people are raising their hands.
(D) Some people are standing in a row.

(A) 사람들이 프레젠테이션을 듣고 있다. (B) 사람들이 의자를 정렬하고 있다. (C) 사람들이 손을 들고 있다. (D) 사람들이 한 줄로 서 있다.

해설 사람들이 프레젠테이션을 듣고 있는(listening to a presentation) 모습을 객관적으로 표현한 (A)가 정답이다. 사람들이 의자에 앉아 있지 정리를 하고 있지는 않으므로 (B)는 오답이며, 손을 들고 있는 사람들도 없으므로 (C)도 오답이다. 발표자를 제외하고 모두 앉아 있으므로 (D) 역시 오답이다.

어휘 **listen to** ~을 듣다 **presentation** 발표 **arrange** 정리하다 **raise** 들다, 올리다 **in a row** 한 줄로

PART 1 | 필살기 09. | page 44~45

DICTATION 01 (A) 02 (D) 03 (D)

1. (A) There is a <u>trolley</u> next to a <u>table</u>.
(B) A waiter is <u>bringing</u> some <u>food</u> to a table.
(C) The man is <u>reading</u> on a <u>sofa</u>.
(D) Chairs are <u>stacked</u> next to a <u>wall</u>.

(A) 테이블 옆에 이동식 선반이 있다.
(B) 종업원이 테이블로 음식을 가져오고 있다.
(C) 남자가 소파에서 책을 읽고 있다. (D) 의자들이 벽 옆에 쌓여 있다.

해설 식당으로 보이는 곳에 몇몇 사람들이 테이블에 앉아 있고 한 사람은 서 있다. 테이블 주변에 빈 의자들도 보인다. 테이블 옆에 병이 올려져 있는 이동식 선반을 묘사한 (A)가 정답이다. (B)는 종업원으로 보이는 사람이 서 있기는 하지만 음식을 가져오는 (bringing some food) 동작은 사진에서 찾을 수 없어 오답이다. (C)의 소파(sofa) 또한 사진에서 찾을 수 없으므로 오답이고, (D)는 벽에 의자가 쌓여 있는 모습은 볼 수 없어 오답이다.

어휘 **trolley** 손수레, 카트, 이동식 선반 **stack** 쌓다

2. (A) A <u>bucket</u> is <u>hanging</u> from a ladder.
(B) They are <u>painting</u> a <u>balcony</u>.
(C) Ladders of various <u>heights</u> are <u>propped</u> against the building.
(D) They are <u>lifting</u> a <u>ladder</u>.

(A) 사다리에 바구니가 걸려 있다. (B) 그들은 발코니에 페인트칠을 하고 있다. (C) 다양한 크기의 사다리들이 건물에 기대어져 있다. (D) 그들이 사다리를 들어 올리고 있다.

해설 집에 다양한 크기의 사다리 몇 개가 기대어 있는 모습이다. 우측에는 두 사람이 사다리를 타고 올라가 창문 쪽에서 무언가를 하고 있다. 서로 다른 길이의 사다리가 건물에 기대어 있는 모습을 묘사한 (C)가 정답이다. 사다리에 양동이(bucket)가 걸려 있지 않으므로 (A)는 오답이다. 페인트칠을 하고 있는지 확인할 수 없고 발코니도 보이지 않으므로 (B)도 오답이다. 사다리를 들어 올리고 있지 않으므로 (D)도 정답이 될 수 없다.

어휘 **bucket** 바스켓, 양동이, 들통 **balcony** 발코니 **various** 다양한 **height** 높이 **prop** 받치다, 떠받치다 **lift** 들어 올리다

3. (A) The truck's <u>tire</u> is <u>being replaced</u>.
(B) Boxes are being <u>unpacked</u> in a <u>warehouse</u>.
(C) A man is <u>crossing</u> the <u>street</u>.
(D) The <u>back</u> of the truck is <u>open</u>.

(A) 트럭의 타이어가 교체되고 있다.
(B) 창고에서 상자들이 펼쳐지고 있다.
(C) 남자가 길을 건너고 있다. (D) 트럭의 뒷문이 열려 있다.

해설 트럭의 뒤쪽에서 남자가 뒷문을 열고 수화물을 처리하고 있는 사진이다. 트럭의 뒷문이 열려 있다고 묘사한 (D)가 정답이다. (A)는 트럭이 사진에 등장하긴 하지만 타이어를 교체하고 있는(being replaced) 동작은 아니므로 오답이다. (B)는 박스는 보이지만 박스를 풀고(unpacked) 있지는 않으며 장소 역시 창고(warehouse)는 아니므로 오답이다. (C)의 경우 장소는 거리(street)가 맞지만 길을 건너고 있는(crossing the street) 동작이 아니므로 정답이 될 수 없다.

어휘 **replace** 바꾸다, 교체하다 **unpack** 짐을 부리다, 짐을 풀다

ACTUAL TEST 01 (C) 02 (A) 03 (C)

1. (A) The furniture is being cleaned.
(B) All doors to the clothes closet are open.
(C) Some hangers are available for use.
(D) A woman is folding some cloths.

(A) 가구가 청소되고 있다. (B) 옷장의 모든 문들이 열려 있다.
(C) 몇 개의 옷걸이가 사용 가능하다. (D) 여자는 옷을 개고 있다.

해설 여자가 옷장 앞에 서 있는 사진이다. 여자는 서 있는 것 이외에 별다른 동작이 없으므로 기타 주변 사물의 상태와 상황을 주의 깊게 보고 오답을 소거하자. 몇 개의 옷걸이에 옷이 걸려 있지 않으므로 옷걸이가 비어 있다(hangers are available for use)고 묘사한 (C)가 정답이다. 여자가 옷장(가구 furniture)을 청소하는 모습이 아니므로 being cleaned라고 한 (A)는 오답이다. 모든 옷장의 문이 열려져 있는 것이 아니므로 (B)도 답이 될 수 없다. 여자가 옷을 개고 있는 것이 아니므로 (D)도 오답이다.

어휘 **available** 이용 가능한 **fold** 접다

2. (A) A ramp leads into the back of a truck.
(B) A man is opening the door of the vehicle.
(C) A car is parked behind a truck.
(D) A man is packing a box.

(A) 경사로가 트럭 뒤쪽 안으로 연결되어 있다. (B) 남자가 차량의 문을 열고 있다. (C) 차가 트럭 뒤에 주차되어 있다. (D) 남자가 상자를 포장하고 있다.

해설 남자가 트럭 뒤의 경사로를 통해 짐을 싣고 있는 사진이다. 따라서 트럭 뒤로 경사로가 연결되어 있다고 객관적인 사실을 묘사한 (A)가 정답이다. (B)에서는 남자가 차량 문을 열고 있는(opening the door) 동작, (D)에서는 남자가 박스를 포장하고 있는(packing a box) 동작을 사진에서 찾을 수 없으므로 오답이다. (C)는 트럭 뒤에 주차된 차량을 사진에서 찾아볼 수 없어 오답이다.

어휘 **ramp** 경사로 **vehicle** 차량, 탈것 **pack** 포장하다

3. (A) Fruit has fallen on the ground.
(B) Some vegetables are being weighed on the scale.
(C) Baskets have been filled with food.
(D) A man is filling a cart with fruit.

(A) 과일이 땅에 떨어져 있다. (B) 저울에 야채의 무게를 달고 있다.
(C) 바구니들에 먹을 것들이 가득 차 있다. (D) 남자는 과일을 수레에 싣고 있다.

해설 마트로 보이는 곳에서 남자가 바구니의 과일 하나를 손에 들고 바라보고 있다. 먹을 것(과일)들이 바구니들에 가득 들어 있다고 묘사한 (C)가 정답이다. (A)는 과일은 보이지만 바닥에(on the ground) 있는 것은 아니며, (B)는 저울(scale)도 보이지 않고 야채도 보이지 않아 오답이다. (D)는 사진에서 카트(cart)도 보이지 않으며 카트를 채우고(fill) 있는 모습도 아니므로 오답이다.

어휘 **fall** 떨어지다 **ground** 땅 **vegetable** 야채, 채소 **weigh** 무게를 재다 **scale** 저울 **fill** 채우다

PART 1 | 필살기 10. | page 48~49

DICTATION 01 (B) 02 (D) 03 (A)

1. (A) There are lights on both sides of the desk.
(B) A bookshelf has been filled with reading materials.
(C) Some furniture is being arranged.
(D) The chairs are unoccupied.

(A) 책상의 양 옆에 전등이 있다. (B) 책꽂이가 읽을거리들로 채워져 있다. (C) 몇몇 가구들이 정리되고 있다. (D) 의자들이 비어 있다.

해설 책꽂이에 책들이 채워져 있는(filled with reading materials) 사진으로 이를 있는 그대로 묘사한 (B)가 정답이다. (A)는 책상 위에 전등이 보이긴 하지만 하나뿐이므로 오답이다. (C)의 가구들을 정리하고 있는(being arranged) 동작을 하는 주체인 사람이 있어야 하는데 보이지 않으므로 오답이다. (D)는 사진에 의자가 보이지 않으므로 답이 될 수 없다.

어휘 **bookshelf** 책꽂이 **reading material** 읽을거리 **arrange** 배열하다, 정리하다 **unoccupied** (사람이 살지 않는, 바쁘지 않은, 점령되지 않은

2. (A) A waiter is pouring water into a cup.
(B) There's some food in the serving dishes.
(C) Some bottles are lined up on the table.
(D) Lamps are hanging from a ceiling.

(A) 웨이터가 컵에 물을 붓고 있다. (B) 접시들에 음식이 있다. (C) 테이블 위에 병들이 나란히 있다. (D) 천장에 등이 매달려 있다.

해설 식탁 위에 빈 접시와 컵들이 놓여 있고 중간에 촛대와 꽃이 장식되어 있다. 천장에는 샹들리에가 걸려 있다. 천장에 전등이 매달려 있다고 한 (D)가 정답이며 웨이터는 보이지 않으므로 (A)는 오답이다. (B) 역시 음식(food)이 보이지 않으므로 오답이다. (C)는 병은 보이지만 나란히 놓여 있는 것은 아니므로 오답이다.

어휘 **pour** 붓다, 따르다 **dish** 접시, 음식 **bottle** 병 **line up** 줄서 있다, 일렬로 나 있다 **lamp** 전등 **hang** 매달려 있다, 걸다

3. (A) There are stairs in the building's entrance.
(B) A man's installing a railing.
(C) Some leaves are being gathered into a pile.
(D) A building has an arched opening.

(A) 건물 입구에 계단이 있다. (B) 남자가 철책을 설치하고 있다. (C) 나뭇잎들이 모여서 쌓아올려지고 있다. (D) 건물에 아치 모양의 입구가 있다.

해설 건물 앞에 계단들이 늘어서 있는 사진으로 이를 객관적으로 묘사한 (A)가 정답이다. (B)는 사진에 철책(railing)이 있긴 하지만 이를 설치하고 있는 남자가 없으므로 오답이다. (C)의 나뭇잎을 모으는(leaves are being gathered) 동작 또한 사람이 없는 사진에서는 찾아볼 수 없으므로 소거한다. (D)는 사진의 건물 입구가 아치 모양(arched)을 하고 있지 않으므로 오답이다.

어휘 **stair** 계단 **entrance** (출)입구 **install** 설치하다 **railing** 철책, 울타리 **gather** 모이다, 모으다 **pile** 포개놓은 것, 더미 **arched** 아치 모양의 **opening** 입구

ACTUAL TEST 01 (B) 02 (B) 03 (A)

1. (A) The vases are reflected in the mirror.
(B) Vases of different sizes have been displayed.
(C) Flowers have been placed on a shelf.
(D) Containers have been filled for a display.

(A) 화병들이 거울에 비친다. (B) 다양한 크기의 화병들이 진열되어 있다. (C) 꽃들이 선반 위에 놓여 있다. (D) 전시를 위해 용기들이 채워져 있다.

해설 다양한 크기의 화병들이 진열되어 있는(have been displayed) 사진으로 이를 정확히 묘사한 (B)가 정답이다. 사진에서는 거울과 거울에 비친 상은 찾을 수 없으므로 (A)는 오답이며, 화병에 꽃무늬가 그려져 있긴 하지만 꽃이 있는 것은 아니로 (C)도 오답이다. 꽃병은 포괄적인 의미로 container라고 표현할 수는 있지만 채워져 있는지 확인할 수 없어 (D)도 오답이다.

어휘 **vase** 꽃병 **reflect** 비추다 **display** 진열하다

2. (A) Some benches are separated by a fence.
(B) There is a picnic table by some benches.
(C) Chairs have been stacked in a corner.
(D) Leaves are being raked near a fence.

(A) 벤치들이 담장으로 분리되어 있다. (B) 벤치 옆에 피크닉용 탁자가 있다. (C) 의자들이 구석에 쌓여 있다. (D) 나뭇잎들이 울타리 가까이에 갈퀴로 모아지고 있다.

해설 의자들 옆에 피크닉용 테이블이 있는 사진으로 있는 그대로 묘사한 (B)가 정답이다. (A)는 벤치들이 담장으로 나뉘어져 있는(separated by a fence) 상태가 아니므로 오답이다. (C)는 벤치들이 한쪽 구석에 쌓여 있는(stacked in a corner) 모습을 사진에서 찾을 수 없어 오답이다. (D)의 나뭇잎을 갈퀴로 모으고 있다(being raked)는 표현은 사람이 하는 행위이므로 사람이 등장하지 않는 사진에서는 정답이 될 수 없다.

어휘 **separate** 분리하다, 나누다 **stack** 쌓다, 포개다 **rake** 갈퀴질을 하다, 갈퀴로 모으다

3. (A) A workstation is unoccupied.
(B) A picture is displayed on a monitor.
(C) A computer has been taken a part.
(D) A cushion has been laid on a chair.

(A) 작업 공간이 비어 있다. (B) 모니터에 그림이 띄워져 있다. (C) 컴퓨터가 분해되어 있다. (D) 쿠션이 의자 위에 놓여 있다.

해설 사람이 없는 사무실 책상의 모습이다. 작업 공간이 비어 있다(workstation is unoccupied)고 포괄적으로 묘사한 (A)가 정답이다. 사진에서 모니터(monitor)는 보이지만 모니터에 그림이 띄워져 있는지 사진에서는 확인할 수 없으므로 (B)도 바로 소거할 수 있다. 또한 사진에서 컴퓨터(computer)를 찾아볼 수 없으므로 (C)도 오답이다. (D) 역시 의자 위에 쿠션(cushion)은 보이지 않아 오답이다.

어휘 **workstation** 작업 공간 **unoccupied** 비어 있는 **monitor** 모니터 **take ~ apart** ~을 분해하다 **lay** 놓다

PART 1 | 필살기 11. | page 52~53

DICTATION   01 (A)   02 (A)   03 (B)

1. (A) The fountain is spraying water into the air.
(B) Swimmers are leaving the pool.
(C) Water is flowing down the river.
(D) A statue is reflected on the surface of the water.

(A) 분수가 공중으로 물을 뿌리고 있다. (B) 수영하는 사람들이 수영장을 떠나고 있다. (C) 물이 강 아래로 흐르고 있다. (D) 조각상이 물의 표면 위로 비치고 있다.

해설 분수가 공중으로 물을 뿌리고 있는(spraying water into the air) 모습을 정확히 묘사한 (A)가 정답이다. 사진 뒤에 조그맣게 사람들이 보이지만 (B)의 수영하는 사람들(swimmers)은 사진에서 찾을 수 없으므로 오답이다. (C)는 사진에 강(river)이 나타나 있지 않으므로 정답이 될 수 없다. (D)의 조각상(statue)이 보이기는 하지만 물의 표면 위로 비치는 모습(reflected on the surface of the water)이 아니므로 오답이다.

어휘 **fountain** 분수 **spray** 뿌리다 **flow** 흐르다 **statue** 조각상 **surface** 표면

2. (A) Many boats are tied to the dock.
(B) There are tall buildings close to the water.
(C) A bridge is being erected over a road.
(D) A boat is sailing away from a harbor.

(A) 많은 배들이 부두에 정박해 있다. (B) 바다 근처에 높은 빌딩들이 있다. (C) 도로 위에 다리가 세워지고 있다. (D) 배 한 척이 부두로부터 멀리 떨어져 항해를 하고 있다.

해설 바다에 배들이 떠 있거나 부두에 정박해 있고 양쪽으로 섬이 보인다. 따라서 배들이 부두에 정박해 있다(are tied to the dock)고 묘사한 (A)가 정답이다. 사진에서 건물(buildings)이나 다리(bridge)는 찾아볼 수 없으므로 (B)와 (C)는 바로 소거해야 한다. 부두에서 멀리 떨어져 있는 배는 보이지 않으므로 (D)도 정답이 될 수 없다.

어휘 **tie** 묶여 있다, (배가) 정박해 있다 **dock** 부두 **close to** ~에 가까이 **erect** 세우다, 건립하다 **harbor** 항구, 부두

3. (A) Some workers are constructing a model house.
(B) Vehicles are parked in multi-level structures.
(C) Lines of cars are stuck in traffic.
(D) Some cars are waiting at the tunnel's entrance.

(A) 인부들이 모델 하우스를 짓고 있다. (B) 자동차들이 여러 층의 구조물 안에 주차되어 있다. (C) 여러 줄의 차량이 교통 체증에 걸려 있다. (D) 몇몇 차들이 터널 입구에서 기다리고 있다.

해설 다층식 주차장에 차량들이 주차되어 있는 사진이다. 이를 포괄적으로 표현한 (B)가 정답이다. 사진에 인부로 보이는 사람들은 보이지 않으므로 (A)는 오답이다. 차들은 주차되어 있으므로 교통 체증에 걸려 있다고 표현한 (C)는 답이 될 수 없으며, 사진에 터널(tunnel) 역시 보이지 않으므로 (D)도 답이 될 수 없다.

어휘 **construct** 짓다 **vehicle** 탈 것 **multi-level** 다층식의 **structure** 구조물 **stuck** 움직일 수 없는, 갇힌

ACTUAL TEST   01 (B)   02 (D)   03 (C)

1. (A) An island has several buildings on it.
(B) Sunlight is streaming through the clouds.
(C) The boats are passing each other on the water.
(D) Waves are breaking along the shore.

(A) 섬에 건물이 여러 채 있다. (B) 햇빛이 구름 사이로 비추고 있다. (C) 배들이 물 위에서 서로 지나가고 있다. (D) 해변에 파도가 친다.

해설 햇빛이 구름 사이로 흘러나오고 있는(streaming through the clouds) 풍경 사진으로 이를 적절히 묘사한 (B)가 정답이다. (A)는 섬은 보이지만 섬에 건물들은 보이지 않는다. (C)는 바다 위에 배가 보이지 않으므로 답이 될 수 없다. (D)는 파도가 치는 해안가는 보이지 않으므로 오답이다.

어휘 **island** 섬 **sunlight** 햇빛, 햇살 **stream** 흘러나오다 **cloud** 구름 **pass** 지나가다 **break** 부수다

2. (A) The pool is being cleaned.
(B) The pool is surrounded by a fence.
(C) Benches are positioned at the edge of the pond.
(D) Trees overlook the pool.

(A) 수영장이 청소되고 있다. (B) 수영장이 울타리로 싸여 있다. (C) 연못가에 벤치가 놓여 있다. (D) 나무들이 수영장을 내려다보고 있다.

해설 수영장 주변에 나무들이 보이고 멀리 건물들이 보인다. 수영장을 내려다보고 있는(overlook) 나무들을 적절히 묘사한 (D)가 정답이다. (A)의 청소되고 있다(being cleaned)는 표현은 사람의 동작을 나타내므로 사람이 없는 사진에서 정답이 될 수 없다. (B)의 울타리(fence)는 사진에서 찾을 수 없는 사물로 소거한다. (C)는 사진에 벤치가 보이지 않으므로 오답이다.

어휘 **fence** 울타리 **position** 위치시키다 **edge** 가장자리 **pond** 연못 **overlook** 내려다보다

3. (A) The plaza is crowded with pedestrians.
(B) Some people are walking through an archway.
(C) A clock is on the exterior of the building.
(D) The building is casting shadows on the ground.

(A) 광장은 보행자들로 붐빈다. (B) 사람들이 아치형 길을 통과해 걷고 있다. (C) 시계가 건물 외부에 있다. (D) 건물이 바닥에 그림자를 드리운다.

해설 건물 외부(exterior of the building)에 시계가 있는 모습을 객관적으로 묘사한 (C)가 정답이다. (A)는 보행자들로 광장이 가득 차 있지 않으므로 오답이며, 아치 형태의 구조물을 찾을 수 없으므로 (B)도 정답이 될 수 없다. (D)는 사진에 건물의 그림자(shadow)가 보이지 않아 오답이다.

어휘 **plaza** 광장, 쇼핑 센터 **crowded** 혼잡한, 복잡한 **archway** 아치형 길[입구] **exterior** (건물의) 외부 **cast** (그림자를) 드리우다 **shadow** 그림자

PART 2 | 필살기 02. | page 63

DICTATION 01 (B) 02 (A) 03 (C)

1. Who will be giving the first presentation?
(A) Yes, it's a nice present.
(B) My supervisor.
(C) No, at seven o'clock.

해설 (A) 의문사 의문문에 Yes/No 답변은 바로 오답이 된다. (B) 특정 직책의 사람이 한다는 의미로 정답이다. (C) 의문사 질문에 Yes/No 답변은 바로 오답이 된다.

누가 첫 번째 발표를 하나요?
(A) 네, 멋진 선물이네요. (B) 저의 상사가요. (C) 아니오, 7시에요.

2. Who's handling the new accounts?
(A) They've been assigned to Melissa.
(B) Turn the handle.
(C) They didn't count those items.

해설 (A) 사람이 등장했으므로 정답이다. (B) 유사 발음 어휘는 오답 함정이다. (C) 유사 발음 어휘를 이용한 오답 함정이다.

누가 새로운 고객들을 담당할 건가요?
(A) 그들은 멜리사에게 배정되었어요. (B) 핸들을 돌리세요.
(C) 그들은 그 물건들을 세어보지 않았어요.

3. Who did you meet at the seminar?
(A) She was out of town.
(B) I met him yesterday.
(C) Mr. Johnson from the marketing department.

해설 (A) 질문에 언급이 없는 난데없는 인칭대명사 she가 나왔으므로 오답이다. (B) 질문에 언급이 없는 him이 있으므로 오답이다. (C) 사람 이름으로 답변한 정답이다.

세미나에서 누구를 만났나요? (A) 그녀는 외부에 있었어요. (B) 저는 어제 그를 만났어요. (C) 마케팅 부서의 존슨 씨요.

ACTUAL TEST 01 (B) 02 (C) 03 (A) 04 (B) 05 (C)

1. Who's in charge of the accounting department?
(A) We only accept credit cards.
(B) Mr. Johnson is.
(C) It's rechargeable.

해설 회계부의 책임자가 누구인지를 묻는 질문이다. (A) we라는 주체가 나왔으나 뒤에 내용상 엉뚱한 동사가 나와서 오답이다. (B) Johnson이라는 사람 이름으로 답변한 정답이다. (C) 책임의 주체가 아닌 it이 주어로 나왔고, 내용 또한 전혀 관계가 없다. charge의 유사 발음어 rechargeable로 혼동을 주었다.

어휘 **in charge** ~을 맡은, 담당인 **accounting department** 회계부 **accept** 받아들이다 **rechargeable** 재충전되는

회계부의 책임자는 누구인가요?
(A) 저희는 신용카드만 받습니다. (B) 존슨 씨요.
(C) 그것은 재충전할 수 있어요.

2. Who can attend the training?
(A) No, he should finish the report today.
(B) This weekend.
(C) It's for new employees.

해설 연수에 참석할 수 있는 사람이 누구인지를 묻는 질문이다. (A) 의문사 의문문에는 Yes/No로 답변할 수 없으므로 소거한다. (B) 이번 주라는 시기로 답해서 오답이며, when 의문문이라면 가능한 답변이다. (C) 연수가 신입사원들을 위한 것이라고 참석 대상에 해당하는 직위를 언급했으므로 정답이다.

어휘 **attend** 참석하다

누가 연수에 참석할 수 있나요?
(A) 아니요, 그는 오늘 보고서를 끝내야 해요. (B) 이번 주말이요.
(C) 신입사원들을 위한 것이에요.

3. Who is the newly appointed vice president?
(A) The former marketing director.
(B) Later this week.
(C) Yes, it's two o'clock.

해설 새로 임명된 부사장이 누구인지를 묻는 질문이다. (A) 전 마케팅 부장이라는 직위를 언급하고 있으므로 정답이다. (B) 시기를 언급하고 있으므로 오답이다. 시기나 시간은 when 의문문에서 가능한 답변이다. (C) 의문사 의문문에서는 Yes/No로 답변할 수 없다.

어휘 **newly** 최근에, 새로 **appoint** 임명하다, 지명하다 **vice president** 부사장 **former** 예전의 **director** 책임자

누가 새로 부사장으로 임명되었나요?
(A) 전임 마케팅 부장이요. (B) 이번 주말이요. (C) 네, 2시입니다.

4. Who has the key to the storage room?
(A) It's stored in the refrigerator.
(B) James is the person in charge.
(C) No. Mr. Kim was the keynote speaker.

누가 저장고 열쇠를 가지고 있나요?
(A) 그것은 냉장고에 저장되어 있어요. (B) 제임스가 담당자에요.
(C) 아니요, 킴 씨가 기조 연설자였어요.

해설 저장고의 열쇠를 가지고 있는 사람이 누구인지를 묻는 질문이다. (A) 전치사 in과 함께 장소를 언급하고 있으므로 오답이다. '전치사+장소 명사'는 where 의문문에 가능한 답변이다. 또한 storage의 유사 어휘 stored로 혼동을 주고 있다. (B) 사람 이름과 함께 담당자라고 언급하고 있으므로 정답이다. (C) 의문사 의문문은 Yes/No로 답변할 수 없으므로 소거한다. key와 유사 발음 어휘인 keynote로 혼동을 주고 있다.

어휘 **storage room** 저장고 **refrigerator** 냉장고
keynote speaker 기조 연설자

5. Who should I give this document to?
(A) By train.
(B) He will give a presentation.
(C) Didn't your supervisor tell you?

제가 이 서류를 누구에게 줘야 하나요?
(A) 기차로요. (B) 그가 발표할 거예요. (C) 당신 상사가 말해주지 않았나요?

해설 서류를 누구에게 전달해야 하는지를 묻는 질문이다. (A) 기차라는 수단을 언급하고 있으므로 오답이다. 수단이나 방법은 how 의문문에 가능한 답변이다. (B) He라는 주체가 나오기는 했으나 관계없는 내용이어서 오답이다. give라는 동일 어휘 반복으로 혼란을 주었다. (C) 상사라는 직위를 언급하면서 상사가 알려주지 않았냐고 반문하는 정답이다.

어휘 **supervisor** 감독자, 관리자

PART 2 | 필살기 03. | page 67

DICTATION 01 (C) 02 (B) 03 (C)

1. When will the annual report be released?
(A) No, once a year.
(B) Yes, in my drawer.
(C) At the end of the year.

해설 (A) 의문사 의문문에 Yes/No 답변은 바로 오답이다. (B) 역시 의문사 질문에 Yes/No 답변은 바로 소거한다. (C) 연말이라는 시점을 제시한 정답이다.

연례 보고서는 언제 나오나요? (A) 아니요, 일 년에 한 번이요. (B) 네, 제 서랍에요. (C) 연말에요.

2. When did these computer manuals arrive?
(A) I know how to drive.
(B) Last weekend.
(C) Her plane arrives at 6.

해설 (A) arrive의 유사 발음인 drive가 등장하고 시간에 대한 답변이 없으므로 오답이다. (B) 과거의 시점을 묻는 질문에 과거의 시간 부사로 답변하고 있으므로 정답이다. (C) 엉뚱한 her 등장할 뿐 아니라 질문과 동일한 단어 arrive가 나오므로 오답이다.

이 컴퓨터의 매뉴얼들은 언제 도착했어요? (A) 저는 운전할 줄 알아요. (B) 지난 주말에요. (C) 그녀의 비행기는 6시에 도착해요.

3. When does the train leave for New York?
(A) He left last night.
(B) No, to Toronto.
(C) At 1:00.

해설 (A) 난데없는 인칭대명사 he가 등장할 뿐 아니라 leave의 과거형 left가 나오므로 오답이다. (B) 의문사 의문문에 Yes/No 답변은 바로 오답으로 소거한다. (C) 기차가 떠나는 시간을 명료하게 말하고 있으므로 정답이다.

기차는 언제 뉴욕으로 출발하나요?
(A) 그는 어젯밤에 떠났어요. (B) 아니요, 토론토로요. (C) 1시에요.

ACTUAL TEST 01 (C) 02 (B) 03 (B) 04 (B) 05 (C)

1. When will the contract be signed?
(A) I contacted him yesterday.
(B) Yes, two weeks ago.
(C) Early next week.

언제 계약이 체결되나요?
(A) 저는 어제 그와 연락했어요. (B) 네, 2주일 전에요.
(C) 다음주 초반에요.

해설 계약이 언제 체결될 예정인지를 묻는 질문이다. (A) 계약 체결 시기와 관계없어 오답이다. yesterday라는 과거 시점이 나왔으나, 질문에서 계약은 미래에 체결될 예정임을 알 수 있다. contract와 유사 발음 어휘 contacted로 혼란을 주었다. (B) 의문사 의문문은 Yes/No로 답변할 수 없다. 또한 2주일 전이라는 과거 시점을 언급하고 있으므로 질문의 시제와도 맞지 않는다. (C) 미래 시점을 의미하는 '시간 부사+시간 명사'로 정답이다.

어휘 **contract** 계약, 계약서 **sign** 서명하다 **contact** 연락하다

237

2. When does the product demonstration begin?
(A) Here are the registration forms.
(B) In 30 minutes.
(C) There's a seminar room at the corner.

언제 제품 설명회가 시작되나요?
(A) 여기 등록 양식이요. (B) 30분 후에요.
(C) 모퉁이에 세미나실이 있습니다.

해설 제품 설명회를 언제 시작하는지를 묻는 질문이다. (A) 관계없는 내용으로 demonstration과의 유사 발음 어휘인 registration으로 혼란을 주고 있다. (B) '전치사+시간 명사'로 30분 후라는 시점을 제시하는 정답이다. (C) 관계없는 장소 명사를 제시한 오답이다. 장소를 제시했으므로 where 의문문에서 가능한 답변이다.

어휘 demonstration 설명 registration 등록

3. When is Ms. Lopez sending the proposal?
(A) Until the end of this month.
(B) As soon as she finishes it.
(C) Three pages.

언제 로페즈 씨가 제안서를 보내나요?
(A) 이번 달 말까지요. (B) 그녀가 그것을 완성하자마자요.
(C) 세 쪽이요.

해설 로페즈 씨가 언제 제안서를 보낼지에 대해 묻는 질문이다. (A) 발생 시점이나 시기가 아닌 이번 달까지라는 기간으로 답했기 때문에 오답이다. (B) 시간 부사로 '그녀가 일을 마치자마자'라고 특정 시점을 언급한 정답이다. (C) '세 쪽' three pages는 질문과 전혀 관계없는 내용이므로 오답이다.

어휘 proposal 제안, 제의

4. When did the shipment arrive?
(A) By plane.
(B) On November 11th.
(C) Yes, it was.

언제 배송 물품이 도착했나요?
(A) 비행기로요. (B) 11월 11일에요. (C) 네, 그랬어요.

해설 배송 물품이 언제 도착했는지 묻는 질문이다. (A) 수단이나 방법은 How 의문문에 가능한 답변이다. (B) '전치사+시간 명사'로 11월 11일이라는 특정 시점을 언급한 정답이다. (C) 의문사 의문문은 Yes/No로 답변할 수 없고, 질문과 관계없는 답변으로 오답이다.

어휘 shipment 수송품, 적하물 arrive 도착하다

5. When is the deadline for submitting the report?
(A) Over there, on the table.
(B) I haven't seen the report.
(C) Thursday afternoon at 2 p.m.

분석 보고서 제출 마감이 언제인가요?
(A) 저기 테이블 위에요. (B) 저는 보고서를 본 적이 없어요.
(C) 목요일 오후 2시에요.

해설 보고서 제출 마감이 언제인지 묻는 질문이다. (A) 테이블 위라는 장소를 언급하고 있으므로 오답이다. 장소를 제시하므로 where 의문문에서 가능한 답변이다. (B) 질문과 관계없는 내용으로 오답이다. report라는 동일 어휘를 반복해 혼란을 주었다. (C) 특정 시점을 나타내는 표현으로 답한 정답이다.

어휘 deadline 기한, 마감 시간[일자] submit 제출하다

PART 2 | 필살기 **04.** | page 71

DICTATION 01 (B) 02 (A) 03 (C)

1. Where will the annual banquet be held?
(A) Yes, I think so.
(B) In the seminar room.
(C) No, it's on the second floor.

연례 연회는 어디에서 열리나요?
(A) 네, 저는 그렇게 생각합니다. (B) 세미나룸에서요.
(C) 아니요, 2층에서요.

해설 (A) 의문사 질문에 Yes/No 답변은 바로 오답이다. (B) 장소의 전치사 in과 함께 장소로 답변했으므로 정답이다. (C) 의문사 질문에 Yes/No 답변은 바로 오답이다. 자칫 2층이라는 말에 속지 말도록 하자.

2. Where have you been all day?
(A) At home.
(B) Not at all.
(C) Of course, he's been to Paris.

하루 종일 어디에 있었어요?
(A) 집에요. (B) 전혀 아닙니다.
(C) 물론이죠, 그는 파리에 가본 적이 있습니다.

해설 (A) 장소의 전치사와 장소 명사인 home이 나왔으므로 정답이다. (B) 질문에 등장한 동일 어휘 all이 등장하는 함정이며, 장소에 대한 내용이 아니므로 오답이다. (C) of course는 동의의 표현이며 난데없는 he가 등장하고 동일 단어 been이 함정으로 등장하고 있으므로 오답이다.

3. Where can I get a copy of this magazine?
(A) It's published twice a month.
(B) We usually use freelancer writers.
(C) I'll have one sent to you.

어디서 이 잡지를 한 부 얻을 수 있을까요?
(A) 한 달에 두 번 출간됩니다. (B) 우리는 보통 프리랜서 작가들을 씁니다. (C) 제가 당신에게 한 권 보내 드릴게요.

해설 (A) magazine에서 연상할 수 있는 published가 함정으로 등장한 오답이며, 횟수, 빈도(how often)를 묻는 질문에 대한 답변이 될 수 있다. (B) 잡지에서 연상할 수 있는 작가(writer)를 이용한 오답 함정이다. (C) 장소를 알려주는 대신 자신이 직접 주겠다고 답변한 정답이다.

ACTUAL TEST **01** (A) **02** (A) **03** (B) **04** (B) **05** (A)

1. Where is the hospital?
(A) Near the library.
(B) For my regular check-up.
(C) From 9 a.m. to 5 p.m.

병원은 어디에 있나요?
(A) 도서관 근처에요. (B) 저의 정기 검진 때문에요.
(C) 오전 9시부터 오후 5시까지요.

해설 병원이 어디 있는지 묻는 질문이다. (A) '전치사+장소 명사'로 도서관 가까이에 있다고 답하므로 정답이다. (B) 병원을 가는 이유이므로 why 의문문에 가능한 답변이다. (C) 오전 9시부터 5시라는 시간을 제시하고 있어 오답이다. 시기나 시점을 제시하는 것은 when 의문문에 가능한 답변이다.

어휘 **hospital** 병원 **library** 도서관 **regular** 규칙적인, 정기적인

2. Where can I find Ashiley's address?
(A) Check the directory.
(B) Yes, it is on the web site.
(C) It was founded 2 years ago.

애슐리의 주소를 어디에서 찾을 수 있을까요?
(A) 주소록을 확인해 보세요. (B) 네, 그것은 웹사이트에 있어요.
(C) 그것은 2년 전에 발견되었습니다.

해설 원하는 정보를 어디에서 찾을 수 있는지 묻는 질문이다. (A) 출처와 대상을 나타내는 유형으로 주소록에서 찾아보라는 적절한 답변이므로 정답이다. (B) 의문사 의문문은 Yes/No로 답변할 수 없다. (C) 2년 전에 발견했다는 시점을 나타내므로 오답이다. 특정 시기나 시점은 when 의문문에 가능한 답변이다. find의 유사 어휘 founded로 혼란을 주었다.

어휘 **address** 주소 **directory** (이름, 주소 등의 관련 정보를 나열한) 안내 책자

3. Where did Mr. Becker work last month?
(A) More than we expected.
(B) At a company in New York.
(C) Yes, he hired Ms. Potter.

지난달에 베커 씨는 어디에서 일했나요?
(A) 우리가 기대했던 것 이상이에요. (B) 뉴욕에 있는 회사에서요.
(C) 네, 그는 포터 씨를 채용했습니다.

해설 지난달 베커 씨의 근무처에 대해 묻는 질문이다. (A) 질문과 관계없는 내용을 언급하는 오답이다. (B) '전치사+장소 명사'로 정답이다. (C) 의문사 의문문은 Yes/No로 답변할 수 없다.

어휘 **expect** 예상[기대]하다 **hire** (사람을) 고용하다

4. Where does your company have the main office?
(A) He is the company president.
(B) It's about two miles away from here.
(C) Within an hour.

귀사는 본사를 어디에 두고 있나요?
(A) 그는 회사 회장이에요. (B) 여기에서 약 2마일쯤 떨어져 있어요.
(C) 한 시간 안에요.

해설 본사가 어디에 있는지를 묻는 질문이다. (A) 난데없이 he가 등장하고 직위에 대해 언급하므로 오답이며, 질문에 쓰인 동일 어휘 company를 사용해서 혼란을 주고 있다. (B) 여기에서 몇 마일 떨어진 곳이라고 장소를 언급하고 있으므로 정답이다. (C) 질문과 관계없는 시간을 언급하므로 오답이다. 특정 시기나 시점은 when 의문문에 가능한 답변이다.

어휘 **main office** 본사 **president** 회장

5. Where can I get a monthly pass?
(A) From the machines by the entrance.
(B) Only on Saturday.
(C) It leaves from platform 4.

한 달치 정기권을 어디에서 얻을 수 있나요?
(A) 입구 옆 기계에서요. (B) 토요일에만요.
(C) 그것은 4번 플랫폼에서 출발해요.

해설 정기권을 어디에서 구할 수 있는지 묻는 질문이다. (A) '전치사+장소 명사'로 입구 옆의 기계를 언급하므로 정답이다. (B) 질문과 관계없는 특정 시점을 언급한 오답이다. 특정 시기나 시점은 when 의문문에 대한 답변으로 가능하다. (C) 정기권(pass)에서 연상할 수 있는 platform을 이용한 함정으로 오답이다.

어휘 **monthly pass** (한 달 동안 유효한) 한 달치 정기권 **entrance** 입구, 문

PART 2 | 필살기 05. | page 75

DICTATION 01 (A) 02 (B) 03 (B)

1. Why weren't you at the party?
(A) I wasn't feeling well.
(B) They signed the guest book.
(C) Yes, I was part of it.

해설 파티에 참석하지 않은 이유를 묻는 질문이다. (A) 몸이 좋지 않았다는 이유를 언급한 정답이다. (B) party에서 연상할 수 있는 guest를 이용한 함정이다. (C) 의문사 의문문에 Yes/No 답변은 바로 오답이다.

왜 파티에 가지 않았나요? (A) 몸이 좋지 않았어요. (B) 그들은 방명록에 서명했어요. (C) 네, 저는 일원이었어요.

2. Why did John leave work early?
(A) I usually walk.
(B) He had an appointment.
(C) I lived on Main Street.

해설 (A) 유사 발음 walk을 이용한 오답 함정으로 엉뚱한 주어인 I로 답변을 하고 있다. (B) 일찍 퇴근한 이유로 약속이 있었다고 설명하고 있다. (C) leave와 유사 발음인 lived를 이용한 오답이다.

존은 왜 일찍 퇴근했나요?
(A) 저는 보통 걸어 다녀요. (B) 그는 약속이 있었어요.
(C) 저는 메인 가에 살았어요.

3. Why is Ms. Smith working late?
(A) No, it's not too late.
(B) She has to finish this project.
(C) He's working with me.

해설 (A) 의문사 의문문에 Yes/No 답변은 바로 오답이다. (B) 그녀(Ms. Smith)가 늦게까지 일하는 이유로 일을 끝내야 하기 때문이라고 답변하고 있다. (C) 엉뚱한 주어인 he와 동일 어휘인 working을 이용한 오답이다.

스미스 씨는 왜 늦게까지 일을 하고 있나요?
(A) 아니요, 너무 늦은 건 아니에요. (B) 그녀는 이 프로젝트를 끝내야 해요. (C) 그는 저하고 일하고 있어요.

ACTUAL TEST 01 (A) 02 (A) 03 (A) 04 (A) 05 (B)

1. Why did Kevin decide to transfer?
(A) For personal reasons.
(B) To a new local branch.
(C) Next month.

해설 Kevin이 전근을 가기로 결정한 이유를 묻는 질문이다. (A) 'for+명사' 형태로 명확한 이유를 제시하고 있으므로 정답이다. (B) '전치사+장소 명사'로 why 의문문에 대한 적절한 답변이 아니므로 오답이다. '전치사+장소 명사'는 where 의문문에 가능한 답변이다. (C) 질문과 관계없는 특정 시점을 언급하고 있으므로 오답이다. 특정 시간이나 시점은 when 의문문에 가능한 답변이다.

어휘 **transfer** 이동하다, 전근가다 **personal** 개인의, 개인적인 **reason** 이유 **local** 지역의, 현지의 **branch** 지사, 분점

케빈이 왜 전근을 가기로 결정했나요?
(A) 개인적인 사정으로요. (B) 새로운 지방 지사로요. (C) 다음달에요.

2. Why has the seminar been postponed?
(A) The director is out of town.
(B) I'll stop by the post office.
(C) Two weeks later.

해설 세미나가 미뤄진 이유를 묻는 질문이다. (A) 책임자가 없다고 이유를 설명하고 있으므로 정답이다. (B) 질문과 관계없는 답변으로 오답이다. (C) 이유를 묻는 질문과 관계없는 답변으로 오답이다.

어휘 **postpone** 연기하다, 미루다 **stop by** (~에) 잠시 들르다

세미나는 왜 미뤄졌나요? (A) 책임자가 도시에 없어서요. (B) 우체국에 잠시 들를 거예요. (C) 2주 뒤예요.

3. Why didn't Mr. Miller order more office supplies?
(A) They were too expensive.
(B) Put them on my desk.
(C) Yes, ours are running out.

해설 밀러 씨가 더 많은 사무용품을 주문하지 않은 이유를 묻는 질문이다. (A) 너무 비쌌다는 이유를 설명하는 문장으로 정답이다. (B) 질문과 관계없는 답변으로 오답이다. (C) 의문사 의문문은 Yes/No로 답변할 수 없다.

어휘 **office supplies** 사무용품 **expensive** 비싼 **run out** 다 떨어지다

밀러 씨는 왜 사무용품을 더 주문하지 않나요?
(A) 그것들은 너무 비쌌어요. (B) 그것들을 제 책상 위에 놔두세요. (C) 네, 저희 것은 다 떨어졌어요.

4. Why is Ms. Lewis not at her desk today?
   (A) She's in a meeting all day.
   (B) No, she hasn't arrived yet.
   (C) Tomorrow will be better.

   루이스 씨는 오늘 왜 자리에 없나요?
   (A) 그녀는 하루 종일 회의 중이에요. (B) 아니요, 그녀는 아직 도착하지 않았어요. (C) 내일이 더 나을 거예요.

해설 루이스 씨가 자리를 비운 이유를 묻는 질문이다. (A) 그녀는 오늘 종일 회의가 있어서라고 이유를 설명한 정답이다. (B) 의문사 의문문은 Yes/No로 답변할 수 없으므로 바로 소거한다. (C) 질문과 관계없는 답변으로 오답이다.

어휘 all day 하루 종일 arrive 도착하다

5. Why don't we take a break with some snacks today?
   (A) I think it broke yesterday.
   (B) That sounds good.
   (C) Because of bad weather.

   오늘 우리 간식을 먹으면서 쉬는 것은 어떤가요?
   (A) 제 생각에 그건 어제 깨졌어요. (B) 좋아요. (C) 날씨가 나빠서요.

해설 제안이나 권유하는 유형으로 쓰여서 간식을 먹으며 휴식을 취하자고 제안하는 질문이다. (A) 질문과 관계가 없는 내용으로 오답이다. 질문의 break와 유사 어휘 broke로 혼란을 유도했다. (B) 권유, 제안에 대해 좋다고 동의하는 답변이므로 정답이다. (C) 나쁜 날씨 때문이라고 이유를 언급하고 있다. 이것은 why가 이유를 묻는 유형으로 사용되었을 때 가능한 답변이다.

어휘 take a break 쉬다 weather 날씨

PART 2 | 필살기 06. | page 79

DICTATION   01 (B) 02 (B) 03 (C)

1. How about stopping for a break?
   (A) Yes, it's on the top.
   (B) Let's finish this section first.
   (C) We were able to repair it.

   휴식을 위해서 (잠깐) 멈추는 게 어때요?
   (A) 네, 그것은 맨 위에 있어요. (B) 이 부분을 먼저 끝내죠. (C) 우리는 그것을 고칠 수 있었어요.

해설 (A) 의문사 질문에 Yes/No 답변은 바로 소거한다. 또한 stop과 유사한 발음으로 오답 함정인 top이 등장했다. (B) 상대의 제안에 먼저 이 부분을 끝내자고 다시 제안하는 답변으로 정답이다. (C) break(고장 나다)라는 단어에서 연상할 수 있는 '고치다'라는 의미의 repair를 이용한 오답이다. 그러나 질문의 break는 '휴식'이라는 의미이므로 상관없는 내용이다.

2. How many invitations did you send?
   (A) By express mail.
   (B) About 30.
   (C) A retirement party.

   당신은 얼마나 많은 초대장을 보냈나요?
   (A) 빠른 우편으로요. (B) 약 30장이요. (C) 은퇴 파티요.

해설 (A) 수단이나 방법에 대한 답변으로 수량(how many)을 묻는 질문의 답변은 될 수 없다. send(보내다)에서 연상할 수 있는 mail을 이용한 오답이다. (B) 대략적인 숫자를 언급하고 있으므로 정답이다. (C) invitation에서 연상할 수 있는 파티를 이용한 오답으로 수량에 대한 언급이 없으므로 오답이다.

3. How often do you go on business trips?
   (A) We are starting our new business next month.
   (B) Usually to the headquarters.
   (C) Two or three times a month.

   당신은 얼마나 자주 출장을 가시나요?
   (A) 우리는 다음달부터 새로운 사업을 시작할 겁니다. (B) 보통 본사로요. (C) 한 달에 두세 번이요.

해설 (A) 질문에 등장한 동일 어휘 business를 이용한 오답이다. (B) business trip에서 연상할 수 있는 내용을 이용한 답변으로 장소에 대한 답이 될 수 있으나 여기서는 오답이다. (C) 한 달에 두세 번이라는 횟수의 답변으로 정답이다.

ACTUAL TEST 01 (B) 02 (A) 03 (B) 04 (A) 05 (C)

1. How soon will the sample arrive?
(A) No, we don't have.
(B) Sometime next week.
(C) Yes, it's the same as mine.

샘플이 얼마나 빨리 도착하나요?
(A) 아니오, 우리는 가지고 있지 않아요. (B) 다음주 언제쯤이요.
(C) 네, 그것은 제 것과 같네요.

해설 얼마나 빨리 샘플이 도착할지 묻고 있는 질문이다. (A) 의문사 의문문은 Yes/No로 답변할 수 없으므로 오답이다. (B) 다음주 언제쯤이라고 시점을 언급하므로 정답이다. (C) 의문사 의문문에서는 Yes/No로 답변할 수 없다. sample과 유사 발음 어휘인 same으로 오답을 유도했다.

어휘 **arrive** 도착하다 **same** 같은, 동일한

2. How is your team traveling to Boston?
(A) By airplane.
(B) Good, thank you.
(C) Until next Friday.

당신 팀은 어떻게 보스톤으로 갈 건가요?
(A) 비행기로요. (B) 좋아요, 고마워요. (C) 다음주 금요일까지요.

해설 보스톤을 여행하는 수단을 묻는 질문이다. (A) 비행기라는 교통수단을 언급하므로 정답이다. (B) 질문과 관계없는 답변으로 오답이다. (C) 질문과 상관없이 다음주 금요일까지라는 기한을 언급하고 있으므로 오답이다.

어휘 **travel** 여행하다, 다니다

3. How do you like the new store next to the post office?
(A) Yes, I'll go.
(B) Honestly, I'm not sure.
(C) It should be posted on the door.

우체국 옆에 새로 생긴 상점은 어떤가요?
(A) 네, 제가 갈 거예요. (B) 솔직히 잘 모르겠어요.
(C) 그것은 문에 붙여야 해요.

해설 새로 생긴 상점에 대한 의견을 묻는 질문이다. (A) 의문사 의문문에는 Yes/No로 답변할 수 없다. (B) 어떤지 잘 모르겠다는 의견을 언급하고 있으므로 정답이다. (C) 질문과 관계없는 내용으로 오답이다. post와 유사 어휘인 posted로 오답을 유도하고 있다.

어휘 **store** 가게, 상점 **honestly** 솔직히, 정말로

4. How many guests attended the ceremony?
(A) Not as many as we expected.
(B) Yes, all of our staff.
(C) He is our guest speaker.

얼마나 많은 손님들이 의식에 참석했나요?
(A) 우리가 예상했던 것만큼 많지는 않았어요.
(B) 네, 저희 직원들 모두요. (C) 그는 우리의 초청 연사입니다.

해설 얼마나 많은 손님들이 참석했는지를 묻는 질문이다. (A) 구체적인 숫자는 언급되지 않았으나 우리가 예상한 만큼 많지는 않았다고 답하고 있으므로 정답이다. (B) 의문사 의문문에는 Yes/No로 답변할 수 없으므로 소거한다. (C) 질문과 관계없는 내용이다. guest라는 질문과 동일한 어휘를 반복함으로써 오답을 유도하고 있다.

어휘 **ceremony** 의식, 식 **expect** 기대하다 **guest speaker** 초청 연사

5. How did you find out about our company?
(A) Please see accompanying booklet.
(B) So you can learn more.
(C) A colleague told me.

저희 회사에 대해 어떻게 아셨나요?
(A) 동봉한 소책자를 봐주세요. (B) 그래서 당신은 더 많이 배울 수 있어요. (C) 직장 동료가 말해줬어요.

해설 어떻게 회사를 알게 되었는지 수단이나 방법을 묻는 질문이다. (A) 수단이나 방법을 묻는 질문에 대한 답변으로 엉뚱한 것을 요청하고 있으므로 오답이다. (B) 질문과 관련 없는 답변이다. (C) 회사에 대해 알게 된 방법으로 직장 동료를 언급하므로 정답이다.

어휘 **accompanying** 동봉한 **booklet** 소책자 **colleague** 동료

PART 2 | 필살기 07. | page 83

DICTATION 01 (B) 02 (C) 03 (C)

1. What's the weather going to be like tomorrow?
(A) I like rainy weather the best.
(B) ✓ It's going to be hot and humid.
(C) Yes, I'm going to be there tomorrow.

내일 날씨가 어떻다고 하나요? (A) 저는 비 오는 날을 가장 좋아해요. (B) 덥고 습기가 많을 겁니다. (C) 네, 저는 내일 거기에 갈 겁니다.

해설 (A) 동일 어휘를 반복하여 오답 함정이다. (B) 구체적으로 날씨가 어떻다고 말하고 있으므로 정답이다. (C) 의문사 의문문에 Yes/No 답변은 바로 소거한다. 또한 질문과 동일한 단어 go(가다)와 tomorrow를 이용한 오답 함정이다.

2. What size suit do you wear?
(A) That sounds suitable to me.
(B) Wherever you want.
(C) ✓ Usually a medium.

당신은 무슨 사이즈의 양복을 입나요? (A) 제게 딱 맞는 말이네요. (B) 당신이 원하는 곳이면 어디든지요. (C) 보통 중간(사이즈)요.

해설 (A) 유사 어휘 suitable을 이용한 오답으로 상대의 제안에 대한 답변이 될 수 있다. (B) wear와 유사 발음인 wherever를 이용한 오답 함정으로, 장소에 대한 답변이 된다. (C) 사이즈를 묻는 질문에 중간 사이즈라고 답하고 있으므로 정답이다.

3. What do you think about the result of our research?
(A) From the survey.
(B) No, thanks. I can handle it.
(C) ✓ It seems very useful.

저희 연구 결과에 대해 어떻게 생각하시나요? (A) 설문조사에서요. (B) 괜찮습니다. 제가 그것을 처리할 수 있습니다. (C) 매우 유용해 보이네요.

해설 (A) 질문에 등장한 research에서 연상할 수 있는 survey를 이용한 오답이다. 전치사 from을 사용했으므로 출처에 대한 답변이 될 수 있다. (B) 제안에 대한 거절의 답변으로, 의견을 묻는 데에는 적절한 답변이 아니다. (C) 연구 결과에 대한 의견으로 유용할 것 같다고 말하고 있으므로 정답이다.

ACTUAL TEST 01 (B) 02 (A) 03 (C) 04 (B) 05 (B)

1. What time will you be here next week?
(A) I don't think so.
(B) ✓ About 2 o'clock.
(C) She arrived on time.

다음주 몇 시에 여기 오시나요? (A) 저는 그렇게 생각하지 않아요. (B) 대략 2시쯤이에요. (C) 그녀는 정시에 도착했어요.

해설 다음주 몇 시에 올 예정인지 시간을 묻는 질문이다. (A) 질문과 관계없는 답변이므로 오답이다. (B) 2시쯤이라는 시간을 언급하고 있으므로 정답이다. (C) 질문과 관계없는 내용이다. time이라는 동일 어휘를 반복 사용한 오답 함정이다.

어휘 arrive 도착하다 on time 시간을 어기지 않고, 정각에

2. What's the problem with your shipment?
(A) ✓ There is something wrong.
(B) We have a new program launched.
(C) Yes, that's mine.

당신의 배송 물품에 무슨 문제가 있나요? (A) 뭔가 잘못됐어요. (B) 우리는 새로운 프로그램을 출시했어요. (C) 네, 저것은 제 것입니다.

해설 물품에 문제점이 있는지를 묻는 질문이다. (A) 무언가 잘못되었다고 언급하고 있으므로 정답이다. (B) 질문과 관계없는 답변으로 오답이다. problem과 발음이 유사한 어휘 program을 사용해서 혼동을 유도했다. (C) 의문사 의문문은 Yes/No로 답변할 수 없으므로 오답이다.

어휘 wrong 틀린, 잘못된 launch 출시하다, 출간하다

3. What are you doing tomorrow afternoon?
(A) Sure, after that.
(B) At 2 p.m.
(C) ✓ Interviewing applicants.

내일 오후 뭐하실 건가요? (A) 물론이죠, 저것 다음에요. (B) 오후 2시에요. (C) 지원자들 면접이요.

해설 내일 오후 무엇을 할 것인지 계획을 묻는 질문이다. (A) 질문과 관계없는 답변으로 오답이다. (B) 질문과 상관없는 시간으로 답변하여 오답이다. (C) 지원자들을 면접할 것이라는 계획을 언급하고 있으므로 정답이다.

어휘 applicant 지원자

243

4. What's in the box on your desk?
(A) Yes, on my desk.
(B) It's the printer I ordered.
(C) Probably near the box office.

당신 책상 위에 있는 상자에 무엇이 들어 있나요?
(A) 네, 제 책상 위에요. (B) 그것은 제가 주문한 프린터예요.
(C) 아마도 매표소 근처에요.

해설 상자 안에 무엇이 들어 있는지 묻는 질문이다. (A) 의문사 의문문은 Yes/No로 답변할 수 없으므로 오답이다. (B) 상자 안에 내용물로 주문한 프린터가 들었다고 언급하고 있으므로 정답이다. (C) 질문과 관계없는 장소로 답변하여 오답이다. '전치사+명사'는 where 의문문에 가능한 답변이다. box라는 동일 어휘를 반복해서 오답을 유도했다.

어휘 **box office** 매표소

5. What happened to the meeting?
(A) For two hours.
(B) It was canceled.
(C) Actually, he is.

회의에서 무슨 일이 있었나요?
(A) 두 시간 동안이요. (B) 취소됐어요. (C) 실제로 그는 그래요.

해설 회의에 무슨 일이 생겼는지 묻고 있는 질문이다. (A) 두 시간 동안이라고 기간을 언급하여 오답이다. (B) 회의가 취소됐다는 의미로 정답이다. (C) 질문과 관계없는 내용으로 오답이다.

어휘 **cancel** 취소하다 **actually** 실제로, 정말로

PART 2 | 필살기 **09.** | page 91

DICTATION   01 (A)   02 (B)   03 (A)

1. Does the price include delivery?
(A) No, you have to pay extra.
(B) Yes, it is nice.
(C) He received first prize.

그 가격에 배송이 포함되어 있는 건가요?
(A) 아니요, 추가로 돈을 지불하셔야 합니다. (B) 네, 괜찮네요.
(C) 그는 일등 상을 수상했습니다.

해설 (A) 배송비가 포함되어 있지 않다는 의미로 No라고 하고, 돈을 더 내야 한다고 부연 설명하고 있으므로 정답이다. (B) 포함되어 있다는 의미로 Yes라고 하고 뒤에서 '멋지다'라는 질문과 전혀 상관없는 의견을 제시하고 있으므로 오답이다. (C) 엉뚱한 주어인 he로 시작하고 있고 price와 유사 발음 prize를 이용한 오답이다.

2. Have you already started the research work?
(A) He usually commutes by walk.
(B) I'm nearly finished.
(C) Yes, it's ready to open.

당신은 조사 업무를 벌써 시작하셨나요? (A) 그는 보통 걸어서 출근해요. (B) 거의 끝나가요. (C) 네, 문 열 준비가 되었어요.

해설 (A) 엉뚱한 주어로 답을 하고 있고 유사 발음 walk을 이용한 오답이다. (B) Yes/No를 생략하고 이미 시작해서 거의 끝나가고 있다고 답변하고 있다. (C) Yes라고 하면, 뒤에 일을 시작했다는 부연 설명이 나와야 하는데, 유사 발음 ready를 이용해 엉뚱한 답변을 하고 있다.

3. Are you leaving work early today?
(A) Yes, at four o'clock.
(B) They lived in central City.
(C) I left it on your desk.

오늘 일찍 퇴근할 거가요?
(A) 네, 4시예요. (B) 그들은 도심지에 살고 있었어요.
(C) 저는 그것을 당신의 책상 위에 올려놨어요.

해설 (A) 일찍 퇴근한다는 의미로 Yes로 답하고 추가로 시간까지 언급해서 답변하고 있으므로 정답이다. (B) 주어가 일치하지 않고 유사 발음 lived를 이용한 오답이다. (C) 동일한 단어 leave의 다른 의미(놔두다)를 이용한 오답이다.

ACTUAL TEST   01 (B)   02 (C)   03 (A)   04 (C)   05 (C)

1. Are you attending the conference?
(A) I went into the kitchen.
(B) No, I'm too busy.
(C) The entrance is closed.

컨퍼런스에 참석하실 거예요? (A) 주방에 갔었어요. (B) 아니요, 매우 바빠요. (C) 입구가 닫혀 있어요.

해설 컨퍼런스 참석 여부를 묻는 be동사로 시작하는 일반 의문문이다. (A) 미래 일정에 대해 묻고 있는데 과거시제로 답했으므로 시제가 맞지 않으며, 답변 내용도 질문과 무관하다. (B) No로 참가하지 않는다고 답하고 너무 바쁘다고 이유를 설명한 정답이다. (C) 질문과 관련 없는 답변으로 오답이다.

어휘 **attend** 참석하다 **conference** 컨퍼런스, 회의 **kitchen** 주방 **busy** 바쁜 **entrance** 입구

2. Have you seen today's newspaper?
(A) I heard that, too.
(B) No, tomorrow morning.
(C) Yes, it's in the office.

오늘자 신문 봤어요? (A) 저도 들었어요. (B) 아니오, 내일 아침이요. (C) 네, 그것은 사무실에 있어요.

해설 현재완료 시제로 신문을 봤는지 여부를 묻는 질문이다. (A) seen으로 질문했는데 heard로 대답했으므로 오답이다. (B) No로 대답했으나, 이어서 나오는 '시간 부사+시간 명사'는 질문과 무관하며, 단순히 today에서 연상 가능한 함정으로 오답이다. (C) Yes로 신문을 보았다고 하고, 신문이 사무실에 있다고 덧붙였으므로 정답이다.

어휘 newspaper 신문 hear 듣다 office 사무실

3. Did you go to the factory in Starkvile?
(A) Yes, I met a floor manager.
(B) The toy is made of plastic.
(C) Yes, I'll be there.

스타크바일에 있는 공장에 갔어요? (A) 네, 무대 감독을 만났어요. (B) 그 인형은 플라스틱으로 만들어졌어요. (C) 네, 거기 있을게요.

해설 공장에 갔었는지 과거 사실을 묻는 질문이다. (A) Yes로 대답하면서, 가서 매니저를 만났다고 부연 설명하고 있으므로 정답이다. (B) 질문과 관련없는 내용으로 오답이다. (C) Yes로 대답했으나, 나중에 가 있겠다는 내용은 질문의 요지와 맞지 않으므로 오답이다. 시제도 일치하지 않아 정답이 될 수 없다.

어휘 factory 공장 meet 만나다 floor manager 플로어 매니저, 무대 감독 toy 인형 be made of ~로 구성되다 plastic 플라스틱

4. Is David going to the company picnic?
(A) I need to pick her up first.
(B) His company is in London.
(C) No, he will be out of town.

데이비드가 회사 야유회에 간대요? (A) 우선 그녀를 데려와야 해요. (B) 그의 회사는 런던에 있어요. (C) 아니오, 그는 외부에 있을 예정이에요.

해설 특정인이 야유회에 참석할 것인지 미래 일정을 묻는 질문이다. (A) picnic과 유사한 발음인 pick up을 이용한 오답 함정이다. (B) 질문의 company를 반복한 오답 함정이다. (C) No로 부정의 답변을 하면서, 뒤에서 참석할 수 없는 이유를 설명하고 있으므로 정답이다.

어휘 be going to ~할 것이다 company 회사 picnic 소풍 out of town (출장 등으로) 도시를 떠나다

5. Should I file these documents in the cabinet?
(A) Yes, she submitted her profile.
(B) It's from the 11th floor.
(C) That's what I want.

이 서류들을 캐비닛에 보관해야 하나요? (A) 네, 그녀가 자신의 프로필을 제출했어요. (B) 11층에서 온 거예요. (C) 제가 원하는 바에요.

해설 서류를 보관해야 하는지 조동사 should로 묻는 질문으로, 일반 의문문과 같은 방식으로 해결한다. (A) 질문에 등장하지 않은 she는 답변에 등장할 수 없으므로 오답이다. (B) 질문과 관계없는 답변으로 오답이다. (C) Yes가 생략된 긍정의 표현으로 정답이다.

어휘 file 보관하다 document 서류, 문서 cabinet 캐비닛, 수납장 submit 제출하다 profile 프로필 floor 층, 바닥

PART 2 | 필살기 10. | page 95

DICTATION   01 (B)   02 (C)   03 (A)

1. Do you know who's in charge of this project?
(A) Yes, it's next Tuesday.
(B) Yes, Mrs. Johnson is.
(C) About new software.

누가 이 프로젝트를 담당하는지 아세요? (A) 네, 다음주 화요일이에요. (B) 네, 존슨 씨입니다. (C) 새로운 소프트웨어에 대해서요.

해설 (A) 담당자를 알고 있다는 의미로 Yes라고 해놓고 뒤에서 시간에 대해 부연 설명을 하고 있으므로 오답이다. (B) 누구인지 알고 있다는 의미로 Yes라고 긍정하고 뒤에 이름을 덧붙였으므로 정답이다. (C) project에서 연상할 수 있는 주제에 대해 답변한 오답이다.

2. Could you tell me where I can find a rest room?
(A) Until 4 p.m.
(B) For the rest of them.
(C) Behind the reception desk.

휴게실이 어디 있는지 알려주시겠어요? (A) 오후 4시까지요. (B) 그들 중 나머지를 위해서요. (C) 안내 데스크 뒤에요.

해설 (A) 장소를 묻고 있으므로 시간에 대한 답변은 적절하지 않다. (B) 질문의 rest와 동일한 어휘를 이용한 오답이다. (C) '전치사+장소 명사'로 답하고 있으므로 장소를 묻는 질문에 대한 적절한 대답이다.

3. Do you know when that report is due?
   (A) Not until the end of the week.
   (B) On the other table.
   (C) You should report that.

   그 보고서는 언제까지 해야 하는지 아세요?
   (A) 이번 주말까지요. (B) 다른 테이블 위에 있어요.
   (C) 당신은 그것을 보고해야 해요.

   해설 (A) 시간으로 답변하고 있으므로 정답이다. (B) 장소에 대한 답변으로 오답이다. (C) 동일 어휘인 report를 이용한 오답이다.

ACTUAL TEST   01 (A)   02 (B)   03 (A)   04 (C)   05 (C)

1. Have you decided which calculator to buy?
   (A) Yes, this one seems okay.
   (B) He already counted 120.
   (C) I'm glad you like it.

   어떤 계산기를 살지 결정했어요?
   (A) 네, 이게 괜찮을 것 같아요. (B) 그는 벌써 120까지 셌어요.
   (C) 그것이 마음에 든다니 다행이에요.

   해설 어떤 계산기를 살지 결정했냐고 묻는 간접 의문문이다. (A) 간접 의문문은 Yes/No라고 답한 후에 해당 의문사에 대한 내용을 덧붙인다. 결정을 했는지에 대해 Yes의 긍정으로 답변한 뒤에, 어떤 계산기(which calculator)인지에 대해 '이것(this one)'으로 답하고 있으므로 적절한 답변이다. (B) calculator와 연관되는 동사 count로 오답을 유도했다. 질문의 주어가 you이므로 답변은 I로 해야 하며, 질문에 등장하지 않은 he/she/it/they는 정답이 될 수 없으므로 오답이다. (C) 질문의 내용과 관련이 없으므로 오답이다.

   어휘 decide to V ~하기로 결정하다 calculator 계산기 seem ~인 것 같다 already 이미, 벌써 count 세다, 계산하다 glad 기쁜

2. Do you know who's going to stay at this room?
   (A) Down the hall.
   (B) Visitors from Hong Kong.
   (C) There is no room to park.

   이 방에 누가 머물지 아시나요?
   (A) 복도 끝에요. (B) 홍콩에서 온 방문객들이요.
   (C) 주차할 수 있는 공간이 없어요.

   해설 방에 머무는 사람이 누구인지 아는지를 묻는 간접 의문문이다. (A) 의문사 who는 사람을 묻는 질문이므로, where에 대한 답변은 오답이다. (B) 누구인지 묻는 who에 대해 '방문객(visitors)'이라고 답하고 있으므로 정답이다. (C) 질문의 room과 동일한 어휘를 반복한 오답이다.

   어휘 know 알다 be going to V ~할 것이다 stay 머물다 room 방, 공간 hall 복도, 홀 visitor 방문객, 손님 park 주차하다

3. Do you know why the store is closed?
   (A) They changed the business hours.
   (B) Close to my home.
   (C) It is a short story.

   그 상점이 왜 문을 닫았는지 아시나요?
   (A) 그들이 영업 시간을 변경했어요. (B) 저희 집 근처에요.
   (C) 그것은 단편 소설이에요.

   해설 상점이 문을 닫은 이유를 아는지 묻는 간접 의문문이다. (A) 영업 시간을 변경했다고 이유를 설명한 적절한 대답이다. (B) 질문의 close와 동일한 어휘를 이용한 오답이다. (C) 질문의 store과 유사한 발음인 story를 이용한 오답이다.

   어휘 store 상점 close 닫다, 가까운 change 바꾸다, 변경하다 business hours 영업 시간 short story 단편소설

4. Can you tell me how to use this equipment?
   (A) He's taller than me.
   (B) From our office supplier.
   (C) Sure, I can show you.

   이 장비의 사용법을 알려주시겠어요?
   (A) 그는 나보다 커요. (B) 저희 사무실 공급 업체로부터요.
   (C) 물론이죠, 알려드릴게요.

   해설 장비의 사용 방법을 알려줄 수 있는지를 묻는 간접 의문문이다. (A) 질문의 tell과 유사한 발음인 tall을 이용한 오답 함정이다. 또한 질문에서 나오지 않은 he/she/it/they가 주어로 쓰인 경우 정답이 될 수 없으므로 오답이다. (B) equipment와 연관성이 있는 단어 supplier를 이용한 오답 함정이다. 'from+명사'는 출처를 나타내는 표현이므로 사용 방법을 알려달라는 질문에 적절한 답변이 될 수 없다. (C) 간접 의문문은 의문사 의문문의 답변으로 대답할 수도 있지만, '말해줄 수 있느냐?'는 질문에 긍정 또는 부정의 답변이 가능하다. 여기서는 말해 줄 수 있으며 자신이 직접 보여 주겠다고 하였으므로 정답이다.

   어휘 how to use 사용 방법 equipment 장비, 용품 tall 키가 큰 supplier 공급 업체, 공급자 show 보여 주다

5. Do you know when the director will be back from his trip?
(A) At the local branch.
(B) Yes, it was great.
(C) ✓ Next Friday, I think.

부장님이 출장에서 언제 돌아오시는지 아세요?
(A) 지사에서요. (B) 네, 대단했어요.
(C) 아마도 다음주 금요일인 것 같아요.

해설 출장에서 돌아오는 시간을 아는지 묻는 간접 의문문이다. (A) when은 시간을 묻는 의문사이므로, where에 대한 대답인 '전치사+장소 명사'는 오답이다. (B) '아는가?'에 대한 긍정의 대답인 Yes 뒤의 내용은, '안다' 또는 의문사 when에 대한 대답이 나와야 하는데 질문과 관계없는 내용이 왔으므로 오답이다. (C) 시간을 묻는 의문사 when에 대한 대답으로 '다음주 금요일'이라는 시간 부사로 답하고 있으므로 정답이다.

어휘 know 알다 director 감독, 상사 trip 여행 local branch 지사, 지점

PART 2 | 필살기 11. | page 99

DICTATION 01 (A) 02 (B) 03 (C)

1. Do you <u>want</u> to leave <u>now</u> or <u>later</u>?
(A) ✓ <u>I</u> have to <u>finish</u> this review <u>first</u>.
(B) <u>Mr. Park</u> usually works <u>late</u>.
(C) <u>I've lived</u> here for several years.

지금 퇴근하실래요, 아니면 이따가 하실래요?
(A) 전 이 보고서를 먼저 끝내야 해요. (B) 박 씨는 보통 늦게까지 일해요. (C) 저는 여러 해 동안 여기서 살았어요.

해설 (A) 지금이 아닌 일을 끝내고 퇴근하겠다는 의미로 질문에서 후자를 선택한 답변이다. (B) 엉뚱한 주어가 등장했으며 유사 발음 late을 이용한 오답이다. (C) 유사 발음 lived를 이용한 오답으로 질문 내용과는 전혀 상관없다.

2. <u>Should</u> I <u>sign</u> these <u>two</u> pages or just <u>one</u>?
(A) The <u>sign</u> says help <u>yourself</u>.
(B) ✓ Please <u>sign both</u> of them.
(C) <u>Yes</u>, it is a nice <u>design</u>.

이 두 페이지에 서명을 해야 하나요, 아니면 하나에만 하나요? (A) 그 표지판에 맘대로 (직접) 가져다 먹으라고 써 있네요. (B) 그 두 페이지 모두에 서명을 해주시기 바랍니다. (C) 네, 멋진 디자인이네요.

해설 (A) 동일 어휘 sign을 이용한 오답 표현이다. (B) 질문의 선택 사항 중에 두 페이지 모두 서명을 하도록 요청하고 있으므로 정답이다. (C) 둘 중에 하나의 선택 상황에서는 Yes/No 답변은 부적절하고 역시 유사 발음인 design을 이용한 오답이다.

3. <u>Have</u> you <u>received</u> Mr. Kim's files or should I <u>deliver</u> them?
(A) <u>Yes</u>, I have a <u>receipt</u> for them.
(B) <u>It's</u> near <u>the river</u>.
(C) ✓ <u>No</u>, <u>Ashley</u> will give them to me.

김 씨의 파일을 받으셨나요, 아니면 제가 가져다 드릴까요?
(A) 네, 제가 그것들의 영수증을 가지고 있어요. (B) 강 근처예요.
(C) 아니오, 애슐리가 그것들을 제게 줄 거예요.

해설 (A) 유사 발음인 receipt를 이용한 오답으로 질문 내용과는 관계가 없다. (B) 유사 발음인 river를 이용한 오답으로 질문 내용과는 관계가 없다. (C) '문장 or 문장' 형태의 선택 의문문에서 No로 답했으므로, 뒷 문장에 대한 적절한 부정의 내용이 따라오는지 확인해야 한다. 다른 사람이 줄 것이니 가져다주지 않아도 된다고 대답하고 있으므로, 질문에 대한 부정의 답변으로 적절하다.

ACTUAL TEST 01 (C) 02 (C) 03 (B) 04 (C) 05 (A)

1. Is the training about marketing or accounting?
(A) At 2 p.m.
(B) Yes, with our new clients.
(C) ✓ Neither, it's about customer service.

교육이 마케팅에 관한 것인가요, 회계에 관한 것인가요?
(A) 오후 2시에요. (B) 네, 우리의 새로운 고객들과 함께요.
(C) 둘 다 아니에요. 고객 서비스에 관한 것이에요.

해설 교육의 주제에 관하여 묻는 선택 의문문이다. (A) 시간에 관한 대답으로 when 의문문에서 가능한 답변이므로 오답이다. (B) 마케팅과 회계 중에서 선택하라는 질문에 대해 Yes/No로 답하는 것은 적절하지 않으므로 오답이다. (C) 선택 의문문에서 둘 다 맞거나 아니라고 답하는 것이 가능하다. 질문에서 언급한 사항이 둘 다 틀리고 다른 주제라고 설명하고 있으므로 적절한 답변이다.

어휘 training 교육, 훈련 marketing 마케팅 accounting 회계 client 고객, 의뢰인 neither 둘 다 아닌 customer service 고객 서비스

247

2. Would you like to take a break or complete the work first?
(A) I already have membership.
(B) It's on the second floor.
(C) Let's have some drinks.

해설 휴식을 취할 것인지, 일을 마칠 것인지를 제안하는 선택 의문문이다. (A) 질문과 관계없는 내용으로 오답이다. (B) 장소에 관한 내용으로 where 의문문에 가능한 답변이므로 오답이다. (C) 선택 의문문에 제안이 있는 경우 승낙, 거절의 표현으로 답하는 것이 적절하다. 휴식을 취할 것인지 일을 계속할 것인지 선택하는 질문에 대해 음료수 한 잔 하자고 답함으로써 휴식을 취하자는 제안에 대한 긍정의 답변이 되므로 정답이다.

잠깐 쉴까요, 아니면 우선 일을 끝내실래요?
(A) 저는 이미 회원권을 가지고 있어요. (B) 2층에 있어요.
(C) 음료수 한 잔 하도록 해요.

어휘 **take a break** 휴식을 취하다 **complete** 마치다, 완료하다 **already** 이미, 벌써 **membership** 회원(자격, 신분) **floor** 층, 바닥 **drink** 음료

3. Can we talk about this now, or should I wait for the meeting?
(A) Room 102, I think.
(B) Later would be better.
(C) Please weigh them on the scales.

해설 지금 이야기할 것인지, 아니면 회의를 하는 동안 기다려야 하는지 묻는 선택 의문문이다. (A) 장소나 위치에 대한 내용으로 where 의문문에 가능한 답변이므로 오답이다. (B) 지금 할지 회의 마치고 할지를 묻는 질문에 나중에 하는 것이 좋다고 답하고 있으므로, 후자를 선택한 답변으로 적절하다. (C) 질문의 wait와 유사한 발음인 weigh를 이용한 오답이다.

이것에 대해 지금 이야기할까요, 아니면 회의 때까지 기다릴까요?
(A) 제 생각에는 102호일 거예요. (B) 나중에 하는 게 좋겠어요.
(C) 그것들의 무게를 저울로 재어 주세요.

어휘 **wait for** ~을 기다리다 **later** 후에, 나중에 **better** 더 나은 **weigh** 무게를 재다 **scale** 저울

4. Should we order two boxes or three?
(A) In the warehouse.
(B) I will move them.
(C) Three is too many.

해설 두 상자와 세 상자 중 몇 상자를 주문해야 하는지 확인하는 선택 의문문이다. (A) '전치사+장소 명사'는 where 의문문에 가능한 답변이므로 오답이다. (B) 질문의 box에 대해 연상되는 대답이나, 질문과 관계없는 내용으로 오답이다. (C) 질문에 제시한 두 상자와 세 상자 중에서 세 상자가 너무 많다고 후자에 대해 부정하고 있다. 따라서 전자를 선택하는 답변으로 정답이다.

두 상자를 주문해야 하나요, 아니면 세 상자를 주문해야 하나요?
(A) 창고 안에요. (B) 제가 그것들을 옮길게요.
(C) 세 상자는 너무 많아요.

어휘 **order** 주문하다 **warehouse** 창고 **move** 옮기다, 움직이다 **many** 많은

5. Are you leaving soon or can you help me finish the agenda?
(A) Sure. I'd be glad to.
(B) No thanks, I'm enough.
(C) He left early this morning.

해설 지금 나갈 것인지 아니면 도와줄 수 있는지 요청/부탁하는 '문장 or 문장' 형태의 선택 의문문이다. (A) '문장 or 문장' 형태의 선택 의문문은 Yes/No 답변이 가능하다. 기꺼이 그렇게 하겠다고 답변하고 있으므로 부탁에 대한 긍정 또는 승낙의 의미로 정답이다. (B) 음식을 권하는 제안에 대한 대답으로, 질문과 관계없는 내용이므로 오답이다. (C) 질문의 leave와 동일한 어휘인 left를 이용한 오답이다. 질문에서 등장하지 않은 he/she/it/they는 주어가 될 수 없으므로 오답이다.

지금 바로 나가야 하나요, 아니면 제가 안건을 끝내는 것을 도와주실 수 있나요?
(A) 물론, 기꺼이 도와드릴게요. (B) 괜찮습니다, 배불러요.
(C) 그는 오늘 아침에 일찍 떠났어요.

어휘 **leave** 떠나다 **soon** 곧 **help** 돕다 **finish** 끝내다, 마치다 **agenda** 의제, 안건 **glad** 기쁜 **enough** 충분한 **early** 일찍

PART 2 | 필살기 **12.** | page 103

DICTATION 01 (B) 02 (C) 03 (C)

1. Doesn't the pharmacy stay open late today?
(A) It's not firm.
(B) No, only on Friday.
(C) I need to hurry up.

해설 (A) 질문의 pharmacy와 유사한 발음인 firm을 이용한 오답이다. (B) 오늘은 늦게 열지 않는다는 의미로 No라고 답하고, 금요일만 늦게까지 연다고 부연 설명하고 있으므로 정답이다. (C) 질문과 상관없는 주어(I)로 답변하고 늦게까지 연다는 질문에서 연상할 수 있는 서둘러야 한다는 내용으로 혼동을 주는 오답 함정이다.

약국이 오늘 늦게까지 열지 않나요?
(A) 그것은 단단하지 않아요. (B) 아니오, 금요일만이요.
(C) 저는 서둘러야 해요.

2. You can give me a ride, can't you?
 (A) No, it's to the left.
 (B) Yes, you can borrow it.
 (C) Yes, I'd be happy to drive you.

저를 태워주실 수 있으시죠, 그렇지 않나요?
(A) 아니요, 왼쪽으로요. (B) 네, 그것을 빌려가세요.
(C) 네, 기꺼이 태워드릴게요.

해설 (A) 태워줄 수 없다는 의미로 No라고 답했는데 왼쪽으로 가라고 덧붙여 엉뚱한 답변이 되었다. (B) Yes라고 해서 태워줄 수 있다고 했지만, 뒤에는 질문의 give에서 연상할 수 있는 borrow(빌려가다)를 이용한 오답 함정이 있다. (C) 태워주겠다는 의미로 Yes라고 답하고 기꺼이 데려다 주겠다고 덧붙여 답하는 내용이므로 정답이다.

3. Aren't we having lunch with the new clients?
 (A) A few good suggestions.
 (B) No, I don't think I have.
 (C) I'm afraid we had to cancel it.

새로운 고객들과 점심식사 하기로 하지 않았나요?
(A) 소수의 좋은 의견이요. (B) 아니요, 제가 가지고 있지 않은 것 같습니다. (C) 우리는 그것을 취소해야 했습니다.

해설 (A) 질문과는 상관없는 오답이다. (B) 얼핏 들으면 아니라고 답변하는 것 같지만 여기서 have는 '가지다'라는 의미이기 때문에 오답이다. (C) I'm afraid라는 표현에서 점심을 같이 하기로 했지만 취소되어 안타깝다는 의미를 나타낸다.

ACTUAL TEST 01 (C) 02 (C) 03 (A) 04 (C) 05 (C)

1. Haven't you read today's newspaper?
 (A) Yes, she has.
 (B) We have enough paper.
 (C) No, I haven't had time.

오늘 신문 읽지 않았나요?
(A) 네, 그녀가 했어요. (B) 우리는 종이를 충분히 갖고 있어요.
(C) 아니요, 시간이 없었어요.

해설 오늘 신문을 읽었는지 확인하는 현재완료 조동사 have로 시작하는 부정 의문문이다. (A) 질문의 조동사 have와 동일한 어휘를 이용한 오답이다. 질문에 등장하지 않은 he/she/it/they는 답변의 주어가 될 수 없으므로 오답이다. (B) 질문의 newspaper와 유사한 어휘를 이용한 오답이다. 부정 의문문은 Yes/No로 대답하거나, 긍정/부정의 의미로 답해야 한다. 신문을 읽었는지에 대한 질문과 관련 없는 내용으로 오답이다. (C) 시간이 없어서 신문을 읽지 못했다는 부정의 내용이므로 No로 대답했으며, 현재완료 시제와 주어도 일치하므로 정답이다.

어휘 read 읽다 enough 충분한

2. Didn't you send a package to Ms. Julie?
 (A) Nearly 1 kg.
 (B) The post office.
 (C) I sent it this morning.

줄리 씨에게 소포를 보내지 않았나요?
(A) 거의 1킬로그램이요. (B) 우체국이요. (C) 오늘 아침에 그것을 보냈어요.

해설 소포를 보냈는지 확인하는 부정 의문문이다. (A) 소포(package)와 연관되는 무게를 나타내는 답변이나, 소포를 보냈는지 여부를 확인하는 질문과 맞지 않는 내용으로 오답이다. (B) 장소를 나타내는 대답으로 where 의문문에 적합하므로, 해당 질문에 적절하지 않다. (C) Yes/No는 없지만, 오늘 보냈다는 긍정의 의미로 답했으며, 과거시제와 주어도 일치하므로 정답이다.

어휘 send 보내다 package 소포 nearly 거의
post office 우체국

3. The copier is still broken, isn't it?
 (A) It was fixed yesterday.
 (B) She's taking a break.
 (C) Yes, she'll call later.

복사기가 아직 고장이죠, 그렇지 않나요?
(A) 어제 수리했어요. (B) 그녀는 쉬고 있어요.
(C) 네, 그녀가 나중에 전화할 거예요.

해설 복사기가 고장 났는지 확인하는 부가 의문문이다. (A) 부가 의문문은 Yes/No로 답하는 것이 보통이지만, 생략되고 답변의 내용이 긍정/부정의 의미를 포함하고 있거나 관련된 부가 설명을 하는 경우에도 답이 될 수 있다. 어제 수리되었다는 것은 지금은 작동이 된다는 질문에 대한 부정의 의미를 나타내므로 정답이다. (B) 질문의 broken과 동일한 어휘인 break를 이용한 오답이다. 질문에 등장하지 않은 he/she/it/they는 답변의 주어가 될 수 없으므로 오답이다. (C) Yes로 답했으나, 그 뒤에 질문에 등장하지 않은 he/she/it/they가 주어로 나왔으므로 오답이다.

어휘 copier 복사기 still 여전히 break 깨지다, 고장 나다
fix 고치다, 수리하다 yesterday 어제 take a break 휴식을 취하다 call 부르다, 전화하다 later 나중에

4. Mr. Lopez will be arriving this afternoon, won't he?
   (A) After lunch.
   (B) You're welcome.
   (C) Yes, he will be here at 2 p.m.

   해설 특정인의 도착 시간을 확인하는 부가 의문문이다. (A) 질문과 무관한 내용으로 오답이다. 시간을 나타내는 답변으로 when 의문문이라면 답변으로 가능하다. (B) 도착한다는 내용과 연관된 단어인 welcome(환영하다)을 이용한 함정으로, 감사의 표시에 대한 대답이므로 해당 질문에 대한 답변으로는 적절하지 않다. (C) Yes로 오늘 오후에 도착할 것이라는 긍정의 답변을 하고, 도착 시간에 대한 설명을 덧붙이고 있으므로 정답이다.

   어휘 arrive 도착하다 lunch 점심식사, 점심시간 welcome 환영하다 here 여기

   로페즈 씨가 오늘 오후에 도착할 예정이지요, 그렇지 않나요?
   (A) 점심시간 후에요. (B) 천만에요.
   (C) 네, 그는 오후 2시에 이곳에 올 거예요.

5. Didn't the training seminar go well?
   (A) No, by bus.
   (B) For 2 hours.
   (C) I thought it did.

   해설 세미나가 잘 이루어졌는지를 묻는 부정 의문문이다. (A) 질문의 go와 연관되는 답변이지만, 뒤의 내용이 'by+교통 수단'으로 수단을 묻는 how 의문문에 적합하며, 진행 상태를 묻는 질문에는 적절하지 않다. (B) 지속 시간을 나타내는 답변으로 기간을 묻는 how long 의문문에 가능한 답변이다. 질문과 관계없는 내용이므로 오답이다. (C) 질문에 대해 그렇다고 자신의 생각을 나타내는 긍정의 대답이다. 질문의 과거시제와 일치하며, 트레이닝 세미나를 it으로 받아서 주어도 일치하므로 정답이다.

   어휘 training 교육, 훈련 seminar 세미나 go well 순조롭게 진행되다 think 생각하다

   교육 세미나가 잘 진행되지 않았나요?
   (A) 아니오, 버스로요. (B) 2시간 동안이요.
   (C) 제 생각에는 그랬던 것 같아요.

PART 2 | 필살기 13. | page 107

DICTATION   01 (B)   02 (C)   03 (A)

1. Why don't we review this case next?
   (A) My suitcase won't close.
   (B) I'd be glad to.
   (C) The view isn't so important.

   해설 (A) 질문에 쓰인 case와 동일한 단어를 이용한 오답이다. (B) 상대의 제안에 동의하는 표현으로 정답이다. (C) 질문에 쓰인 review와 유사 발음 어휘 view를 이용한 오답이다.

   이번 케이스는 나중에 검토하는 게 어떠세요?
   (A) 제 가방이 닫히지 않아요. (B) 좋습니다. (C) 경치는 그렇게 중요하지 않아요.

2. Would you like to go over the sales report today?
   (A) I think they're closed.
   (B) Oh, is it on sale?
   (C) I'm free this afternoon.

   해설 (A) 질문에 쓰인 sales에서 연상할 수 있는 문을 닫는(close)는 표현을 이용한 오답이다. (B) 질문에 동일 단어인 sale을 이용한 오답이다. (C) 오늘 검토할 시간이 있다는 의미로 제안을 받아들이는 답변이 되므로 정답이다.

   오늘 이 영업 보고서를 검토하시겠어요?
   (A) 그들은 문을 닫은 것 같습니다. (B) 오, 세일중인가요?
   (C) 저는 오늘 오후에 시간이 있어요.

3. Can I bring you anything else to read?
   (A) No, thanks.
   (B) Read the instruction first.
   (C) Yes, I'm calling her.

   해설 (A) 제안을 정중하게 거절하는 표현으로 정답이다. (B) 질문의 read와 동일한 어휘를 이용한 오답이다. (C) 제안에 대해 Yes로 답하는 것은 승낙의 의미를 나타내는데, 뒤의 내용에는 질문에 등장하지 않은 her가 나와서 오답이 되었다.

   다른 읽을거리 좀 가져다 드릴까요?
   (A) 아니오, 괜찮습니다. (B) 설명서를 먼저 읽으세요.
   (C) 네, 제가 그녀에게 전화할게요.

ACTUAL TEST 01.(A) 02.(B) 03.(B) 04.(A) 05.(C)

1. Would you like to join our party?
(A) Thanks, I'd like that.
(B) Yes, she has an invitation.
(C) I hope you have.

우리 파티에 오실래요?
(A) 고마워요, 그럴게요. (B) 네, 그녀는 초대장이 있어요.
(C) 당신이 그러기를 바라요.

해설 파티에 초대하는 정중한 제안의 표현이다. (A) 제안에 대한 직접적인 동의나 수락의 표현으로 정답이다. (B) 제안에 대해 Yes로 답하여 승낙의 의미를 나타내는데, 뒤의 내용에서는 질문에 등장하지 않은 he/she/it/they가 나와서 오답이 되었다. (C) 질문과 관계없는 내용으로 오답이다.

어휘 join 만나다, 참가하다 invitation 초대, 초대장

2. Why don't we walk to work today?
(A) On the corner of Main Street.
(B) I was planning to take John's car.
(C) 10 miles away from our office.

오늘 걸어서 출근하는 것이 어때요?
(A) 메인 가의 코너에요. (B) 저는 존 씨의 차를 탈 예정이었어요.
(C) 우리 사무실에서 10마일 떨어져 있어요.

해설 걸어서 출근하자고 제안하는 의문문이다. (A) 위치 또는 장소를 나타내는 표현으로 where 의문문에 적합한 답변이며, 질문의 내용과 관계없으므로 오답이다. (B) 다른 사람의 차를 타고 출근할 예정이라서 걸어서 가지 못한다는 부정의 내용으로 제안을 거절하고 있으므로 정답이다. (C) 거리에 대한 답변은 how far 의문문에 가능하며, 여기서는 답변으로 부적절하다.

어휘 walk 걷다 work 직장 coner 코너, 모퉁이 plan to V ~할 계획이다 take 타다 away ~에서 떨어져 office 사무실

3. Would you like to have something to eat?
(A) Yes, it was great.
(B) I have had enough.
(C) On the top shelf.

먹을 것 좀 드릴까요?
(A) 네, 정말 대단했어요. (B) 이미 배불러요. (C) 맨 위 선반에요.

해설 음식을 권유하는 의문문이다. (A) 권유/제안에 대한 답은 보통 미래시제로 하는데, 과거에 있었던 사실에 대한 의견은 해당 질문에 대한 답변으로 적절하지 않다. (B) 이미 배불러서 더 먹을 필요가 없다는 완곡한 거절의 표현으로 정답이다. (C) '전치사+장소 명사'는 where에 어울리는 답변이므로 오답이다.

어휘 something 어떤 것 eat 먹다 enough 충분한 shelf 선반, 책꽂이

4. Excuse me, do you need help?
(A) Thanks, I'm already being helped.
(B) I'm sorry to hear that.
(C) His assistant is Kevin.

좀 도와드릴까요?
(A) 고맙지만, 이미 도움을 받았어요. (B) 유감입니다.
(C) 그의 비서는 케빈이에요.

해설 도움을 주겠다고 제안하는 의문문이다. (A) 도와주겠다고 제안하는 말에 대해, 먼저 고마움을 표하면서 이미 도움을 받아서 부득이하게 사양한다는 이유를 덧붙이고 있으므로 정답이다. (B) 불행한 일이나 소식을 들었을 때 위로하는 표현으로 오답이다. (C) 질문의 help(도움)와 연관된 의미인 assistant를 이용한 오답이다. 사람에 대한 정보로 who에 어울리는 답변이다.

어휘 need 필요하다 help 도움 already 이미, 벌써 hear 듣다 assistant 비서, 보조자

5. Let's buy our tickets right away.
(A) I always go there by bus.
(B) I really enjoyed it.
(C) That's probably a good idea.

표를 지금 당장 사도록 해요.
(A) 저는 항상 그곳에 버스를 타고 가요. (B) 정말 즐거웠어요.
(C) 좋은 생각이네요.

해설 표를 구입할 것을 제안하는 문장이다. (A) 질문의 buy와 유사한 발음인 by를 이용한 오답이다. 'by+교통수단'은 수단/방법을 묻는 how 의문문에 적합한 답변이며, 제안한 내용에 대한 답변으로는 적절하지 않다. (B) 제안/권유는 미래형 질문으로 보통 현재나 미래시제로 답하므로 과거에 즐거웠다는 과거시제는 오답이 된다. (C) 상대방의 제안에 대해 동의나 맞장구를 치면서 승낙하는 의미이므로 정답이다.

어휘 buy 사다 ticket 표, 티켓 right away 즉시, 당장 really 정말로 enjoy 즐기다 probably 아마도 idea 생각

PART 2 | 필살기 14. | page 111

DICTATION   01 (A)   02 (B)   03 (A)

1. Would you mind taking a look at my report?
(A) Sure, no problem.
(B) No, I didn't take it.
(C) No, that's not mine.

제 보고서를 봐주시겠어요?
(A) 물론이죠. 걱정하지 마세요. (B) 아니요. 저는 그것을 가져가지 않았습니다. (C) 아니요. 그건 제 것이 아닙니다.

해설 (A) 상대의 조심스런 요청에 흔쾌히 승낙하는 답변이다. (B) Would you mind ~?의 질문에 No라고 승낙하고 있지만 뒷부분은 질문과 무관하며, 질문에 쓰인 동일 단어인 take를 이용한 오답이다. (C) 동사 mind와 유사한 발음 mine으로 답변한 오답이다.

2. I'd like to cancel a reservation please.
(A) Sorry, nothing is available at present.
(B) I can help you with that.
(C) I've got some reservations about him.

예약을 취소하고 싶습니다.
(A) 죄송합니다. 지금은 이용하실 수 있는 게 없습니다. (B) 제가 그것을 도와드릴게요. (C) 저는 그에 대해 의구심이 좀 있습니다.

해설 (A) 거절의 표현을 썼지만 뒤에 이어지는 내용이 질문과는 상관없는 답변으로 오답이다. (B) 상대의 요청에 자신이 도와주겠다고 하는 답변으로 정답이다. (C) 질문에 쓰인 동일 단어 reservation을 이용한 오답 함정이며, reservation은 '예약' 외에도 '의구심'의 의미로 쓰인다.

3. Can you hand these booklets out to the conference today?
(A) Sorry, I'm not sure I'll have time.
(B) She left yesterday.
(C) Sure, it's on the bookshelves.

오늘 회의에서 이 소책자를 배부해 주시겠어요?
(A) 죄송해요. 시간이 될지 모르겠어요. (B) 그녀는 어제 떠났어요. (C) 물론이죠. 책장에 있어요.

해설 책자를 나누어 달라고 부탁하는 질문이다. (A) 거절하는 표현으로, 미안함을 표시하면서 시간이 없어서 부득이하게 거절하는 이유를 언급하고 있으므로 정답이다. (B) 질문에 등장하지 않은 he/she/it/they는 답변의 주어가 될 수 없으며, 과거 시제로 시제도 일치하지 않는다. (C) booklet과 유사한 단어인 bookshelves를 이용한 오답이다.

ACTUAL TEST   01 (B)   02 (C)   03 (C)   04 (A)   05 (A)

1. May I borrow your pen?
(A) I think it's yours.
(B) Yes, of course.
(C) I'm a big fan.

펜 좀 빌릴 수 있을까요? (A) 그것은 당신 것 같은데요. (B) 네, 물론이죠. (C) 저는 정말 팬이에요.

해설 펜을 빌려달라고 부탁하는 의문문이다. (A) 질문과 무관한 내용으로 오답이다. (B) 부탁에 대한 직접적인 승낙의 표현으로 정답이다. (C) 질문의 pen과 유사한 발음인 fan을 이용한 오답이다.

어휘 borrow 빌리다   yours 너의 것   fan 팬

2. Could you complete the article before lunch?
(A) How about Korean food?
(B) They have been released.
(C) Probably not. I'm very busy.

점심시간 전에 그 기사를 완성할 수 있어요? (A) 한식은 어때요? (B) 그것들은 출시되었어요. (C) 아마 힘들 것 같아요. 매우 바빠서요.

해설 기사를 완성해줄 것을 요청하는 의문문이다. (A) 질문의 lunch와 연관되는 음식에 대한 추가 질문으로 질문의 내용과 어울리지 않아 오답이다. (B) 질문의 article과 관련된 어휘 release(출간하다, 출시하다)를 이용한 오답이다. (C) 힘들 것 같다고 부정의 답변을 하고, 바빠서 그렇다는 이유를 설명하고 있으므로 정답이다.

어휘 complete 완료하다, 마치다   article 기사   before ~전에   lunch 점심   release 출시하다   probably 아마도   busy 바쁜

3. Would you send the invoice to Mr. Smith?
(A) Yes, they are nice to me.
(B) He has a lovely voice.
(C) Sure, but I need his address.

스미스 씨에게 송장을 보내 주시겠어요? (A) 네, 그들은 저에게 친절해요. (B) 그는 멋진 목소리를 갖고 있어요. (C) 물론이죠. 그런데 그의 주소가 필요해요.

해설 특정인에게 송장을 보내달라고 부탁하는 의문문이다. (A) 질문의 invoice와 유사한 발음인 nice를 이용한 오답이다. (B) 질문의 invoice와 유사한 발음인 voice를 이용한 오답으로 질문에 등장하지 않은 he/she/it/they는 답변의 주어가 될 수 없으므로 오답이다. (C) 부탁에 대한 직접적인 승낙을 하면서, 추가적인 정보를 요청하고 있으므로 정답이다.

어휘 send 보내다   invoice 송장   nice 좋은, 친절한   lovely 사랑스러운   voice 목소리   need 필요하다   address 주소

4. Can you pick up Ms. Cohen at the station tomorrow?
(A) I can't. I'll be in a meeting all day.
(B) Yes, I picked them up.
(C) I like that station.

해설 특정인을 태워오도록 부탁하는 의문문이다. (A) 부탁에 대해 거절하면서, 회의에 참석해야 해서 들어줄 수 없다는 이유를 언급하고 있으므로 정답이다. (B) 질문의 pick up과 동일한 어휘를 이용한 오답이다. (C) 질문의 station과 동일한 어휘를 이용한 오답이다.

어휘 **pick up** 데려오다, 집어 들다 **station** 역, 정거장 **meeting** 회의 **all day** 하루 종일

내일 역에서 코헨 씨를 데려와 주시겠어요?
(A) 안 돼요, 하루 종일 회의가 있어서요.
(B) 네, 제가 그것들을 골랐어요. (C) 저는 그 역을 좋아해요.

5. Do you have time to prepare the reception?
(A) Sure, no problem.
(B) They are from London.
(C) Please be on time.

해설 환영회 준비를 할 시간이 있는지를 물으면서 간접적으로 부탁하는 의문문이다. (A) 시간이 있으니 준비를 할 수 있다는 직접적인 승낙의 표현으로 정답이다. (B) 어디에서 왔는냐는 내용으로 where ~ from 의문문에 어울리는 답변이므로 오답이다. (C) 부탁/요청하는 질문의 내용과 관계없는 답변으로 오답이다.

어휘 **prepare** 준비하다 **reception** 환영회 **problem** 문제 **on time** 제시간에

환영회를 준비할 시간이 있으신가요?
(A) 물론이죠, 문제 없어요. (B) 그들은 런던에서 왔어요.
(C) 제시간에 오도록 하세요.

PART 2 | 필살기 15. | page 115

DICTATION   **01** (C)   **02** (C)   **03** (B)

1. This <u>room</u> is really <u>cold</u>.
(A) It's <u>plenty</u> of <u>room</u>.
(B) It's not <u>real</u>.
(C) <u>Why</u> don't you get your <u>sweater</u>?

해설 (A) 질문과 동일한 단어인 room을 이용한 오답으로 여기서는 '방'이 아니라 '공간'이라는 의미이다. (B) 질문에 쓰인 really와 유사 발음 어휘인 real을 이용한 오답이다. (C) 춥다는 말에 해결책으로 스웨터를 입으라고 제안하는 답변으로 정답이 된다.

이방은 정말 춥네요.
(A) 공간이 충분하네요. (B) 이건 진짜가 아니에요.
(C) 스웨터를 입는 게 어때요?

2. We'll <u>give</u> you a <u>discount</u> if you buy it today.
(A) He <u>plays</u> an <u>instrument</u>.
(B) I can't <u>count</u> them all.
(C) <u>That's</u> a good <u>offer</u>.

해설 (A) buy에서 연상할 수 있는 pay와 유사 발음 어휘인 play를 이용한 오답이다. 난데없는 주어 he도 오답이 되는 이유이다. (B) discount와 유사 발음 어휘인 count를 이용한 오답이다. (C) 상대의 제안에 좋은 제안이라고 맞받아치는 답변으로 정답이 된다.

이것을 오늘 사면 할인을 해드릴게요.
(A) 그는 악기를 연주합니다. (B) 전 그것들을 모두 셀 수 없어요.
(C) 좋은 제안이네요.

3. Everyone seems to <u>like</u> our new <u>promotion</u>.
(A) For the <u>international</u> <u>market</u>.
(B) <u>Yes</u>, it has <u>attracted</u> more <u>customers</u>.
(C) That <u>seems</u> <u>like</u> a good idea.

해설 (A) 'for+명사'는 목적이나 대상을 나타내는 답변으로 질문과 무관한 내용이므로 오답이다. (B) 제시한 의견에 대해 동의나 맞장구를 치면서 더 많은 고객을 모았다는 사실을 추가 설명하는 내용으로 정답이 된다. (C) 질문의 seem과 like를 반복 사용해서 오답을 유도한 함정 보기이다. 질문과 관련이 없는 내용으로 오답이다.

모두들 우리의 새로운 홍보를 좋아하는 것 같아요.
(A) 국제 시장을 위해서요. (B) 네, 그것이 고객들을 더 끌어모았어요.
(C) 그거 좋은 생각인데요.

ACTUAL TEST　01 (C)　02 (A)　03 (B)　04 (B)　05 (A)

1. He has an interview at 11 o'clock.
(A) Thanks, I've just reviewed.
(B) A week later.
(C) In which office?

그는 11시에 인터뷰가 있어요.
(A) 고마워요, 제가 방금 검토했어요. (B) 일주일 후에요.
(C) 어느 사무실에서요?

해설 인터뷰가 있다는 사실을 알려주는 평서문이다. (A) 질문의 interview와 유사 발음인 review를 이용한 오답 유형으로, 질문과 무관한 내용이므로 오답이다. (B) 시간에 관한 답변은 when 의문문에 적절하며, 인터뷰가 있다는 정보를 제공하는 대화에 어울리지 않으므로 오답이 된다. (C) 인터뷰를 어디에서 하는지 관련 정보를 추가 질문하는 내용으로 정답이다.

어휘 **interview** 인터뷰, 면접 **review** 검토하다, 복습하다 **office** 사무실

2. Call me before 1 o'clock tomorrow.
(A) I'd be happy to.
(B) It was yesterday.
(C) Let's go there.

내일 1시 전에 제게 전화하세요.
(A) 그렇게 할게요. (B) 그건 어제였어요. (C) 거기에 갑시다.

해설 언제 전화하라는 요청을 나타내는 평서문이다. (A) 요청에 대해 기꺼이 수락하는 내용으로 정답이다. (B) 질문에 등장하지 않은 it은 답변의 주어가 될 수 없으며, 내일 전화하라는 요청에 대해 과거시제로 답변하는 것은 시제가 맞지 않으므로 오답이다. (C) 가자고 한 그곳이 어디인지 질문에 나타나 있지 않으므로 오답이다.

어휘 **call** 전화하다, 부르다 **before** ~전에 **there** 거기

3. Your building looks very nice.
(A) A view of the lake.
(B) It was built 20 years ago.
(C) I'm looking for a book.

당신의 건물이 매우 멋지군요.
(A) 호수의 경치에요. (B) 20년 전에 지어진 것이에요.
(C) 저는 책을 찾고 있어요.

해설 건물에 대한 의견/평가를 전하는 평서문이다. (A) 건물에 관해 말하는데 호수의 경치를 언급하고 있으므로 질문의 내용과 무관한 오답이다. (B) 건물에 대해 언제 지어졌는지 추가적인 정보를 제공하고 있으므로 정답이다. (C) 질문의 look과 동일한 어휘를 이용한 오답 함정으로, 질문의 내용과 관련이 없으므로 오답이다.

어휘 **building** 건물 **look** ~하게 보이다 **nice** 좋은 **view** 경치, 전망 **lake** 호수 **build** 짓다 **ago** ~전에 **look for** ~을 찾다

4. This is the most popular computer we have.
(A) A new graphic program.
(B) How much does it cost?
(C) By the local distributors

이것이 우리가 보유한 가장 인기 있는 컴퓨터에요.
(A) 새로운 그래픽 프로그램이요. (B) 얼마인가요?
(C) 지역 판매업자를 통해서요.

해설 가장 인기 있는 컴퓨터라는 사실을 알려주는 평서문이다. (A) 질문의 computer에서 연상되는 어휘인 program으로 오답을 유도했으며, 질문과 관련 없는 내용으로 오답이다. (B) 상대방이 언급한 컴퓨터에 대해 관심을 나타내면서 얼마냐고 묻고 있으므로 정답이다. (C) 'by+명사' 형태는 수단/방법을 묻는 how 의문문에 적절한 답변으로, 질문의 내용과 관련이 없어 오답이다.

어휘 **popular** 인기 있는 **computer** 컴퓨터 **graphic** 그래픽 **program** 프로그램 **cost** 비용이 ~들다 **local** 지역의, 지방의 **distributor** 유통 업자, 판매업자

5. The shipment of office supplies should arrive today.
(A) Does it include office paper?
(B) The office is closed today.
(C) It's alive.

사무용품 배송이 오늘 도착할 거예요.
(A) 사무용지도 포함되어 있나요? (B) 사무실은 오늘 문을 닫았어요.
(C) 그것은 살아 있어요.

해설 오늘 배송이 될 것이라는 사실을 알려주는 평서문이다. (A) 사무용품이 도착할 것이라는 정보를 듣고 사무용품에 사무용지가 포함되어 있는지 관련 내용을 추가 질문하고 있으므로 정답이다. (B) 질문의 office와 today를 반복 사용해서 오답으로 유도했으나, 사무실에 관한 사실은 질문과 무관한 내용으로 오답이다. (C) 질문의 arrive와 유사한 발음인 alive를 이용한 오답 함정이다. 질문에 등장하지 않은 it이 주어로 쓰였으므로 정답이 될 수 없다.

어휘 **shipment** 배송 **office supplies** 사무용품 **arrive** 도착하다 **almost** 거의 **office** 사무실 **close** 닫히다, 닫다 **alive** 살아 있는

PART 2 | 필살기 16. | page 119

DICTATION 01 (A) 02 (B) 03 (B)

1. <u>Where</u> is the nearest <u>restaurant</u>?
(A) I'll <u>check</u> the <u>map</u>.
(B) All kind of <u>sandwiches</u>.
(C) I might <u>take</u> a <u>break</u> soon.

가장 가까운 식당이 어디인가요?
(A) 지도를 확인해볼게요. (B) 모든 종류의 샌드위치요.
(C) 전 곧바로 쉴지도 몰라요.

해설 (A) 직접적인 답변이라기보다는 확인해보고 말해주겠다는 I don't know 유형의 답변이다. (B) 식당에서 연상할 수 있는 샌드위치(sandwiches)를 이용한 오답이다. (C) 질문과는 전혀 상관없는 답변으로, 장소에 대한 내용이 없어 오답이다.

2. Haven't <u>we</u> already <u>paid</u> this invoice?
(A) I can <u>invite</u> them.
(B) <u>James</u> would <u>know</u>.
(C) <u>That's</u> a good <u>choice</u>.

이 송장에 대해서 이미 돈을 지불하지 않았나요?
(A) 제가 그들을 초대할 수 있습니다. (B) 제임스가 알 겁니다.
(C) 좋은 선택입니다.

해설 (A) 질문의 invoice와 유사한 발음의 단어인 invite를 이용한 오답이다. (B) I don't know 유형으로 제3자가 알 것이라고 답변하고 있는 정답이다. (C) 상대방의 의견에 동의하는 답변으로 질문의 invoice와 유사한 choice를 이용한 오답이다.

3. <u>Where</u> is the <u>manual</u> for this?
(A) He just <u>left</u> for the airport.
(B) <u>I</u> haven't <u>seen</u> it.
(C) <u>No</u>, I don't.

이것에 대한 매뉴얼은 어디에 있나요?
(A) 그는 막 공항으로 떠났어요. (B) 그것을 보지 못했어요.
(C) 아니요, 전 하지 않습니다.

해설 (A) 매뉴얼의 위치를 묻는 질문에 '놓아두다(leave)'의 의미가 있는 leave의 과거형을 이용한 오답이다. 그러나 여기서는 '떠나다'라는 의미이므로 상관없는 내용이다. 주어인 he도 맞지 않다. (B) 매뉴얼이 어디 있는지에 대한 답변으로 그걸 보지 못해서 모른다고 답변한 정답이다. (C) 의문사 의문문에 Yes/No로 답할 수 없으므로 바로 오답이다.

ACTUAL TEST 01 (C) 02 (B) 03 (A) 04 (C) 05 (C)

1. Can you reschedule the briefing for Thursday or Friday?
(A) Yes, last week.
(B) It didn't last long at all.
(C) Let me check.

브리핑을 목요일로 조정할까요, 아니면 금요일로 조정할까요?
(A) 네, 지난주요. (B) 그건 전혀 오래가지 않았어요.
(C) 제가 확인해볼게요.

해설 브리핑을 목요일 또는 금요일로 조정할지를 묻는 선택 의문문이다. (A) 단순한 A or B의 선택 의문문은 Yes/No로 답변할 수 없으므로 오답이다. (B) 짧고 간단하다는 의미의 brief에서 연상할 수 있는 long을 이용한 오답이다. (C) 질문에 대한 직접적인 답변을 주는 대신 알아보겠다는 회피성 답변으로 정답이 된다.

2. What will the new product be called?
(A) It's cold outside.
(B) They haven't decided yet.
(C) It's productive.

새로운 제품을 뭐라고 부르실 거에요?
(A) 밖은 추워요. (B) 아직 결정되지 않았어요.
(C) 그것은 생산적이에요.

해설 새로운 제품의 명칭에 대해 묻는 what 의문문이다. (A) 질문의 call과 유사한 발음인 cold를 이용한 오답 함정이다. 날씨나 기온 상태를 묻는 질문에 대한 대답으로, 질문과 무관하므로 오답이다. (B) 질문한 사항에 대해 '모르겠다', '알아봐 주겠다', '아직 결정되지 않았다' 등으로 대답하는 I don't know 유형의 답변은 어느 의문문에서나 적절한 대답이 되므로 정답이다. (C) 질문의 product와 유사한 발음인 productive를 이용한 함정으로 질문의 내용과 관련이 없으므로 오답이다.

어휘 **product** 제품 **call** 부르다, 전화하다 **decide** 결정하다 **yet** 아직 **productive** 생산적인

3. Why don't we ask the director for his opinion?
(A) Is he available toady?
(B) It's in the office.
(C) A few good ideas.

부장님의 의견을 여쭈어 보는 것이 어떨까요?
(A) 그분이 오늘 시간이 되실까요? (B) 그것은 사무실에 있어요.
(C) 좋은 의견이 몇 가지 있어요.

해설 상관의 의견을 들어 보자고 제안하는 의문문이다. (A) 질문에 제시된 사람(director)의 시간이 가능한지 추가적인 질문을 하고 있으므로 정답이다. (B) 질문에 등장하지 않은 it은 답변의 주어가 될 수 없으므로 오답이다. (C) opinion과 관련된 단어인 idea를 이용한 함정으로 질문과 무관한 내용이므로 오답이다.

어휘 **ask** 묻다, 요청하다 **director** 감독자, 상관 **opinion** 의견 **available** 이용 가능한, 시간이 있는

4. Should we get permission before using this machine?
(A) No, it's not our mission.
(B) It's in use.
(C) I was going to ask Mr. Porter.

이 기계를 사용하기 전에 허가를 받아야 하나요?
(A) 아니요, 그것은 저희의 임무가 아니에요. (B) 그것은 사용 중이니다. (C) 포터 씨에게 물어보려던 참이었어요.

해설 허가를 받아야 하는지 물어보는 조동사 의문문이다. (A) 질문의 permission과 유사한 발음인 mission을 이용한 함정 보기로, 질문과 무관한 내용이므로 오답이다. (B) 질문에 등장하지 않은 it은 답변의 주어가 될 수 없으므로 오답이다. (C) 질문한 사항에 대해 자신은 잘 몰라 다른 사람에게 확인해 보려던 참이었다는 의미로 정답이다.

어휘 **permission** 허가 **before** ~전에 **use** 사용하다 **machine** 기계 **mission** 임무 **in use** 사용 중인 **be going to V** ~할 것이다 **ask** 묻다, 요청하다

5. Would you write me a letter of recommendation?
(A) They're in the file cabinet.
(B) Yes, another one.
(C) When do you need it?

저에게 추천서를 써주시겠어요?
(A) 그것들은 서류 캐비닛에 있어요. (B) 네, 다른 것으로요.
(C) 그것이 언제 필요하신데요?

해설 추천서를 써 줄 수 있는지 부탁/요청하는 의문문이다. (A) 질문의 추천서로부터 연상되는 file cabinet을 이용해서 오답으로 유도했으나, 질문에 등장하지 않은 they가 답변의 주어로 쓰였으므로 오답이다. (B) 부탁/요청의 질문에 대해 Yes로 대답하는 것은 승낙의 의미인데, 이어지는 내용이 질문과 무관하므로 오답이다. (C) 서류 요청에 대해 언제 필요한지 추가적인 질문을 하고 있으므로 정답이다.

어휘 **write** 쓰다 **letter of recommendation** 추천서 **file** 서류, 파일 **cabinet** 캐비닛, 보관함 **another** 또 다른 **need** 필요하다

ACTUAL TEST 01.(A) 02.(D) 03.(C)

1. M: Hi, Mary. I checked some information about Middlestown Food service company, and I was quite impressed with the service they provide. Should we have them supply meals for our employee cafeteria?

W: Well, they do have a lot of menus to offer, but apparently, their prices are considerably higher than other companies. With such high prices, I am afraid that the employees might be reluctant to pay such an amount for their meals.

> What is the conversation mainly about?
(A) Selecting a food supplier
(B) Mailing some merchandise
(C) Preparing a presentation
(D) Eating out at a local restaurant

해석 남: 메리 씨 안녕하세요. 미들타운 푸드 서비스 회사에 대한 정보를 확인해 보았습니다. 저는 그들이 제공하는 서비스에 깊은 인상을 받았습니다. 그들이 저희 구내식당에 식사를 제공하게 해야 할까요?
여: 글쎄요, 그들이 다양한 종류의 메뉴를 제공하기는 하지만 확실히 다른 업체들에 비해 상당히 비싸요. 가격이 그렇게 높으니 직원들이 그만큼 지불하고 식사를 하려고 할지가 걱정됩니다.

> 이 대화는 주로 무엇에 관한 것인가?
(A) 음식 공급 업체 선정 (B) 상품 배송 (C) 발표 준비
(D) 지역 식당에서의 외식

해설 주제를 묻는 문제는 주로 대화의 전반부에 정답이 나온다. 남자의 첫 번째 대사에서(I checked some information about Middlestown Food service company, and I was quite impressed with the service they provide. Should we have them supply meals for our employee cafeteria?) Middlestown Food 서비스 회사에 대해 이야기를 하며 이 회사가 구내식당에 식사를 제공하도록 하는 것에 대해 어떻게 생각하느냐고 묻고 있으므로 정답은 (A)가 된다.

어휘 quite 꽤 be impressed with ~에 감동받다
provide 제공하다 supply 공급하다 offer 제공하다
apparently 명백히 considerably 상당히
be reluctant to V ~을 주저하다, 망설이다 amount 양
meal 식사 supplier 공급자 merchandise 상품
prepare 준비하다 presentation 발표 eat out 외식하다 local 지역의

2. W: Matthew, are you interested in coming to the staff meeting tomorrow morning? The engineering department is planning on introducing two new car models which will be released next winter. This is your second week here, so I think it will be a great opportunity for you and the other staff to get to know each other.

M: Oh, that sounds great. I will be more than happy to meet the engineering team and introduce myself to them. Where will the meeting take place?

> What are the speakers mainly discussing?
(A) Driving directions
(B) A job description
(C) Work assignments
(D) A staff meeting

해석 여: 매튜, 내일 아침 직원 회의에 참석하실 건가요? 기술부는 다음 겨울에 출시될 두 가지 신형 자동차 모델을 선보일 예정입니다. 이제 여기서 일하신 지 2주 되셨네요. 그래서 회의에 참석하시면 다른 직원들과 당신이 서로 알 수 있는 아주 좋은 기회가 될 것 같아요.
남: 좋은 생각이네요. 기술부 직원들을 만나서 저를 소개할 수 있게 되어 기쁘네요. 회의는 어디에서 하나요?

> 화자들은 무엇에 대해 이야기를 하고 있는가?
(A) 운전 방향 (B) 직무 기술서 (C) 작업 배당 (D) 직원 회의

해설 주제를 묻는 문제는 주로 대화의 전반부에 정답이 제시된다. 여자의 첫 번째 대사에서(Matthew, are you interested in coming to the staff meeting tomorrow morning?) 직원 회의와 관련된 이야기를 언급하고 있으므로 정답은 (D)가 된다.

어휘 be interested in ~에 관심이 있다 staff meeting 직원 회의 engineering department 기술부 plan 계획하다 introduce 소개하다 release 공개하다, 발표하다 opportunity 기회 each other 서로 take place 일어나다 direction 방향, 위치 assignment 과제, 임무

3. M: Oh, Janet, **I thought you were going to take a day off** for today and tomorrow. Weren't you supposed to move to a new apartment?

W: **Yes, that was what I originally planned for, but** my realtor told me yesterday that the repair work on the bathroom is still incomplete. I guess I have to wait for two more days.

> What are the speakers discussing?

(A) A popular book
(B) A model house
(C) A change in a plan
(D) A weather forecast

해석 남: 안녕하세요, 자넷 씨. 오늘하고 내일이 휴무인 줄 알았는데요. 새 아파트로 이사 간다고 하지 않으셨어요?
여: 네, 원래 계획은 그랬습니다. 그런데 제 부동산 중개업자가 욕실 보수 공사가 아직 끝나지 않았다고 그러더군요. 이틀을 더 기다려야 할 것 같아요.

> 화자들은 무엇에 대해 이야기하고 있는가?
(A) 인기 있는 책 (B) 모델 하우스 (C) 계획 변경 (D) 일기예보

해설 주제를 묻는 문제는 주로 대화의 전반부에 정답이 제시된다. 남자의 첫 번째 대사에서(~ I thought you were going to take a day off for today and tomorrow. Weren't you supposed to move to a new apartment?) 오늘과 내일 휴무가 아니었냐고 묻고 있고, 그 뒤에 여자가(Yes, that was what I originally planned for, but ~) 원래 계획은 그랬으나 변경되었다고 하므로 정답은 (C)가 된다.

어휘 **take a day off** 하루 휴가를 얻다 **be supposed to V** ~해야 하다 **originally** 원래 **realtor** 부동산 업자 **repair** 수리하다, 수선하다 **bathroom** 욕실 **incomplete** 불완전한, 미완성의 **popular** 인기 있는 **weather forecast** 일기예보

PART 3 | 필살기 03. | page 135

ACTUAL TEST   01 (C)   02 (D)   03 (A)

1. M: Hi, I am planing to open a clothing shop and I would like to borrow some money.
W: Well, our loan officer will not be back until tomorrow, but I can get you the application forms you need to fill in.

> Where is this conversation most likely taking place?
(A) At a shopping mall
(B) At a hospital
(C) At a bank
(D) At a fashion store

해석 남: 안녕하세요. 저는 옷가게를 열 계획입니다. 그래서 돈을 좀 빌리고 싶습니다.
여: 음, 저희 대출 담당 직원이 내일까지 휴무라서 제가 작성하셔야 할 신청서를 드리도록 하겠습니다.

> 이 대화가 어디에서 일어나고 있는가?
(A) 쇼핑몰에서 (B) 병원에서 (C) 은행에서 (D) 패션 전문점에서

해설 대화가 일어나는 장소를 묻는 문제는 주로 대화의 전반부에 정답이 제시된다. 남자의 첫 번째 대사에서(Hi, I am planing to open a clothing shop and I would like to borrow some money.) 옷가게를 열 계획이기에 돈을 빌리고 싶다고 하는 것으로 보아 정답은 (C) 은행이 된다.

어휘 loan officer 대출 담당 직원 application form 지원서, 신청서 plan to V ~할 계획이다 clothing shop 옷가게 fill in 작성하다 take place 개최되다, 일어나다

2. M: Hi. Could you tell me where I can find some science fiction novels?
W: Well, you might want to check the novels section on the second floor. If you are looking for recent releases, however, they are placed in the bookshelves near the entrance. Which ones are you looking for in particular? I can help you find them.

> Where does the conversation take place?
(A) At a tourist information center
(B) At a laboratory
(C) At a bus stop
(D) At a bookstore

해석 남: 안녕하세요. 이곳은 공상과학 소설이 어디에 있나요?
여: 음, 2층에서 소설 섹션을 확인해 보세요. 그런데 최신 도서를 찾으신다면 입구 근처에 있는 책장에 있습니다. 특별히 어떤 책을 찾고 계신가요? 제가 찾는 것을 도와드리겠습니다.

> 이 대화는 어디에서 일어나는가?
(A) 관광 안내소에서 (B) 실험실에서 (C) 버스 정류장에서 (D) 서점에서

해설 대화가 일어나는 장소를 묻는 문제는 주로 대화의 전반부에 정답이 제시된다. 남자의 첫 번째 대사에서(Hi, Could you tell me where I can find some science fiction novels?) 공상과학 소설이 어디에 있냐고 묻는 것으로 보아 정답은 (D) 서점이다.

어휘 science fiction 공상과학 소설 look for ~을 찾다 recent 최근의 release 개봉, 발간, 출시 place 놓다 bookshelf 책꽂이 entrance 입구 in particular 특히 tourist 관광객 laboratory 실험실

3. M: Sorry, ma'am. I am new in this area, and I am trying to find the Frieze Building on Tenack Road.
W: Oh, I understand. Well, It's only a few blocks away from here. Go past the gas station over there and make a left. Walk for about five minutes and you will reach Tenack Road. Turn right and then walk for about 5 more minutes until you see a large Chinese restaurant. Frieze Building is the brown building next to it.

> Where most likely is the conversation taking place?
(A) On a city street
(B) In an office building
(C) In a car
(D) At a restaurant

해석 남: 죄송합니다만, 부인, 제가 이곳이 초행길인데요. 테넥 가에 있는 프리즈 빌딩을 찾고 있습니다.
여: 알겠습니다. 음, 그곳은 여기에서 단 몇 블록 떨어진 곳에 있습니다. 저쪽에서 주유소를 지나 좌회전하세요. 5분 정도 걸으시면, 테넥 가에 도착하실 거예요. 우회전하고 나서 대형 중국 음식점이 보일 때까지 5분 정도 걸으세요. 프리즈 빌딩은 중국 음식점 옆에 있는 갈색 건물입니다.

> 대화는 어디에서 일어나고 있는가?
(A) 도시의 거리에서 (B) 사무실 건물에서 (C) 자동차 안에서 (D) 식당에서

해설 대화의 장소를 묻는 문제는 주로 전반부에 정답이 제시된다. 남자의 첫 번째 대사에서(Sorry, ma'am. I am new in this area, and I am trying to find the Frieze Building on Tenack Road.) 남자가 초행길이라며 어떤 건물을 찾고 있는 것으로 보아 정답은 (A) 도시의 거리이다.

어휘 area 지역 try to V ~하려고 노력하다 gas station 주유소 next to ~옆에 office building 사무실용 빌딩

PART 3 | 필살기 04. | page 139

ACTUAL TEST   01 (C)   02 (B)   03 (D)

1. M: Gina, I'd like you to assist Brian with finding ways to market our new line of potato chips. Brian has started working on this project last week, and he's asked for some help.
W: I could do that. We've worked together a few times in the past and we came up with good marketing strategies.

> What department do the speakers most likely work in?

(A) Product development
(B) Technical support
(C) Marketing
(D) Accounting

해석 남: 지나, 당신이 브라이언을 도와 신제품 포테이토칩 판매 방법을 모색해 보셨으면 좋겠어요. 브라이언이 지난주에 이미 프로젝트를 시작했는데 그가 도움을 요청했거든요.
여: 네, 그러죠. 저희는 전에 몇 번 같이 일해본 적이 있는데 좋은 마케팅 전략을 제안하기도 했었어요.
> 화자들은 어떤 부서에서 일하는가?
(A) 제품 개발 (B) 기술 지원 (C) 마케팅 (D) 회계

해설 회사의 종류나 업종, 부서를 묻는 문제는 주로 대화의 전반부에 정답이 제시된다. 남자의 첫 번째 대사에서(Gina, I'd like you to assist Brian with finding ways to market our new line of potato chips. ~) 신제품인 포테이토칩에 대한 판매 방법(전략)을 모색하는 데 도움을 달라고 부탁했고, 여자가(~ we came up with good marketing strategies.) 전에도 좋은 마케팅 전략을 제안했다고 하는 것으로 보아 (C) 마케팅부임을 알 수 있다.

어휘 **assist** 돕다 **market** 광고하다 **in the past** 과거에 **come up with** 찾아내다, 내놓다

2. M: We're glad that you have accepted our offer to take the mechanical engineering position for our technical department. Please note that new employee orientation is scheduled to begin from Monday at 10 a.m.
W: Thank you for your notice. Could you tell me when the orientation program will end? I have made a dental appointment at 3 p.m. on the same day. I didn't know that the orientation would start so soon.

> Who most likely is the woman?

(A) A doctor
(B) An engineer
(C) An art director
(D) A personnel manager

해석 남: 기술 부서의 기계공학 기술직에 대한 저희 제안을 받아들여 주셔서 감사합니다. 신입사원들을 위한 오리엔테이션이 월요일 오전 10시에 시작한다는 것을 기억해 주세요.
여: 알려주셔서 감사합니다. 오리엔테이션이 언제 끝나는지 알려주시겠어요? 제가 그날 오후 3시에 치과 진료가 예약되어 있습니다. 오리엔테이션이 그렇게 빨리 진행될 줄은 몰랐어요.
> 여자는 누구인가?
(A) 의사 (B) 기술자 (C) 미술 감독 (D) 인사 부장

해설 직업을 묻는 문제는 주로 대화의 전반부에 정답이 제시된다. 남자의 첫 번째 대사에서(We're glad that you have accepted our offer to take the mechanical engineering position for our technical department.) 기술 부서의 기계 공학 기술직에 대한 제안을 받아들여 줘서 감사하다고 한 것으로 보아 여자의 직업은 (B) 기술자임을 알 수 있다.

어휘 **accept** 받아들이다 **mechanical engineering** 기계 공학 **technical department** 기술부 **notice** 공고문, 안내문 **dental** 치과의, 치아의 **make an appointment** 만날 약속을 하다 **on the same day** 같은 날에 **personnel** 직원들, 인사과

3. W: Hi, this is Sarah Bonds and I ordered some office supplies from your online shop two days ago. However, due to some scheduling conflicts, I don't think I will be home next week to receive my delivery. Would it be possible if you can send the package to my office instead?
M: I am sorry Ms. Bonds, but it seems that your order's been shipped out. Don't worry, though, because the package will be returned back to us if the package can't be delivered. Once we receive it, we will give you a call to set a new delivery date.

> Where does the man probably work?

(A) At a post office
(B) At a shipping company
(C) At a repair shop
(D) At an office-supply store

해석 여: 안녕하세요. 저는 사라 본즈입니다. 제가 이틀 전에 온라인에서 사무용품을 주문했습니다. 그러나 일정이 맞지 않아, 다음주에 제가 집에서 배달을 받을 수 없을 것 같습니다. 대신에 소포를 제 사무실로 보내주실 수 있으시겠습니까?
남: 죄송하지만 본즈 씨, 고객님의 소포가 이미 배송되었습니다. 하지만 걱정하지 마세요. 소포가 수령되지 않으면 소포는 저희에게 다시 반환될 것입니다. 소포가 도착하면 저희가 고객님께 전화 드려 새로운 배송일을 정할 수 있도록 하겠습니다.
> 남자는 어디에서 일하는가?
(A) 우체국 (B) 택배 회사 (C) 수리점 (D) 사무용품 가게

해설 회사의 종류, 업종을 묻는 문제는 주로 대화의 전반부에 정답이 제시된다. 첫 번째 여자의 대사에서(Hi, this is Sarah Bonds and I ordered some office supplies from your online shop two days ago. ~) 여자가 남자의 회사에 사무용품을 주문했다는 것으로 보아 정답은 사무용품점이라고 제시한 (D)이다.

어휘 **office supply** 사무용품 **due to** ~때문에 **scheduling conflict** 일정 충돌 **receive** 받다 **delivery** 배달 **possible** 가능한 **package** 소포 **instead** 대신에 **ship out** ~을 (외국에) 보내다 **though** 비록 ~이긴 하지만 **return** 돌아오다 **once** ~하자마자 **delivery date** 배달 날짜 **repair** 수리; 수리하다

260

PART 3 | 필살기 **05.** | page 143

ACTUAL TEST 01 (B) 02 (B) 03 (A)

1. W: Hi, <u>I'd like to make a reservation for dinner</u> at Caesar's Diner for Saturday night.
M: Yes, we have tables available for Saturday. How many people are we expecting for this night, ma'am?
W: It will be a party of six. We will be coming around 7:00 p.m.

> Why is the woman calling?

(A) To invite a friend to dinner
(B) To make a reservation
(C) To place an order
(D) To change an appointment

해석 여: 안녕하세요. 저는 시이저스 식당에서 토요일 밤에 저녁식사를 예약하고 싶습니다.
남: 네, 토요일에 예약이 가능합니다. 이 날 밤에 몇 분이 오실 건가요?
여: 6명입니다. 저희는 저녁 7시쯤에 도착할 것입니다.

> 여자는 왜 전화를 하고 있는가?
(A) 친구를 저녁식사에 초대하기 위해 (B) 예약하기 위해 (C) 주문하기 위해 (D) 약속을 변경하기 위해

해설 전화를 건 목적을 묻는 문제는 주로 대화의 전반부에 정답이 나온다. 여자의 첫 번째 대사에서(Hi, I'd like to make a reservation for dinner at Caesar's Diner for Saturday night.) Caesar's 식당에서 토요일 밤에 식사를 예약하고 싶다는 것으로 보아 정답은 (B)가 된다.

어휘 **make a reservation** 예약하다 **available** 시간이 가능한, 이용 가능한 **place an order** 주문하다 **appointment** 약속

2. W: Hello, my name is Sumin P. My supervisor advised that I contact the company's relocation office because I am transferring to the London office. I need help finding an apartment there.
M: Well, we work with an agent in London who helps employees locate to suitable residences. She is highly recommended by other employees who transferred there in the past. I suggest you speak to her.

> Why is the woman calling?

(A) To ask for driving directions
(B) To get relocation assistance
(C) To schedule a job interview
(D) To inquire about hotel prices

해석 여: 안녕하세요. 제 이름은 수민 P입니다. 제 상사가 제게 런던 지사로 전근가기 전에 회사의 이주 사무실로 전화를 하라고 하셨습니다. 저는 그곳에서 살 아파트를 찾고 있거든요.
남: 네, 저희 직원들을 위해 좋은 주택을 찾아주는 대리인이 런던에 있습니다. 그녀는 전에도 다른 직원들에 의해 추천을 많이 받아 저는 귀하께 그녀에게 얘기해 보시기를 권해 드립니다.

> 여자는 왜 전화를 하고 있는가?
(A) 운전해서 갈 곳을 물어보려고 (B) 전근과 관련하여 도움을 받으려고 (C) 구직 면접 일정을 잡으려고 (D) 호텔 요금을 물어보려고

해설 전화를 건 목적을 묻는 문제이다. 여자의 첫 번째 대사에서 자신을 소개하고 전화를 건 이유를 설명한다. relocation office에 전화를 걸었음을 알 수 있고 전근가는 곳에서 아파트를 구한다고 하므로 전근(relocation)과 관련하여 도움을 받고자 전화를 했다는 (B)가 정답이다.

어휘 **advise** 충고하다, 조언하다 **relocation** 이전, 전근 **transfer** 전근가다

3. M: Hello, I'm returning your call. <u>You left a message saying that you need to talk about your team uniforms we're currently making for you</u>.
W: That's right. I know this is short notice, but I was wondering if you are able to have them sent to us by this Friday. Apparently, our team schedule has undergone some changes and we've been invited to attend a special friendly match this Saturday.
M: I understand. Well luckily, all uniforms are complete except for the logo print. If you could send me the picture of your logo by today, I think you will be able to receive the uniforms by Friday or even earlier.

> What is the purpose of the call?

(A) To discuss an order
(B) To reserve tickets
(C) To suggest a design change
(D) To confirm an address

해석 남: 안녕하세요. 회신 전화를 드립니다. 저희가 현재 제작하고 있는 팀 유니폼에 대해 하실 말씀이 있다는 메시지를 남기셨더군요.
여: 저도 갑작스러운 통보인 것을 알지만 이번 주 금요일까지 유니폼을 보내주실 수 있을지 궁금합니다. 저희 팀의 일정이 변경되어 이번 주 토요일에 특별 친선 경기에 초대를 받았습니다.
남: 알겠습니다. 다행히도, 유니폼들이 로고를 세기는 것을 제외하고는 모두 완성되었습니다. 오늘까지 로고 그림을 보내주시면, 금요일이나 더 일찍도 유니폼을 받아보실 수 있으실 겁니다.

> 전화의 목적은 무엇인가?
(A) 주문에 대해 이야기하기 위해 (B) 티켓을 예매하기 위해 (C) 디자인 변경을 제안하기 위해 (D) 주소를 확인하기 위해

해설 전화를 건 목적을 묻는 문제는 주로 대화의 전반부에 정답이 나온다. 첫 번째 남자의 대사에서(You left a message saying that you need to talk about your team uniforms we're currently making for you) 현재 자신들이 제작하고 있는 유니폼에 대해 의논할 것이 있다는 메시지를 남겼다고 하는 것으로 보아 주문에 대해 이야기를 하기 위해서라고 한 (A)가 정답이다.

어휘 **currently** 현재 **short notice** 촉박한 통보 **wonder** 궁금해 하다 **be able to V** ~할 수 있다 **apparently** 듣자하니 **undergo** 겪다 **attend** 참석하다 **friendly match** 친선 경기 **complete** 완벽한 **except for** ~을 제외하고 **discuss** 논의하다 **order** 주문 **reserve** 예약하다 **confirm** 확인하다

PART 3 | 필살기 06. | page 147

ACTUAL TEST   01 (C)   02 (B)   03 (C)

1. M: Excuse me. **Could you tell me if Baker Road is nearby?**
W: No, it's still several blocks away from here. Go back from where you came from and go straight until you see a bank. Then, turn right, walk for about ten minutes and Baker Road will be on your right.

> What is the man looking for?
(A) A hotel
(B) A bank
(C) A street ✓
(D) A train station

해석   남: 실례합니다. 바커 로드가 이 근처인가요?
여: 아니요. 여기서 몇 블럭 떨어져 있어요. 은행이 보일 때까지 당신이 온 곳으로 다시 되돌아가십시오. 그리고 나서 우회전 하신 다음 10분 정도 걸어가다 보면 오른쪽으로 바커 로드가 나올 겁니다.
> 남자는 무엇을 찾고 있는가?
(A) 호텔 (B) 은행 (C) 길 (D) 기차역

해설   원하는 것을 묻는 문제는 주로 대화의 전반부에 정답이 나온다. 남자의 첫 번째 대사에서(Excuse me. Could you tell me if Baker Road is nearby?) 남자는 길을 찾고 있음을 알 수 있으므로 정답은 (C)이다.

어휘   **look for** ~을 찾다 **until** ~까지 **about** 약 **train station** 기차역

2. W: Hello, **I just saw your ad about voice acting classes** and **I would like to know about the program** in more detail.
M: Sure, no problem. The entire course is divided into two semesters. For the first semester, you will start off with basic vocal exercises and character identification. Onto the second semester, you will get to try to experience recording your voice and learn basic editing skills using the computer. It will be worth a try.

> What subject does the woman want to study?
(A) Computer programming
(B) Voice acting ✓
(C) Fashion
(D) Psychology

해석   여: 안녕하세요. 목소리 연기 수업에 대한 광고를 보았는데 프로그램에 대해 더 상세하게 알고 싶습니다.
남: 물론입니다. 전체 과정은 두 학기로 나뉘어져 있습니다. 첫 학기는 기본 목소리 연습과 등장인물과 동일화 연습으로 시작할 것입니다. 다음 학기에서는, 본인의 목소리를 녹음해볼 것이고, 컴퓨터를 사용하여 기본 편집 기술을 배울 것입니다. 들어볼 만한 가치가 있을 거예요.
> 여자는 어떤 과목을 공부하기를 원하는가?
(A) 컴퓨터 프로그래밍 (B) 목소리 연기 (C) 패션 (D) 심리학

해설   원하는 것을 묻는 문제는 주로 대화의 전반부에 정답이 나온다. 여자의 첫 번째 대사에서(Hello, I just saw your ad about voice acting classes and I would like to know about the program in more detail.) 목소리 연기 수업에 대해 자세하게 알고 싶다는 것으로 보아 정답은 (B)가 된다.

어휘   **be divided into** ~로 나뉘다 **semester** 학기 **identification** 동일시, 신원 확인 **record** 기록하다 **editing** 편집 **skill** 기술 **be worth a try** 시도해볼 만한 가치가 있다 **subject** 주제 **psychology** 심리학

3. M: Hi. **I'm looking for a used sedan** and **I'd like to get something fuel efficient.**
W: Yes, lots of people these days are concerned about the rising gas price. Please follow me and I will show you what you might be interested in. Right here is our best seller, The Carrier. It comes with an automatic transmission. And as you requested, it has the best fuel efficiency among all our models in stock. We are also currently offering a three thousand dollar discount on it!

> What is the man mainly looking for in a car?
(A) Comfortable seating
(B) An automatic transmission
(C) Fuel efficiency ✓
(D) A discounted price

해석   남: 안녕하세요. 저는 중고 세단형 자동차를 찾고 있는데, 연비가 좋은 것이었으면 좋겠습니다.
여: 네, 요즘 많은 사람들이 기름 가격 상승에 대해 걱정을 합니다. 저를 따라오시면 마음에 들어 하실 만한 자동차를 보여드리겠습니다. 이쪽에 있는 것이 저희 가게에서 가장 잘 팔리는 자동차 캐리어입니다. 자동 변속 장치가 설치되어 있습니다. 요청하신 대로, 저희 가게에 있는 모든 자동차들 중에서 연비 효율성도 가장 뛰어납니다. 현재 3,000달러를 할인해 드립니다!
> 남자가 차에서 원하는 것은 무엇인가?
(A) 편안한 좌석 (B) 자동 변속 장치 (C) 연비 효율 (D) 할인가

해설   원하는 것이나 해야 하는 것을 묻는 문제는 주로 대화의 전반부에 정답이 나온다. 남자의 첫 번째 대사에서 (I'm looking for a used sedan and I'd like to get something fuel efficient.) 연비가 좋은 중고 세단형 자동차를 찾고 있다고 하므로 정답은 (C) 연비 효율이다.

어휘   **used** 중고 **sedan** 세단형 자동차 **mileage** 주행 거리 **be concerned about** ~을 걱정하다 **gas price** 연료비 **be interested in** ~에 관심 있다 **come with** ~이 딸려 있다 **automatic transmission** 자동 변속 장치 **enough to** ~하기에 충분한 **seat** 앉히다; 앉다 **fuel efficiency** 연료 효율 **in stock** 비축되어, 재고로 **seating** 좌석, 자리

PART 3 | 필살기 07. | page 151

ACTUAL TEST   01 (A)   02 (A)   03 (D)

1. W: Edward, <u>there seems to be some error in the spread sheet. **The financial total is different** from what I expected.</u>

M: Hmm, that's odd. Let me have a look at it.

> What is the problem?

(A) Some numbers do not add up properly.
(B) A form has been misplaced.
(C) Some data are missing.
(D) A printer is not working.

해석 여: 에드워드, 스프레드 시트에 문제가 있는 것 같아요. 재정 총액이 제가 예상한 것과 다릅니다.
남: 흠, 이상하네요. 제가 한번 살펴보겠습니다.
> 문제점이 무엇인가?
(A) 숫자가 적절하게 더해지지 않았다.
(B) 서류를 잘못 두었다. (C) 데이터를 잃어버렸다.
(D) 프린터가 작동하지 않는다.

해설 문제점을 묻는 문제는 주로 대화의 전반부에 정답이 제시된다. 여자의 대사에서(there seems to be some error in the spread sheet. The financial total is different from what I expected.) 재정 총액이 예상한 것과 다르다고 하므로 정답은 숫자가 적절하게 더해지지 않았다고 한 (A)가 된다.

어휘 **total** 합계 **error** 잘못, 실수 **financial** 재정의 **odd** 이상한 **look at** ~을 보다 **add** 더하다 **properly** 적합하게, 적당하게 **misplace** 제자리에 두지 않다 **work** 작동하다 **miss** 놓치다

2. W 1: Good morning, you've called Modern Tech Magazines. How can I help you?

W 2: Well, <u>I just checked this month's issue, and **some of the pages are ripped apart**</u>. Could I have another copy delivered please?

> What's the problem?

(A) An item is damaged.
(B) The customer is over charged.
(C) The equipment is broken.
(D) The item is delivered to the wrong address.

해석 여 1: 안녕하세요. 〈모던 테크 잡지〉 사에 전화 주셨군요. 어떻게 도와드릴까요?
여 2: 음, 제가 좀 전에 이 달의 잡지를 보았는데요, 몇 페이지가 찢어져 있네요. 한 부를 더 배송해줄 수 있나요?
> 문제가 무엇인가?
(A) 물건에 손상이 있다. (B) 고객에게 과잉 청구했다.
(C) 장비가 고장 났다. (D) 물건이 잘못된 주소로 배달됐다.

해설 문제점을 묻는 문제는 주로 대화의 전반부에 정답이 제시된다. 여자의 대사에서(I just checked this month's issue, and some of the pages are ripped apart. ~) 잡지가 찢어져 있다고 했으므로 정답은 물건에 손상이 있다고 한 (A)이다.

어휘 **issue** 사안, 문제 **rip apart** ~을 갈가리 찢다 **extra** 추가의, 여분의 **damage** 피해를 입히다 **overcharge** 과잉 청구하다 **equipment** 장비 **item** 제품

3. W: I can't believe <u>we have already **waited an hour for the train**</u>. Do you happen to know the reason why?

M: Yes, the ticket agent told me that the tracks have undergone some repairs. Our train should be here in about fifteen minutes or so.

> Why is the woman concerned?

(A) She lost a receipt.
(B) She missed an appointment.
(C) The bus station is far away.
(D) The train is late.

해석 여: 우리가 벌써 기차를 한 시간 동안이나 기다렸다니 믿을 수가 없네요. 왜 그런지 아시나요?
남: 네, 선로가 수리 중이라고 매표원이 말하더군요. 기차가 15분쯤 후에 도착할 거에요.
> 여자는 왜 걱정을 하는가?
(A) 그녀는 영수증을 잃어버렸다. (B) 그녀는 약속을 지키지 못했다. (C) 버스 정류장이 멀다. (D) 기차가 늦었다.

해설 걱정에 관한 문제는 주로 대화의 전반부에 정답이 제시가 된다. 여자의 대사에서(I can't believe we have already waited an hour for the train. Do you happen to know the reason why?) 기차를 한 시간이나 기다렸다고 하면서 그 이유를 궁금해 하고 있다. 그러므로 기차가 늦었다고 한 (D)가 정답이다.

어휘 **reason** 이유 **undergone** 겪다 **receipt** 영수증 **appointment** 약속 **bus station** 버스 정류장

ACTUAL TEST 01.(A) 02.(C) 03.(A)

1. W: Hi, I am Anna Ling and I'd like to speak to Dr. Winters. I am one of her patients.
M: I'm sorry Ms. Ling, but **Dr. Winters is out of town** for a medical **conference**. She will be back tomorrow. Is this an emergency?

> Where is Dr. Winters?
>
> (A) At a conference
> (B) On a vacation
> (C) At a hospital
> (D) At a construction site

해석 여: 안녕하세요, 저는 애나 링이고 윈터스 선생님과 얘기하고 싶습니다. 저는 그 분의 환자예요.
남: 링 씨 죄송합니다만 지금 윈터스 선생님은 의료 학회로 타지에 계십니다. 내일 돌아오십니다. 급한 일인가요?

> 윈터스 박사는 어디에 있는가?
> (A) 학회에 (B) 휴가 중 (C) 병원에 (D) 공사장에

해설 Dr. Winters가 어디 있는지를 묻고 있으므로 키워드인 Dr. Winters를 중심으로 대화를 잘 들어야 한다. 남자의 대사에서(~ but Dr. Winters is out of town for a medical conference.) Dr. Winters는 의료 학회에 참석차 타지에 있다고 하므로 학회에 있다고 한 (A)가 정답이다.

어휘 **patient** 환자 **town** (소)도시 **medical** 의학(의료)의 **conference** 학회 **vacation** 방학, 휴가 **hospital** 병원 **construction site** 공사장

2. W: Welcome to the annual medical seminar. Have you already registered, sir?
M: In fact, yes, I registered online. **My confirmation number is 20706505.**
W: Thank you and here's an information packet for you. The first lecture starts at 11:00 a.m. and lunch will be served right after.

> What does the man give the woman?
>
> (A) A web site address
> (B) A registration card
> (C) A confirmation number
> (D) An identification badge

해석 여: 연례 의료 세미나에 오신 것을 환영합니다. 등록하셨나요, 선생님?
남: 네, 사실은 온라인에서 등록했습니다. 제 확인 번호는 20706505입니다.
여: 감사합니다. 여기 자료 받으세요. 첫 번째 강연은 오전 11시에 시작되고 점심은 강연 끝나고 바로 제공됩니다.

> 남자가 여자에게 준 것은 무엇인가?
> (A) 웹사이트 주소 (B) 등록 카드 (C) 확인 번호 (D) 신분 증명 배지

해설 남자가 여자에게 주는 것이 무엇인지를 묻는 문제이다. 남자의 대사에서(My confirmation number is 20706505.) 남자는 여자에게 확인 번호를 알려주고 있으므로 정답은 (C) 확인 번호가 된다.

어휘 **medical** 의학(의료)의 **seminar** 세미나[토론회, 연구회] **register** 등록하다 **in fact** 사실은, 실은 **confirmation** 확인 **packet** 소포, 꾸러미 **lecture** 강의, 강연 **serve** (식당 등에서 음식을) 제공하다 **registration** 등록 **identification** 신원 확인, 신분 증명 **badge** 표, 배지

3. W: Tommy, **do you know what happened to the entire marketing staff yesterday? I stopped by at noon and I was surprised to see they were all gone.**
M: Oh, there was a farewell lunch for one of our staff. It was his last day yesterday, so we simply wanted to treat him to a nice lunch.

> Why was the woman surprised?
>
> (A) The marketing employees were not in the office.
> (B) A client was out when she called.
> (C) She thought the lunch was scheduled for today.
> (D) The marketing presentation was canceled.

해석 여: 토미 씨 어제 전체 마케팅 직원들한테 무슨 일이 있었는지 아세요? 정오에 잠시 들렸었는데 사무실에 아무도 없어서 놀랐어요.
남: 아, 저희 마케팅 직원 한 명의 송별 점심식사가 있었어요. 어제는 그의 마지막 날이었고, 그래서 그에게 맛있는 점심식사를 대접하고 싶었습니다.

> 여자가 놀란 이유는 무엇인가?
> (A) 마케팅 직원들이 사무실에 없었다.
> (B) 그녀가 전화했을 때 고객이 없었다.
> (C) 그녀는 점심식사가 오늘로 일정이 잡혔다고 생각했다.
> (D) 마케팅 프레젠테이션이 취소되었다.

해설 여자가 놀란 이유를 묻는 문제로 여자의 대사에서 (Tommy, do you know what happened to the entire marketing staff yesterday? I stopped by at noon and I was surprised to see you're all gone.) 어제 마케팅 직원들한테 무슨 일이 있었는지 아냐고 물어보면서 정오에 잠시 들렸는데 사무실에 아무도 없어서 놀랐다고 했다. 따라서 '마케팅 직원들이 사무실에 없어서'라고 한 (A)가 정답이다.

어휘 **entire** 전체의, 온 **staff** 직원 **stop by** (~에) 잠시 들르다 **noon** 정오 **realize** 깨닫다, 알아차리다 **present** 있는, 참석한 **office** 근무처, 사무소 **farewell** 작별 **employee** 종업원, 고용인 **simply** 그냥(간단히), 그저, 단순히 **treat** 대하다, 다루다, 취급하다 **surprise** 놀라게 하다 **client** 의뢰인, 고객 **thought** think (생각하다)의 과거·과거분사 **cancel** 취소하다

ACTUAL TEST   01 (B) 02 (B) 03 (B)

1. M: I just received a call from Ms. O'Brien. She told me the conference in Cleveland ended nicely, but her return flight to Chicago has been cancelled due to a heavy snowstorm.

W: Ah, that doesn't sound good. We have an important meeting with our clients tomorrow. We might have to postpone the meeting until she comes back safely Chicago.

M: No no, that won't be necessary. She's going to take a train instead. It will be late, but she said that she will arrive tonight.

> According to the man, how will Ms. O'Brien travel to Chicago?

(A) By plane
(B) By train
(C) By car
(D) By bus

해석 남: 저는 방금 오브라이언 씨 전화를 받았습니다. 그녀는 클리블랜드에서의 컨퍼런스가 잘 끝났다고 말했어요. 그런데 시카고로 돌아오는 그녀의 항공기가 심한 눈보라로 인해 결항됐다고 합니다.
여: 아, 좋지 않은 소식이군요. 내일 고객과 중요한 회의가 있어요. 그녀가 시카고에 돌아올 때까지 회의를 연기해야겠네요.
남: 아니에요. 그럴 필요는 없어요. 그녀가 대신 기차를 탈 거라네요. 다소 늦겠지만, 오늘밤에 도착한다고 합니다.

> 남자의 말에 의하면, 오브라이언 씨는 시카고로 어떻게 올 것인가?
(A) 비행기로 (B) 기차로 (C) 자동차로 (D) 버스로

해설 수단과 방법에 관련된 문제는 주로 대화의 후반부에 정답이 제시된다. 남자의 두 번째 대사에서(She's going to take a train instead.) 그녀는 기차를 타고 온다고 했으므로 정답은 (B)가 된다.

어휘 **receive** 받다 **nicely** 멋지게, 잘 **mention** 말하다, 언급하다 **return** 돌아오다 **cancel** 취소하다 **due to** ~에 기인하는, ~때문에 **snowstorm** 눈보라 **train** 기차 **right now** 지금 곧 **arrive** 도착하다 **according** ~에 의하면 **travel** 여행하다 **plane** 비행기

2. W: You know, John? Our team did all the design work for the interiors of this restaurant, but this is in fact my first time eating out here.

M: Well, I haven't either. But I read an online review about it. It gave a good rating on most of its menu items and that's the main reason why I've decided to invite our clients here for lunch.

W: That is brilliant. So, not only will they enjoy a nice lunch, but they will also get to have a look at our interior design works. I think this will help them to get a general idea of what they can expect for their own building.

> How did the man learn about the restaurant?

(A) His friend recommended it.
(B) He read a review of it.
(C) He knows the chef.
(D) He has eaten there before.

해석 여: 존, 그거 알아요? 우리 팀이 이 식당의 모든 인테리어 디자인 작업을 했는데도 저는 실제로 여기서 식사를 하는 것은 처음이에요.
남: 글쎄, 나도 여기서 식사를 해본 적이 없어요. 그런데 이곳에 대한 온라인 리뷰를 읽었어요. 대부분의 메뉴들이 다 좋은 평가를 받았죠. 그래서 점심식사를 위해 우리 고객들을 여기로 초대하기로 했어요.
여: 멋진 생각이에요. 그들은 훌륭한 점심식사를 즐길 수 있을 뿐 아니라 우리의 인테리어 디자인 작업들도 볼 수 있겠네요. 그러면 그들이 자신들의 빌딩에 대해 어떤 것을 기대할 수 있는지 아는 데 도움이 될 거예요.

> 남자가 그 식당을 어떻게 알게 되었는가?
(A) 그의 친구가 그곳을 추천했다.
(B) 그는 식당에 대한 리뷰를 읽었다.
(C) 그는 주방장을 안다.
(D) 그는 거기서 전에 식사를 했었다.

해설 남자가 레스토랑을 선택한 이유를 묻는 문제로 남자의 대사에서(But I read an online review about it. It gave a good rating on most of its menu items and that's the main reason why I've decided to invite our clients here for lunch.) 식당에 대한 리뷰를 온라인에서 읽었는데 좋은 평가를 받아서 고객들을 이 식당으로 초대했다고 했으므로 정답은 (B) '그는 식당에 대한 리뷰를 읽었다'가 된다.

어휘 **restaurant** 식당, 레스토랑 **rate** 평가하다 **main** 주된, 주요한 **reason** 이유, 까닭 **decide** 결정하다 **invite** 초대하다 **brilliant** 훌륭한, 멋진 **enjoy** 즐기다 **general** 대강의, 대체적인 **expect** 요구하다, 기대하다 **choose** 선택하다, 고르다 **recommend** 추천하다 **chef** 요리사

3. W: Has the latest shipment of women's jeans been sent out? <u>You probably recall that **our last shipments were late**</u>, and therefore, I want to make sure that all items will arrive at the store on time this time.

M: <u>Actually, we experienced **a slight delay due to a minor malfunction on some of the machines** in one of our factories.</u> But rest assured that the jeans will be ready for shipping this afternoon. The store should have everything in two days.

W: Well, that's still going to be too late. Call the delivery service and tell them to rush the shipment. The jeans must be sent to the store by tomorrow as planned.

> Why has the shipment been delayed?

   (A) An order was not placed on time.
   (B) A machine broke down.
   (C) A form was incomplete.
   (D) A shipping document was lost.

해석 여: 최근에 여성용 청바지의 선적이 발송되었나요? 지난 번 선적이 지연된 것을 기억하실 거예요. 그래서 이번에는 모든 제품이 확실하게 제때에 상점에 도착할 수 있도록 하고 싶습니다.
남: 사실, 저희 공장 한 곳에서 작은 기계 결함으로 인해 약간의 지연이 있었습니다. 그러나 청바지가 오늘 오후에는 모든 선적 준비가 끝날 것입니다. 상점은 이틀 후에 모든 물건들을 받아볼 수 있을 겁니다.
여: 음, 그래도 여전히 너무 늦는 거군요. 택배 회사에 전화를 해서 선적을 서둘러 달라고 해주세요. 청바지는 계획 대로 내일까지 상점에 보내질 것입니다.

> 선적이 왜 연기되었는가?
(A) 주문이 제시간에 이루어지지 않았다.
(B) 기계가 고장 났다.
(C) 서류가 완벽하게 작성되지 않았다.
(D) 선적 서류를 잃어버렸다.

해설 선적이 연기된 구체적인 이유를 묻는 문제로 남자의 대사에서(we experienced a slight delay due to a minor malfunction on some of the machines in one of our factories.) 기계 결함으로 인해 지연이 발생되었다고 했으므로 정답은 (B)가 된다.

어휘 **latest** 최근의 **shipment** 선적 **send out** 보내다, 발송하다 **recall** 상기하다 **probably** 아마도 **last** 마지막의 **therefore** 그러므로 **arrive** 도착하다 **on time** 시간을 어기지 않고, 정각에 **slight** 약간의 **delay** 미루다/연기하다 **due to** ~ 때문에 **minor** 작은 **malfunction** 고장 **machine** 기계 **factory** 공장 **assure** 보장하다 **be ready for** ~할 준비가 되다 **delivery service** 택배 회사 **rush** 서두르다, 급히 움직이다 **as planned** 계획대로 **place an order** 주문하다 **break down** 고장 나다 **incomplete** 불완전한 **form** 서류, 양식 **shipping document** 선적 서류 **lost** 잃어버린

PART 3 | 필살기 10. | page 163

ACTUAL TEST 01 (D) 02 (D) 03 (B)

1. M: Excuse me, but do you happen to have this coat in a smaller size? I need a medium but I've only found large ones so far.
   W: I'm sorry, but I am afraid that's all we've got left. We're filling our store with spring clothes starting next month, so we won't be ordering more of those winter items anymore.
   M: Oh, that's too bad. I really like this design. Well, I guess I have to choose something else then.
   W: Well, <u>you could try looking online.</u> Our web site currently offers big discounts on winter items, and <u>you might be able to find one in your size on the web site</u>.

   > What does the woman suggest the man do?
   (A) Go to another store
   (B) Purchase a different item
   (C) Come back next month
   (D) Visit the store's web site

   해석 남: 실례하지만, 이 코트 더 작은 사이즈가 있나요? 저는 중간 사이즈를 원하는데 큰 사이즈밖에 없네요.
   여: 죄송하지만, 그게 저희가 가진 것 전부입니다. 저희가 다음 달부터 매장에 봄 상품을 들여올 예정이라서, 겨울 상품은 더 이상 주문을 할 수 없어요.
   남: 아, 아쉽네요. 이 디자인이 정말 마음에 드는데요. 그럼, 다른 것을 골라야겠네요.
   여: 그럼, 온라인 매장에서 찾아보세요. 저희 웹사이트에서 겨울 상품에 대한 큰 할인 행사를 제공하고 있고, 사이트에서 맞는 사이즈를 찾을 수 있을 겁니다.

   > 여자는 남자가 무엇을 하도록 제안하고 있는가?
   (A) 다른 매장에 간다. (B) 다른 품목을 구매한다.
   (C) 다음달에 방문한다. (D) 매장의 웹사이트를 방문한다.

   해설 제안을 묻는 문제는 주로 대화의 후반부에 정답이 제시된다. 여자의 마지막 대사에서(you could try looking online. Our web site currently offers big discounts on winter items, ~) 온라인 매장을 찾아보라고 했으므로 매장의 웹사이트를 방문한다고 표현한 (D)가 정답이다.

   어휘 find 찾다 afraid 유감스러운 fill A with B A를 B로 채우다 clothes 옷 order 주문하다 anymore 더 이상 really 정말로 design 디자인 guess 추측하다 have to ~해야 하다 choose 선택하다, 고르다 search for 찾다 currently 현재, 최근에 offer 제공하다 discount 할인 item 품목 available 이용 가능한 suggest 제안하다 another 다른 purchase 구매하다 different 다른 visit 방문하다

2. W: Are you going to the company's picnic this Friday? I remember I had a good time last year.
   M: Yes, I had a great time too, but I don't think I can go this time. I have many reports to finish by next week, so I would probably have to spend the entire Friday on them.
   W: Oh, well I think I can help you out a little. I don't have much work to do for this week. <u>Do you want me to stop by your office and help with your report?</u>
   M: Oh, that would be really helpful. Thanks to you, I guess I will be able to join the picnic after all!

   > What does the woman offer to do?
   (A) Give the man some supplies
   (B) Prepare food for a picnic
   (C) Drive a colleague to the office
   (D) Help complete some reports

   해석 여: 이번 주 금요일에 회사 야유회에 갈 예정이세요? 작년에 즐거운 시간을 보냈던 것으로 기억해요.
   남: 네, 저도 즐거웠어요. 하지만 이번에는 못 갈 것 같아요. 다음주까지 끝내야 할 보고서가 많아서, 아마도 금요일 내내 그것들을 처리해야 할 것 같아요.
   여: 아, 그럼 제가 조금 도와드릴게요. 저는 이번 주에 해야 할 일이 별로 없거든요. 제가 나중에 당신 사무실에 들러서 도와드릴까요?
   남: 아, 그럼 정말 큰 도움이 될 것 같아요. 고맙습니다. 그럼 저도 야유회에 참석할 수 있을 것 같아요!

   > 여자는 무엇을 해주기로 했는가?
   (A) 남자에게 사무용품을 준다. (B) 야유회를 위한 음식을 준비한다. (C) 동료를 사무실까지 태워준다. (D) 보고서를 완성하도록 도와준다.

   해설 제안을 묻는 문제는 주로 대화의 후반부에 정답이 제시된다. 여자의 두 번째 대사에서(Do you want me to stop by your office and help with your report?) 사무실에 들러서 보고서를 작성하는 것에 대해 언급하고 있으므로 정답은 (D)가 된다.

   어휘 plan on ~할 예정이다 remember 기억하다 report 보고서 finish 마치다 probably 아마도 spend (시간을)보내다 entire 전체의 a little 약간 really 정말로 helpful 유용한, 도움이 되는 guess 추측하다 be able to V ~할 수 있다 join 참여하다 after all 결국에는 offer 제공하다 supplies 사무용품 prepare 준비하다 colleague 동료 complete 완성하다 report 보고서

3. M: Hey, Nicole. Have you found a new office for your law firm?

W: Actually, I am still looking for one. I visited a couple last week, but all of them weren't big enough to fit all of my current employees. I am also thinking of hiring a few more lawyers near the end of next month.

M: Oh, you know what? There's a new building downtown which is available right now. Leonard told me that its offices are quite large.

W: Really? **Do you know the address?** I'd like to go and take a look at it.

> What is the man asked to do?
(A) Visit her office
(B) Provide an address
(C) Bring some documents
(D) Read an article

해석 남: 안녕하세요, 니콜. 당신 로펌을 위한 새로운 사무실은 구했나요?
여: 사실, 아직 찾고 있는 중이에요. 지난주에 몇 군데 방문해 봤는데, 모두 현재 직원들이 들어갈 정도로 크지 않았어요. 게다가 제가 다음달 말까지 변호사를 몇 명 더 고용할 예정이거든요.
남: 아, 그거 알아요? 시내에 지금 바로 입주 가능한 새로운 건물이 있어요. 레오나드가 그 안에 있는 사무실이 꽤 크다고 말해 줬어요.
여: 그래요? 주소 아세요? 가서 그 건물을 보고 싶어요.

> 남자는 무엇을 하도록 요청을 받는가?
(A) 그녀의 사무실을 방문하라. (B) 주소를 알려 달라.
(C) 서류를 가져와라. (D) 기사를 읽어라.

해설 요청을 묻는 문제는 주로 대화의 후반부에 정답이 제시된다. 문제를 살펴보면 남자(the man)가 주어인 수동태 문장이므로, 여자가 요청하는 내용, 즉 정답을 말할 것으로 기대하고 들어야 한다. 여자의 마지막 대사에서 주소를 알고 있냐고 물었으므로 주소를 알려달라는 의도를 알 수 있다. 따라서 정답은 (B)가 된다.

어휘 **find** 찾다 **law firm** 로펌, 법률회사 **actually** 실제로, 정말로 **look for** 찾다 **visit** 방문하다 **enough** 충분히 **fit** 맞다 **current** 현재의, 최근의 **employee** 직원 **hire** 고용하다 **a few** 약간의 **lawyer** 변호사 **downtown** 시내 **available** 이용 가능한 **quite** 꽤, 매우 **large** 큰 **address** 주소 **definitely** 확실히, 분명히 **be willing to V** ~하고 싶다 **visit** 방문 **ask** 요청하다 **provide** 제공하다 **bring** 가져오다 **document** 서류, 문서 **read** 읽다 **article** 기사

PART 3 | 필살기 11. | page 167

ACTUAL TEST   01 (A)   02 (C)   03 (B)

1. W: I'm glad that I could talk with you about advertising your company over lunch. We could meet for lunch and talk about the work I'm doing for your company. I've come up with a few proposals which you might find interesting.
   M: That is great, but let me just tell you that I haven't got much time today, because I have to run back to the office for a brief meeting.
   W: Oh, I see. Let's order right away then. You might want to try their lunch specials. It comes with delicious desserts!

   > What will the speakers probably do next?
   (A) Order some food
   (B) Return to the office
   (C) Call a restaurant
   (D) Schedule a meeting

해석 여: 점심식사를 하면서 당신 회사를 광고하는 것에 대해 이야기 나누게 되어 기뻐요. 점심시간 동안에 만나서 제가 당신의 회사를 위해 진행 중인 작업에 대해 이야기 나눠야 합니다. 당신이 관심을 가지실 만한 몇 가지 제안이 있어요.
남: 좋아요. 하지만 제가 간단한 회의 때문에 얼른 사무실로 돌아가 봐야 해서 오늘은 시간이 별로 없네요.
여: 아, 그렇군요. 그러면 지금 바로 주문을 하죠. 여기 런치 스페셜 드셔보세요. 맛있는 디저트가 함께 나와요!

> 화자들이 다음에 무엇을 할 것 같은가?
(A) 음식을 주문한다.   (B) 사무실로 돌아간다.
(C) 식당에 전화한다.   (D) 회의 일정을 잡는다.

해설 다음에 할 일을 묻는 문제는 주로 대화의 후반부에 정답이 제시된다. 여자의 마지막 대사에서(Let's order right away then. You might want to try their lunch specials. It comes with delicious desserts!) 뭐 좀 먹자고 하는 것으로 보아 음식을 주문한다고 한 (A)가 정답이다.

어휘 glad 기쁜, 즐거운 advertising 광고 lunch 점심 come up with 찾아내다, 내놓다 a few 약간의 proposal 제안(서) interesting 관심 있는 brief 간단한 meeting 회의 right away 즉시 try 시도하다 delicious 맛있는 dessert 디저트 order 주문하다 return 돌아오다

2. W: So, Mr. Thompson, as you know we are currently hiring a new head of sales. Do you mind if you could tell us a little about your previous job?
   M: Sure. Well, I've worked in the sales department of a mid-sized paper company for three years. I was largely responsible for handling customer inquiries and complaints. In my last year with the company, I often traveled to Europe to expand our client base.
   W: Oh, it seems like you have a powerful background. Now, could you also give me some details about your experience as a manager?

   > What most likely will be discussed next?
   (A) The background of the company
   (B) The company's products
   (C) The man's managerial skills
   (D) The man's upcoming workshops

해석 여: 네, 톰슨 씨, 아시다시피, 저희는 현재 새로운 영업 부장을 채용하고 있습니다. 당신의 이전 직장에 대해 말씀해 주시겠어요?
남: 물론이죠. 아, 저는 3년 동안 중소 제지 회사의 영업 부서에서 근무했습니다. 저는 주로 고객의 문의 사항과 불만 사항을 처리했습니다. 최근 일 년 동안은 고객 기반을 넓히기 위해 유럽으로 자주 출장을 다녔습니다.
여: 오, 매우 훌륭한 배경을 갖고 계신 것 같군요. 이제, 관리자로서의 경험에 대해서도 자세히 말씀해 주시겠어요?

> 다음에 무엇에 관한 대화가 있을 예정인가?
(A) 회사의 배경 (B) 회사의 생산품 (C) 남자의 관리자로서의 역량 (D) 남자가 앞으로 할 워크숍

해설 다음에 할 일을 묻는 문제는 주로 대화의 후반부에 정답이 제시된다. 여자의 마지막 대사에서(Now, could you also give me some details about your experience as a manager?) 관리자로서의 경험에 대해 말해달라고 했으므로 '남자의 관리자로서의 역량'이라고 한 (C)가 정답이다.

어휘 currently 최근에, 현재 previous 이전의 regular 정기적인, 규칙적인 task 일, 과업 take part in ~에 참여하다 handle 다루다, 처리하다 customer 고객 inquiry 질문 complaint 불만 travel 여행하다 expand 확장하다 base 기초, 근거 seem like ~처럼 보이다 powerful 강력한 background 배경 detail 세부사항 experience 경험 likely ~일 것 같은 discuss 토론하다 product 상품, 제품 managerial 관리자의, 경영의 skill 기술, 능력 upcoming 다가오는 workshop 워크숍

3. M: Hey, did you watch the new musical by Steve Richardson? I saw it with my family yesterday.

W: Unfortunately, I didn't have the time yet. How was it? Did you enjoy it?

M: Well, I am not much of a fan of musicals, but I think the story was pretty good. I especially liked the music performances. All the actors were superb vocalists!

W: Oh, now I really want to see it. It's a shame that **I'm leaving for Montreal tomorrow. I'll be spending two weeks there with my relatives.**

> What does the woman plan to do tomorrow?

(A) Visit a bookshop
(B) Go on a trip
(C) Review a movie
(D) Purchase show tickets

해석　남: 이봐, 스티브 리차드슨의 새로운 뮤지컬 봤어? 난 어제 가족들하고 그 공연을 봤거든.
여: 안타깝게도, 나는 시간이 안돼서 보지 못했어. 공연 어땠어? 재미있었어?
남: 음, 내가 뮤지컬을 많이 좋아하는 편은 아니지만, 내용은 꽤 재미있었어. 특히 음악 공연이 좋았어. 모든 배우들의 목소리도 멋졌어!
여: 오, 나도 그 공연 너무 보고 싶다. 내일 몬트리올로 떠나야 하는데, 안타깝다. 친척과 함께 2주 동안 거기 있을 것 같아.

> 여자는 내일 무엇을 계획하고 있는가?
(A) 서점 방문　(B) 여행　(C) 영화 리뷰　(D) 공연 입장권 구매

해설　미래의 일을 묻는 문제는 주로 대화의 후반부에 정답이 제시된다. 키워드인 tomorrow를 중심으로 잘 들어야 한다. 여자의 마지막 대사에서(Oh, now I really want to see it. It's a shame that I'm leaving for Montreal tomorrow.) 내일 Montreal로 떠난다고 했으므로 정답은 여행이라고 한 (B)이다.

어휘　**musical** 음악의, 음악적인　**unfortunately** 유감스럽게도　**enjoy** 즐기다　**story** 이야기　**pretty** 꽤, 매우　**especially** 특히　**performance** 공연　**actor** 배우　**superb** 최고의, 최상의　**vocal** 목소리의, 발성의　**shame** 애석한 일, 수치심　**spend** (시간, 돈 등을) 보내다, 소비하다　**relative** 친척　**visit** 방문하다　**trip** 여행　**review** 재검토하다, 되새기다　**purchase** 구매하다

ACTUAL TEST   01 (D)   02 (C)   03 (A)   04 (D)   05 (B)   06 (A)

1-3

M: Excuse me, ¹ **I'm trying to find a novel** called, "*Story of Nobody*" by Thomas Reynolds. **Could you show me where I can find them**?

W: Sure, give me one moment... well, I am sorry to say this, ¹ **it looks like "*Story of Nobody*" currently isn't in stock.** ² **Would you like me to special order it for you?**

M: Yes, please, that would be great. A friend of mine recommended giving it a try. Anyway, when will it arrive?

W: The book should arrive in a week. ³ **If you can give us your name and your contact number**, one of the staff will give you a call once your book arrives here.

해석 남: 실례합니다. 토마스 레이놀즈가 쓴 〈스토리 오브 노바디〉라는 책을 찾고 있는데요. 그 책이 어디 있는지 알려주실 수 있나요?
여: 알겠습니다. 잠시만 기다리세요. 그런데 죄송하지만, 〈스토리 오브 노바디〉라는 책은 현재 재고가 없네요. 특별 주문을 해드릴까요?
남: 네, 그렇게 해주시면 좋겠어요. 제 친구가 그 책을 읽어 보라고 권했거든요. 그런데 언제 받아볼 수 있을까요?
여: 일주일 후에 받아보실 수 있을 거예요. 성함과 연락처를 저희에게 알려주세요. 책이 서점에 오면 저희 직원이 연락을 드릴 거예요.

1. Who most likely is the man?

(A) An editor
(B) A floor manager
(C) A secretary
(D) A customer

2. What does the woman say about the book?

(A) It is popular.
(B) It is recently published.
(C) It can be ordered.
(D) It's not selling anymore.

3. What does the woman ask for?

(A) A telephone number
(B) A deadline extension
(C) The location of some files
(D) A business address

해석 1. 남자는 누구이겠는가?
(A) 편집자 (B) 매장 매니저 (C) 비서 (D) 고객

2. 여자는 책에 대해서 뭐라고 말하는가?
(A) 인기가 있다. (B) 최근에 출간되었다. (C) 주문할 수 있다.
(D) 더 이상 판매하고 있지 않다.

3. 여자가 요청하는 것은 무엇인가?
(A) 전화번호 (B) 마감 기한 연장 (C) 파일의 위치 (D) 업체 주소

해설 1. 남자가 누구인지 묻는 문제이다. 대화의 전반부에서 특정직업과 관련된 단어들을 확인해야 한다. 남자가 책을 찾고 있고 여자는 재고가 없다고 말하고 있으므로 서점에 온 고객임을 알 수 있으므로 정답은 (D)이다.

2. 여자가 책에 대해서 뭐라고 말하는지를 묻는 질문이다. 책이라는 키워드는 이미 등장했으므로 두 번째 여자의 대사, 재고가 없으니 주문을 하겠냐고 묻는 말에서 책을 주문할 수 있다는 것을 알 수 있으므로 정답은 (C)이다.

3. 여자가 요청하는 것이 무엇인지를 묻는 문제이다. 요구/요청의 문제는 후반부에서 확인할 수 있다. 마지막 여자의 대사에서 If you can give ~라고 하면서 이름과 연락처 (contact number)를 주면 연락해주겠다는 내용에서 전화번호인 (A)가 정답임을 알 수 있다.

어휘 **try to** ~하려고 노력하다 **novel** 소설 **moment** 순간, 단시간 **currently** 현재, 지금 **in stock** 재고로 **delivery** 배송 **suggest** 제안하다 **arrive** 도착하다 **contact number** 연락처 **staff** 직원 **order** 주문하다 **event** 행사 **close down** (상점 등이) 닫다

4-6

W: Hey, 4 have you seen our **new web site**? I got an e-mail saying that they opened it this morning. so I could look at it this morning.

M: Actually, I went into the site an hour ago. I must say that it sure looks better than before. It's definitely going to be helpful to us and our customers.

W: Yeah, it will become much more convenient for customers to order items online. Oh and also, 5 the new web site features **an e-mails system** so that **we can check our e-mails even when we are not in an office**.

M: Oh that's really good for me! You know that 6 **I'm leaving for a business conference on both Tuesday and Wednesday next week**. I was a little worried about missing important e-mails.

해석 여: 이봐, 새로운 웹사이트 본 적 있어? 오늘 아침에 새로운 웹사이트가 열렸다는 이메일을 받았거든. 그래서 오전에 볼 수 있었지.
남: 사실, 한 시간 전에 그 웹사이트에 접속했었어. 전보다는 확실히 좋아졌다는 말을 해주고 싶어. 분명히 우리와 고객들에게 도움이 될 거야.
여: 그래, 고객들이 온라인으로 상품을 주문하기가 더 편리할 거야. 그리고 새로운 홈페이지는 이메일 시스템이 있어서 심지어 우리가 사무실에 없더라도, 이메일을 확인할 수 있어.
남: 오, 정말 좋은데! 너도 알다시피, 다음주 화요일과 수요일 비즈니스 컨퍼런스 때문에 떠나잖아. 중요한 이메일을 놓칠까봐 걱정했었거든.

4. What are the speakers mainly discussing?

(A) An upcoming conference
(B) Revised security procedures
(C) A new web site
(D) A customer order

5. According to the woman, what can employees of the company now do?

(A) Get a discount on a product
(B) Check e-mails away from the office
(C) Apply for travel vouchers
(D) Register for an event online

6. What does the man say he will do on Tuesday?

(A) Depart for a conference
(B) Order materials online
(C) Meet with customers
(D) Update the web site

해석 4. 화자들은 무엇에 대해 논의하고 있는가?
(A) 다가오는 컨퍼런스 (B) 수정된 보안 절차 (C) 새로운 웹사이트 (D) 고객의 주문

5. 여자의 말에 의하면, 회사의 직원들은 이제 무엇을 할 수 있는가?
(A) 물건에 대한 할인 (B) 사무실 밖에서 이메일 확인 (C) 여행 책자 신청 (D) 온라인으로 행사 등록

6. 화요일에 남자는 무엇을 할 것이라 말하는가?
(A) 컨퍼런스로 출발 (B) 온라인으로 상품 주문 (C) 고객들과의 만남 (D) 웹사이트 업데이트

해설 4. 대화의 주제를 묻는 문제이다. 대화에서 주로 첫 번째 화자가 대화를 이끌어나갈 화두를 던진다. 첫 번째 여자의 대사에서 새로운 웹사이트를 봤는지를 묻고 있으므로 정답은 (C)가 된다

5. 구체적인 내용을 묻는 문제이다. 여자가 이제는 직원들이 회사에서 무엇을 할 수 있을 거라 말할 것임을 기대하고 듣는다. 두 번째 여자의 대사에서 새로운 웹사이트의 기능으로 e-mail system을 언급하고 뒤에서 우리는 사무실에 없어도 이메일을 확인할 수 있다고 하므로 정답은 (B)가 된다.

6. 남자가 화요일에 무엇을 할 것인지 키워드를 가지고 미래 상황을 묻는 문제이다. 남자의 마지막 대사에서 business conference에 간다는 말과 함께 뒤에서 Tuesday를 언급하고 있으므로 정답은 (A)가 된다.

어휘 **web site** 웹사이트 **get an e-mail** 이메일을 받다 **wonder** 놀라다 **go into** ~로 들어가다 **look better** 더 좋아 보이다 **definitely** 분명히, 확실히 **helpful** 도움이 되는, 유용한 **convenient** 편리한 **leave for** ~로 떠나다 **business conference** 비즈니스 컨퍼런스 **worry about** ~에 대해 걱정하다 **procedure** 절차 **order** 주문 **voucher** 소책자, 쿠폰 **register** 등록하다 **depart** 출발 **material** 재료 **update** 업데이트, 새로운 것으로 최신화하다

PART 4 | 필살기 **01.** | page 179

DICTATION 01 (C) 02 (B)

Good morning, Mr. Evans. This is Linda Taylor from Kentucky Accounting. I'm calling to follow up on the financial analysis I sent you. I sent it on Wednesday, so you should've received it by now. If you look at the report, you will see that your company's financial position is strong. However, I do have some recommendations that I think will save some money. Give me a call at your convenience. I'll be away next week, but I'll be back in my office on Friday.

해석 안녕하세요, 에반스 씨. 저는 켄터키 회계의 린다 타일러입니다. 제가 보낸 재무 분석에 대한 후속 조치를 하려고 전화 드립니다. 저는 그것을 수요일에 보내드렸으니 지금쯤 받으셨을 겁니다. 보고서를 보셨다면 귀사의 재무 상태가 좋다는 것을 아실 수 있습니다. 하지만 제가 생각하는 자금을 아낄 수 있는 몇 가지 조언을 드릴 수 있습니다. 편한 시간에 전화 주세요. 저는 다음주에 외부에 있겠지만 금요일에는 사무실에 돌아올 겁니다.

1. Who mostly like is Linda Taylor?
(A) A salesperson
(B) A software analyst
(C) An accountant
(D) An architect

2. Why did Ms. Taylor call?
(A) To confirm a meeting
(B) To discuss a report
(C) To investigate a claim
(D) To explain a sales strategy

해설 1. 먼저 문제를 살펴보면, 두 번째 문제의 키워드에서 전화 메시지임을 확인할 수 있다. 키워드인 고유명사 Linda Taylor의 직업을 묻는 문제이다. 초반부 Linda Taylor from Kentucky Accounting에서 회계 업무를 하고 있는 것을 알 수 있으므로 정답은 (C) 회계사이다.
2. 첫 번째 문제와 동일한 키워드인 Linda Taylor를 잡고 전화를 한 목적을 묻고 있으므로 전화 대화임을 알 수 있다. 자기소개를 한 후 I'm calling to follow up on the financial analysis I sent you.에서 자신이 보낸 재무 분석 자료에 대해서 되묻기 위해서 전화를 했다는 내용으로 보고서에 대해서 논의하고자 전화했음을 알 수 있다. 정답은 (B)이다.

어휘 follow up ~후속 조치를 취하다 analysis 분석(서) look at 보다 position 위치, 자리, 상태

해석 1. 린다 타일러는 누구일 것 같은가?
(A) 영업 사원 (B) 소프트웨어 분석가 (C) 회계사 (D) 건축사
2. 타일러 씨는 왜 전화를 했는가?
(A) 회의를 확인하기 위해 (B) 보고서에 대해 논의하기 위해
(C) 클레임을 조사하기 위해 (D) 판매 전략을 설명하기 위해

ACTUAL TEST 01 (C) 02 (A) 03 (D)

Hello, this is Harry Nelson from Nelson Interior. This message is for Carol Lopez. Ms. Lopez, I'm calling to let you know that the living room sofa you ordered weren't available in the red leather you wanted. That leather has been discontinued by the manufacturer because it wasn't selling well. I did find a few sofas in a similar color in our storage room and they are offered at discounted prices. I think you'll like them. But why don't you stop by the store? I'll show them to you.

해석 안녕하세요. 저는 넬슨 인테리어의 해리 넬슨입니다. 이 메시지는 캐롤 로페즈에게 남기는 것입니다. 당신이 원하는 빨간색 가죽으로 된 거실 소파는 판매가 되지 않는다는 것을 알려드리기 위해서 전화 드렸습니다. 그 가죽은 잘 팔리지 않아서 제조사에서 생산을 중단했습니다. 저희 보관 창고에서 유사한 색의 소파를 찾았는데 할인해서 드릴 수 있습니다. 아마도 마음에 드실 겁니다. 하지만 저희 가게에 들르시는 것은 어떠세요? 그것들을 보여드릴게요.

1. What is the purpose of the message?
(A) To explain complaints
(B) To change an invoice
(C) To report the problem in an order
(D) To inquire about the delayed order

해설 1. 메시지의 목적은 메시지의 전반부를 확인해야 한다. I'm calling ~을 잘 들어야 하는데 인사말과 소개를 마친 후에 I'm calling ~ 이후에서 주문한 소파를 구매할 수 없다는 내용으로 보아, 주문에 문제가 있다고 고객에 알리는 것임을 알 수 있으므로 정답은 (C)이다.

해석 1. 메시지의 목적은 무엇인가?
(A) 불만 사항을 말하기 위해 (B) 송장을 고치기 위해
(C) 주문상의 문제를 보고하기 위해서
(D) 지연되고 있는 주문에 대해서 문의하기 위해

2. Why has the product been discontinued?
   (A) The color is not popular.
   (B) The items are out of date.
   (C) The costs are too expensive.
   (D) The raw material is out of stock.

3. What does the speaker suggest the customer do?
   (A) Return in invoice
   (B) Speak with a manager
   (C) Request a discount
   (D) Visit a store

해설 2. 구체적인 세부 내용을 묻는 문제이다. 키워드인 product, discontinued를 잘 들어야 한다. 중반부에 discontinued를 듣고 나서 잘 팔리지 않는다는 내용으로 보아 인기가 없다는 것을 알 수 있으므로 정답은 (A)이다.
3. 메시지를 남기는 화자가 제안하는 내용은 후반부에서 무엇을 제안하는지를 들어야 한다. 후반부에서 why don't you ~의 제안의 문장에서 가게에 들르라고 했으므로 (D)가 정답임을 알 수 있다.

어휘 order 주문: 주문하다 available 판매[이용]가 가능하다 discontinue (계속되던 것이) 중지되다 manufacturer 제조사[업체] similar 유사한 storage room 창고 stop by 들르다

해석 2. 그 제품은 왜 생산이 중지되었는가?
(A) 색이 인기가 없다. (B) 제품들이 오래되었다.
(C) 비용이 너무 비싸다. (D) 자재가 떨어졌다.

3. 화자는 고객에게 무엇을 하도록 제안하는가?
(A) 송장을 돌려보내라. (B) 관리자와 이야기하라.
(C) 할인을 요구하라. (D) 가게를 방문하라.

PART 4 | 필살기 **02.** | page 183

DICTATION   01 (B)   02 (D)

Hi. You have dialed Johnston <u>Community</u> <u>Center</u>. We are <u>closed</u> today due to the <u>national</u> <u>holiday</u>. Tomorrow's evening dance classes will continue as scheduled. The classes are almost full, but there are a few spots still left. So if you are interested in <u>joining</u> the class, please <u>leave</u> your <u>name</u> and your <u>phone</u> <u>number</u> after this message. Someone will contact you tomorrow. Thank you.

해석 안녕하세요. 귀하는 존스톤 커뮤니티에 전화 주셨습니다. 저희는 오늘 국가 공휴일이라 문을 닫습니다. 내일 저녁 댄스 강좌는 예정대로 진행될 것입니다. 강좌 인원이 거의 다 찼으나, 아직 몇 자리 있습니다. 그러니 강좌 가입에 관심이 있으시면 이 메시지가 끝나고 성함과 전화번호를 남겨주세요. 내일 연락드릴 것입니다. 감사합니다.

1. <u>Why</u> is the <u>center closed</u> today?
   (A) It is under <u>construction</u>.
   (B) It is a national <u>holiday</u>.
   (C) It is having some <u>dance classes</u>.
   (D) It is <u>late</u> in the evening.

2. <u>How</u> can listeners <u>sign up</u> for the event?
   (A) By <u>calling</u> back tomorrow
   (B) By coming to the <u>center</u>
   (C) By filling out a <u>form</u>
   (D) By leaving a <u>telephone message</u>

해설 1. 기본적인 내용은 일반적으로 지문의 도입부에 나온다. 질문에서의 키워드는 closed today이다. 앞부분 We are closed today due to the national holiday.에서 국가 공휴일이라서 문을 닫는다고 언급하고 있으므로 정답은 (B)이다.
2. 강좌에 등록하는 방법이나 연락 방법 등과 같은 세부적인 내용은 주로 하단부에서 언급한다. 또한 청자에게 요구하거나 바라는 행동은 please, ~ 뒤에 많이 나오므로 유의해서 들어야 한다. 질문에서의 키워드는 sign up for the event이다. 지문 하단에 if you are interested in joining the class, please leave your name and your phone number after this message.라고 말하고 있으므로 정답은 (D)이다. 여기에서 joining the class가 sign up for the event로 페러프레이징되었음에 유의한다.

어휘 construction 건설, 공사 late 늦은 sign up (강좌에) 등록하다 call back 다시 전화하다 fill out 기입하다 form 서식 dial 전화를 걸다 close (문, 커튼 등을)닫다 due to ~로 인해, ~때문에 national 국가의, 전국적인 holiday 휴가, 방학 almost 거의 few (수가) 약간의 spot 위치, 자리 still 아직 join 가입하다 leave 남기다 contact 연락하다

해석 1. 센터는 오늘 왜 문을 닫는가?
(A) 공사 중이다. (B) 국가 공휴일이다.
(C) 댄스 강좌 몇 개가 있다. (D) 늦은 저녁이다.

2. 청자가 어떻게 강좌에 등록할 수 있는가?
(A) 내일 전화를 다시 걸음으로써 (B) 센터에 방문함으로써
(C) 서식을 작성함으로써 (D) 전화 메시지를 남김으로써

ACTUAL TEST 01 (D) 02 (C) 03 (B)

Hello. Thank you for visiting the Halsey Museum. This audio guide will walk you through the special exhibition "*Abstract Painters*." You will see a number beside the name of each painting. Please enter the number using the keypad of the machine to listen about that particular piece of art. Should you have any problem, you can always go down to the information desk for help. You can take free post cards at our shop on the main floor. Thank you.

해석 안녕하십니까? 혹시 박물관을 찾아주셔서 감사합니다. 이 음성 안내는 여러분께 특별 전시회 '추상파 화가'를 안내해드릴 것입니다. 여러분들은 각 그림의 이름 옆에 있는 숫자를 보실 수 있을 겁니다. 특정 미술품에 대해 들으시려면 키패드를 이용해 그 번호를 기계에 입력해 주십시오. 무엇이든 문제가 생기면 언제든 안내 데스크에 내려가셔서 도움을 청하시면 됩니다. 본관에 있는 저희 가게에서 무료로 우편 엽서를 받아 가실 수 있습니다. 감사합니다.

1. Who is the message intended for?
(A) People in the movie theater
(B) Attendees at a seminar
(C) Passengers on a tour boat
(D) Visitors at an exhibition

2. What procedure is explained?
(A) How to buy a painting
(B) How to reserve a ticket
(C) How to use some audio equipment
(D) How to send a message

3. According to the message, how can listeners get assistance?
(A) By pressing some numbers
(B) By going to an information desk
(C) By visiting the museum shop
(D) By turning the machine off

해설 **1.** 청자에 대한 정보와 같이 기본적인 내용은 일반적으로 메시지의 도입부에 나온다. 전반부의 This audio guide will walk you through the special exhibition "*Abstract Painters*."를 보면 전시회에 방문한 사람들을 위한 내용이라는 것을 알 수 있으므로 정답은 (D)이다.
2. You will see a number ~. Please enter the number using the keypad ~을 보면 도입부에서 언급한 audio guide의 사용법에 대한 설명임을 알 수 있으므로 정답은 (C)이다.
3. 질문에서 get assistance를 키워드로 잡는다. 마지막 부분의 Should you have any problem ~ 이하에서 문제가 발생하면 언제든지 안내 데스크로 내려가서 도움을 요청하라고 하므로 정답은 (B)이다.

어휘 visit 방문하다 museum 박물관, 미술관 guide 안내 walk somebody through something (어떤 것을 배우거나 익힐 수 있도록 단계별로 차례 차례) ~에게 ~을 보여 주다 exhibition 전시회 abstract 추상적인 painter 화가 beside 옆에 each 각각 keypad 키패드 machine 기계 particular 특정한 piece (글·미술·음악 등의 작품) 한 점 information desk 안내소 post card 우편 엽서 main 가장 큰, 주된 floor (건물의) 층

해석 1. 이 메시지는 누구를 위한 것인가?
(A) 영화관에 있는 사람들 (B) 세미나 참석자들
(C) 관광선 탑승자들 (D) 전시회 방문객들
2. 어떤 절차가 설명되고 있는가?
(A) 그림 구입 방법 (B) 예매 방법 (C) 오디오 장비 사용법
(D) 메시지를 보내는 방법
3. 메시지에 의하면, 청자들은 어떻게 도움을 받을 수 있는가?
(A) 숫자들을 눌러서 (B) 안내 데스크로 가서
(C) 박물관 가게를 방문하여 (D) 기계를 꺼서

PART 4 | 필살기 **03.** | page 187

DICTATION 01 (B) 02 (A)

Good morning everyone. I'd like to thank all of you for your excellent sales performance on our kitchenware products this year. Today, I'd like to tell you about our new line of sports equipment we are introducing for next year. I'm sure many of your clients will love our new products. Before you take your sales packet, let's all go to the conference room and take a look at what you will be selling next year.

해석 여러분, 안녕하십니까? 올해 우리 주방용품에 대한 훌륭하신 영업 성과를 달성하신 여러분 모두에게 감사드리고 싶습니다. 오늘은 내년에 출시할 새로운 스포츠 장비 제품군에 대해 이야기하도록 하겠습니다. 여러분의 많은 고객이 우리의 새로운 제품들을 좋아하시리라 확신합니다. 여러분이 판매 서류들을 받기 전에 모두 함께 회의실로 가서 내년에 여러분이 판매하게 될 제품을 살펴보도록 합시다.

1. Who is being addressed?

(A) Local chefs
(B) Salespeople
(C) Sports players
(D) Clients

2. What will the listeners do?

(A) View sample items
(B) Play team sports
(C) Meet customers
(D) Review sales data

해설 1. 청자는 누구인가?
(A) 지역 주방장들 (B) 판매원들 (C) 운동 선수들 (D) 고객들

2. 청자들이 하게 될 일은 무엇인가?
(A) 샘플 제품을 본다. (B) 팀 스포츠를 한다. (C) 고객들을 만난다.
(D) 판매 데이터를 검토한다.

해설 1. 청자에 대한 정보 등 기본적인 내용은 일반적으로 도입부에 나온다. 앞부분의 I'd like to thank all of you for your excellent sales performance on our kitchenware products this year.를 보면 여러분들의 뛰어난 판매 실적에 대해 감사한다는 언급이 있으므로 정답은 (B)이다.

2. 청자들이 하게 될 일과 같이 미래의 일은 일반적으로 뒷부분에 언급된다. 마지막에 Before you take your sales packet, let's all go to the conference room and take a look at what you will be selling next year.를 보면 회의실에 가서 내년에 판매하게 될 제품들을 살펴보자고 했으므로 정답은 (A)이다.

어휘 **address** 연설하다 **local** 지역 **chef** 주방장 **salespeople** 판매원 **view** 보다 **sample** 표본, 샘플 **customer** 고객 **review** 재검토하다 **excellent** 훌륭한, 탁월한 **sales** 판매의 **performance** 실적, 성과 **kitchenware** 주방용품 **product** 상품, 제품 **equipment** 장비 **introduce** 내놓다, 도입하다 **client** 의뢰인, 고객 **packet** 꾸러미 **conference** 회의, 학회

ACTUAL TEST 01 (B) 02 (C) 03 (C)

Before we finish the staff meeting I have one last announcement. You all know that we are going to attend an online marketing seminar at Barksdale Community College tomorrow morning. The seminar starts at 9:30 a.m., so let's all meet at the main gate of the campus at 9:10. The subway is the easiest way to get there. Just get off at Barksdale College Station and you will see the main gate when you come out. If you are driving, you can use the school's library parking lot for $3 an hour. I'll see you tomorrow morning.

해설 직원 회의를 끝내기 전에 마지막으로 알려드릴 것이 있습니다. 여러분 모두 아시다시피 우리는 내일 아침 박스데일 지역 대학에서 온라인 마케팅 세미나에 참석할 예정입니다. 세미나는 오전 9시 30분부터 시작되므로 모두 학교 정문에서 9시 10분에 만나도록 합시다. 지하철이 그곳까지 가는 가장 편한 방법입니다. 박스데일 대학역에서 내리시면 정문이 보입니다. 운전해서 오시면 한 시간에 3달러를 내고 교내 도서관 주차장을 사용하실 수 있습니다. 내일 아침에 뵙겠습니다.

1. Who most likely is the audience for the talk?

(A) Local college students
(B) Company employees
(C) Business consultants
(D) School board members

2. Where will the group meet before the event?

(A) At a parking lot
(B) At a subway station
(C) At a campus entrance
(D) At a school library

3. According to the speaker, what is the easiest way to get to the meeting place?

(A) By bus
(B) By car
(C) By subway
(D) By carpool

해설 1. 청자가 누구인지를 묻는 문제와 같이 기본적인 질문의 경우 일반적으로 도입부에서 힌트를 찾을 수 있다. 첫 번째 문장 Before we finish the staff meeting I have one last announcement.에서 staff meeting을 마친다고 하는 것으로 보아 청자는 회사 사원들이라고 유추할 수 있다. 정답은 (B)이다.

2. 세부적인 내용을 묻는 문제에서는 키워드를 잡는다. 만나기로 한 장소를 묻고 있으므로 키워드 where와 meet를 확인한다. 지문 중간 부분에서 let's all meet at the main gate of the campus at 9:10.이라고 했으므로 정답은 (C)이다.

3. 구체적인 내용을 묻는 문제이므로 키워드를 찾는다. 키워드 easiest way와 get to를 지문에서 찾아보면 The subway is the easiest way to get there.라고 언급하고 있으며, 지하철역에 내리라고 했으므로 정답은 (C)이다.

어휘 **consultant** 상담가 **board member** 임원, 상임이사 **parking lot** 주차장 **entrance** 입구, 문 **library** 도서관 **carpool** 카풀, 승용차 함께 타기 **announcement** 발표, 소식 **finish** 끝내다 **staff** 직원 **attend** 참석하다 **seminar** 세미나(연구회, 토론회) **gate** 대문, 출입구

해설 1. 이 대화의 청자는 누구인 것 같은가? (A) 지역 대학생들 (B) 회사 사원들 (C) 사업 상담가들 (D) 학교 임원들

2. 행사 전에 그룹은 어디에서 만날 것인가? (A) 주차장에서 (B) 지하철역에서 (C) 학교 입구에서 (D) 학교 도서관에서

3. 화자에 의하면, 회의 장소까지 가는 가장 쉬운 방법은 무엇인가? (A) 버스로 (B) 자동차로 (C) 지하철로 (D) 카풀로

PART 4 | 팔살기 04. | page 191

DICTATION   01 (B)   02 (C)

I'm very excited about the subject our next speaker has for us today. He's going to talk about different ways of persuading people in sales. We all know that it's not easy to make your customers open their wallets. Our speaker Mr. Tony Miller has researched persuasion techniques for more than 10 years. He's going to show us effective ways to persuade clients in business. I hope you take many notes today.

해석 저는 오늘 다음 연사가 이야기하실 주제에 대해 기대가 큽니다. 그는 영업을 하면서 사람들을 설득하는 다양한 방법에 대해 말씀하실 겁니다. 고객들의 지갑을 열도록 만드는 것이 쉽지 않은 일이라는 것을 여러분 모두 잘 아실 것입니다. 우리의 연사이신 토니 밀러 씨는 설득의 기술을 10년 이상 연구하셨습니다. 그는 사업을 하면서 고객을 설득하는 효과적인 방법을 설명해 주실 것입니다. 모두들 주목해 주시기 바랍니다.

1. What will Mr. Tony Miller talk about?
(A) How to write clearly
(B) How to persuade people
(C) How to think strategically
(D) How to improve products

2. What is said about Mr. Miller?
(A) He is a popular author.
(B) He has a research center.
(C) He has done many years of research.
(D) He is a well known salesperson.

해설 **1.** 담화의 주제나 목적은 주로 전반부에 정답의 근거가 나온다. 도입부에서 오늘 연사가 말할 주제(subject)에 대해 소개하면서 He's going to talk about different ways of persuading people in sales.라고 했으므로 (B) How to persuade people이 정답이다.
2. 구체적인 정보를 묻는 문제는 키워드를 파악하고 담화를 들으면서 키워드가 나오는 곳에서 답을 찾는다. 사람에 대한 구체적인 정보를 묻고 있으므로 문제에 나오는 이름 Mr. Miler가 키워드가 된다. 이름이 나온 부분을 잘 들으면, Mr. Tony Miller has researched persuasion techniques for more than 10 years.라고 했으므로 오랜 기간 연구를 해왔다는 (C)가 정답이다.

어휘 clearly 분명히 persuade 설득하다 strategically 전략적으로 improve 개선하다 popular 인기 있는 research 연구 well known 잘 알려진, 유명한 salesperson 영업사원 excited 신나는, 흥분되는 subject 주제 speaker 화자, 연사 talk 이야기하다 different 다른 persuade 설득하다 sales 판매 easy 쉬운 customer 고객 wallet 지갑 research 조사하다, 연구하다 persuasion 설득 technique 기술 show 보여주다 effective 효과적인 client 고객 business 사업 take note 주목하다

해석 1. 토니 밀러 씨는 무엇에 대해 이야기할 것인가?
(A) 명료하게 작성하는 법 (B) 사람을 설득하는 법
(C) 전략적으로 생각하는 법 (D) 제품을 향상시키는 법
2. 밀러 씨에 대해 무엇을 이야기하고 있는가?
(A) 그는 유명한 작가이다. (B) 그는 연구소를 가지고 있다.
(C) 그는 수년간 연구를 수행해왔다.
(D) 그는 잘 알려진 영업사원이다.

ACTUAL TEST   01 (C)   02 (D)   03 (B)

Thank you for coming in a little early for our weekly meeting. I'd like to introduce Katie Nelson, our new server. As you all know, we wanted to hire someone with experience, and we found the right person. Although she has never worked in a big hall like ours, but she has worked in many restaurants in the past. Please help her out in any way you can until she settles in. I will be taking her around the kitchen this morning before Sandy takes her for training.

해석 우리 주간 회의에 일찍 와주셔서 고맙습니다. 저는 우리의 새로운 서버인 케이티 넬슨을 소개하려고 합니다. 모두들 아시다시피, 우리는 경력자를 고용하기를 원했는데, 적절한 인재를 찾았습니다. 우리와 같은 큰 홀에서 일해 본 경험은 없지만, 그녀는 과거에 많은 레스토랑에서 근무했습니다. 그녀가 적응할 때까지 최대한 많이 도와주시기 바랍니다. 샌디 씨가 그녀를 데리고 교육을 시작하기 전에 제가 오늘 오전에 그녀와 함께 주방을 둘러보도록 하겠습니다.

1. Where does the introduction take place?
(A) In a discount store
(B) In a real estate agency
(C) In a restaurant
(D) In a local food market

해설 **1.** 담화의 장소와 같이 기본적인 사항을 묻는 문제의 경우 도입부에서 정답을 알 수 있다. 새로운 직원을 소개하면서, our new server라고 했으므로 레스토랑에서 이루어지는 내용임을 알 수 있다.

해석 1. 어디에서 소개하고 있는가?
(A) 할인 매장에서 (B) 부동산에서 (C) 식당에서
(D) 지역 식료품점에서

2. What are the listeners asked to do?

(A) Clean the tables
(B) Prepare food
(C) Open all the doors
(D) Help a new employee

3. What does the speaker say he will do this morning?

(A) Put on an advertisement
(B) Give a tour
(C) Hire some cooks
(D) Meet some customers

해설 2. 요청이나 요구 사항을 묻는 문제는 후반부에 힌트가 나온다. Please help her out in any way you can until she settles in.에서 새로운 직원을 소개하는 자리에서 그를 도와줄 것을 요청하고 있음을 알 수 있다.
3. 미래의 일정은 주로 후반부에 힌트가 나온다. this morning이 문제의 키워드이므로, 해당 단어가 나오는 부분을 주의 깊게 들으면, I will be taking her around the kitchen this morning이라고 했다. 여기서 take around the kitchen은 (B)의 give a tour와 일치하므로 (B)가 정답이다.

어휘 **take place** 발생하다 **discount store** 할인점 **real estate** 부동산 **local** 지역의 **prepare** 준비하다 **employee** 직원 **hire** 고용하다 **server** 식당에서 서빙하는 사람 **experience** 경험 **hall** 홀 **settle down** 정착하다, 안정되다

해석 2. 청자들은 무엇을 하도록 요청받는가?
(A) 테이블을 청소한다. (B) 음식을 준비한다.
(C) 모든 문을 연다. (D) 새로운 직원을 도와준다.
3. 화자는 오늘 아침에 무엇을 할 것이라고 말하는가?
(A) 광고를 낸다. (B) 견학을 시킨다.
(C) 주방장들을 고용한다. (D) 고객들을 만난다.

PART 4 | 필살기 **05.** | page 195

DICTATION   **01** (C)   **02** (D)

> Attention customers! Thank you for shopping at Ace Mart. Our store closes at 10 o'clock which is in 15 minutes. Please start heading to the counters with items that you would like to buy. We will reopen tomorrow at 10 a.m. We are open from 10 to 10 everyday. We would like you to try our online shopping mall at www.acemart.com. You can get discounts on most of the products and delivery is free over $50. Thank you for shopping with us.
>
> 해석 고객 여러분께 알려드립니다! 에이스 마트에서 쇼핑해 주셔서 감사합니다. 저희 매장은 15분 후인 10시 정각에 문을 닫습니다. 사고자 하시는 물품을 가지고 계산대로 와주시기 바랍니다. 영업 개시 시간은 내일 오전 10시입니다. 저희는 매일 오전 10시부터 오후 10시까지 영업을 합니다. 저희 온라인 쇼핑몰인 www.acemart.com을 이용해 주시기 바랍니다. 대부분의 상품에 대해 할인을 받으실 수 있고, 50달러 이상 구매하신 경우 무료 배송을 받으실 수 있습니다. 저희와 함께 해주셔서 감사합니다.

1. What is the main purpose of the announcement?

(A) To promote special sales
(B) To find a person with a missing item
(C) To announce the closing of the store
(D) To ask for a help

2. What does the speaker suggest customers do?

(A) Shop in the evening
(B) Wait for sales items
(C) Try some new food
(D) Look at the company's web site

해설 1. 주제나 목적을 묻는 문제는 주로 전반부에 답의 근거가 나온다. 도입부에 Our store closes at 10 o'clock which is in 15 minutes라고 알리고 있으므로 announce the closing이 정답이다.
2. 요청이나 요구 사항에 관한 내용은 주로 후반부에 나온다. We would like you to try our online shopping mall에서 온라인 쇼핑몰을 이용해볼 것을 권유하고 있으므로 이는 look at company's web site와 일치하는 내용임을 파악할 수 있다.

어휘 **main** 주요한 **purpose** 목적 **announcement** 알림, 공지 **promote** 홍보하다, 촉진하다 **find** 찾다 **missing** 잃어버린 **announce** 알리다, 발표하다 **ask for** 요청하다 **suggest** 제안하다, 추측하다 **customer** 고객 **shop** 쇼핑하다 **wait for** ~을 기다리다 **look at** ~을 보다 **close** 닫다 **minute** 분 **head to** ~로 향하다 **counter** 계산대 **item** 품목 **would like to** ~하고 싶다 **try** 시도하다 **discount** 할인 **product** 상품 **delivery** 배달 **free** 무료의

해석 1. 공지의 주요 목적은 무엇인가?
(A) 특별 판매를 홍보하기 위해서.
(B) 잃어버린 물건의 주인을 찾기 위해서.
(C) 매장의 폐점을 알리기 위해서. (D) 도움을 요청하기 위해서.
2. 화자는 고객들이 무엇을 하도록 제안하고 있는가?
(A) 저녁에 쇼핑한다. (B) 할인 품목을 기다린다.
(C) 새로운 음식을 시식한다. (D) 회사의 웹사이트를 본다.

ACTUAL TEST 01 (B) 02 (B) 03 (C)

> Attention passengers going to L.A. on flight CS 284 this afternoon. Due to the poor weather conditions in the Chicago area, the plane just left O'hare Airport. The plane should arrive in approximately 45 minutes. The new departure time is 3 p.m. When the plane arrives, we will work as quickly as we can to let you board the plane safely and be on your way to L.A. Please stay near the gate for any further announcements. We apologize for the inconvenience.
>
> 해석 오늘 오후 LA 행 CS 284 비행기에 탑승하시는 승객 여러분께 알려드립니다. 시카고 지역의 기상 악화로 인해, 비행기가 오헤어 공항을 이제 막 출발했습니다. 비행기는 대략 45분 후에 도착할 예정입니다. 변경된 출발 시각은 오후 3시입니다. 비행기가 도착하는 대로 최대한 신속하게 비행기에 안전하게 탑승하시어 LA로 출발하실 수 있도록 하겠습니다. 다음 안내가 있을 때까지 탑승구 근처에 대기해 주시기 바랍니다. 불편을 드려 죄송합니다.

1. Who would most likely be making this announcement?
(A) A passenger
(B) An airline employee
(C) A tour guide
(D) A captain of a plane

2. Where are the passengers going?
(A) To Seattle
(B) To LA
(C) To Chicago
(D) To Atlanta

3. What is the new departure time?
(A) 1 p.m.
(B) 2 p.m.
(C) 3 p.m.
(D) 4 p.m.

해설 1. 화자나 듣는 대상의 직업이나 신분에 관한 질문은 도입부에서 확인할 수 있다. Attention ~ 이하에서 항공사 직원이 비행기 승객(passengers)에게 알리는 내용임을 파악할 수 있으므로 정답은 (B)이다.
2. 구체적인 사항에 관한 질문이므로 해당 키워드가 들리는 곳에서 정답을 찾는다. 승객들의 목적지는 비행기의 목적지와 일치하며 도입부에서 passengers going to L.A. ~라고 목적지를 언급하고 있으므로 정답은 (B)이다.
3. 구체적인 사항에 관한 질문이므로 해당 키워드를 중심으로 답을 찾는다. time을 물어보고 있으므로 시간에 관한 사항을 주의 깊게 들어보면, 중반부에 The new departure time is 3 p.m.이라는 내용이 나오므로 정답은 (C)이다.

어휘 attention 주목, 주의 passenger 승객 flight 비행기 due to ~때문에 poor 나쁜 condition 조건 leave 떠나다 arrive 도착하다 approximately 대략 departure 출발 quickly 빨리 board 탑승하다 safely 안전하게 stay 머무르다 near 근처에 gate 문 further 다음의 apologize 사과하다 inconvenience 불편

해석 1. 이 안내를 하는 사람은 누구인가?
(A) 승객 (B) 항공사 직원 (C) 여행 가이드 (D) 비행기 기장
2. 승객들은 어디로 가는가?
(A) 시애틀로 (B) LA로 (C) 시카고로 (D) 애틀랜타로
3. 새로운 출발 시각은 언제인가?
(A) 오후 1시 (B) 오후 2시 (C) 오후 3시 (D) 오후 4시

PART 4 | 필살기 **06.** | page 199

DICTATION 01 (B) 02 (B)

> Good afternoon! I'm Brian Kennedy with the latest traffic report. It seems like many people are going away for the weekend to enjoy the beautiful weather. The highways are getting heavy already, and it's only 4 o'clock. There is a ball game tomorrow night at Athletics' Center. So if you are not going to the game, you want to avoid that area. So try taking Central Parkway instead. I hope everyone has a great weekend and stay tuned for the latest news.
>
> 해석 안녕하세요! 최신 교통 정보를 알려드리는 브라이언 케네디입니다. 멋진 날씨를 즐기기 위해 주말에 많은 사람들이 떠나고 있는 것 같습니다. 고속도로는 이제 겨우 4시인데요, 이미 막힌 상태입니다. 체육 센터에서 내일 밤 야구 경기가 있을 것입니다. 경기를 보러 가시지 않으신다면, 그 지역은 피하시고 싶을 겁니다. 그러면 그 지역 대신 센트럴 파크웨이를 이용해 주세요. 멋진 주말 보내시며, 계속해서 최신 뉴스를 청취해주시길 바랍니다.

1. What is the main topic of the report?
   (A) Weather
   (B) Traffic
   (C) Sports
   (D) Business

2. What advice does the speaker give to listeners about tomorrow?
   (A) Go out to the ball game
   (B) Use an alternate route
   (C) Stay home
   (D) Get away for the weekend

해설 1. 보도의 주제를 묻는 질문으로, 방송 관련 지문에서 주제는 주로 도입부에 제시된다. 도입부에서 화자 자신을 소개하는 인사말 I'm Brian Kennedy with the latest traffic report.를 통해 교통 방송을 하고 있음을 알 수 있으므로 정답은 (B)이다.
2. 화자가 청자에게 조언하는 사항이 무엇인지를 묻는 질문으로, 질문의 키워드인 tomorrow와 관련된 표현을 잘 들어야 한다. 담화의 중반부 There is a ball game tomorrow night at Athletics' Center.를 통해 내일 야구 경기가 있을 예정이라 언급하고, 그 후에 So if you are not going to the game, you want to avoid that area. So try taking Central Parkway instead.에서 경기를 보지 않으면, Central Parkway를 이용해줄 것을 권유하고 있으므로 정답은 (B)이다. 담화의 Central Parkway가 보기에서 alternate route로 바꾸어 표현되었음도 함께 알아 두자.

해설 1. 이 보도의 주제는 무엇인가?
(A) 날씨 (B) 교통 (C) 스포츠 (D) 비즈니스
2. 내일과 관련하여 화자가 청자에게 조언한 사항은 무엇인가?
(A) 야구 경기에 가라. (B) 우회 도로를 이용하라.
(C) 집에 머물러라. (D) 주말에 외출하라.

어휘 business 비즈니스, 사업 go out 외출하다, 나가다 alternate route 우회 도로 get away 휴가를 가다 traffic report 교통 정보, 교통 방송 안내 It seems like 마치~인 것 같다 go away (사람, 장소 등을) 떠나가다, 휴가를 가다 weekend 주말 enjoy 즐기다 highway 고속도로 get heavy (상태가) 심각해지다 ball game 야구 경기, 구기 종목 avoid 피하다 instead ~대신에 stay tuned for ~에 채널을 고정해주세요.

ACTUAL TEST 01 (A) 02 (A) 03 (C)

I'm Jim Brown with the latest news. Steve Jones, vice president of Nextron Electroics, has announced that Nextron will merge with Finex Printers in September. Mr. Jones said that with their combined knowledge in the market, the merger will make operations run more efficiently. The new company will operate under the name of Nextronex, and it will be the largest company in the west coast.

해설 최신 뉴스의 짐 브라운입니다. 넥스트론 일렉트로닉스 사의 부회장 스티브 존스는 9월에 넥스트론 사가 파이넥스 프린터스 사와 합병을 한다고 발표하였습니다. 존스 씨는 시장에서 두 회사의 지식이 결합되어 합병으로 더 효율적으로 운영할 수 있을 것이라 언급하였습니다. 새로운 회사는 넥스트로닉스라는 이름으로 운영될 것이며, 서부 해안에서 가장 큰 회사가 될 것입니다.

1. What event does the report discuss?
   (A) A corporate merger
   (B) A closure of a business
   (C) A new electronic device
   (D) A marketing event

2. When will the event happen?
   (A) In September
   (B) In October
   (C) In November
   (D) In December

3. What is the expected result of the event?
   (A) Faster delivery system
   (B) More shops
   (C) Greater operational efficiency
   (D) Better customer service

해설 1. 어떤 일이 보도되는지 보도의 주제를 묻는 유형이다. 주제는 주로 도입부에 제시되므로, 도입부에서 Nextron Electroics 사와 Finex Printers 사가 합병할 것이라고 발표한다는 내용을 통해 (A)가 정답임을 알 수 있다.
2. 합병이 언제 있을 예정인지, 세부 사항을 묻는 유형이므로, 질문의 키워드인 event와 시간 관련 표현이 담화에 제시될 것이다. 질문의 event는 담화에서 merge(합병)를 의미하며, 도입부에서 Nextron with merge with Finex Printers in September를 통해 9월에 합병을 하게 될 것을 알 수 있으므로 정답은 (A)이다.
3. 합병으로 예상되는 결과가 무엇인지 미래의 일을 묻는 질문이므로, 담화의 중후반부에서 질문의 키워드인 event와 관련된 표현을 잘 들어야 한다. the merger will make operations run more efficiently에서 Mr. Jones가 합병으로 인해 더 효율적으로 기업을 운영할 것이라 언급하고 있으므로, 정답은 (C)이다.

어휘 corporate 기업의 closure 폐쇄 electronic device 전자 장치 marketing 마케팅, 시장 operational 경영상의, 가동상의 customer service 고객 서비스 merge with ~와 합병하다 combined 결합된 knowledge 지식 operation 운영 efficiently 능률적으로, 효율적으로 under ~하에

해설 1. 어떤 일이 보도되고 있는가?
(A) 기업 합병 (B) 사업 폐쇄 (C) 새로운 전자 장치
(D) 마케팅 행사
2. 합병은 언제 있을 것인가?
(A) 9월 (B) 10월 (C) 11월 (D) 12월
3. 합병으로 예상되는 결과는 무엇인가?
(A) 빠른 배송 시스템 (B) 더 많은 상점
(C) 향상된 운영 효율성 (D) 더 나은 고객 서비스

PART 4 | 필살기 07. | page 203

DICTATION 01.(B) 02.(C)

At the Next Generation, we are offering you a deal of the year this weekend. If you buy any of our computers, we will give you a 10% discount on all Gilmore LCD monitors. If you buy a computer and a monitor set, we will give you a 20% discount on all JXC printers. So head down to the Next Generation store near you this weekend. Supplies are limited, so don't wait.

해석 넥스트 제너레이션에서는, 이번 주말에 여러분에게 올해의 할인을 제공해드립니다. 컴퓨터를 구매하시면, 길모어 LCD 모니터 전 제품에 대해 10%의 할인을 받으실 수 있습니다. 컴퓨터와 모니터를 세트로 구매하시면, JXC 프린터기 전 제품에 대해 20%의 할인을 받으실 수 있습니다. 이번 주말에 가까이에 있는 넥스트 제너레이션 상점을 방문하세요. 상품이 제한되어 있으니, 기다리지 마세요.

1. What kind of a business is Next Generation?

(A) A grocery store
(B) An electronic store
(C) An office supplies store
(D) A printing shop

2. What is Next Generation currently offering to customers?

(A) An overnight delivery
(B) A free installation service
(C) A discount on some merchandise
(D) A free product

해설 1. 고유명사인 Next Generation에 대한 정보를 묻는 질문으로 Next Generation이 어떤 종류의 사업을 하는지를 찾아야 한다. 질문의 키워드인 Next Generation과 관련된 내용에 집중해 보면, 도입부에서 Next Generation을 확인하고 뒤에 이어서 our computers와 이후에 등장하는 구매할 수 있는 제품인 monitor, printer 등을 통해 전자제품을 판매하는 상점임을 알 수 있으므로 정답은 (B)이다.
2. Next Generation이 현재 고객들에게 제공하는 것이 무엇인지 묻는 질문으로, offer, give 등과 같은 표현에서 힌트를 찾을 수 있다. 전반부와 중반부에서 we are offering you a deal of the year this weekend. If you buy any of our computers, we will give you a 10% discount on all Gilmore LCD monitors.를 통해서 일부 제품들에 대해 할인을 제공하고 있음을 알 수 있으므로 정답은 (C)이다.

해설 1. 넥스트 제너레이션은 어떤 종류의 업체인가?
(A) 식료품점 (B) 전자제품 상점 (C) 사무용품 판매점 (D) 인쇄소

2. 넥스트 제너레이션은 현재 고객들에게 무엇을 제공하는가?
(A) 야간 배송 (B) 무료 설치 서비스 (C) 일부 상품에 대한 할인 (D) 사은품

어휘 grocery 식료품의 electronic 전자의, 전자 장비와 관련된 office supply 사무용품 printing shop 인쇄소 overnight 야간의, 하룻밤 동안의 installation 설치 free product 사은품 offer 제공하다 deal 거래 weekend 주말 computer 컴퓨터 give a discount 할인을 제공하다 monitor 모니터 printer 프린터기 head down to ~로 가다 near 가까운 supply 공급품 limit 제한하다, 한정하다

ACTUAL TEST 01.(C) 02.(C) 03.(B)

LBK International is searching for bright individuals who would like to build a dream with us in our web design team. We are starting an internship program that will last six months. During the internship participants will receive extensive training from our staff of designers. Interns who finish the program successfully will have a chance to work at our company. If you are interested in the program, come to our office on Friday, August 18 at 4:00 p.m. for an information session and interview. Applications will not be accepted electronically.

해석 LBK 인터내셔널 사는 저희 웹디자인 팀에서 꿈을 키워나갈 빛나는 인재들을 찾고 있습니다. 저희는 6개월 동안 지속될 인턴 과정 프로그램을 시작합니다. 인턴 기간 동안 참가자들은 디자이너들로부터 폭넓은 교육을 받을 것입니다. 인턴 과정 프로그램을 성공적으로 완수한 인턴 사원들은 저희 회사에서 일할 기회를 갖게 될 것입니다. 프로그램에 대하여 관심이 있으시면, 8월 18일 금요일 오후 4시에 있을 정보 설명회와 면접을 위해 저희 사무실로 방문해 주시기 바랍니다. 신청서는 온라인으로 받지 않을 것입니다.

1. Where will the successful applicants work?

(A) The building maintenance department
(B) The accounting department
(C) The web design department
(D) The personnel department

해설 1. 지원자들이 일하게 되는 부서를 묻는 질문으로 구인 광고에서 모집하는 부서를 확인해야 한다. 구인 광고는 전반부에서 구인하는 직종이나 업종을 확인할 수 있다. 전반부에 our web design team을 통해서 웹디자인 부서임을 알 수 있으므로 정답은 (C)이다.

해설 1. 합격한 지원자는 어디에서 일을 하는가?
(A) 건물 관리 부서 (B) 회계 부서 (C) 웹디자인 부서 (D) 인사 부서

2. How long is the internship period?
(A) Four weeks
(B) Twelve weeks
(C) Six months
(D) One year

3. What should people do to apply for the internship?
(A) Send an e-mail
(B) Attend an event
(C) Fill out a form
(D) Call the company

해설 2. 인턴 과정의 기간이 얼마나 되는가?
(A) 4주 (B) 12주 (C) 6개월 (D) 1년

3. 사람들이 인턴 과정에 신청하려면 무엇을 해야 하는가?
(A) 이메일을 발송한다. (B) 행사에 참가한다.
(C) 신청서를 작성한다. (D) 회사에 전화한다.

해설 2. 인턴 과정 기간이 얼마나 되는지 세부 사항을 묻는 유형으로, 질문의 키워드인 internship과 관련된 기간을 확인하면 된다. 중반부에서 인턴 과정 프로그램이 6개월 동안 지속될 것임을 알 수 있으므로 정답은 (C)이다.

3. 요청 사항을 묻는 질문으로, 사람들이 인턴 과정에 신청하기 위해 해야 할 일이 무엇인지를 찾아야 한다. 후반부분에서 조동사 should, have to, must 또는 please, if 등의 표현을 주의 깊게 들어야 한다. 후반부 If you are interested in the program, ~ 이하의 내용을 통해 정보설명회와 면접에 오라고 언급하고 있으므로 정답은 (B)이다.

어휘 **attend** 참석하다 **fill out** 작성하다 **search for** ~을 찾다 **individual** 개인 **last** 지속되다 **participant** 참가자 **intern** 인턴 사원 **successfully** 성공적으로 **have a chance** 기회를 갖다 **interested in** ~에 관심 있다 **application** 신청서 **accept** 받아 주다 **electronically** 온라인상으로

PART 4 | 필살기 08. | page 207

DICTATION 01 (C) 02 (A)

Hi. Welcome to Maulla <u>Caves</u>. I'm Patrick, and I'll be <u>guiding</u> you through the cave <u>today</u>. The cave is about 2.5 kilometers, and the <u>tour</u> will <u>take</u> about one hour and 45 minutes. You are welcome to take <u>pictures</u> during the tour, but please <u>do</u> <u>not</u> go <u>off</u> the course. Inside the cave is very damp, so some places are very slippery. We want to be sure that everyone is <u>safe</u>, so <u>please</u> watch your steps. One last <u>thing</u>, you <u>cannot</u> bring <u>food</u> inside, so leave it on the bus. We will start the tour in five minutes.

해설 안녕하세요. 마울라 동굴에 오신 여러분들을 환영합니다. 저는 패트릭이고, 오늘 동굴 안으로 여러분들을 안내해드리려 합니다. 동굴은 약 2.5 킬로미터 정도 되며, 관광은 1시간 45분 정도 걸릴 것으로 예상됩니다. 관광을 하는 동안 사진 촬영은 하셔도 되지만, 경로를 이탈해서는 안 됩니다. 동굴 내부는 매우 축축하기 때문에, 일부 구역은 매우 미끄럽습니다. 저희는 누구도 다치길 원하지 않으므로, 조심해서 걸으시기 바랍니다. 마지막으로 한 가지, 동굴 내부로 음식을 가져가서는 안 되므로, 음식들은 버스에 두시기 바랍니다. 5분 후에 관광을 시작하도록 하겠습니다.

1. <u>Who</u> most likely is <u>giving</u> the <u>talk</u>?
(A) A news <u>reporter</u>
(B) A <u>salesperson</u>
(C) A <u>tour guide</u>
(D) A <u>cave owner</u>

2. <u>What</u> does the speaker <u>recommend</u>?
(A) <u>Walking</u> carefully
(B) Taking <u>flashlights</u>
(C) Wearing safety <u>helmets</u>
(D) <u>Drinking</u> some water

해설 1. 이야기를 하는 사람은 누구이겠는가?
(A) 뉴스 리포터 (B) 영업 사원 (C) 여행 가이드 (D) 동굴 소유자

2. 화자가 권고하는 것은 무엇인가?
(A) 조심히 걷기 (B) 손전등 챙기기 (C) 안전모 착용하기
(D) 물 마시기

해설 1. 이야기를 하는 화자가 누구인지를 묻는 질문으로, 주로 담화의 도입부인 화자를 소개하는 부분에서 정답을 알 수 있다. 도입부의 첫 인사말을 끝낸 후, I'm Patrick, and I'll be guiding you through the cave today.를 통해서 화자가 여행 가이드임을 알 수 있으므로 정답은 (C)이다.

2. 화자가 권유하는 내용을 묻는 질문이다. 권유나 요청 사항은 담화에서 조동사 should, must, have to 또는 please, 명령문 등의 표현을 주의 깊게 들어야 한다. 담화의 중반부에서 동굴 내부가 습해서, 일부 구역이 미끄러움을 언급하고 나서, 안전을 위해서 발밑을 조심할 것 (please watch your steps)을 당부하고 있으므로, (A)가 정답이다.

어휘 **walking** 걷기 **carefully** 조심스럽게, 주의 하여 **take** 가지고 가다 **flashlight** 손전등 **wear** (옷, 모자, 신발 등을) 입다, 쓰다 **safety helmet** 안전모 **drink** 마시다 **welcome** 환영하다 **cave** 동굴 **guide** 안내하다 **through** ~을 통해, ~사이로 **about** 약, 대략 **tour** 관광, 견학 **take a picture** 사진을 찍다 **during** ~하는 동안 **go off** 자리를 뜨다 **course** 과정, 항로 **inside** 실내의, 내부의 **damp** 축축한, 눅눅한 **slippery** 미끄러운 **hurt** 다치게 하다 **watch your step** 발밑을 조심하세요 **last** 마지막의 **bring** 가져오다 **food** 음식 **leave** 놓아두다, 남기다

ACTUAL TEST 01 (C) 02 (A) 03 (D)

We've come to the end of our tour. <u>This is the last place we are going to visit on our new employee training day.</u> This is our company library. It's located on the 8th floor of our head office. <u>There are lots of confidential materials here</u> that are available only to our employees. When you need to access the information, you won't actually come up here. <u>You have to fill out a request by e-mail</u>, and the documents will be mailed to you by e-mail also.

해석 견학 일정이 막바지에 이르렀습니다. 이곳은 신입 직원 연수 기간에 우리가 방문할 마지막 장소입니다. 이곳은 저희 회사 도서관입니다. 본사의 8층에 있습니다. 저희 직원들만이 이용 가능한 많은 기밀 서류들이 보관되어 있습니다. 정보를 이용할 필요가 있을 때, 실제로 여기서 해결해 드리지는 않습니다. 이메일로 요청서를 작성하셔야 합니다. 그러면 서류를 이메일로 다시 보내드릴 겁니다.

1. Who is the intended audience for the talk?
(A) Tourists
(B) Board members
(C) New employees
(D) Clients

2. According to the speaker, what might listeners request from the library?
(A) Confidential documents
(B) Training videos
(C) Business journals
(D) Reference books

3. How are materials usually requested?
(A) In person
(B) By interoffice mail
(C) By phone
(D) By e-mail

해설 1. 화자나 청중의 정보를 묻는 질문은 주로 담화의 도입부에서 힌트가 나오므로 도입부를 잘 들어야 한다. 도입부 ~ on our new employee training day에서 신입 직원 연수가 있는 날이라는 언급을 통해 청자들이 신입 사원임을 알 수 있다. 따라서 정답은 (C)이다.

2. 질문의 키워드인 library와 관련된 표현에서 힌트를 찾을 수 있다. 앞에서 library가 언급되고 중반부 There are lots of confident materials here에서 도서관에는 직원들만이 이용 가능한 많은 기밀 서류들이 보관되어 있다고 설명하고 있다. 뒤에서 자료가 필요할 때 요청하라는 내용을 통해 기밀 서류를 요청할 수 있다는 것을 알 수 있으므로 정답은 (A)이다.

3. 세부 사항으로 방법을 묻는 질문으로, 자료들이 어떻게 요청되는지를 찾아야 한다. 질문의 키워드 materials, requested와 관련된 표현을 찾아보면, 후반부에서 You have to fill out a request by e-mail를 통해 신청서를 이메일로 작성해 주면, 요청 서류들을 이메일로 보내 준다고 언급하고 있으므로, 정답은 (D)이다.

어휘 **intended** 의도한 **request** 요구; 요구하다 **material** 자료 **interoffice mail** 회사 내부에서 운용되는 우편(시스템) **be located** ~에 위치해 있다 **confidential** 기밀의 **available** 이용 가능한 **access** 접근하다, 이용하다

해석 1. 담화의 청중은 누구인가?
(A) 관광객들 (B) 이사회 회원들 (C) 신입 사원들 (D) 고객들

2. 화자에 의하면, 도서관에서 청자들이 무엇을 요청할 것인가?
(A) 기밀 서류들 (B) 교육 영상물 (C) 비즈니스 잡지 (D) 참고 도서

3. 자료들이 보통 어떻게 요청되는가?
(A) 개인적으로 (B) 내부 우편으로 (C) 전화로 (D) 이메일로

ACTUAL TEST
ANSWER & SCRIPT

PART 1 p.211

01 (B) **02** (A) **03** (C) **04** (D) **05** (A) **06** (A) **07** (D) **08** (D) **09** (D) **10** (A)

---

1 (A) A man is pouring coffee.
(B) A man is wearing a tie.
(C) A man is looking at a monitor.
(D) A man is putting sugar in the cup.

(A) 남자가 커피를 따르고 있다. (B) 남자가 넥타이를 하고 있다.
(C) 남자가 모니터를 보고 있다. (D) 남자가 컵에 설탕을 넣고 있다.

해설 넥타이를 한 남자가 한 손에 컵을 들고 통화를 하고 있는 사진이다. 넥타이를 하고 있는(wearing a tie) 남자의 모습을 객관적으로 묘사한 (B)가 정답이다. (A)의 남자가 커피를 따르는(pouring) 동작, (C)의 남자가 모니터를 바라보고 있는 동작(looking at a monitor), (D)의 설탕을 넣는 동작(putting sugar)은 사진과 관련이 없으므로 오답이다. 참고로 옷을 입거나 화장을 한다고 할 때 자주 등장하는 표현 put on과 wear의 차이를 잘 이해하고 있어야 한다. put on은 옷을 입고 화장을 하는 '동작'을 의미하고, wear는 옷을 입고 화장을 한 '상태'를 의미한다는 사실을 반드시 기억하자.

어휘 pour 붓다, 따르다 wear 입고 있다 tie 넥타이 sugar 설탕

---

2 (A) Umbrellas have been set up on the beach.
(B) Some people are entering a hotel.
(C) A boat is being pulled onto the seashore.
(D) People are lining up to buy some foods.

(A) 파라솔들이 해변에 세워져 있다.
(B) 몇몇 사람들이 호텔에 들어가고 있다.
(C) 보트가 해안 쪽으로 노를 저어가고 있다.
(D) 사람들이 음식을 사기 위해 줄을 서 있다.

해설 파라솔들이 늘어서 있는 해변의 풍경이므로 파라솔들이 세워져 있다(umbrellas have been set up)고 객관적으로 묘사한 (A)가 정답이다. (B)는 사진에서 호텔 건물 자체를 찾을 수 없으므로 오답이고, (C)는 해안으로 노 저어가고 있는 보트가 없으므로 오답이다. (D)는 줄지어 서 있는 사람들은 사진과 관련 없는 내용이므로 역시 오답이다.

어휘 umbrella 우산, 파라솔 set up ~을 세우다, 놓다 people 사람들 pull 노를 젓다 seashore 해안 line up 줄 서다

---

3 (A) A man is placing his instrument in a case.
(B) Some people are standing in a circle.
(C) A musician is performing outdoors.
(D) A group of people are gathered around the table.

(A) 남자가 악기를 케이스 안에 놓고 있다.
(B) 몇몇 사람들이 둥글게 서 있다.
(C) 음악가가 야외에서 연주하고 있다.
(D) 한 무리의 사람들이 탁자 둘레에 모여 있다.

해설 광장에서 한 남자가 기타 연주를 하고 있으므로 야외에서 연주를 하고 있다(performing outdoors)고 객관적으로 묘사한 (C)가 정답이다. (A)는 남자가 악기를 케이스에 놓고 있다(placing his instrument)는 동작, (B)는 사람들이 원을 그리며(in a circle) 서 있다는 것이 사진과 관련이 없으므로 오답이고, (D)는 탁자(table)가 사진에 아예 나오지 않고 있으므로 오답이다.

어휘 place 놓다, 두다 instrument 기구 circle 원형 musician 음악가 perform 공연하다 outdoor 옥외의, 야외의 gather 모이다

285

4 (A) A vehicle is parked in the parking lot.
(B) Pedestrians are waiting for a bus.
(C) Workers are installing some store signs.
(D) The pavement is being resurfaced.

(A) 차량이 주차장에 주차되고 있다.
(B) 보행자가 버스를 기다리고 있다.
(C) 인부들이 상점 간판을 설치하고 있다.
(D) 보도가 재포장되고 있다.

해설 인부들이 도로 포장 공사를 하고 있는 사진이므로 수동 진행형을 사용해 도로가 재포장되고 있다(The pavement is being resurfaced.)고 객관적으로 묘사한 (D)가 정답이다. (A)의 주차장(parking lot), (B)의 보행자들(pedestrians), (C)의 상점 간판들(store signs)이 사진과 관련 없으므로 오답이다.

어휘 **vehicle** 차량, 탈것 **park** 주차하다 **parking lot** 주차장 **pedestrian** 보행자 **wait** 기다리다 **install** 설치하다 **store** 가게, 상점 **sign** 간판 **pavement** 인도, 보도 **resurface** (도로 등에) 표면 처리를 다시 하다

5 (A) They are using tools in a workshop.
(B) They are rolling up their sleeves.
(C) They are changing a light bulb.
(D) They are repairing some eyeglasses.

(A) 그들은 작업장에서 도구를 사용하고 있다.
(B) 그들은 소매를 걷어 올리고 있다.
(C) 그들은 전구를 교체하고 있다.
(D) 그들은 안경을 수리하고 있다.

해설 몇몇 남자가 실내에서 도구를 들고 작업하는 사진이므로 작업장에서 도구를 이용하고 있다(using tools in a workshop)고 객관적으로 사실을 묘사한 (A)가 정답이다. (B)는 그들이 소매를 걷고 있다(rolling up their sleeves)는 동작, (C)는 전구를 갈고 있다(changing a light bulb)는 동작, (D)는 안경을 수리하고 있다(repairing some eyeglasses)는 동작은 관련이 없으므로 오답이다.

어휘 **tool** 연장, 도구 **workshop** 작업장 **roll up** (소매, 바지 등을) 걷다 **sleeve** 소매 **light bulb** 백열 전구 **repair** 수리하다 **eyeglasses** 안경

6 (A) A man is peering into a microscope.
(B) A woman is handing a document to a man.
(C) A piece of equipment is being placed on a table.
(D) They are taking a table out of the laboratory.

(A) 남자가 현미경을 자세히 들여다보고 있다.
(B) 여자가 남자에게 서류를 건네고 있다.
(C) 장비 한 대가 탁자에 놓아지고 있다.
(D) 그들이 실험실 밖으로 탁자를 내가고 있다.

해설 실험실에서 한 남자가 현미경을 들여다보고 있는(peering into a microscope) 사진이므로 이를 객관적으로 묘사한 (A)가 정답이다. (B)는 여자가 남자에게 서류를 건네고 있다(handing a document)라는 동작, (C)는 장비가 탁자에 놓아지는 중(being placed on a table)이라는 동작, (D)는 탁자를 실험실 밖으로 꺼내고 있다(taking a table out of the laboratory)라는 동작이 사진과 관련이 없으므로 오답이다.

어휘 **peer into** 자세히 들여다보다 **microscope** 현미경 **hand out** 나누어주다, 배포하다 **equipment** 장비, 용품 **place** 놓다, 두다 **laboratory** 실험실

7 (A) The walkway is crowded with pedestrians.
(B) A line of bushes are planted along the street.
(C) People are sitting on an outdoor bench.
(D) The pavement is decorated with geometric designs.

(A) 보도가 보행자들로 붐비고 있다.
(B) 덤불들이 거리를 따라 심어져 있다.
(C) 사람들이 야외 벤치에 앉아 있다.
(D) 인도가 기하학적인 무늬들로 장식되어 있다.

해설 보도블록이 깔린 길가의 사진이다. 보도가 기하학적인 무늬들로 꾸며져 있다(decorated with geometric designs)고 구체적으로 묘사한 (D)가 정답이다. 인물이 없는 풍경 사진이므로 (A)의 보행자(pedestrians)는 사진과 관련이 없으므로 오답이고, (B)의 늘어선 덤불들(bushes)도 사진에서 찾아볼 수 없으므로 오답이다. 인물이 없는 사진이므로 (C)의 people을 듣는 순간 바로 소거해야 한다.

어휘 **walkway** 통로, 보도 **crowd** 가득 메우다 **pedestrian** 보행자 **bush** 관목, 덤불 **plant** 심다 **outdoor** 옥외의, 야외의 **pavement** 인도, 보도 **decorate** 장식하다, 꾸미다 **geometric** 기하학적인

ACTUAL TEST
ANSWER & SCRIPT

8 (A) Some <u>people</u> are leaning against a fence.
(B) Some <u>boats</u> are tied to a pier.
(C) Trees are <u>being trimmed</u> near a bridge.
(D) The footbridge extends across the water.

(A) 몇몇 사람들이 울타리에 기대고 있다.
(B) 보트 몇 대가 부두에 정박해 있다.
(C) 다리 근처의 나무들이 다듬어지고 있다.
(D) 보행자 전용 다리가 물을 가로질러 이어져 있다.

해설 물가에 다리가 하나 놓여 있고 나무가 우거져 있는 풍경 사진으로, 다리가 물을 가로질러 이어진다(extends across the water)고 객관적으로 묘사한 (D)가 정답이다. 사람이 없는 풍경 사진이므로 (A)의 사람들(people)이라는 단어가 들린 순간 즉시 소거한다. (B)의 배들(boats)도 사진에서 찾아볼 수 없으므로 오답이다. (C)의 다듬어지고 있다(being trimmed)는 동작은 사람이 있어야 가능한 행위이기 때문에 사람이 없는 풍경 사진에서는 있을 수 없으므로 오답이다.

어휘 **lean against** 기대다 **fence** 울타리 **tie** 묶다, 묶어 두다 **pier** 부두 **trim** 다듬다, 손질하다 **bridge** 다리 **footbridge** 보행자 전용 다리 **extend** (특정 지역, 거리, 기간을) 포괄하다

9 (A) Some cargoe <u>is being lowered</u> from a ship.
(B) A <u>worker</u> is <u>moving crates</u> to a truck.
(C) <u>Crew members</u> are going aboard a ship.
(D) Some materials are being transported by a vehicle.

(A) 화물이 배에서 내려지고 있다.
(B) 인부가 상자들을 트럭으로 옮기고 있다.
(C) 승무원들이 배에 승선하고 있다.
(D) 약간의 재료들이 차량으로 수송되고 있다.

해설 부두에 배 한 척과 짐이 실린 트럭 한 대가 있는 사진이므로 어떤 재료들이 차량으로 수송되고 있다(being transported by a vehicle)고 객관적으로 묘사한 (D)가 정답이다. (A)의 짐을 내린다(being lowered)는 동작은 사람이 하는 행위이므로 인물이 등장하지 않는 사진에서는 오답이다. 마찬가지로 (B)의 인부(worker), (C)의 승무원(crew members)을 듣는 순간 오답이므로 소거할 수 있어야 한다.

어휘 **cargo** 화물 **lower** ~을 내리다, 낮추다 **crate** 상자 **crew** 승무원 **go aboard** 승선하다 **material** 재료 **transport** 수송하다 **vehicle** 차량, 탈것

10 (A) Some buildings overlook a patio.
(B) People are <u>planting some flowers in a garden</u>.
(C) The <u>flags</u> are on display in shop windows.
(D) An apartment building is <u>under construction</u>.

(A) 몇몇 건물들이 파티오를 내려다보고 있다.
(B) 사람들이 정원에서 꽃들을 심고 있다.
(C) 깃발들이 상점 진열장에 진열되어 있다.
(D) 아파트 건물이 공사 중이다.

해설 건물에 둘러싸인 파티오에서 사람들이 앉아 있는 사진으로, 몇몇 건물들이 파티오를 내려다보고 있다(overlook a patio)고 객관적으로 묘사한 (A)가 정답이다. (B)는 사람들이 꽃을 심고 있다(planting some flowers)는 동작과 정원(in a garden)이라는 장소가 사진과 관련이 없으므로 오답이고, (C)의 깃발들(flags)은 사진에서 찾아볼 수 없으므로 오답이다. (D)는 공사 중(under construction)이라는 것이 사진과 관련이 없으므로 오답이다.

어휘 **overlook** (건물 등이) 바라보다, 내려다보다 **patio** 파티오(테라스) **plant** 심다 **garden** 뜰, 정원 **flag** 기, 깃발 **display** 전시하다, 진열하다 **window** 창문 **apartment** 아파트 **construction** 건설, 공사

PART 2 p.217

11 (B) 12 (C) 13 (B) 14 (A) 15 (B) 16 (C) 17 (C) 18 (C) 19 (C) 20 (C)
21 (B) 22 (C) 23 (A) 24 (B) 25 (B) 26 (A) 27 (B) 28 (A) 29 (A) 30 (A)
31 (C) 32 (A) 33 (B) 34 (A) 35 (A) 36 (B) 37 (B) 38 (C) 39 (C) 40 (C)

---

11 How can I contact Mr. Lopez after business hours?
(A) At noon.
(B) By e-mail.
(C) That's ok.

해설 연락하는 방법을 묻는 how 의문사 의문문이다.
(A) 시간을 나타내는 답변으로 when으로 묻는 질문에 대한 답변이 될 수 있다.
(B) 전치사 by를 이용한 수단을 나타내는 답변으로 정답이다.
(C) 사과나 감사 표현에 대한 답변으로 오답이다.

어휘 contact 연락하다, 접촉하다 after ~후에 business hours 근무 시간, 영업 시간 noon 정오

근무 시간 이후에 어떻게 로페즈 씨에게 연락할 수 있습니까?
(A) 정오에요. (B) 이메일로요. (C) 괜찮습니다.

---

12 Who called for a taxi?
(A) Yes, it's the best way.
(B) I got a phone call for you.
(C) Julia said she did.

해설 누가 택시를 불렀는지 묻는 who 의문사 의문문이다.
(A) 의문사 의문문에는 Yes/No로 답할 수 없으므로 우선 소거한다.
(B) 동일 어휘 call를 반복하여 오답을 유도한 함정이다.
(C) 누구인지 묻는 질문에 Julia라는 사람으로 답했으므로 정답이다.

어휘 call 부르다, 전화하다 taxi 택시 best 최고의 way 방법, 길 phone call 전화 say 말하다

누가 택시를 불렀나요?
(A) 네, 그게 최선이에요. (B) 당신에게 걸려온 전화를 제가 받았어요.
(C) 줄리아가 불렀대요.

---

13 Where can I buy a ticket?
(A) It comes every ten minutes.
(B) At the machine over there.
(C) Ten dollars, please.

해설 표를 살 수 있는 장소를 묻는 where 의문사 의문문이다.
(A) 빈도를 나타내는 답변으로 질문의 내용과 부합하지 않는다.
(B) '전치사+장소 명사'는 장소를 묻는 질문에 대한 답변이므로 정답이다.
(C) buy(사다)를 듣고 연상할 수 있는 가격을 제시한 오답 함정이다. how much에 대한 답변으로 적절하다.

어휘 buy 사다 ticket 표, 티켓 come 오다 every 모든, 매 minute 분 machine 기계 over there 저 쪽에 dollar 달러

표를 어디서 살 수 있나요?
(A) 10분마다 도착합니다. (B) 저쪽에 있는 기계에서요.
(C) 10달러입니다.

---

14 Excuse me, could you help me find the suit in my size?
(A) I'll be right with you.
(B) It suits you well.
(C) Small, medium and large.

해설 도움을 요청하는 조동사 의문문이다.
(A) 잠시만 기다리면 도와주겠다는 승낙의 표현으로 정답이다.
(B) 질문에 등장한 suit와 동일한 어휘를 사용하여 오답을 유도했다.
(C) 질문의 size라는 단어에서 연상할 수 있는 크기를 언급한 답변이지만, 질문과 무관하여 오답이다.

어휘 help 돕다 find 찾다 suit 정장, 어울리다 size 크기 small 작은 medium 중간의 large 큰

저기요, 제 사이즈에 맞는 정장을 찾게 도와주시겠어요?
(A) 잠시만 기다려 주세요. (B) 당신에게 잘 어울리네요.
(C) 작은 것, 중간, 큰 것이요.

---

15 What's today's date?
(A) Yes, it is.
(B) It's the fifteenth.
(C) Next week, I think.

해설 날짜를 물어보는 what 의문사 의문문이다.
(A) 의문사 의문문에는 Yes/No로 대답할 수 없으므로 우선 소거한다.
(B) 비인칭 주어 it으로 날짜를 언급하고 있으므로 정답이다.
(C) 오늘 날짜를 물어보는 질문에 대해 '다음주'라는 잘못된 시간 명사로 답하고 있으므로 질문과 무관한 오답이다.

어휘 today 오늘 date 날짜 next 다음의 week 주 think 생각하다

오늘이 몇 일인가요?
(A) 네, 그렇습니다. (B) 15일이요. (C) 제 생각에는 다음주요.

ACTUAL TEST
ANSWER & SCRIPT

16 Do you want to come to the annual banquet on Friday?
(A) Usually soup and a sandwich.
(B) I had a lot of fun.
(C) Sorry, I'll be out of town.

해설 연회에 참석할 것인지를 묻는 일반 의문문이다. (A) 질문의 banquet와 연관된 음식에 관한 답변으로 오답을 유도한 경우이다. (B) 미래에 올 것인지 묻는 질문에 과거시제로 답하고 있으므로 시제 오류이다. (C) sorry는 거절이나 부정의 답변이며, 뒤에 이유에 대한 설명이 이어지므로 정답이다.

어휘 want 원하다 come 오다 annual 매년의, 연례의 banquet 연회 usually 보통, 대개 soup 스프 sandwich 샌드위치 a lot of 많은 fun 재미 be out of town (출장 등으로) 도시를 떠나 있다

금요일에 연례 파티에 오실 거예요?
(A) 보통 수프와 샌드위치요. (B) 매우 재미있었어요.
(C) 죄송하지만 외부에 있을 예정입니다.

17 Would you like me to carry those boxes?
(A) I really liked it.
(B) Did you lose mine?
(C) That'll be very helpful.

해설 상자 옮기는 것을 도와주겠다고 제안하는 조동사 의문문이다. (A) 질문에 등장한 like와 동일한 어휘를 이용한 오답이다. (B) 정중하게 부탁하거나 제안을 Would you ~?에 과거시제로 답하고 있으므로 시제 오류이다. (C) 제안에 대한 승낙의 표현으로 정답이다.

어휘 would like ~하고 싶다 carry 나르다, 운반하다 box 상자 really 정말로 like 좋아하다 lose 잃어버리다 mine 나의 것 helpful 유용한

저 상자들을 옮기는 것을 도와드릴까요?
(A) 그것이 아주 마음에 들었어요. (B) 제 것을 잃어버렸나요?
(C) 그래주시면 정말 도움이 될 것 같아요.

18 Which department do you work in?
(A) They're working from home.
(B) No, the other one.
(C) Human Resources.

해설 어느 부서에서 일하는지를 묻는 'which+명사' 형태의 의문사 의문문이다. (A) you로 질문했는데 답변의 주어는 they이므로 주어 오류이다. (B) 의문사로 물어본 질문에 Yes/No로 답할 수 없으므로 오답이다. (C) which department에 대해 부서명으로 답하고 있으므로 정답이다.

어휘 which 어떤 department 부서 work 일하다, 근무하다 home 집 other 다른 Human Resources 인사과, 인사부

당신은 어느 부서에서 근무하십니까?
(A) 그들은 집에서 일해요. (B) 아니오, 다른 것이요. (C) 인사부요.

19 James is meeting us at the new restaurant, right?
(A) I read some good reviews.
(B) It was a little over one hour.
(C) No, he can't join us today.

해설 James와 만나는지 확인하는 부가 의문문이다. (A) new restaurant에서 연상되는 good reviews라는 어휘를 써서 오답을 유도했다. (B) 질문과 무관한 내용이므로 오답이다. (C) 부가 의문문에 Yes/No로 적절히 대답했으며, 질문의 주어 James를 받는 대명사 he도 주어로 적절하므로 정답이다.

어휘 meet 만나다 new 새로운 restaurant 식당, 레스토랑 read 읽다 good 좋은 review 리뷰, 후기 a little 약간의 hour 시간 join 가입하다, 참여하다 today 오늘

제임스가 새로운 식당에서 우리와 만나는 게 맞지?
(A) 괜찮은 후기를 읽었어. (B) 한 시간이 조금 넘게 걸렸어.
(C) 아니, 그는 오늘 우리랑 함께 하지 못해.

20 When did Cameron move to that company?
(A) A travel agency.
(B) On the North Street.
(C) Last Tuesday.

해설 언제 회사를 옮겼는지를 묻는 when 의문사 의문문이다. (A) 회사, 기관을 나타내는 명사로 대답하고 있으므로 what으로 묻는 질문에 적절한 답변이다. (B) '전치사+장소 명사'는 where로 묻는 질문에 대한 답변으로 적절하다. (C) 시간을 묻는 when에 대한 답변으로 가장 적절하다. 또한 질문에서 과거시제 did로 물었고 last Tuesday라는 과거 시점으로 답하므로 정답이다.

어휘 move 이동하다, 이사하다 company 회사 travel agency 여행사 last 지난

카메론이 언제 저 회사로 옮겼나요?
(A) 여행사요. (B) 노스 거리예요. (C) 지난 화요일예요.

21 Let's order some vegetarian dishes.
(A) The new cafe?
(B) Yes, they're good here.
(C) I'll water them.

해설 채식을 주문하자고 제안하는 평서문이다.
(A) 평서문에 대해 추가 질문을 하는 형태가 정답이 될 수는 있으나, 여기서는 질문과 관련이 없으므로 오답이다.
(B) 제안에 대해 Yes로 승낙하는 대답으로 정답이다.
(C) 질문과 관련이 없는 답변으로 오답이다.

채식 요리를 주문합시다.
(A) 새로운 카페요? (B) 네, 여기 잘해요.
(C) 제가 그것들에게 물을 줄게요.

어휘 **order** 주문하다 **vegetarian** 채식주의자 **dish** 요리 **cafe** 카페 **water** 물을 주다

22 Where do they hold the conference?
(A) Over the weekend.
(B) We don't know yet.
(C) Yes, I have a meeting.

해설 컨퍼런스를 여는 장소를 묻는 where 의문사 의문문이다.
(A) 시간 부사구이므로 when 의문문에 적절한 답변이다.
(B) 답변 중 I don't know 유형으로 어떤 질문에 대해서도 답이 될 수 있다.
(C) 의문사 의문문에 대해 Yes/No로 대답할 수 없으므로 오답이다.

그들이 컨퍼런스를 어디에서 여나요?
(A) 주말 동안이요. (B) 우리는 아직 몰라요.
(C) 네, 저는 회의가 있어요.

어휘 **hold** 열다, 개최하다 **conference** 회의, 컨퍼런스 **weekend** 주말 **know** 알다 **yet** 아직 **meeting** 회의

23 These articles should be reviewed before they're printed.
(A) John said he would do that.
(B) In the newspaper.
(C) No, the printer is downstairs.

해설 기사들이 인쇄되기 전에 검토되어야 한다는 내용의 평서문이다.
(A) John이 그것을 하기로 했다는 내용으로 be reviewed를 do that으로 받은 적절한 답변이다. (B) 질문의 articles에서 연상할 수 있는 newspaper를 이용한 오답 함정이다. '전치사+장소 명사'는 where로 묻는 질문에 대한 답변이 된다. (C) 질문에 등장한 printed와 유사한 발음인 printer를 이용한 오답이다.

이 기사들은 인쇄되기 전에 검토되어야 해요.
(A) 존이 그것을 하겠다고 했어요. (B) 신문에요.
(C) 아니요, 프린터는 아래층에 있어요.

어휘 **these** 이것(들) **article** 기사 **review** 검토하다 **before** ~전에 **print** 인쇄하다 **say** 말하다 **newspaper** 신문 **printer** 프린터, 인쇄기 **downstairs** 아래층

24 What bank does the company use?
(A) Probably on the tenth.
(B) Usually the one on the corner.
(C) I met a loan officer.

해설 회사가 이용하는 은행을 묻는 'what+명사' 의문문이다.
(A) 어떤 은행인지(what bank)를 묻는 질문에 날짜로 대답하고 있으므로 오답이다. (B) what bank를 the one이 받아서 구체적으로 설명하고 있으므로 정답이다. (C) 질문의 bank와 연관된 loan officer를 이용한 함정으로, 질문과 관련이 없어 오답이다.

회사가 어느 은행을 이용하나요?
(A) 아마도 10일이요. (B) 보통 모퉁이에 있는 은행이요.
(C) 대출 담당 직원을 만났어요.

어휘 **bank** 은행 **company** 회사 **use** 사용하다 **probably** 아마도 **usually** 대개, 보통 **corner** 코너, 모서리 **meet** 만나다 **loan officer** 대출 담당 직원

25 Wasn't Douglas supposed to go to Tokyo?
(A) I go to Seoul every month.
(B) His flight was canceled.
(C) For an annual convention.

해설 주어가 도쿄에 가기로 되어 있지 않은지를 묻는 부정 의문문이다.
(A) 질문의 주어가 Douglas인데 I로 답변하고 있으므로 주어가 일치하지 않는다.
(B) No가 생략된 부정의 답변으로, 주어도 his flight으로 질문의 주어와 일치하고, 도쿄에 가지 않은 이유를 적절히 설명하고 있어 정답이다.
(C) 목적 또는 이유를 설명하고 있는 답변으로 내용상 오답이다.

더글라스 씨가 도쿄에 가기로 되어 있지 않나요?
(A) 저는 매달 서울에 가요. (B) 그의 비행기가 취소되었어요.
(C) 연례 컨벤션 때문이에요.

어휘 **be supposed to** ~하기로 되어 있다, ~할 예정이다 **every** 모든, 매 **month** 달 **flight** 비행기 **cancel** 취소하다 **annual** 매년의, 연례의 **convention** 컨벤션, 관습

ACTUAL TEST
ANSWER & SCRIPT

26 It looks like the cafe is still busy.
 (A) Let's come back later.
 (B) Yes, it's on the corner.
 (C) It was Friday.

카페가 여전히 바쁜 것 같아.
(A) 나중에 오자. (B) 네, 그것은 코너에 있어요. (C) 금요일이었어요.

해설 카페가 바쁜 것 같다는 생각을 나타내는 평서문이다.
(A) 바쁜 것 같다는 말에 나중에 오자고 답하고 있으므로 적절한 대답이다.
(B) 긍정의 Yes로 답하고 있지만, 뒤의 내용은 장소를 나타내고 있으므로 질문과 무관하여 오답이다.
(C) 과거 시간을 나타내는 답변으로 오답이다.

어휘 **look like** ~처럼 보이다 **cafe** 카페 **still** 여전히 **busy** 바쁜 **come back** 돌아오다 **later** 나중에, 후에 **corner** 코너, 모서리

27 Who will be the first presenter of the conference?
 (A) In our London branch.
 (B) I heard it is Helen Blair.
 (C) We'll arrive at three.

누가 컨퍼런스의 첫 번째 발표자인가요?
(A) 우리의 런던 지사에서요. (B) 헬렌 블레어라고 들었어요.
(C) 우리는 3시에 도착할 거예요.

해설 발표자가 누구인지를 묻는 who 의문사 의문문이다.
(A) '전치사+장소 명사'는 where로 묻는 질문에 대한 답변이다.
(B) 누구냐는 질문에 사람 이름으로 답하고 있으므로 정답이다.
(C) 도착 시간에 대한 답변으로, 여기서는 질문과 무관하여 오답이다.

어휘 **first** 첫 번째 **presenter** 발표자 **conference** 컨퍼런스, 회의 **branch** 지사, 지점 **hear** 듣다 **arrive** 도착하다

28 Why aren't you using the copier?
 (A) There's a problem with it.
 (B) No, I don't mind.
 (C) She used to want one.

왜 복사기를 사용하지 않으세요?
(A) 그것에 문제가 있어요. (B) 아니요, 괜찮습니다.
(C) 그녀가 하나를 원했어요.

해설 복사기를 사용하지 않는 이유를 묻는 why 의문사 의문문이다.
(A) copier를 대명사 it으로 받아 문제가 있다고 답하고 있으므로 복사기를 사용하지 않는 이유로 적절한 답변이다. (B) 의문사로 물어본 질문에 대해 Yes/No로 답할 수 없으므로 오답이다. (C) 질문에 등장하지 않은 she가 주어로 나왔으므로 주어 오류이다.

어휘 **use** 사용하다 **copier** 복사기 **problem** 문제 **mind** 꺼려하다 **used to** ~하곤 했다 **want** 원하다

29 You rewrote the memo to Mrs. Potter, didn't you?
 (A) Yes, I did it yesterday.
 (B) Please spell it.
 (C) It needs a lighter load.

포터 씨에게 메모를 다시 썼죠, 그렇지 않나요?
(A) 네, 어제 했어요. (B) 그것의 철자를 불러주세요.
(C) 좀 더 가벼운 짐이 필요해요.

해설 메모를 다시 썼는지 확인하는 부가 의문문이다.
(A) 부가 의문문에 대해서는 Yes/No로 대답하는 것이 일반적이며, rewrote를 did it으로 받아서 시제와 내용도 적절하므로 정답이다. (B) 질문의 rewrote과 연관되는 어휘 spell을 이용한 함정으로, 질문과 무관하여 오답이다. (C) 질문과 무관한 답변이므로 오답이다.

어휘 **rewrote** 다시 쓰다 **memo** 메모 **yesterday** 어제 **spell** 철자를 말하다, 철자에 맞게 쓰다 **need** 필요하다 **lighter** 더 가벼운 **load** 짐

30 The shopping mall is on May Field Avenue.
 (A) Is that within walking distance?
 (B) For a little while.
 (C) They are grown locally.

쇼핑몰은 메이 필드 가에 있어요.
(A) 걸어갈 수 있는 거리인가요? (B) 잠시 동안이요.
(C) 그것들은 현지에서 생산돼요.

해설 쇼핑몰의 위치를 설명하는 평서문이다.
(A) 쇼핑몰의 위치에 관한 평서문에 대해, 걸어갈 수 있는 거리냐고 반문하므로 정답이다.
(B) 기간에 대한 답변으로 적절하며, 여기서는 질문과 무관하여 오답이다.
(C) 질문에 등장하지 않은 they를 주어로 답변하고 있으므로 주어 오류이며, 질문과 무관한 답변으로 오답이다.

어휘 **shopping mall** 쇼핑몰 **avenue** 거리, 가 **within** ~이내에 **walking distance** 도보 거리 **for a little while** 잠시 동안 **grow** 기르다 **locally** 지역에서, 현지에서

31 Can you fix the computer or are you leaving soon?
(A) It fits in the printer.
(B) He just left.
(C) Oh, I have some time now.

컴퓨터를 고쳐줄 수 있나요, 아니면 곧 나가야 하나요?
(A) 그것은 프린터와 맞아요. (B) 그는 방금 나갔어요.
(C) 아, 지금 시간이 좀 있어요.

해설 컴퓨터를 고쳐줄 수 있는지 제안/요청하는 '문장 or 문장' 형태의 선택 의문문이다.
(A) 질문의 fix와 유사 발음 어휘인 fits를 이용한 오답이다. (B) 질문에 등장하지 않은 he를 주어로 답변하고 있으므로 주어 오류이고, 질문에 등장한 leave와 동일 어휘인 left를 이용한 함정이다. (C) 컴퓨터를 고쳐줄 수 있는지 제안/요청하는 선택 의문문에 대한 승낙의 답변으로 정답이다.

어휘 fix 수리하다 computer 컴퓨터 leave 떠나다 soon 곧 fit 맞다, 어울리다 printer 프린터, 인쇄기 time 시간 now 지금

32 How would you be paying for your hotel room?
(A) With cash.
(B) Two nights ago.
(C) We don't have enough room.

호텔 숙박 요금을 어떻게 지불하시겠습니까?
(A) 현금으로요. (B) 이틀 전에요. (C) 우리는 공간이 충분치 않아요.

해설 지불 수단을 묻는 how 의문사 의문문이다.
(A) with는 수단, 방법을 나타내는 전치사로 수단을 묻는 질문에 대한 답변으로 적절하다.
(B) 시간을 언급한 답변은 when으로 묻는 질문에 적절하다.
(C) 질문에 등장한 room과 동일 어휘를 이용하여 오답으로 유도한 경우이다.

어휘 pay for 지불하다 hotel 호텔 room 방, 공간 cash 현금 night 밤 ago ~전에 enough 충분한

33 When can I see the final version of the manuscript?
(A) That'll be fine.
(B) Tuesday at the latest.
(C) It is on the menu.

제가 원고의 최종본을 언제 볼 수 있을까요?
(A) 괜찮을 거예요. (B) 늦어도 화요일까지요.
(C) 그것은 메뉴에 있어요.

해설 원고를 언제 볼 수 있는지 묻는 when 의문사 의문문이다.
(A) 질문에 등장한 final과 유사한 발음인 fine을 이용한 오답이다. (B) 시간을 물어보는 질문에 시점으로 대답하고 있으므로 정답이다. (C) 질문의 manuscript와 유사한 발음인 menu를 이용한 오답이다.

어휘 see 보다 final 최종의, 마지막 version 버전, 판 manuscript 원고 fine 좋은 at the latest 늦어도 menu 메뉴

34 Do you know why Mrs. Geroge isn't in her office?
(A) She is at a meeting.
(B) I'll be home tonight.
(C) No, I don't need it anymore.

조지 씨가 왜 그녀의 사무실에 없는지 아세요?
(A) 그녀는 회의에 들어가셨어요. (B) 저는 오늘밤 집에 있을 거예요.
(C) 아니요, 더 이상 필요 없어요.

해설 주어가 사무실에 없는 이유를 묻는 간접 의문문이다.
(A) 간접 의문문의 답변은 do you know 뒤에 이어지는 의문사 why에 맞추어야 하므로, 이유를 나타내는 적절한 답변이다. (B) Mrs. Geroge가 사무실에 없는 이유를 묻는 질문에 대해 I로 답하고 있으므로 질문과 무관하여 오답이다. (C) 간접 의문문은 Yes/No라고 답한 후에(생략하거나) 질문의 의문사인 why에 대해 답해야 하는데, No라고 부정해 놓고 질문과 무관한 내용이 나오므로 오답이다.

어휘 know 알다 office 사무실 meeting 회의 home 집 tonight 오늘밤 need 필요하다 anymore 더 이상

35 I'm very impressed with your sales record this quarter.
(A) Thanks. I worked hard.
(B) Sorry, I've already had some.
(C) We no longer sell that record.

당신의 이번 분기 판매 실적이 매우 인상적인데요.
(A) 감사합니다. 저는 열심히 했어요.
(B) 죄송하지만, 벌써 몇 개 갖고 있어요.
(C) 우리는 그 음반을 더 이상 판매하지 않아요.

해설 상대방의 실적을 칭찬하는 평서문이다.
(A) 상대방의 칭찬에 대해 감사의 표시를 하고 있으므로 정답이다.
(B) 상대방의 요청이나 제안에 대해 정중하게 거절하는 표현으로 질문과 무관하여 오답이다.
(C) 질문에 등장한 record와 동일한 어휘를 사용하여 오답을 유도한 경우이다.

어휘 impressed 깊은 인상을 받은, 감동받은 sales record 판매기록, 판매실적 quarter 분기 work 일하다, 근무하다 hard 열심히 already 이미, 벌써 no longer 더 이상~가 아닌 sell 팔다 record 음반, 기록

ACTUAL TEST
ANSWER & SCRIPT

36 Doesn't this radio come with batteries?
(A) Turn it off when you leave.
(B) No, they cost extra.
(C) Isn't she already here?

이 라디오는 배터리가 딸려 있지 않나요?
(A) 나가실 때 꺼주세요. (B) 아니오, 추가 비용을 내셔야 합니다.
(C) 그녀가 벌써 여기 오지 않았나요?

해설 라디오가 배터리와 함께 판매되지 않는지를 확인하는 부정 의문문이다.
(A) 질문의 radio에서 연상되는 turn off를 이용한 함정으로, 질문과 무관한 내용이어서 오답이다. (B) 부정 의문문에 대해 Yes/No로 답하고, 뒤에 관련 설명으로 추가 비용이 든다는 내용이 나오고 있으므로 정답이다. (C) 질문에 등장하지 않은 she를 답변의 주어로 쓰고 있으므로 주어 오류이다.

어휘 **radio** 라디오 **come with** 따라 나오다, 동반하다 **battery** 배터리 **turn off** 끄다 **leave** 떠나다 **cost** 비용이 들다 **extra** 추가의, 여분의 **already** 이미, 벌써 **here** 여기에

37 Is Ms. Lewis coming in today or is she still in Seoul?
(A) Yesterday morning.
(B) She want to be in today.
(C) Actually, she does.

루이스 씨가 오늘 오시나요, 아니면 아직 서울에 계신가요?
(A) 어제 오전에요. (B) 그녀는 오늘 안에 오시길 원해요.
(C) 사실, 그녀가 해요.

해설 주어가 오늘 오는지 묻는 '문장 or 문장' 형태의 선택 의문문이다.
(A) 시간을 나타내는 답변으로 when으로 묻는 질문에 적절하다. (B) 질문의 주어인 Ms. Lewis를 she로 받아서 오늘 온다는 질문의 첫 번째 문장에 대한 긍정의 답변을 하고 있으므로 정답이다. (C) 주어는 she로 일치하지만, be동사 is로 물은 질문에 일반동사 does로 답변하고 있으므로 오답이다.

어휘 **come** 오다 **today** 오늘 **still** 여전히 **yesterday** 어제 **morning** 아침, 오전 **want** 원하다 **actually** 실제로, 사실

38 How should these documents be organized?
(A) A community organization.
(B) By tomorrow morning.
(C) In alphabetical order.

이 문서들은 어떻게 정리되어야 하나요?
(A) 지역 사회 조직이요. (B) 내일 오전까지요. (C) 알파벳 순서로요.

해설 문서가 정리된 방법 또는 상태를 묻는 how 의문사 의문문이다.
(A) 질문에 등장한 organized와 유사한 발음인 organization을 이용한 오답이다. (B) 시간에 관한 답변이므로 when으로 묻는 질문에 적절하다. (C) 문서가 정리된 방식에 대한 답변으로 내용이 적절하므로 정답이다.

어휘 **document** 서류, 문서 **organize** 조직하다, 정리하다 **community** 지역사회 **organization** 기관, 조직 **tomorrow** 내일 **morning** 오전, 아침 **alphabetical** 알파벳순의 **order** 순서, 질서

39 Why did Garry transfer to our New York branch?
(A) No, he's on a business trip.
(B) At the terminal.
(C) To shorten his commute.

게리가 왜 우리 뉴욕 지사로 전근해 왔나요?
(A) 아니요, 그는 출장 중이에요. (B) 터미널에서요.
(C) 통근 거리를 줄이기 위해서요.

해설 주어가 전근해 온 이유를 묻는 why 의문사 의문문이다.
(A) 의문사 의문문에 대해 Yes/No로 답할 수 없으므로 오답이다. (B) '전치사+장소 명사'는 where로 묻는 질문에 적절한 답변이므로 오답이다. (C) 'to+동사원형'은 '~하기 위해서'라는 목적을 나타내는 표현으로 이유를 묻는 질문에 대한 답변으로 적절한 정답이다.

어휘 **transfer** 이동하다, 전근하다 **branch** 지사, 지점 **business trip** 출장 **terminal** 터미널 **shorten** 단축하다, 짧게 하다 **commute** 통근(거리)

40 When is the training session on how to use the library's new equipment?
(A) The train leaves at 5.
(B) No, in the library.
(C) After lunch today.

도서관의 새로운 장비 사용법에 관한 트레이닝 세션은 언제인가요?
(A) 기차는 5시에 출발해요. (B) 아니오, 도서관에서요.
(C) 오늘 점심시간 후에요.

해설 트레이닝 세션 시간을 묻는 when 의문사 의문문이다.
(A) 질문의 training과 유사 발음인 train을 이용한 함정으로, 질문과 무관한 내용이어서 오답이다. (B) 질문에 등장한 library와 동일한 어휘를 그대로 사용한 함정이다. 또한 의문사 의문문에 Yes/No로 답할 수 없으므로 답이 될 수 없다. (C) 언제인지 묻는 질문에 시간으로 답했으므로 적절한 답변이다.

어휘 **training** 훈련, 교육 **session** 기간 **how to use** 사용법 **library** 도서관 **equipment** 시설, 장비 **train** 기차 **leave** 떠나다 **lunch** 점심(시간) **today** 오늘

293

PART 3 p.219

41 (B) 42 (C) 43 (B) 44 (C) 45 (D) 46 (A) 47 (C) 48 (A) 49 (B) 50 (B)
51 (D) 52 (A) 53 (A) 54 (C) 55 (B) 56 (C) 57 (A) 58 (D) 59 (B) 60 (C)
61 (A) 62 (D) 63 (D) 64 (A) 65 (A) 66 (C) 67 (B) 68 (A) 69 (C) 70 (B)

41-43

W: We appreciate your business with Lexington Furniture. Do you want us to bring out your chair now or do you want us to deliver it?

M: I want it delivered, please. I was told that the chair is not assembled. Is there any way I can have someone put it together for me?

W: Yes, our delivery person can assemble it for you. I will set up the time for the delivery right now.

해석 여: 렉싱톤 퍼니처와 귀하의 사업에 감사드립니다. 저희가 귀하의 의자를 지금 갖다드릴까요, 아니면 배달해 드릴까요?
남: 배달해 주세요. 의자가 조립되어 있지 않다고 들었는데요. 저를 위해 그것을 조립해 주실 분을 보내주실 수 있나요?
여: 네, 저희 배달 사원이 그것을 조립해 드릴 수 있습니다. 지금 바로 배달 시간을 정하도록 하겠습니다.

어휘 appreciate 고마워하다 furniture 가구 bring 가져오다, 데려오다 deliver 배달하다 assemble 조립하다

---

41 Where does the woman most likely work?
(A) At a fast food restaurant
(B) At a furniture store
(C) At a hardware store
(D) At an auto repair shop

여자는 어디에서 일하겠는가?
(A) 패스트 푸드점에서 (B) 가구점에서 (C) 철물점에서
(D) 자동차 정비소에서

해설 키워드 : Where / woman / work 위치 : 대화의 전반부
여자가 일하는 곳을 묻는 기본적인 정보에 대한 질문이므로 대화의 전반부에서 근거를 찾을 수 있다. 여자의 첫 번째 대사 We appreciate your business with Lexington Furniture.에서 여자가 일하는 곳은 가구점이라는 사실을 알 수 있다. 뒤의 대화도 주문한 의자에 관련된 내용이므로 정답은 (B)이다.

어휘 hardware store 철물점 auto repair shop 자동차 정비소

---

42 What does the man ask?
(A) If he can get a discount
(B) If he can pay it with his credit card
(C) If a product can be assembled
(D) If a product comes in a different color

남자는 무엇을 요청하고 있는가?
(A) 그가 할인을 받을 수 있는지
(B) 그가 신용카드로 결제할 수 있는지 (C) 제품이 조립될 수 있는지
(D) 제품이 다른 색깔로 올 수 있는지

해설 키워드 : What / man / ask 위치 : 대화의 중반부
남자가 무엇을 요청하는지 구체적인 정보를 묻는 질문이다. 남자의 요청이므로 남자의 대사를 집중해서 듣는다. Is there any way I can have someone put it together for me?에서 남자가 제품을 조립해줄 사람이 필요하다는 사실을 알 수 있으므로 정답은 (C) If a product can be assembled이다. 참고로 여기에서 put together는 assemble과 같은 의미로 쓰일 수 있다는 사실을 기억해 두자.

어휘 ask 부탁하다, 요청하다 discount 할인 credit card 신용카드 different 다른

---

43 What does the woman say she will do?
(A) Print a bill
(B) Schedule a delivery
(C) Assemble a product
(D) Order a new part

여자는 자신이 무엇을 할 것이라고 언급하고 있는가?
(A) 청구서를 출력한다. (B) 배달 일정을 잡는다. (C) 제품을 조립한다.
(D) 새로운 부품을 주문한다.

해설 키워드 : What / woman / say / do 위치: 대화의 후반부
미래 상황에 관한 질문은 후반부에 그 근거가 있으며, 여자의 행동이므로 여자의 대사에 근거가 있다. 마지막 여자의 대사 I will set up the time for the delivery right now.에서 배달 일정을 정할 것임을 알 수 있으므로 정답은 (B) Schedule a delivery이다.

어휘 bill 청구서 schedule 일정을 잡다 assemble 조립하다 product 제품 order 주문 part 부품

ACTUAL TEST
ANSWER & SCRIPT

44-46

W: Hi, Mr. Randall. This is Nancy Marlow. I'm the costume designer for the play you are directing. The costume is ready, so I called to see when you would like your actors to try them on.

M: Oh, that's great. Our next rehearsal is Friday at 2 o'clock. Will that work for you? I will tell the actors to come a little early on that day, so they can try them on.

W: Friday works for me. If any of your people can't come on that day, they can come to my shop. It's just around the corner from the theater.

해석 여: 랜달 씨 안녕하세요. 낸시 말로우입니다. 저는 당신이 연출한 연극의 의상 디자이너입니다. 의상이 준비되어서 언제 배우들에게 그 의상들을 입혀볼지 알아보려고 전화 드렸습니다.
남: 오, 잘됐군요. 저희의 다음 리허설은 금요일 2시입니다. 그때 괜찮으신가요? 제가 배우들에게 그날 의상을 입어볼 수 있도록 좀 일찍 오라고 말할게요.
여: 금요일 좋습니다. 만약 그날 못 오는 사람이 있다면, 제 가게로 오셔도 돼요. 가게는 극장에서 모퉁이를 돌면 바로 있습니다.

어휘 **costume** 의상 **directing** 연출 **rehearsal** 리허설 **actor** 배우 **early** 일찍 **corner** 모퉁이 **theater** 극장

44 What is the main purpose of the call?
(A) To reserve some seats
(B) To try out for a play
(C) To arrange a costume fitting
(D) To discuss a stage set up

전화를 건 주된 목적은 무엇인가?
(A) 좌석을 예약하기 위해 (B) 연극을 위한 테스트를 하기 위해
(C) 의상을 입어볼 날을 정하기 위해
(D) 무대 장치에 대해 의논하기 위해

해설 키워드: What / purpose / call 위치: 대화의 전반부
전화를 건 목적에 대한 기본적인 정보를 묻는 질문은 일반적으로 대화의 전반부에서 근거를 찾을 수 있다. 여자의 첫 번째 대사 The costume is ready, so I called to see when you would like your actors to try them on.에서 의상이 완성되었으므로 언제 배우들에게 옷을 입어볼 수 있는지 알아보려고 전화했다고 언급하고 있다. 따라서 정답은 (C) To arrange a costume fitting이다.

어휘 **main** 주된 **purpose** 목적 **reserve** 예약하다 **try out** 테스트해보다 **arrange** 마련하다 **costume** 의상

45 According to the man, what will happen on Friday?
(A) A new show will start.
(B) Everyone will be present.
(C) The director will be chosen.
(D) A rehearsal will take place.

남자의 말에 따르면, 금요일에 무슨 일이 일어날 것인가?
(A) 새로운 쇼가 시작될 것이다. (B) 모든 사람들이 출석할 것이다.
(C) 감독이 뽑힐 것이다. (D) 리허설이 열릴 것이다.

해설 키워드: man / what / happen / Friday 위치: 대화의 중반부
날짜나 시간, 요일 등이 키워드가 되는 경우가 많다. Friday를 키워드로 잡고, 남자가 언급한 부분이므로(according to the man) 남자의 말에 집중한다. 남자의 첫 번째 대사 Our next rehearsal is Friday at 2 o'clock.에서 금요일에 리허설이 있을 예정이라는 사실을 알 수 있으므로 정답은 (D) A rehearsal will take place.이다.

어휘 **happen** 발생하다 **present** 출석하다 **director** 감독 **choose** 고르다 **take place** 개최되다

46 What does the woman say about her shop?
(A) It is near the theater.
(B) It is not open on Friday.
(C) It has many hats.
(D) It is not too big.

여자가 그녀의 가게에 대해 무엇을 언급하는가?
(A) 가게는 극장에서 가까이에 있다.
(B) 가게는 금요일에 문을 열지 않는다.
(C) 가게에 모자가 많이 있다. (D) 가게는 너무 크지 않다.

해설 키워드: What / woman / say / her shop 위치: 대화의 후반부
여자의 가게에 대한 세부적인 정보를 묻는 질문이다. 여자가 언급한 사실을 묻고 있으므로 여자의 말에 집중해서 듣는다. 여자의 마지막 대사 It's just around the corner from the theater.에서 그녀의 가게가 극장 모퉁이를 돌면 바로 있다고 했으므로 정답은 (A) It is near the theater.이다.

어휘 **near** ~에서 가까이 **theater** 극장 **open** (당일 영업을 위한) 문을 열다 **hat** 모자

47-49

W: Excuse me, do you know where New Hope Hospital is? I thought it was here on Baldwin Street, but I don't see it.
M: The New Hope Hospital is on Dickinson Road, not on Baldwin Street, but if you keep going on this street, you will get there.
W: Oh, really? How long will it take? Is it within walking distance?
M: It's not that far, but it's very hot today. I suggest you take the bus 143. It stops right over there.

해석 여: 실례합니다. 새희망 병원이 어디 있는지 아시나요? 여기 볼드윈 가에 있다고 생각했는데 보이지 않네요.
남: 새희망 병원은 볼드윈 가가 아니라 딕슨 로에 있어요. 그런데 당신이 이 길로 계속 가시면 그곳에 도착할 수 있을 겁니다.
여: 오, 그런가요? 시간이 얼마나 걸리나요? 걸어갈 수 있는 거리인가요?
남: 그렇게 멀지는 않은데, 오늘 날씨가 아주 덥네요. 143번 버스를 타세요. 버스는 바로 저기에 서요.

어휘 **keep** ~을 계속하다 **distance** 거리 **far** 먼 **suggest** 제안하다 **right** 바로

---

47 What is the woman's problem?
(A) She lost her phone.
(B) She forgot the bus number.
(C) She cannot find a hospital.
(D) She is late for a meeting.

여자의 문제는 무엇인가?
(A) 그녀는 전화기를 잃어버렸다. (B) 그녀는 버스 번호를 잊어버렸다. (C) 그녀는 병원을 찾을 수 없다. (D) 그녀는 회의에 늦었다.

해설 키워드: What / woman / problem 위치: 대화의 전반부
여자에게 어떤 문제가 있는지 구체적인 사실을 묻는 질문이다. 각 보기를 키워드로 잡아 지문에서 여자가 문제에 대해 말하는 부분과 일치하는 보기를 고르면 된다. 대화의 첫 마디에서 do you know where New Hope Hospital is? I thought it was here on Baldwin Street, but I don't see it.에서 여자가 병원을 찾지 못하고 있다는 사실을 알 수 있으므로 정답은 (C) She cannot find a hospital.이다.

어휘 **problem** 문제 **forget** 잊다 **hospital** 병원 **late** 늦은

---

48 Where most likely are the speakers?
(A) On a city street
(B) In a taxi
(C) In an office
(D) At a mall

화자들은 어디에 있는가?
(A) 도시 길거리에 (B) 택시 안에 (C) 사무실 안에 (D) 쇼핑 센터에

해설 키워드: Where / speakers 위치: 대화의 전반부
화자들이 대화하고 있는 장소는 기본적인 정보에 해당하므로, 주로 대화의 전반부에서 근거를 찾을 수 있다. 유추가 필요한 유형으로 대화에서 정확히 장소를 언급하고 있진 않지만, 대화의 첫 마디에 Excuse me, do you know where New Hope Hospital is?라고 여자가 길을 묻고 있고, 남자가 길을 알려주는 상황이므로 이들이 길거리에 있다고 유추할 수 있다. 따라서 정답은 (A)이다.

어휘 **office** 사무실 **mall** 쇼핑 센터

---

49 What does the man suggest?
(A) Go on a different day
(B) Take a bus
(C) Go to a different hospital
(D) Make a reservation

남자가 제안하는 것은 무엇인가?
(A) 다른 날에 가라. (B) 버스를 타라. (C) 다른 병원에 가라. (D) 예약을 하라.

해설 키워드: What / man / suggest 위치: 지문의 후반부
남자가 제안하는 것이 무엇인지 구체적인 사실을 묻는 질문이다. 요구, 요청, 제안의 내용을 묻는 문제는 주로 후반부에서 확인할 수 있다. 남자의 마지막 대사 I suggest you take the bus 143.에서 버스를 타라고 제안하고 있으므로 정답은 (B)이다.

어휘 **suggest** 제안하다 **different** 다른, 차이가 나는 **hospital** 병원 **reservation** 예약

ACTUAL TEST
ANSWER & SCRIPT

50-52

M: Hi, Karen. This is Nathan Lombardi from the IT desk. I'm supposed to install a new software on your computer today. Is three o'clock okay?

W: Actually, I just received our marketing survey from my manager that I have to go through. It looks like I will need my computer all day today. Can you wait until tomorrow?

M: Well, I'm not going to be here tomorrow, but maybe I can ask one of our guys to do it for me. Let me ask around and will get back to you.

해석 남: 캐런 씨 안녕하세요. IT 데스크의 나단 롬바르디입니다. 오늘 당신 컴퓨터에 새로운 소프트웨어를 설치할 예정입니다. 3시 괜찮으신가요?
여: 사실, 제가 방금 매니저에게 살펴봐야 할 마케팅 설문조사를 받았어요. 오늘 하루 종일 제 컴퓨터가 필요할 것 같아요. 내일까지 기다려주실 수 있을까요?
남: 글쎄요, 제가 내일 외부에 있을 예정이지만, 아마 저희 팀원들 중 한 명에게 저를 위해 그 일을 해달라고 부탁할 수 있을 것 같아요. 부탁해보고 연락 드릴게요.

어휘 **be supposed to do** ~하기로 되어 있다 **install** 설치하다 **actually** 실제로 **receive** 받다 **survey** (설문)조사 **go through** ~을 살펴보다 **look like** ~할 것 같다 **wait** 기다리다 **ask** 부탁하다[요청하다]

50 Who most likely is the man?
(A) A delivery person
(B) A computer technician
(C) A surveyor
(D) A manager's assistant

남자는 누구인가?
(A) 배달원 (B) 컴퓨터 기술자 (C) 감독관 (D) 관리자의 조수

해설 키워드: Who / man 위치: 대화의 전반부
남자가 누구인지 기본적인 정보를 묻는 질문이므로 일반적으로 대화의 전반부에서 근거를 찾을 수 있다. 대화의 첫 마디 This is Nathan Lombardi from IT desk. I'm supposed to install a new software on your computer today.에서 남자가 컴퓨터에 새로운 소프트웨어를 설치할 것이라고 언급했으므로 남자는 컴퓨터 기술자라는 사실을 유추할 수 있다. 따라서 정답은 (B) A computer technician이다.

어휘 **delivery** 배달 **person** 사람 **technician** 기술자 **surveyor** 측량사, 감독관 **assistant** 조수, 보조원

51 What does the woman have to do in the afternoon?
(A) Wait for a package
(B) Do some research
(C) Meet with a manager
(D) Examine some data

여자가 오후에 해야 할 일은 무엇인가?
(A) 소포를 기다린다. (B) 연구 조사를 한다.
(C) 매니저와 만난다. (D) 데이터를 조사한다.

해설 키워드: What / woman / do / afternoon 위치: 대화의 중반부
여자가 오후에 무엇을 해야 하는지 구체적인 사실에 대해 묻는 질문이므로 각 보기의 키워드를 잡고, 여자의 말에 집중해서 듣는다. 여자의 첫 번째 대사 I just received our marketing survey from my manager that I have to go through. It looks like I will need my computer all day today.에서 매니저에게 검토해야 할 마케팅 설문조사를 받았다고 언급하고 있으므로 정답은 (D) Examine some data이다. 참고로 여기에서 go through는 '~을 살펴보다[조사하다]'는 의미로 쓰였으며 보기에서 examine으로 패러프레이징되었다.

어휘 **package** 소포, 상자 **research** 연구(조사) **examine** 조사[검토]하다

52 What does the man say he will do?
(A) Talk to a coworker
(B) Install it now
(C) Fill out a survey form
(D) Give her a hand

남자는 자신이 무엇을 할 것이라고 언급하고 있는가?
(A) 동료에게 말한다. (B) 그것을 지금 설치한다.
(C) 설문조사 양식을 작성한다. (D) 그녀에게 도움을 준다.

해설 키워드: What / man / say / do 위치: 대화의 후반부
남자가 앞으로 무엇을 할 것인지와 같이 미래에 대한 내용을 묻는 질문은 일반적으로 대화의 후반부에서 근거를 찾을 수 있다. 남자가 언급한 내용을 묻고 있으므로 남자의 마지막 대사를 집중해서 듣는다. 남자의 마지막 말 but maybe I can ask one of our guys to do it for me. Let me ask around and will get back to you.에서 동료들에게 부탁해보겠다고 언급하고 있으므로 정답은 (A) Talk to a coworker이다.

어휘 **coworker** 동료 **install** 설치하다 **survey** (설문)조사 **form** 서식, 양식 **give a hand** 거들어주다

53-55

M: Hello, Ms. Stevenson. I would like to ask you a big favor. Is there any way I can have a week off this summer? All my family members are planning to get together in July.

W: Well, many of our employees have asked for vacation time in July already. So many of us will be out of the office at that time. When exactly do you want to take the time off?

M: It's going to be the last week of July. Would that be a problem?

W: I think we can work things out. To make it official, you have to fill out a request form and have it approved. So do that first before you make any travel arrangements.

해석 남 : 안녕하세요, 스티븐슨 씨, 어려운 부탁 하나 드리려고 합니다. 이번 여름에 제가 일주일 휴가를 받을 수 있는 방법이 있을까요? 저희 온 가족이 7월에 함께 모이기로 계획했거든요.
여 : 글쎄요, 이미 많은 직원들이 7월에 휴가를 요청했어요. 그래서 대다수가 그 시기에 사무실에 없을 것입니다. 당신이 휴가를 받고 싶은 날이 정확히 언제죠?
남 : 7월 마지막 주요. 그렇게 하는 데 문제가 있을까요?
여 : 우리가 잘 해결할 수 있을 거라고 생각합니다. 공식적으로 하기 위해 신청서를 작성하고 승인받도록 하세요. 그래서 당신이 뭔가 여행 준비를 하기 전에 우선 그렇게 하세요.

어휘 **favor** 호의, 친절 **get together** 만나다 **employee** 종업원, 고용인 **vacation** 방학 **exactly** 정확히, 꼭 **time off** 휴식 **official** 공식적인 **request form** 신청서 **approve** 승인하다 **travel arrangement** 여행준비

53 What is the man requesting?
(A) Time off from work
(B) Go on a business trip
(C) Bring a family to work
(D) Change his travel plans

남자가 요청하고 있는 것은 무엇인가?
(A) 업무로부터의 휴식 (B) 출장 가기
(C) 가족들을 직장에 데려오기 (D) 여행 계획 변경하기

해설 키워드 : What / man / requesting 위치 : 대화의 전반부
남자가 무엇을 요청하고 있는지 묻는 질문이다. 요구, 요청, 제안의 내용을 묻는 문제는 주로 후반부에서 확인할 수 있지만, 이 문제의 경우에는 첫 번째 질문이고 대화의 주제와 관련된 내용이므로 대화의 전반부에서 근거를 찾을 수 있다. 남자의 요청이므로 남자 말을 집중해서 듣는다. 남자의 첫 마디 I would like to ask you a big favor. Is there any way I can have a week off this summer?에서 남자가 올 여름 휴가에 대해 부탁이 있단 사실을 알 수 있으므로 정답은 (A)이다.

어휘 **request** 요청 **trip** 여행 **bring** 가져오다, 데려오다 **travel** 여행

54 What does the woman ask for?
(A) A number of family members
(B) A business plan
(C) Specific dates
(D) A name of a city

여자가 물어본 것은 무엇인가?
(A) 가족들의 수 (B) 사업 계획 (C) 구체적인 날짜 (D) 도시의 이름

해설 키워드 : What / woman / ask 위치 : 대화의 중반부
여자가 물어본 것이 무엇인지 구체적인 정보를 묻는 질문이다. 여자가 물어본 것이므로 여자의 말에 집중해서 듣는다. 여자의 첫 번째 대사 When exactly do you want to take the time off?에서 남자가 정확히 언제 휴가를 받길 원하는지 묻고 있으므로 정답은 (C)이다.

어휘 **specific** 구체적인, 명확한

55 What does the woman remind the man to do?
(A) Make travel plans in advance
(B) Submit a form
(C) Tell other co-workers
(D) Finish the current project

여자는 남자에게 무엇을 할 것을 상기시켜주었는가?
(A) 미리 여행 계획 짜기 (B) 서식 제출하기
(C) 다른 동료들에게 말하기 (D) 최근 프로젝트 끝마치기

해설 키워드 : What / woman / remind / man 위치 : 대화의 후반부
여자가 남자에게 상기시킨 내용이 무엇인지 구체적인 정보를 묻는 질문이다. 여자가 상기시킨 내용이므로 여자의 말에 집중해서 듣는다. 여자의 마지막 대사 To make it official, you have to fill out a request form and have it approved.에서 신청서를 작성하고 승인을 받으라고 언급하고 있으므로 정답은 (B)이다.

어휘 **remind** 상기시키다 **in advance** 미리, 사전에 **submit** 제출하다 **co-worker** 동료 **current** 현재의, 지금의

ACTUAL TEST
ANSWER & SCRIPT

56-58

W: Good morning. I'm Tammy Johnson from UVEX. I'm a general manager here. One of our business partners told me good things about your landscaping work. So I've called to get an estimate from you.

M: Well, I'm glad you called. What kind of service are you looking for?

W: I'd like to know how much it would cost to have a maintenance contract for a year. We'd like someone to come regularly and take care of our trees, lawn, etc.

M: Well, we are short on staff at the moment. So I'm afraid I can't make any long term commitments. However, maybe we can start short term, and see what happens.

해석 여: 안녕하세요. 저는 UVEX의 타미 존슨입니다. 저는 이곳의 총지배인입니다. 저희 사업 파트너들 중 한 명이 귀하의 조경 작업에 대해 좋은 얘기들을 하더군요. 그래서 귀하에게 견적을 받아보고 싶어서 연락 드렸어요.
남: 음, 전화 주셔서 감사합니다. 어떤 종류의 서비스를 찾고 계신가요?
여: 1년 유지 계약 비용이 얼마인지 알고 싶어요. 정기적으로 와서 저희 나무, 잔디 등을 돌봐줄 사람이 있었으면 합니다.
남: 글쎄요, 요즘 저희가 일손이 부족해요. 그래서 유감스럽지만 더 이상 장기 계약은 받을 수 없습니다. 하지만 단기 계약이라면 시작할 수 있을 것 같은데 어떤지 한번 봅시다.

어휘 **general manager** 총지배인 **landscaping** 조경 **estimate** 견적서 **kind** 종류, 유형 **look for** 찾다, 구하다 **maintenance** 유지 **contract** 계약 **regularly** 정기적으로 **take care of** ~을 돌보다 **short** 부족한, ~이 없는 **staff** 직원 **long term** 장기 **commitment** 약속, 책무 **short term** 단기 **happen** 발생하다

---

56 What type of service does the man provide?
(A) Window cleaning
(B) Garbage disposal
(C) Landscaping
(D) Car wash

남자가 제공하는 서비스는 어떤 종류의 것인가?
(A) 창문 청소 (B) 쓰레기 처리 (C) 조경 (D) 세차

해설 키워드: What / service / man / provide 위치: 대화의 전반부
남자가 제공하는 서비스가 무엇인지에 대한 질문이다. 직업이나 신분, 직위 등 기본적인 정보를 묻는 문제는 주로 전반부에서 그 직업과 관련된 단어에서 정답을 찾을 수 있다. 여자의 첫 번째 대사 One of our business partners told me good things about your landscaping work.에서 남자의 조경 작업에 대해 언급하고 있으므로 정답은 (C)이다.

어휘 **provide** 제공하다 **garbage** 쓰레기 **disposal** 처리 **landscaping** 조경

---

57 What is the woman calling to request?
(A) A cost estimate
(B) A specific worker
(C) A volume discount
(D) A receipt for a past service

여자는 무엇을 요청하기 위해 전화하고 있는가?
(A) 가격 견적서 (B) 특정 작업자 (C) 수량 할인 (D) 과거 서비스에 대한 영수증

해설 키워드: What / woman / calling / request 위치: 대화의 전반부
전화를 건 목적을 묻는 문제는 주로 대화의 전반부에 정답이 나온다. 여자가 전화를 건 용건, 즉 목적을 묻는 질문이므로 여자의 첫 번째 대사를 놓치지 말아야 한다. 여자는 첫 번째 대사에서 So I've call to get an estimate from you.라며 견적을 받기 위해 전화를 걸었다고 언급하고 있다. 따라서 정답은 (A)이다.

어휘 **request** 요청 **estimate** 견적서 **specific** 특정한 **volume** 용량, 용적 **discount** 할인 **receipt** 영수증 **past** 지나간

---

58 Why does the man say he cannot commit to long-term contracts?
(A) He is planning to move.
(B) His workers work hard.
(C) His company is not licensed.
(D) He does not have enough staff.

남자가 장기 계약이 안 된다고 한 이유는?
(A) 그는 이사할 예정이다. (B) 그의 직원들은 열심히 일한다. (C) 그의 회사는 무허가 업체이다. (D) 직원이 부족하다.

해설 키워드: Why / man / say / cannot commit / long-term contracts 위치: 대화의 후반부
남자가 장기 계약을 맺을 수 없다고 말한 이유에 대한 구체적인 정보를 묻고 있다. 키워드를 잡고 남자의 대사를 집중해서 듣는다. 남자의 마지막 대사에서(we are short on staff at the moment. So I'm afraid I can't make any long term commitments.) 인력 부족으로 장기 계약은 맺기 어렵다고 언급하고 있으므로 정답은 (D)이다.

어휘 **commit** 약속하다 **long-term** 장기 **move** 이사 **license** 허가하다 **enough** 필요한 만큼의, 충분한

59-61

W: I have a good news. A new mechanic for the machines will start working tomorrow. He will be assigned to take care of all the machines in the factory.

M: That's fantastic. Ever since Kevin left, it was very difficult for me to do all the work alone.

W: Yes, I understand. When he comes, I would like you to take him to the floor and show him around. He will come to my office first, so please come to my office around 9 o'clock.

M: Okay. I will give him the floor plan of factory, so he can get used to where the machines are located.

해석 여: 좋은 소식이 있어요. 새로운 기계 정비공이 내일부터 일을 시작할 거예요. 그는 공장에 있는 모든 기계들을 다루는 임무를 맡았어요.
남: 잘됐네요. 케빈이 떠난 후로 저 혼자 그 모든 일을 하는 것은 매우 힘들었거든요.
여: 네, 이해해요. 그가 오면 당신이 그를 작업장으로 데리고 가서 둘러보도록 안내해 주세요. 그는 우선 제 사무실로 올 거니깐 9시쯤에 제 사무실로 와주세요.
남: 알았어요. 제가 그에게 공장의 평면도를 줘서 그가 기계들의 위치에 익숙해질 수 있도록 할게요.

어휘 **mechanic** 정비공 **machine** 기계 **assign** (일, 책임 등을) 맡기다 **take care of** ~을 돌보다, 처리하다 **factory** 공장 **difficult** 어려운 **alone** 혼자 **floor** 바닥, 작업장 **floor plan** (건물의) 평면도 **get used to** ~에 익숙해지다

59 Who has recently been hired?
(A) A machine designer
(B) A machinery repair person
(C) A factory manager
(D) An office assistant

최근에 고용된 사람은 누구인가?
(A) 기계 설계사 (B) 기계 수리공 (C) 공장 관리자 (D) 사무 보조원

해설 키워드: Who / hired 위치: 대화의 전반부
최근 고용된 사람이 누구인지를 묻는 질문으로, 이와 같이 기본적인 정보를 묻는 질문은 대화의 전반부에서 정답의 근거를 찾을 수 있다. 여자의 첫 대사 A new mechanic for the machines will start working tomorrow.에서 기계 정비공이 내일부터 일을 시작한다고 언급하고 있으므로 정답은 (B)가 되었다.

어휘 **recently** 최근에 **hire** (사람을)고용하다 **machinery** 기계(류) **repair** 수리, 보수 **person** 사람 **assistant** 조수, 보조원

60 What does the woman ask the man to do tomorrow?
(A) Repair some machines
(B) Fill out some paper
(C) Provide a tour
(D) Lead a seminar

여자가 내일 남자에게 해달라고 요청한 일은 무엇인가?
(A) 기계 고치기 (B) 서류 작성하기 (C) 견학시켜 주기 (D) 세미나 안내하기

해설 키워드: What / woman / ask / man 위치: 대화의 중반부
여자가 남자에게 요청한 내용에 대한 세부적인 정보를 묻는 질문이다. 마지막 요구, 요청, 제안 관련 질문은 주로 대화의 후반부에서 근거를 찾을 수 있으나, 이 문제와 같이 두 번째 질문일 경우에는 대화의 중반부에 근거가 나올 수도 있다는 사실을 염두에 두고 있어야 한다. 여자의 요청이므로 여자의 대사를 집중해서 듣는다. 여자의 두 번째 대사 I would like you to take him to the floor and show him around.에서 여자는 남자에게 새로 온 직원에게 공장 안내를 해주라고 언급하고 있으므로 정답은 (C)이다.

어휘 **repair** 수리하다 **provide** 제공하다 **tour** 여행, 방문 **lead** 이끌다

61 What will the man give the new employee?
(A) A building floor plan
(B) A training guide
(C) A list of machines
(D) A welcome package

남자가 새로운 직원에게 줄 것은 무엇인가?
(A) 건물 평면도 (B) 훈련 안내서 (C) 기계 목록 (D) 입사 기념품

해설 키워드: What / man / give / new employee 위치: 대화의 후반부
남자가 새로운 직원에게 무엇을 줄 것인지 구체적인 정보를 묻는 질문이다. 주로 제안, 요구, 제공에 대한 정보는 대화의 후반부에 등장한다. 남자의 마지막 대사 I will give him the floor plan of factory, so he can get used to where the machines are located.에서 그에게 건물의 평면도를 줄 것이라고 언급하고 있으므로 정답은 (A)이다.

어휘 **employee** 고용인 **package** 상자

ACTUAL TEST
ANSWER & SCRIPT

62-64

M: At last, we can finally move back to our offices next week. Do you know why the renovation took so long? I heard it was supposed to finish last month.

W: I heard from Stacy that some of the desks we ordered were out of stock. So we had to wait for the desks to arrive.

M: I'm glad we have more meeting rooms now. It was very difficult to book a meeting room, because they were always booked.

W: I agree. I heard that the management will ask everyone to start packing today, so we can move back to our offices on Wednesday.

해석 남: 마침내 다음주에 우리 사무실로 돌아갈 수 있게 되었네요. 건물 보수 작업이 왜 이렇게 오래 걸렸는지 아세요? 제가 듣기로는 지난달에 끝나기로 되어 있었는데요.
여: 스테이시가 그러는데, 우리가 주문한 책상들 몇 개가 품절이었대요. 그래서 우리는 책상이 도착하길 기다려야했대요.
남: 이제 우리는 더 많은 회의실들을 갖게 되어서 기뻐요. 항상 예약이 되어 있었기 때문에 회의를 예약하는 것이 매우 힘들었어요.
여: 맞아요. 경영진이 오늘부터 짐 싸기 시작할 것을 모두에게 요청했다고 들었어요. 그래서 우린 수요일에 우리 사무실로 돌아갈 수 있을 겁니다.

어휘 **finally** 마침내 **renovation** 개조, 보수 **hear** 듣다, 들리다 **be supposed to do** ~하기로 되어 있다 **order** 주문하다 **stock** 재고 **wait** 기다리다 **arrive** 도착하다 **difficult** 어려운 **book** 예약하다 **agree** 동의하다 **management** 경영진, 운영진 **ask** 요청하다 **packing** 짐 싸기

62 What problem are the speakers discussing?
(A) New employees
(B) Old equipment
(C) Packing instructions
(D) Delay in office renovation

화자들이 의논하고 있는 문제점은 무엇인가?
(A) 새로운 직원들 (B) 노후한 장비 (C) 짐 싸기에 대한 지시 (D) 사무실 보수의 지연

해설 키워드: What / problem / speakers / discussing 위치: 대화의 전반부
문제점을 묻는 문제는 주로 대화의 전반부에서 정답의 근거를 찾을 수 있다. 남자의 첫 번째 대사 Do you know why the renovation took so long? I heard it was supposed to finish last month.를 보아 지난달에 끝날 예정이었던 공사가 왜 이렇게 오래 걸렸는지에 대해 이야기 나누고 있다는 사실을 알 수 있다. 따라서 정답은 (D)이다.

어휘 **problem** 문제 **discuss** 상의하다 **equipment** 장비, 용품 **instruction** 설명, 지시 **delay** 지연, 지체 **renovation** 개조, 보수

63 What caused the problem?
(A) The permit was not issued.
(B) Some equipment went to a wrong address.
(C) There were too many rooms.
(D) Some items were not available.

무엇이 문제를 야기했는가?
(A) 허가증이 교부되지 않았다. (B) 몇몇 장비가 잘못된 주소로 갔다. (C) 너무 많은 방들이 있었다. (D) 몇몇 물품들을 구할 수 없었다.

해설 키워드: What / caused / problem 위치: 대화의 중반부
문제가 발생한 이유/원인이 무엇인지 세부적인 정보를 묻는 문제이다. 보기의 키워드들을 파악하고 문제를 풀어야 한다. 여자의 첫 번째 대사 I heard from Stacy that some of the desks we ordered were out of stock. So we had to wait for the desks to arrive.에서 주문했던 책상이 품절이 되었기 때문에 기다려야했다고 말하고 있으므로 정답은 (D)이다.

어휘 **cause** ~을 야기하다 **permit** 허가증 **issue** 교부하다 **equipment** 장비 **wrong** 틀린, 잘못된 **address** 주소 **available** 이용할 수 있는

64 What will happen on Wednesday?
(A) The staff will move into their original offices.
(B) A new building will be built.
(C) A renovation will start.
(D) New managers will be introduced.

수요일에 무슨 일이 일어날 것인가?
(A) 직원들이 원래 그들의 사무실로 이사할 것이다. (B) 새 건물이 지어질 것이다. (C) 보수가 시작될 것이다. (D) 새로운 관리자들이 소개될 것이다.

해설 키워드: What / happen / Wednesday 위치: 대화의 후반부
수요일에 무슨 일이 일어날 것인지 구체적인 정보를 묻는 문제이다. 미래에 일어날 일을 묻는 문제는 주로 대화의 후반부에서 근거를 찾을 수 있다. 마지막 대사 so we can move back to our offices on Wednesday.에서 수요일에 사무실로 돌아갈 것이라고 언급하고 있으므로 정답은 (A)이다.

어휘 **move** 이사하다 **original** 원래의 **build** 짓다, 건축하다 **renovation** 개조, 보수 **manager** 관리자 **introduce** 소개하다

65-67

W1: Did you read the poster on the bulletin board about the new lecture series in the gallery? Kevin Uarow is doing it. Do you want to participate in some of them with me?

W2: Kevin Uarow? Isn't he the painter who is hosting a show on an art channel?

W1: Yes. That's the guy. He is going to talk about religious paintings in the Vatican City. There are other topics, but I don't remember them all. They have a brochure at the gallery.

W2: Let's stop by at the gallery this afternoon then, and choose which lectures we want to sign up for.

해설 여1: 미술관에서의 새 연속 강연에 대한 게시판 벽보 읽으셨어요? 케빈 우로우가 강연을 한대요. 저와 함께 강연들 중 몇 개 들어보시겠어요?
여2: 케빈 우로우요? 그 사람 미술 채널에서 쇼를 진행하는 화가 아닌가요?
여1: 맞아요. 그 사람이에요. 그는 바티칸 시국의 종교화들에 대해서 이야기할 예정이래요. 다른 주제들도 있었는데 다 기억나진 않네요. 미술관에 가면 책자가 있어요.
여2: 그러면 오늘 오후에 미술관에 들러서 우리가 신청하고 싶은 강의가 무엇인지 고릅시다.

어휘 **poster** 벽보 **bulletin board** 게시판 **lecture** 강의, 강연 **series** 연속, 시리즈 **gallery** 미술관 **participate** 참가하다 **painter** 화가 **host** 진행하다 **religious** 종교의 **brochure** 책자 **choose** 선택하다, 고르다 **sign up for** ~을 신청하다

65 What are the speakers discussing?
(A) A lecture series
(B) A new museum
(C) A television show
(D) A new book

해설 키워드: What / speakers / discussing 위치: 대화의 전반부
화자들이 이야기하고 있는 것, 즉 주제에 대해 묻고 있으므로 주로 대화의 전반부에서 근거를 찾을 수 있다. 대화의 첫마디 Did you read the poster on the bulletin board about the new lecture series in the gallery?에서 강연 시리즈에 대한 벽보를 보았냐고 묻고 있으므로 화자들은 강연에 대해 이야기하고 있다는 사실을 알 수 있다. 따라서 정답은 (A)이다.

화자들은 무엇에 대해 의논하고 있는가?
(A) 강연 시리즈 (B) 새로운 박물관 (C) 텔레비전 쇼 (D) 새로 나온 책

어휘 **series** 연속, 시리즈

66 Who is Kevin Uarow?
(A) A curator
(B) A writer
(C) A guest speaker
(D) A critic

해설 키워드: Who / Kevin Uarow 위치: 대화의 중반부
대화를 하고 있는 화자의 직업을 묻는 질문이 아니라 제3자의 직업을 묻는 경우이다. 이런 질문은 대화에서 그 사람의 이름이 언급된 후에 정답의 힌트가 나온다. 따라서 키워드가 Kevin Uarow이므로 이 이름이 언급된 곳을 잘 들어야 한다. Kevin Uarow의 이름이 언급된 곳은 여자의 첫 번째 대사 Did you read the poster on the bulletin board about the new lecture series in the gallery? Kevin Uarow is doing it.에서 강연이 있는데 Kevin Uarow가 그것을 할 것이라고 언급하고 있으므로 이 사람은 강연을 진행할 초청 연사(guest speaker)라는 사실을 알 수 있다. 정답은 (C)이다.

케빈 우로우는 누구인가?
(A) 큐레이터 (B) 작가 (C) 초청 연사 (D) 비평가

어휘 **curator** 큐레이터 **critic** 비평가

67 Why are the speakers planning to meet this afternoon?
(A) To see some paintings
(B) To look at the brochure
(C) To buy some tickets
(D) To get an autograph

해설 키워드: Why / speakers / meet / afternoon 위치: 대화의 후반부
화자들이 오후에 만나기로 한 이유에 대한 구체적인 정보를 묻는 문제이다. 화자들이 만나는 것은 미래에 일어날 일이므로 대화의 후반부에서 근거를 찾을 수 있다. 대화의 후반부에서 첫 번째 여자의 대사 They have a brochure at the gallery.에서 책자가 미술관에 있다고 언급하고 있고, 뒤이어 두 번째 여자가 Let's stop by at the gallery this afternoon then, and choose which lectures we want to sign up for.라고 오후에 박물관에 들러서 책자를 보고 어떤 강연을 신청할지 고르자고 말하고 있다. 따라서 정답은 (B)이다.

화자들은 왜 오늘 오후에 만나기로 하는가?
(A) 그림을 보기 위해 (B) 책자를 보기 위해 (C) 표를 구입하기 위해 (D) 사인을 받기 위해

어휘 **brochure** 책자 **autograph** (유명인의) 사인

ACTUAL TEST
ANSWER & SCRIPT

68-70

M: I just read an ad by the elevator about Brian Foster, the office fitness consultant. The advertisement said he can help people feel more comfortable at the work place by doing easy exercises that he created.

W: I actually used his service last week. It was really good. He told me that my chair was causing the pain in my neck. He readjusted my chair to avoid the problem. As you read in the ad, he also showed me some exercises that I can do from my desk.

M: That sounds really good. I sit all day long at work, so I know that's not good for my health. I'd like to try those exercises you've learned. Please show me sometime.

W: I have diagrams of those exercises. I can make copies and give them to you.

해석 남: 금방 엘리베이터 옆에 있는 사무실 건강 상담사인 브라이언 포스터에 대한 광고를 읽었어요. 광고에서 그는 자신이 만든 쉬운 운동을 함으로써 사람들이 직장에서 더 편안함을 느낄 수 있게 도울 수 있다고 했어요.
여: 제가 실제로 지난주에 그의 서비스를 이용해 봤어요. 정말 좋더라고요. 그는 저의 의자가 목의 통증을 일으킨다고 말했어요. 그가 문제를 방지하기 위해 제 의자를 조정해 줬어요. 당신이 광고에서 읽은 것처럼 그는 또한 제가 책상에서 할 수 있는 운동들을 몇 가지 보여줬어요.
남: 정말 괜찮은 것 같군요. 저는 일할 때 하루 종일 의자에 앉아 있어요. 그래서 그게 건강에 좋지 않다는 것을 알죠. 당신이 배운 그 운동들을 해보고 싶네요. 언제 한번 보여주세요.
여: 그 운동들을 그린 표를 가지고 있어요. 복사해서 드릴게요.

어휘 ad 광고(advertisement의 약자) fitness 신체 단련, 건강 consultant 상담사 advertisement 광고 comfortable 편한, 쾌적한 place 장소 exercise 운동 create 창조하다 actually 실제로, 정말로 pain 아픔, 통증 neck 목 readjust 조정하다 avoid 방지하다, 막다 health 건강 diagram 도표 copy 복사(본)

68 Who is Brian Foster?
(A) A fitness consultant
(B) A furniture designer
(C) A dietician
(D) A new office manager

브라이언 포스터는 누구인가?
(A) 피트니스 상담사 (B) 가구 디자이너 (C) 영양사 (D) 새로 온 사무실 관리자

해설 키워드: Who / Brian Foster 위치: 대화의 전반부
Brian Foster라는 사람이 누구인지 묻는 문제이다. 제3자가 누구인지 묻는 경우에는 그 사람의 이름이 언급된 후에 정답이 나온다. Brian Foster라는 이름은 대화의 첫마디에 나오는데 I just read an ad by the elevator about Brian Foster, the office fitness consultant.에서 피트니스 상담사라는 사실을 알 수 있으므로 정답은 (A)이다.

어휘 consultant 상담사 furniture 가구 dietician 영양사

69 What did Brian Foster show the woman how to do?
(A) Join a gym
(B) Change equipment
(C) Adjust a piece of furniture
(D) Make a chart

브라이언 포스터가 여자에게 무엇을 하는 방법을 보여줬는가?
(A) 체육관에 참여하기 (B) 장비 교체하기 (C) 가구 조정하기 (D) 차트 만들기

해설 키워드: What / Brian Foster / show / woman 위치: 대화의 중반부
Brian Foster가 여자에게 어떻게 하는지 보여준 것은 무엇인지를 묻는 세부적인 정보에 대한 문제이다. 보기의 키워드를 파악한 후 대화를 들어보면 여자의 첫 번째 대사 He told me that my chair was causing the pain in my neck. He readjusted my chair to avoid the problem.에서 그녀의 의자가 목통증을 유발한다며 의자를 조정해 줬다고 했으므로 정답은 (C)이다. 여기에서 chair가 a piece of furniture로 패러프레이징되었다.

어휘 equipment 장비 adjust 조정하다

70 What does the woman offer to do?
(A) Introduce to each other
(B) Provide a copy of some instructions
(C) Exercise together
(D) Send an e-mail

여자가 제공하기로 한 것은 무엇인가?
(A) 서로 소개시켜주기 (B) 설명서의 복사본 제공하기 (C) 함께 운동하기 (D) 이메일 보내기

해설 키워드: What / woman / offer 위치: 대화의 후반부
여자가 무엇을 제공하기로 했는지 구체적인 정보를 묻는 문제이다. 여자가 제공하기로 한 것이므로 여자의 마지막 대사를 집중해서 들어보면 I have diagrams of those exercises. I can make copies and give them to you.라고 운동 관련 도표를 복사해서 주겠다고 언급하므로 정답은 (B)이다.

어휘 offer 내놓다, 제공하다 introduce 소개하다 provide 제공하다, 공급하다 instruction 설명, 지시 exercise 운동 send 보내다, 발송하다

PART 4   p.223

71 (A) 72 (D) 73 (B) 74 (C) 75 (A) 76 (C) 77 (C) 78 (B) 79 (D) 80 (D)
81 (A) 82 (C) 83 (A) 84 (D) 85 (C) 86 (C) 87 (A) 88 (D) 89 (B) 90 (C)
91 (B) 92 (A) 93 (B) 94 (C) 95 (B) 96 (A) 97 (B) 98 (C) 99 (D) 100 (B)

71-73

Hi. My name is Mike Moore from L&K Trading. I'm calling to find out if we can have a dinner party at your restaurant on August 24th. We are planning to have an employee appreciation dinner on that evening. I read a good review in the newspaper about your restaurant. I'm particularly interested in your outdoor tables. Can you accommodate more than 100 people out there? I'd appreciate it if someone would return my call at 582-2528 to talk about it. Thank you.

해석 안녕하세요. 저는 L&K 트레이딩의 마이크 무어입니다. 오는 8월 24일에 당신의 레스토랑에서 저녁 파티를 열 수 있는지 문의하려고 전화 드렸습니다. 그날 저녁에 직원 감사 저녁 만찬을 마련할 계획입니다. 신문에서 당신 레스토랑에 관한 좋은 후기를 읽었습니다. 특히, 당신의 야외 테이블에 관심이 있습니다. 그곳에 100명의 인원을 수용할 수 있을까요? 이에 대해 상의하기 위해 582-2528번으로 전화주시기 바랍니다. 감사합니다.

어휘 **find out** ~을 알다 **restaurant** 레스토랑, 식당 **plan to** ~할 계획이다 **employee** 직원 **appreciation** 감사 **evening** 저녁 **read** 읽다 **review** 후기, 리뷰 **newspaper** 신문 **particularly** 특히 **be interested on** ~에 관심이 있다 **outdoor** 야외에 **accommodate** 수용하다 **appreciate** 감사하다 **return my call** 다시 전화해주다 **talk about** ~에 대해 이야기하다

---

71 What is the man calling about?
(A) Finding a location for an event
(B) Submitting a resume
(C) Writing a newspaper article
(D) Ordering some food

남자는 무엇에 대해 전화하고 있는가?
(A) 행사를 위한 장소를 찾는 것 (B) 이력서를 제출하는 것
(C) 신문 기사를 작성하는 것 (D) 음식을 주문하는 것

해설 주제나 목적에 관한 문제는 지문의 상단부에서 근거를 찾을 수 있다. 저녁 만찬을 열 수 있는지 레스토랑에 문의하고자 전화했다고 했으므로(I'm calling to find out if we can have a dinner party at your restaurant) 정답은 (A)가 된다.

어휘 **find** 찾다 **location** 위치, 장소 **event** 행사 **submit** 제출하다 **resume** 이력서 **write** 쓰다 **newspaper article** 신문기사 **order** 주문하다 **food** 음식

---

72 What did the man see in the newspaper?
(A) A picture of a great dish
(B) A special offer
(C) An interview with a chef
(D) A restaurant review

남자는 신문에서 무엇을 보았는가?
(A) 훌륭한 음식의 사진 (B) 가격 할인 (C) 주방장과의 인터뷰
(D) 레스토랑 후기

해설 남자가 신문에서 무엇을 읽었는지 구체적인 사항을 묻는 질문이다. 지문의 중반부에서 키워드 newspaper에 관련된 부분을 잘 듣다. 신문에서 레스토랑에 관한 좋은 후기를 읽었다고 하고 있으므로(I read a good review in the newspaper about your restaurant) 정답은 (D)이다.

어휘 **picture** 사진 **dish** 음식 **special offer** 가격 할인 **interview** 인터뷰 **chef** 주방장 **review** 후기, 리뷰

---

73 What does the man want to find out?
(A) The price for dinner
(B) The size of a space
(C) The location of a business
(D) The business hours

남자는 무엇을 알고 싶어하는가?
(A) 저녁 식사 요금 (B) 장소의 크기 (C) 식당의 위치 (D) 영업시간

해설 남자가 알고 싶어하는 요청 사항에 관한 질문으로 지문의 후반부에서 근거를 찾도록 한다. 그 장소가 100명을 수용할 수 있는지 크기를 묻고 있으므로(Can you accommodate more than 100 people out there?) 정답은 (B)가 된다.

어휘 **find out** ~을 알다 **price** 가격 **dinner** 저녁 식사 **size** 크기 **space** 공간, 장소 **location** 위치, 장소 **business** 사업 **business hours** 영업시간

ACTUAL TEST
ANSWER & SCRIPT

74-76
That's everything for today's training seminar on the new spreadsheet program. I must tell you that I'm very impressed with all of you. You understood the program very quickly. It seems like you've been using this program for months. Please don't leave because we have prepared some cookies and drinks for you in the lobby. I would like to spend some more time with you individually, so let's all go out to the lobby.

해석 이것으로 새로운 스프레드시트 프로그램에 관한 교육 세미나를 마치겠습니다. 저는 여러분 모두에게 깊은 인상을 받았다고 말씀 드리고 싶습니다. 여러분은 이 프로그램을 매우 빠르게 이해하셨습니다. 마치 몇 달 동안 이 프로그램을 사용해 오신 것 같습니다. 로비에 여러분을 위한 쿠키와 음료를 준비해 두었으니 아직 자리를 뜨지 마세요. 여러분과 개별적으로 시간을 보내고 싶으니 모두 함께 로비로 갑시다.

어휘 training 교육, 훈련 seminar 세미나 program 프로그램 impressed 깊은 인상을 받은, 감동 받은 group 그룹, 단체 understand 이해하다 quickly 빨리 seem like ~처럼 보이다 use 사용하다 leave 떠나다 prepare 준비하다 lobby 로비 spend 보내다 individually 개별적으로

74 What is the topic of the seminar?
(A) Getting to know each other
(B) Making a report
(C) Using a software program
(D) Developing new ideas

세미나의 주제는 무엇인가?
(A) 서로 친해지는 것 (B) 보고서를 작성하는 것
(C) 소프트웨어 프로그램을 사용하는 것
(D) 새로운 아이디어를 개발하는 것

해설 세미나의 주제를 묻는 문제로, 전반부에서 질문의 키워드 seminar에 관한 내용이 나오는 곳을 주의 깊게 듣도록 한다. 새로운 스프레드시트 프로그램에 관한 세미나를 마친다는 내용으로 이야기를 시작하고 있으므로(That's everything for today's training seminar on the new spreadsheet program.) 소프트웨어 프로그램 사용에 관한 세미나였음을 알 수 있으므로 정답은 (C)가 된다.

어휘 topic 주제 know 알다 each other 서로 report 보고서 develop 개발하다, 발전시키다 idea 개념, 생각

75 Why is the speaker impressed?
(A) The group has learned quickly.
(B) The new program is very fast.
(C) The drinks taste good.
(D) The attendees came on time.

화자는 왜 깊은 인상을 받았는가?
(A) 그룹이 매우 빨리 배웠다. (B) 새로운 프로그램이 매우 빠르다.
(C) 음료수가 맛있다. (D) 참석자들이 제시간에 도착했다.

해설 화자가 감동을 받은 이유를 묻는 질문으로, 모두에게 매우 깊은 인상을 받았다고 하면서(very impressed) 다음에 매우 빠르게 프로그램을 이해했다고(You understood the program very quickly.) 이유를 밝히고 있다. 따라서 정답은 (A)가 된다.

어휘 speaker 화자 impressed 깊은 인상을 받은, 감동받은 group 그룹, 단체 learn 배우다 quickly 빨리 program 프로그램 fast 빠른 taste ~한 맛이 나다 attendee 참석자 on time 제 시간에

76 According to the speaker, what will happen next?
(A) The group will be divided into three.
(B) A new assignment will be given.
(C) Refreshments will be served.
(D) An award will be given.

화자에 따르면, 다음에 발생할 일은 무엇인가?
(A) 그룹이 세 개로 나누어질 것이다.
(B) 새로운 임무가 주어질 것이다. (C) 다과가 제공될 것이다.
(D) 상이 수여될 것이다.

해설 다음에 발생할 일에 관한 질문으로, 미래에 관한 질문은 주로 후반부에서 근거를 찾을 수 있다. 로비에 간식을 준비해 두었다고 하면서(we have prepared some cookies and drinks for you in the lobby) 마지막으로 모두에게 로비로 가자고 했으므로(let's all go out to the lobby.) 정답은 (C)가 된다.

어휘 according to ~에 따르면 happen 발생하다 be divided into ~로 나누어지다 assignment 과제, 임무 refreshment 다과, 가벼운 식사 serve 제공하다 award 상

77-79

Now, here is local news. Johnston Library reopened today after four months of remodelling. The renovated library has a new community center now. This weekend, the library is going to celebrate the opening of the center by inviting a popular writer David Adams. He's going to have a book reading from his bestselling book "*Behind the Line*" on this Saturday at 4 p.m. If you would like to find out more about the upcoming event, please visit the library's information desk.

해석 이제 지역 뉴스입니다. 4개월간의 리모델링 공사 끝에 존슨 도서관이 오늘 새로 개관하였습니다. 개조된 도서관에는 새로운 문화 센터가 들어섭니다. 이번 주말, 도서관 측은 유명 작가인 데이비드 아담스 씨를 초청하여 센터 개관식을 열 것입니다. 그는 이번 주 토요일 오후 4시에 그의 베스트셀러인 〈비하인 더 라인〉을 낭독할 예정입니다. 다가올 행사에 관해 더 많은 정보를 원하시면, 도서관 안내 데스크를 방문해 주시기 바랍니다.

어휘 local news 지역 소식 library 도서관 reopen 다시 열다 remodeling 리모델링 renovate 개조하다 community center 문화 회관 weekend 주말 plan to ~할 계획이다 celebrate 기념하다 opening 개관, 개장 invite 초대하다 popular 인기 있는, 유명한 writer 작가 would like to ~하고 싶다 find out 알다 upcoming 다가오는 event 행사 visit 방문하다 information desk 안내 데스크

---

77 What happened today?
(A) A reward was given.
(B) A new show opened.
(C) A building reopened.
(D) A remodeling work started.

해설 오늘 발생한 일이 무엇인지 묻는 질문으로 키워드 today가 나오는 부분을 주의 깊게 듣도록 한다. 도입부에 오늘 도서관이 다시 개관할 것이라는 내용이 나오므로(Johnston Library reopened today) 정답은 (C)가 된다.

어휘 happen 발생하다 reward 보상 show 쇼, 공연 building 건물 reopen 다시 열다 remodeling 리모델링 start 시작하다

오늘 무슨 일이 발생했는가?
(A) 보상이 주어졌다. (B) 새로운 공연이 시작되었다.
(C) 건물이 새로 문을 열었다. (D) 리모델링 작업이 시작되었다.

---

78 Who is Mr. Adams?
(A) A model
(B) An author
(C) A building owner
(D) A librarian

해설 질문의 키워드인 사람 이름이 나오는 부분을 듣고 그의 직업을 찾도록 한다. 유명 작가인 Mr. Adams를 초대해서(by inviting a popular writer David Adams) 센터 개관을 기념하는 자리를 갖는다고 했으므로 정답은 writer와 동의어인 (B) An author가 된다.

아담스 씨는 누구인가?
(A) 모델 (B) 작가 (C) 건물주 (D) 도서관 사서

---

79 How can listeners get more information?
(A) By reading a local newspaper
(B) By calling the radio station
(C) By watching the news
(D) By visiting a library

해설 더 많은 정보를 얻을 수 있는 수단과 방법에 관한 질문으로, 주로 후반부에서 답의 근거를 찾을 수 있다. 마지막 문장에서 행사에 관한 더 많은 정보를 알고 싶으면 도서관 안내 데스크를 방문하라는 내용이 나오므로(please visit the library's information desk) 정답은 (D)가 된다.

어휘 listener 청자 information 정보 read 읽다 local newspaper 지역 신문 watch 보다 news 뉴스 visit 방문하다 library 도서관

청자들은 어떻게 더 많은 정보를 얻을 수 있는가?
(A) 지역 신문을 읽고 (B) 라디오 방송국에 전화해서
(C) 뉴스를 보고 (D) 도서관을 방문해서

80-82

Hello, everyone. Thank you for coming to our 5th annual Biomedical Conference. I have an important announcement to make. This morning's keynote speaker Dr. Erin Cameron's plane was delayed in New York, so she will arrive a little late. So we have decided to reschedule her speech to this afternoon at 3. You can read about Dr. Cameron's talk in the package you received at the registration desk. You can also find out about the details of the conference including all the workshops we are going to have throughout the conference. So please make sure that you note the change of time.

해석 안녕하세요, 여러분. 제5회 연례 생체의학 컨퍼런스에 참여해 주셔서 감사합니다. 중대한 발표를 한 가지 할까 합니다. 오늘 오전의 기조 연설자인 에린 카메론 박사님의 비행기가 뉴욕에서 연기되어서, 오늘 조금 늦게 도착하실 예정입니다. 따라서 그녀의 연설을 오늘 오후 3시로 다시 조정하였습니다. 여러분이 등록 데스크에서 받으신 패키지에서 그녀의 이야기를 읽으실 수 있습니다. 또한, 우리가 컨퍼런스 기간 동안 진행할 모든 워크숍을 포함한 컨퍼런스에 대한 세부사항에 대해 알 수 있으실 것입니다. 그러니 시간 변경을 확인해 주시기 바랍니다.

어휘 **biomedical** 생체의학 **conference** 컨퍼런스 **important** 중요한 **announcement** 안내, 공지 **keynote speaker** 기조연설자 **plan** 계획 **delay** 지연시키다 **arrive** 도착하다 **a little** 약간 **late** 늦은 **decide to** ~하도록 결정하다 **reschedule** 재조정하다 **speech** 연설 **read** 읽다 **talk** 이야기 **package** 패키지 **receive** 받다 **registration desk** 등록 데스크 **find out** 알다 **detail** 세부사항 **including** ~을 포함하여 **workshop** 워크숍 **be going to** ~할 것이다 **throughout** ~동안 내내 **make sure** 확인하다 **note** ~에 주의하다, 주목하다 **change** 변화, 변경

80 What is the purpose of the talk?

(A) To give out a package
(B) To begin a workshop
(C) To introduce a new program
(D) To announce a schedule change

이야기의 목적은 무엇인가?
(A) 패키지를 나누어주기 위해 (B) 워크숍을 시작하기 위해
(C) 새로운 프로그램을 소개하기 위해 (D) 일정 변동을 알리기 위해

해설 목적을 묻는 질문으로 지문의 전반부에서 답의 근거를 찾도록 한다. 중요한 공지 사항이 있다고 언급하면서, 기조 연설자가 늦는 관계로 연설 시간을 다시 조정하였다는(we have decided to reschedule her speech) 내용이 나오므로 정답은 (D)가 된다.

어휘 **purpose** 목적 **give out** ~을 나눠주다 **package** 패키지 **begin** 시작하다 **workshop** 워크숍 **introduce** 소개하다 **program** 프로그램 **announce** 알리다 **schedule** 일정, 스케줄 **change** 변화, 변동

81 Who is Erin Cameron?

(A) A guest speaker
(B) A workshop leader
(C) A travel manager
(D) An event planner

에린 카메론은 누구인가?
(A) 기조 연설자 (B) 워크숍 진행자 (C) 여행 매니저 (D) 행사 기획자

해설 질문의 키워드인 Eric Cameron이 나오는 부분을 잘 듣고 관련된 정보를 파악하도록 한다. 오늘 오전의 기조 연설자인 Erin Cameron의 일정이 늦추어졌다고(This morning's keynote speaker Dr. Erin Cameron's plane was delayed) 알리고 있으므로 정답은 (A)가 된다.

82 What information is contained in the package?

(A) Speakers for next year
(B) An article written by a speaker
(C) Details about a conference
(D) A list of good restaurants

패키지에는 어떤 정보가 포함되어 있는가?
(A) 내년의 연설자들 (B) 화자에 의해 작성된 기사
(C) 컨퍼런스에 관한 세부사항 (D) 좋은 레스토랑 목록

해설 패키지에 관한 구체적인 정보를 묻는 질문이다. 질문의 키워드 package가 나오는 부분을 보면, Dr. Cameron의 이야기를 읽을 수 있다는 내용(You can read about Dr. Cameron's talk in the package you received at the registration desk.)과 컨퍼런스의 세부사항에 관한 내용을 찾아볼 수 있다는 내용(You can also find out about the details)이 나오고 있으므로 정답은 (C)가 된다.

어휘 **information** 정보 **contain** 포함시키다 **package** 패키지 **speaker** 화자 **article** 기사 **detail** 세부사항 **conference** 컨퍼런스, 회의 **list** 목록 **restaurant** 레스토랑, 식당

83-85

Attention shoppers. Are you thinking about painting your house? Today only, when you buy a can of paint, we will give you a paint brush for free! Are you buying home furniture or products that are too big for you to carry home? We will bring your products to your door for free. In order to use our delivery service, please talk to one of our sales representatives before we close in half an hour.

해석 고객 여러분께 알려드립니다. 여러분의 집을 페인트칠 하실 계획이신가요? 오늘 하루만, 페인트 한 통을 구입하시면 페인트 붓을 무료로 드립니다. 그리고 만약 집까지 운반하기 힘든 대형 가정용 가구나 제품을 구매할 예정이신가요? 저희가 제품을 집까지 무료로 배달해 드립니다. 배달 서비스를 이용하기 위해서는, 30분 전에 저희 판매 직원에게 말씀해 주세요.

어휘 attention 주목 shopper 쇼핑객 think about ~에 대해 생각하다 paint 페인트칠하다 buy 사다 paint brush 페인트 붓 for free 무료로 furniture 가구 product 상품, 제품 carry 나르다, 운반하다 bring 가져다주다 in order to ~하기 위해서 delivery 배달 talk to ~에게 말하다 sales representatives 판매 직원 close (문을) 닫다, 영업을 종료하다

83 What is being offered today only?
(A) A gift with a paint purchase
(B) A discount on certain products
(C) A free demonstration
(D) A coupon with a purchase

오늘 하루만 제공되는 것은 무엇인가?
(A) 페인트 구매에 대한 선물 (B) 특정한 제품에 대한 할인
(C) 무료 사용 설명 (D) 구매에 대한 쿠폰

해설 오늘 하루만 제공되는 것이 무엇인지 묻는 질문이다. 키워드 today only가 나오는 부분을 들으면, 페인트 한 통을 구입하면 페인트 붓을 무료로 준다고(when you buy a can of paint, we will give you a paint brush for free) 말하고 있으므로 정답은 (A)가 된다.

어휘 offer 제공하다 purchase 구매 discount 할인 certain 특정한 product 제품, 상품 free 무료의 demonstration 증명, 설명 coupon 쿠폰

84 What does the speaker say about large items?
(A) They can be picked up at a different location.
(B) They can be disassembled to smaller pieces.
(C) They can be sold at a lower price.
(D) They can be delivered at no charge.

화자는 대형 품목에 대해 무엇을 말하고 있는가?
(A) 다른 지점에서 수령할 수 있다. (B) 작은 부분으로 분해 가능하다.
(C) 더 낮은 가격에 판매된다. (D) 무료로 배송된다.

해설 질문의 키워드 large items는 지문에서 products that are too big for you to carry home으로 패러프레이징되었으므로 이 부분에서 관련 정보를 찾으면 된다. 다음 문장에서 집까지 제품을 무료로 가져다 주겠다(We will bring your products to your door for free)는 내용이 나오므로 정답은 (D)가 된다.

어휘 large 큰 item 품목, 상품 pick up ~을 집다, 들어 올리다 different 다른 location 위치 disassemble 분해하다 piece 부분, 조각 price 가격 deliver 배달하다 at no charge 무료로

85 When will the store be closing?
(A) In 10 minutes
(B) In 20 minutes
(C) In 30 minutes
(D) In 40 minutes

해설 매장이 문을 닫는 시간을 묻는 질문이다. 지문의 후반부에 30분 후에 문을 닫기 전에(before we close in half an hour) 판매 직원에게 말해달라는 내용이 나오므로 정답은 (C)가 된다.

어휘 store 매장, 상점 close 문을 닫다, 영업을 종료하다

매장은 언제 문을 닫을 것인가?
(A) 10분 후 (B) 20분 후 (C) 30분 후 (D) 40분 후

ACTUAL TEST
ANSWER & SCRIPT

86-88

Hello, everyone. We welcome you to the opening of a new exhibit at Bayview Art Gallery. The exhibit features sculptures by Larry Davis. Mr. Davis's sculptures have been displayed in famous museums around the world. We are so thrilled to be able to display some of his artwork at our gallery. We are so happy that he has joined us today. At 7 o'clock, you will have a chance to meet him in person at the gift shop on the first floor. He will be signing his new book which features all of the works that are displayed here.

해석 안녕하세요. 베이뷰 미술관의 새로운 전시회의 개막식에 참석해 주신 여러분을 환영합니다. 이번 전시회는 래리 데이비스 씨의 조각품을 전시합니다. 데이비스 씨의 조각품은 전 세계의 유명 박물관에 전시되어 왔습니다. 그 분의 작품을 우리 미술관에 전시할 수 있게 되어 무척 흥분됩니다. 그분이 오늘 저희와 함께 해주셔서 매우 기쁩니다. 7시에, 1층 기념품 가게에서 작가님을 개인적으로 만나실 수 있습니다. 작가님이 이곳에 전시되는 모든 작품에 관해 쓰신 새로운 책에 사인을 해주실 것입니다.

어휘 welcome 환영하다 opening 개장, 개막 exhibit 전시회 gallery 미술관, 화랑 feature ~을 특징으로 하다 sculpture 조각품 display 전시하다 famous 유명한 museum 박물관 around the world 전 세계의 thrilled 흥분되는 be able to ~할 수 있다 artwork 작품 join 함께하다 chance 기회 meet 만나다 in person 개인적으로 sign 사인하다

---

86 What is the talk mainly about?
(A) A book signing event
(B) The dinner party at a gallery
(C) The opening of an exhibit
(D) A newly built building

무엇에 관해 이야기하고 있는가?
(A) 책 사인회 행사 (B) 미술관에서의 저녁 만찬
(C) 전시회 개막식 (D) 새로 지어진 건물

해설 주제에 관한 정보는 지문의 전반부에서 확인할 수 있다. 도입부에서 전시회의 개막식에 참석한 사람들에게 환영 인사를 하고 있으므로(We welcome you to the opening of a new exhibit) 정답은 (C)가 된다.

어휘 mainly 주로 event 행사 gallery 미술관 exhibit 전시회 newly 새로 building 건물

---

87 Who is Larry Davis?
(A) An artist
(B) An interior designer
(C) An art director
(D) A curator

래리 데이비스는 누구인가?
(A) 예술가 (B) 인테리어 디자이너 (C) 미술 감독 (D) 큐레이터

해설 질문의 키워드 Larry Davis가 나오는 부분을 잘 듣고 그의 직업과 관련된 정보를 찾는다. 전시회가 Larry Davis의 조각품을 전시한다는 내용(The exhibit features sculptures by Larry Davis.)이 나오므로 정답은 (A)가 된다.

---

88 What can listeners do at 7:00?
(A) Enter a building
(B) Start dinner
(C) Watch a slide show
(D) Have a book signed

청자들은 7시에 무엇을 할 수 있는가?
(A) 건물에 입장한다. (B) 저녁식사를 시작한다.
(C) 슬라이드 쇼를 관람한다. (D) 책에 사인을 받는다.

해설 청자들이 7시에 하게 될 일을 묻는 질문이다. 미래와 관련된 사항은 후반부에서 근거를 찾을 수 있으므로 후반부에서 질문의 키워드 7시가 나오는 부분을 주의해서 듣는다. 7시에 기념품 가게에서 그를 개인적으로 만나게 될 것이라는 내용(At 7 o'clock, you will have a chance to meet him in person at the gift shop on the first floor.)이 나오고 그곳에서 그가 책에 사인을 해줄 것이라고(He will be signing his new book which features all of the works that are displayed here.) 했으므로 정답은 (D)가 된다.

어휘 listener 청자 enter 입장하다, 들어가다 watch 보다 sign 사인하다

89-91

Hi. My name is Kelly Tamura. I was at the gym at the community center yesterday. I think I left my watch in the restroom inside the women's locker room. It's silver, and my initials are inscribed on the back of the watch. Please let me know if you have found my watch. It's not expensive, but it's a special watch for me. You can reach me at 582-6814. If you have it, I can pick it up today. I'm going to a dental office this afternoon, and I'll be passing by the community center.

89 What place is the speaker calling?
(A) A hospital
(B) A community center
(C) A shopping mall
(D) A police station

90 What has the speaker lost?
(A) A cell phone
(B) A car key
(C) A watch
(D) A planner

91 What does the speaker plan to do this afternoon?
(A) Go to a mall
(B) See a dentist
(C) Buy a gift
(D) Pick up a book

ACTUAL TEST
ANSWER & SCRIPT

92-94

For the last 20 years, Frankie's Auto Parts has served this town for your automotive supplies from car accessories to tires. Next week, we are going to open an auto repair shop right next to our main store. From now on, we not only provide the parts you need, but take care of your vehicle's maintenance as well. Starting next week, you can have your oil changed or change brakes while you shop and get the lowest price in town. Appointments are not necessary. Check our web site for our special offers at www.frankiesautoparts.com.

해석 지난 20년간, 프랭키스 자동차 부품은 이 지역에 차 액세서리부터 타이어까지 여러분의 자동차 용품을 제공해 왔습니다. 다음주에, 우리 본점 바로 옆에 자동차 수리점을 열게 되었습니다. 지금부터, 여러분이 필요로 하는 자동차 용품을 제공할 뿐만 아니라, 여러분의 자동차 유지 관리까지 해드릴 것입니다. 다음주부터, 여러분은 쇼핑하는 동안 오일과 제동 장치를 교체할 수 있고, 이 지역에서 가장 저렴한 가격에 서비스를 이용하실 수 있습니다. 예약하실 필요 없습니다. 특별 할인 행사를 확인하기 위해 저희 웹사이트 www.frankiesautoparts.com을 방문해 주세요.

어휘 serve 제공하다 automotive supplies 자동차 용품 accessory 액세서리 tire 타이어 be going to ~할 것이다 open 열다 repair shop 수리점 next to ~옆에 from now on 지금부터 provide 제공하다 need 필요하다 take care of 돌보다 vehicle 자동차 maintenance 유지 관리 as well 마찬가지로 change 변경하다 brake 브레이크, 제동장치 shop 쇼핑하다 price 가격 appointment 약속 necessary 필요한 check 확인하다 special offer 특별 할인

92 What is Frankie's known for?
(A) Automotive supplies
(B) Oil change
(C) Car insurance
(D) Auto repair

프랭키스는 무엇으로 알려져 있는가?
(A) 자동차 용품 (B) 오일 교체 (C) 자동차 보험 (D) 자동차 수리

해설 광고하고 있는 회사에 관한 정보를 묻는 질문으로, 회사에 대한 소개는 주로 앞부분에서 답의 근거를 찾을 수 있다. Frankie's가 이 지역에서 자동차 용품을 제공해왔다는 내용이 나오므로(Frankie's Auto Parts has served this town for your automotive supplies) 정답은 (A)가 된다.

어휘 be known for ~로 알려지다, 유명하다 automotive supplies 자동차 용품 change 변경 insurance 보험 repair 수리

93 What service has Frankie's recently added?
(A) Car rentals
(B) On-site maintenance
(C) Used car sales
(D) Vehicle inspections

프랭키스가 최근에 추가한 서비스는 무엇인가?
(A) 자동차 대여 (B) 현장 유지관리 (C) 중고차 판매 (D) 자동차 검사

해설 새로 추가된 서비스에 대한 구체적인 정보를 묻는 질문으로, 다음주에 자동차 수리점을 오픈하면서(Next week, we are going to open an auto repair shop right next to our main store), 자동차 부품을 제공할 뿐만 아니라(we not only provide the parts you need) 자동차를 유지 관리하는 서비스 또한 제공하겠다(but take care of your vehicle's maintenance as well)는 내용이 나오고 있으므로 새로 추가된 서비스는 (B)가 된다.

어휘 service 서비스 recently 최근에 add 추가하다 rental 대여 on-site 현장의, 현지의 maintenance 유지관리 used 사용된, 중고의 sale 판매 vehicle 자동차 inspection 조사, 점검

94 According to the speaker, what can be found on the web site?
(A) Online reservations
(B) Mechanic profiles
(C) Discount information
(D) Operating hours

화자에 따르면, 웹사이트에서 무엇을 찾을 수 있는가?
(A) 온라인 예약 (B) 정비사 정보 (C) 할인 정보 (D) 운영 시간

해설 웹사이트에서 확인할 수 있는 정보를 묻는 질문으로, 상대방에게 ~을 하기 위해 웹사이트를 방문하라는 제안은 주로 마지막에 등장하므로 후반부에서 답의 근거를 찾도록 한다. 특별 할인을 위해 웹사이트를 확인하라고(Check our web site for our special offers) 했으므로 정답은 special offers와 같은 의미인 (C)의 discount가 된다.

어휘 according to ~에 따르면 find 찾다 reservation 예약 mechanic 정비공 profile 개요, 정보 discount 할인 information 정보 operation hours 운영 시간

311

95-97

Good evening. Thank you for coming to tonight's town hall meeting. As a senior board member, I am so glad that many of our people are taking interests in what's going on in our town. Tonight, we are going to discuss a proposal to make a car-free zone in the downtown area on weekends. We believe many people will have great time in the area, and this will also bring more people from outside to our town. We have asked Frank Taylor to join us tonight. He is an expert on urban design. He's going to tell us examples from other cities. I'd appreciate it if you would hold any questions you might have until he finishes his talk. You will have a chance to ask at the end.

해석 안녕하세요. 오늘밤 주민 회의에 참석해 주셔서 감사합니다. 상임 이사로서 많은 분들이 우리 마을의 문제에 많은 관심을 보여주신 점에 대해 기쁘게 생각합니다. 오늘, 주말 동안 시내에 차 없는 구역을 만드는 안건에 대해 의논해 보겠습니다. 많은 사람들이 이 구역에서 좋은 시간을 보낼 것이며, 외부 지역 사람들을 우리 마을로 많이 데려오게 될 것이라고 생각합니다. 우리는 프랭크 타일러 씨에게 오늘밤 함께해 주실 것을 부탁드렸습니다. 그는 도시 디자인 분야의 전문가이십니다. 그는 다른 도시의 예를 우리에게 보여주실 것입니다. 그가 이야기 도중에는 질문이 있으셔도 잠시 기다려 주시기 바랍니다. 마지막에 질문할 수 있는 기회를 드리겠습니다.

어휘 meeting 회의 board member 이사, 임원 glad 기쁜 interest 관심, 흥미 discuss 토론 proposal 제안 zone 구역 downtown 시내 area 지역, 구역 weekend 주말 believe 믿다 bring 데려오다 outside 외부 ask 묻다, 요청하다 join 참여하다 expert 전문가 urban 도시 design 디자인 be going to ~할 것이다 example 예 appreciate 감사하다 hold 참다, 견디다 question 질문 finish 마치다 talk 이야기 chance 기회 end 끝, 마지막

95 What is the purpose of the meeting?
(A) To purchase a vehicle
(B) To discuss a project
(C) To elect a new member
(D) To answer questions

해설 회의의 목적을 묻는 질문으로, 도입부에서 회의에 대해 소개하면서 회의의 주제에 대해 설명하고 있다. 주말에 차 없는 구역을 만드는 제안에 대해 토론해 보겠다는(we are going to discuss a proposal to make a car-free zone in downtown area on weekends) 내용이 나오므로 정답은 (B)가 된다.

어휘 purpose 목적 meeting 회의 purchase 구매하다 vehicle 자동차 discuss 토론하다 project 프로젝트, 계획 elect 선출하다 member 회원 answer 대답하다 question 질문

회의의 목적은 무엇인가?
(A) 자동차를 구입하기 위해 (B) 계획을 의논하기 위해
(C) 새로운 회원을 선출하기 위해 (D) 질문에 대답하기 위해

96 Why has Frank Taylor been invited to speak?
(A) He is an expert on urban design.
(B) He is a newly elected mayor.
(C) He has taught a course in city planning.
(D) He operates many stores in town.

해설 질문의 키워드인 사람 이름이 나오는 부분을 잘 듣고 관련 정보를 찾도록 한다. 중반부에서 Frank Taylor를 초청했다고 소개하면서 그를 도시 디자인 분야 전문가라고 소개하고 (He is an expert on urban design) 있으므로 정답은 (A)가 된다.

어휘 invite 초대하다 speak 말하다 expert 전문가 urban 도시 design 디자인 newly 새로 elect 선출하다 mayor 시장 teach 가르치다 course 강좌, 과목 planning 계획 operate 작동하다, 운영하다 store 상점

프랭크 타일러는 왜 연설을 하도록 초청받았는가?
(A) 그는 도시 디자인 분야의 전문가이다. (B) 그는 새로 선출된 시장이다. (C) 그는 도시 계획 강좌를 가르쳤다. (D) 그는 마을에서 여러 개의 상점을 운영한다.

97 What are the residents asked to do?
(A) Take notes of the lecture
(B) Wait to make comments
(C) Use public transportations
(D) Prepare some questions

해설 제안이나 요청 사항은 후반부에서 근거를 찾을 수 있다. 후반부에서 그의 이야기가 끝날 때까지 질문이 있어도 참아 줄 것을 요청하고 있으므로 (I'd appreciate it if you would hold any questions you might have until he finishes his talk) 정답은 (B)가 된다.

어휘 resident 거주자, 주민 be asked to ~하도록 요청받다 take note 받아 적다 lecture 강의 wait 기다리다 make comment 언급하다 use 사용하다 public transportation 대중 교통 prepare 준비하다 question 질문

주민들은 무엇을 하도록 요청받는가?
(A) 강의를 받아 적는다. (B) 기다렸다가 의견을 표시한다.
(C) 대중 교통을 이용한다. (D) 질문을 준비한다.

ACTUAL TEST
ANSWER & SCRIPT

98-100

Good morning, Mr. Hall. This is Dale Trinidad from Lightsource Company. As you requested, we have audited your facility to see how you can use the energy more efficiently. We have completed inspecting the whole building and we have some suggestions that will make your electric bill go down significantly. Let me tell you something that you can do right away. You should place a timer on your lights. Lights will turn on during working hours and go off at the end of the day. You should also install motion sensors in the area where people don't go often. I can bring samples to you and show you how they work. Please give me a call to discuss the cost of the installation. I'll be happy to talk to you and answer any of your questions.

해석 안녕하세요, 홀 씨. 저는 라이트소스 회사의 데일 트리니다드입니다. 요청하신 대로, 어떻게 에너지를 보다 효율적으로 사용할 수 있는지 알아보기 위해 당신의 시설을 검사하였습니다. 전체 건물 조사를 마치고, 당신의 전기세를 상당히 감소시킬 수 있는 몇 가지 제안을 마련하였습니다. 지금 바로 실행하실 수 있는 몇 가지를 말씀 드리겠습니다. 전등에 타이머를 설치하셔야 합니다. 근무 시간에는 전등이 켜지고 일과 시간 후에는 꺼질 것입니다. 또한 사람들이 자주 가지 않는 구역에 모션 센서를 설치하셔야 합니다. 제가 샘플을 가져가서 어떻게 작동하는지 보여드리겠습니다. 설치 비용을 의논하기 위해 전화해 주시기 바랍니다. 당신과 이야기한 후 궁금하신 점에 대해 답변 드리겠습니다.

어휘 request 요청하다 audit 감사하다 facility 시설 energy 에너지 efficiently 효율적으로 complete 완료하다, 마치다 inspect 조사하다 whole 전체의 building 건물 suggestion 제안 electric bill 전기세 significantly 상당히, 매우 place 놓다 timer 타이머 light 전등 turn on 켜지다 during ~동안에 working hours 근무 시간 install 설치하다 motion sensor 행동 탐지기 area 지역, 구역 often 종종, 자주 bring 가져오다 sample 샘플, 보기 show 보여주다 work 작동하다 discuss 의논하다 cost 비용 installation 설치 answer 대답하다 question 질문

98 What was the speaker hired to evaluate?
(A) Work performance
(B) Light bulbs
(C) Energy use
(D) Fire equipment

화자는 무엇을 평가하기 위해 고용되었는가?
(A) 직무 수행 (B) 전구 (C) 에너지 사용 (D) 소방 시설

해설 도입부에서 요청한 대로 에너지를 효율적으로 쓰는 것에 관해 시설을 검사한다는(As you requested, we have audited your facility to see how you can use the energy more efficiently) 내용이 나오므로 질문의 키워드 evaluate에 해당하는 부분은 how you can use the energy more efficiently로 정답은 (C)가 된다.

어휘 hire 고용하다 evaluate 평가하다

99 What is the speaker's main recommendation?
(A) To add new security system
(B) To hire more workers
(C) To change old heaters
(D) To install timers for the lights

화자의 주요 추천 사항은 무엇인가?
(A) 새로운 보안 시스템을 추가하는 것 (B) 더 많은 직원을 고용하는 것 (C) 낡은 난로를 교체하는 것 (D) 전등에 타이머를 설치하는 것

해설 화자가 추천한 구체적인 사항에 관해 묻는 질문으로, 화자가 상대방에게 제안한 것은 전등에 타이머를 설치할 것과(You should place a timer on your lights), 사람들이 자주 출입하지 않는 곳에 모션 센서를 설치하는 것(You should also install motion sensors in the area where people don't go often)을 언급하고 있으므로 정답은 (D)가 된다.

어휘 main 주요 recommendation 추천 add 추가하다 security system 보안 시스템 hire 고용하다 change 변경하다 heater 히터, 난로 install 설치하다 light 전등

100 What does the speaker offer to do?
(A) Give discounts
(B) Provide a cost estimate
(C) Give free samples
(D) Provide an extended warranty

화자가 제공한 것은 무엇인가?
(A) 할인을 해준다. (B) 비용 견적서를 제공한다. (C) 무료 샘플을 제공한다. (D) 연장된 보증서를 제공한다.

해설 각종 혜택이나 제공하는 것은 지문의 후반부에서 근거를 찾을 수 있다. 설치 비용을 의논하기 위해 전화해 달라는 내용(Please give me a call to discuss the cost of the installation)이 나오므로 정답은 (B)가 된다. 윗부분에서 sample에 관한 내용이 나오지만, 샘플을 가져와서(I can bring samples to you) 어떻게 작동하는지 보여주겠다는(show you how they work) 것이지 무료로 제공한다는 것이 아니므로 (C)는 답이 될 수 없다.

어휘 offer 제공하다 discount 할인 provide 제공하다 cost estimate 비용 견적서 free 무료의 sample 샘플, 보기